U0096740

古代歷史文化研究輯刊

八　編

王 明 蓀 主編

第14冊

明代的生活異端

謝忠志 著

國家圖書館出版品預行編目資料

明代的生活異端／謝忠志 著 — 初版 — 新北市：花木蘭文化出版社，2012〔民 101〕

目 4+268 面；19×26 公分

（古代歷史文化研究輯刊 八編：第 14 冊）

ISBN：978-986-254-975-9（精裝）

1. 風俗 2. 社會生活 3. 明代

618 101014972

ISBN-978-986-254-975-9

古代歷史文化研究輯刊

八 編 第十四冊 ISBN：978-986-254-975-9

明代的生活異端

作 者 謝忠志

主 編 王明蓀

總 編 輯 杜潔祥

出 版 花木蘭文化出版社

發 行 所 花木蘭文化出版社

發 行 人 高小娟

聯絡地址 新北市永和區中正路五九五號七樓

電話：02-2923-1455 ／傳眞：02-2923-1452

網 址 http://www.huamulan.tw 信箱 sut81518@gmail.com

印 刷 普羅文化出版廣告事業

初 版 2012 年 9 月

定 價 八編 22 冊（精裝）新台幣 35,000 元

明代的生活異端

謝忠志　著

作者簡介

謝忠志，臺灣嘉義人，中國文化大學史學研究所博士，現為國立高雄大學、國立高雄應用科技大學通識教育中心兼任助理教授，研究興趣為明代軍事史、社會文化史等，著有《明代兵備道制度：以文馭武的國策與文人知兵的實練》一書，曾發表〈明代的西北經略：以陝西兵備道為考察中心〉、〈明代居室風尚的流變〉、〈崇儉黜奢：明代君臣的治國典範〉等期刊論文。

提　要

明代中後期的社會生活發生極大變化，為滿足利欲需求，奢靡、僭越浪潮的逐漸風行，舉凡社會生活、宗教信仰、教育學術及文化思想皆有重大變革。這樣的變動在歷朝各代可謂絕無僅有，遂有「生活異端」的出現。「生活異端」指的是在生活上過度奢華、踰禮犯分與行為異常等不合時宜的人物，它也代表悖離禮教與違反傳統的行為與態度。生活異端盛行的年代，它不單是有別於正統的反義詞，也是當時多數階層的生活方式與流行時尚的表徵。在崇儉禁奢的社會背景，士宦成為維護禮教的衛道人士，也是「生活異端」的主要群體，兩股力量相抗衡，形成特有的晚明時代文化。本文有別於一般探究明中葉的社會流風，多視以「浮華」、「奢侈」、「僭越」為時代特徵，而企圖從儒家禮教重視的「儉樸」、「安分」的角度，除來看待明人在飲食、服飾、居室與行具等風尚流行的實際狀況，亦探研當食妖、服妖與木妖等「生活異端」橫行於世，明代官僚士大夫如何力挽狂瀾，從天命、祖訓與諫言等多方面規範皇室，企圖重回明初質樸情懷。

目次

圖表目次

第一章　緒　論

一、研究動機與目的

埋首撰寫學位論文，遍尋史料的過程裡，偶然發現一筆方志記載，對晚明時期社會現象有很深刻的描述：「醇而醨者什九，醨而醇者什一，雖賢者憤世嫉俗，欲挽其趨而舉國皆狂，方以不狂爲狂也。語曰：二缶鍾惑而所適不得。迺今靡靡成習，雖有祈嚮，庸可得耶？」〔註1〕作者借引莊子言論，批評晚明社會迷惘失序，形成舉國性的盲目追求。然而，對這種社會現象的描述，並非只著錄於方志，謝肇淛（西元 1567～1624 年）曾說萬曆年間，「朝野中忽有一番議論，一人倡之，千萬人和之，舉國之人奔走若狂，翻天覆地，變亂黑白。」〔註2〕到底是什麼社會現象，造成「舉國皆狂」、「眾生異常」的情境，有心人士欲挽其趨而不可得？晚明社會以不狂爲狂的時代現象，很難從三言兩語中尋出端倪，遂有探究明代社會生活異端的念頭。

朱元璋（1328～1398）揮軍北伐，爲使師出有名，遂發佈〈諭中原檄〉，告諭全國百姓元朝失德的原因：「元之臣子不遵祖訓，廢壞綱常，有如大德廢長立幼，泰定以臣弒君，天曆以弟鴆兄。至於弟收兄妻、子烝父妾，上下相習，恬不爲怪。至於父子、君臣、夫婦、長幼之倫，瀆亂甚矣。」〔註3〕朱元璋建立

〔註1〕〔明〕佚名，《萬曆・新修餘姚縣志》（台北：成文出版社，1983 年 3 月臺 1 版，據明萬曆年間刊本景印），卷 5，〈輿地志五・風俗〉，頁 23 上。

〔註2〕〔明〕謝肇淛，《五雜俎》（《明代筆記小說大觀》2 冊，上海：上海古籍出版社，2005 年 4 月第 1 版），卷 13，〈事部一〉，頁 1771。

〔註3〕〔明〕夏原吉等，《明太祖實錄》（台北：中央研究院歷史語言研究所，1970 年 9 月初版，據北京圖書館紅格鈔本微卷景印），卷 26，吳元年十月丙寅條，頁 10 下。

明朝後，為表示對禮教的維護與重視，特別強調禮制的規範：「人之害莫大於私，欲非止於男女、宮室、飲食、服御而已，凡求私便於己者皆是也。然惟禮可以制之，先王制禮所以防欲也，禮廢則欲肆。為君而廢禮縱欲則毒流於民，為臣而廢禮縱欲則禍延於家。故循禮可以寡過，肆欲必至滅身。」〔註 4〕禮制的範圍十分廣泛，從早期的敬天祭祖活動，宗族的行為規章，甚至延伸出身分親疏差別的表現，由家庭推至宗族，最後成為統治者維護己身利益與社會秩序的準則。所以，禮制不僅止於道德規範，它同時也是法律制度，兼具某種程度的政治意涵。舉凡各階層日常生活中的，食衣住行、灑掃應對等各方面，無不與禮制有關。

孝宗弘治朝號稱「中興」，在致力維持祖制與護衛傳統之時，社會的大環境已隱然漸變；武宗正德以後，風氣則為之丕變，形成幾近瘋狂、雜亂而人欲橫流的時代。社會經濟的發展與物質生活的豐足，造成社會轉型與遽變，以士大夫為主的縉紳階層，擁有財富與權勢，他們逐步將物質、精神生活的享受推向極致，造就以王學為主的社會新觀念的誕生與建立。〔註 5〕世宗嘉靖初期，雖天下翕然稱治，但其後二十幾年不視朝政，迷信道教，專意長生。晚明神宗萬曆時期，皇權雖依舊至高無上，國家控制力卻日趨薄弱，立國政策不僅偏離祖訓家法，悖祖離宗的觀念和行為時有所聞。〔註 6〕

明代中葉以來，社會習氣日漸侈靡，國庫不再充盈，兩京與江南一帶卻呈現生活富足的的景緻，以縉紳士夫為首的士商群體，卻在食衣住行等多方面恣意僭越，他們慕古、好奇與求變，將長期受到禮教桎梏的身心解放。士大夫狂者意氣日增敢說敢為，思想上求自覺，治學上求自得，生活上求自適，身心上求自由，〔註 7〕遂造成其他階層與兩直隸、十三省地區引為仿效，這種社會的危機，經濟的豪奢等種種生活異端現象，就是本文探討的主旨所在。

二、研究範疇與界定

一個既定的社會裡，群體與個人間的交互作用，不論是認知還是情感，

〔註 4〕《明太祖實錄》，卷 126，洪武十二年八月甲子條，頁 1 上。

〔註 5〕商傳，《明代文化史》（上海：東方出版中心，2007 年 5 月第 1 版），頁 16～17。

〔註 6〕關於祖制研究，可參閱：蕭慧媛，《明代的祖制爭議》（台北：中國文化大學史學研究所碩士論文，1999 年 6 月）。

〔註 7〕夏咸淳，《情與理的碰撞：明代士林心史》（保定：河北大學出版社，2001 年 11 月第 1 版），頁 13。

意向還是行爲，皆受到群體與他人影響。行爲層面上，從眾、服眾與依眾是個人接受社會影響的幾種方式：從眾較多涉及群體對個人的影響，服眾則涉及個人因社會角色不同而發生的作用，至於依眾則是較一般的人際關係影響。從眾（conformity），又稱相符，指透過社會壓力讓自己認知或行爲符合群體、社會的規範與標準。服眾（obedience），是按照社會要求、團體規範或他人意志而做出的行爲。服眾是被迫的，不論願不願意皆得服從。依眾，人接受他人請求而行動，使別人的請求得到滿足的行爲。〔註 8〕

透過現代社會心理學角度，來看明代社會生活的異端現象也許會更加透徹，當社會上許多人競相模仿某種新奇事物，就逐漸形成時尚。模仿（modeling），是指個人受非控制的社會刺激引起的行爲，而與社會其他人類似。透過這樣的動作，再現他人的外部特徵、姿態、動作與行動等，這些特點還具有一定合理的情緒傾向。人們對流行的模仿，不是來自由社會或團體的強制命令，在榜樣影響下，不僅掌握簡單的活動技能，形成思想、興趣和行爲等精神價值。模仿有時來自社會號召，使模仿者與榜樣形成相同行爲。而無論是自覺或是下意識的模仿，皆非透過外界命令而強迫執行，所以此榜樣稱爲「非控制的社會刺激」。〔註 9〕影響模仿的因素來源，約可分爲：一、被模仿者的權威和地位，其權位愈高、愈大，模仿的機會愈高；二、被模仿者的行爲和特性，模仿成爲普遍，一定要充分具備合理性、實用性、時髦性和理想性；三、模仿者的特性，具有主見、具創造性的人，不容易輕易模仿。而普遍性的模仿，則造就流行時尚。明人追求時尚，最簡單的方式就是透過模仿。

時尚，是指一時之流尚；一人倡之，眾人和之。徐樹丕《識小錄》專設〈時尚〉一篇，專論明中葉書畫、器皿等賞玩的流行趨勢。「時尚」也是晚明時期的慣用名詞，如「徽郡向無茶，近出松蘿茶最爲時尚。」〔註 10〕時尚就是流行，是指在某段時間社會上多數人追求的某種生活方式，而在短時間內隨處可見，時尚多表現在服飾、禮儀與生活等多方面。「近日友人陳眉公作花布、花纈、綾被及餅餌、胡床、溲器等物，亦以其字冠之，蓋亦時尚使然。」

〔註 8〕本段從社會心理學研究來說明人類的異常行爲，參考：劉永芳，《社會心理學》（上海：上海社會科學出版社，2004 年 4 月第 1 版），頁 216～227 及 230。

〔註 9〕時蓉華，《社會心理學》（台北：臺灣東華書局，1996 年 8 月初版），頁 543～544。

〔註 10〕〔明〕徐樹丕，《識小錄》（《筆記小說大觀》40 編 3 冊，台北：新興書局，1990 年，據國家圖書館藏佛蘭草堂手鈔本景印），卷 1，〈時尚〉，頁 90；以及卷 3，〈茶〉，頁 406。

〔註 11〕以陳繼儒（1558～1639）爲名的華冠美服，所帶動的流行浪潮，就是一種時尚。時尚的種類千奇百怪，發展亦層出不窮，但仍有些現象可供觀察的依循，包括：一、時尚發展與社會物質生活、文明程度呈正比；二、時尚變遷有時會有週期性的循環；三、時尚的流行多爲「常態曲線」；四、時尚傳播方式通常爲由上而下；五、時尚的流行不隨首創者的去留而消逝。透過社會心理學的解釋，能體現明人在心理層面的變化，更貼近晚明時期士人的情懷。〔註 12〕

僭越，僭冒名義，踰越分位。歸有光（1507～1571）〈上趙閣老書〉：「君子伸於知己而詘於不知己，是以冒瀆而忘其僭越焉。」〔註 13〕高攀龍（1562～1626）〈崇正學闢異說疏〉：「故不避僭越之嫌，迂濶之誚，冒昧上陳。」〔註 14〕僭用，過越身分之行爲，通常指器用、服飾、居室與行具等生活上的非分，如憲宗成化二年（1466）頒令：「官民人等不許僭用服色花樣。」〔註 15〕僭奢，過分奢侈，與僭侈同。王圻（1529～1612）〈賀大中丞檢翁徐老公祖榮滿序〉提及：「條禁僭奢，毋令奸富之謚尤；法嚴汰革，毋容狐鼠之杯倚。」〔註 16〕僭逾，與僭踰同，不守本分，有越於禮。如萬曆二十四年（1596）三月，兵部侍郎李禎言：「近來京師遊棍潛集，奸宄縱橫且奢僞僭踰，大壞風俗。」〔註 17〕

流行，原意爲一時的廣泛流布，多指災禍連天或瘟疫橫行居多，如朱長春〈寄楊志尹邑父母書〉：「天灾流行，水潦薦荒。」〔註 18〕風行一時所崇尚

〔註 11〕〔明〕沈德符，《萬曆野獲編》（北京：中華書局，1997 年 11 月第 1 版），卷 26，〈玩具・物帶人號〉，頁 664。

〔註 12〕時蓉華，《現代社會心理學》（上海：華東師範大學出版社，1995 年 11 月第 1 版），頁 426～433。

〔註 13〕〔明〕歸有光，《震川先生集》（台北：源流文化事業出版有限公司，1983 年 4 月初版），卷 6，〈上趙閣老書〉，頁 138。

〔註 14〕〔明〕高攀龍撰、〔清〕許玨編，《高子遺書節鈔》（《錫山先哲叢刊》4 冊，南京：鳳凰出版社，2005 年 7 月第 1 版），卷 2，〈崇正學闢異說疏〉，頁 23。

〔註 15〕〔明〕俞汝楫，《禮部志稿》（《景印文淵閣四庫全書》史部 597～598 冊），卷 18，〈文武官冠服・凡服色禁制〉，頁 41 上。

〔註 16〕〔明〕王圻，《王侍御類稿》（《四庫全書存目叢書》集部 140 冊，台南：莊嚴文化事業有限公司，1997 年 6 月初版，據原北平圖書館藏明萬曆四十八年王思義刻本景印），卷 3，〈賀大中丞檢翁徐老公祖榮滿序〉，頁 13 下。

〔註 17〕〔明〕周永春，《絲綸錄》（《四庫禁燬書叢刊》史部 74 冊，北京：北京出版社，2000 年，據北京圖書館藏明刻本景印），兵卷，頁 77 下～78 上。

〔註 18〕〔明〕朱長春，《朱太復文集》（《四庫禁燬書叢刊》集部 83 冊，北京：北京出版社，2000 年，據明萬曆刻本景印），卷 38，〈寄楊志尹邑父母書〉，頁 18 下。

者，亦可謂之流行。崇尚，即尊崇好尚，佘自強主張爲官之道：「平時以蒼生名教爲己任，躬率妻孥，崇尙儉朴。」〔註 19〕崇奢、崇侈，皆謂奢侈之極。雷禮〈贈大參魏連洲之福建序〉：「大臣競榮，撫臣章賂，邊臣規禍，爭崇奢侈。」〔註20〕黃佐（1490～1566）自許：「堂不求高，室不求安，不耀威，不崇侈。」〔註 21〕高大華侈，宮室華侈，民力屈盡；侵欲崇侈，不可盈欲；崇侈無度，並爲無道等皆指此。

「異端」，通常被解釋爲：「凡戾正道之邪說者。」如王世貞（1526～1590）〈豫教策〉：「漢之戾園開博望通，賓客多以異端進，巫蠱起而長安兵，而湖陰之禍成矣。」〔註 22〕異端常與「邪說」一詞串連，形同不正之道、邪妄之論，如《宋史・程顥傳》：「先生生于千四百年之後，得不傳之學於遺經，以興起斯文爲己任，辨異端，闢邪說，使聖人之道煥然復明於世，蓋自孟子之後，一人而已。」〔註23〕「異端」概念，最早始於春秋時期的孔子。《論語・爲政》：「攻乎異端，斯害也已。」這裡所說的「異端」並無褒貶之意，僅表示不同的概念與學說。但隨著時代變遷與闡釋分歧，「異端」涵義因而時有調整，在宋代理學昌盛的時期，異端更成爲異教邪說的同義詞。

對「異端」思想進行禁錮，或可追溯至秦始皇三十四年（前 34）所推行「焚書坑儒」，而漢武帝時，董仲舒（前 179～前 104）提倡「獨尊儒術」，藉以強化儒家「正統」。隨著皇權的集中與擴大，對思想監控也日趨緊密。宋代以來，朱熹（1130～1200）輯錄《四書》成爲科舉教條藍本，儒家正統的地位更牢不可破。迄至明初，對異端邪說的打擊也是未曾歇手。然而，隨著中葉以來社會經濟發展與學說思想的開放，加上政治控制力趨於薄弱，遂在晚明時期物質與精神生活發生極大的變化，服飾講究「去樸從豔」，藝文重視「異

〔註 19〕〔明〕佘自強，《治譜》（《續修四庫全書》史部 753 冊，上海：上海古籍出版社，1995 年，明崇禎十二年胡璿刻本景印）卷 1，〈初選門・根柢〉，頁 1 下。

〔註 20〕〔明〕雷禮，《鐔墟堂摘稿》（《續修四庫全書》集部 1342 冊，上海：上海古籍出版社，1995 年，據湖南省圖書館藏明刻本景印），卷 7，〈贈大參魏連洲之福建序〉，頁 34 下。

〔註 21〕〔明〕黃佐，《庸言》（《四庫全書存目叢書》子部 9 冊，台南：莊嚴文化事業有限公司，1995 年 9 月初版，據北京圖書館藏明嘉靖三十一年刻本景印），卷 7，〈政教第七〉，頁 20 下。

〔註 22〕〔明〕陳子龍、徐孚遠、宋徵璧等編，《明經世文編》（北京：中華書局，1987 年 3 月第 1 版），卷 335，王世貞〈豫教策〉，頁 16 上。

〔註 23〕〔元〕脫脫，《宋史》（北京：中華書局，1977 年 11 月第 1 版），卷 427，〈程顥傳〉，頁 12717。

調新聲」，學術崇尚「慕奇好異」，豔、新、異這三個特點，遂成為明季的流行時尚。〔註 24〕

「異端之惑人，其來久矣，不能悉數。」〔註 25〕生活異端的出現，基本上可分為三方面：一是君主統治的紊亂，二是士紳階級的影響，三是社會經濟的變動。〔註 26〕明中葉以來，工商業發展迅速是人口增加的主因之一，原本從事農業的過剩人口，被導向至工商業，或成為城市無業遊民，部分衣食富足的人士，則納粟為監生或進趨為胥吏。財富的累積造就百姓生活態度或內容的改變，這種變化主要來自於商人階層，其人生理念與生活態度，則衝擊社會秩序，也改變社會風氣。這些富商巨賈多數聚居於城市，有時為工作需要，有時只是單純地消煩解悶，因而奢侈生活不斷地在此階層間流行著。他們的消遣刺激與帶動著社會娛樂、服務業的勃興，從日常生活的食衣住行到書畫賞玩、青樓酒肆，揮霍無度的生活改變城市風尚。士商間不斷地滲透與交融，成為帶動時尚的主要階層。社會風氣的流行，不單只是引領者，歸附者也扮演重要的角色，達官顯要也加入這股奢靡的風氣中，上從朝廷首輔，下至地方官吏，縱欲與享樂已成為人生快活樂事，成為全國性的風潮。〔註 27〕在此「生活異端」盛行的年代，它不單是有別於傳統的反義詞，也是代表當時多數階層的生活行為與流行風尚的表徵。

「異端」是指：「異己異類」、「悖離正統」的名詞，涵蓋各個領域，舉凡學術、思想、社會、文化乃至政治、宗教、生活都有異端。與佛家經典講述不同，是異端；與國家正統儒學反調，是異端；信奉光怪陸離的教派，是異端；而新奇、浮華、時髦的流行時尚，也是異端。「異端」其實是指新的變化，這並非表示無法接受的新事物，而是它的出現，常破壞原有階層結構或社會環境的穩定。明初王行就用「異端」一詞，比擬違反傳統禮教、「服之不衷」的士人：

宋氏既亡，其大儒君子之遺風浸遠，衣冠舊家日以凋盡，後生少年

〔註 24〕劉志琴，〈晚明城市風尚初探〉，(《晚明史論——重新認識末世衰變》，南昌：江西高校出版社，2004 年 6 月第 1 版)，頁 126。

〔註 25〕〔明〕陳頎，《閑中今古》(《續修四庫全書》子部 1122 冊，上海：上海古籍出版社，1995 年，據北京圖書館明抄本景印)，卷上，頁 1 上。

〔註 26〕常建華，〈論明代社會生活性消費風俗的變遷〉，《南開學報》，1994 年 4 期，頁 60～63。

〔註 27〕本段參酌：羅宗強，《明代後期士人心態研究》(天津：南開大學出版社，2006 年 6 月第 1 版)，頁 153 及 372～374。

以華靡相高，服御競趨於簡便，故老見之，有歎嗟興感者。蓋當是之時，四方無虞，民安物阜，國家之平治亦久矣。然朝廷之上，用事之臣多勳勞貴人，世祿之族皆習於其所便安，而未遑禮樂制度之事，故衣冠之制猶遠於古焉。其力學好古之士，或心有慊然，而不敢自易其服，則假爲老氏之服服之，以其尚有古之遺意也。嗚呼！爲儒而拘於時制，顧慕夫異端之服，其果得已也哉！昔者先王之爲治，必致謹於衣冠服御之制焉！自天子至于庶人，莫不各有文章度數以品節之，而又有異服之防、僭服之禁，蓋欲謹上下之辨，杜覬覦之端也。……於以見衣冠服御，果有關于世之理亂也！予每論及，于是未嘗不興慨焉！今呂君志學當風塵繚繞，而易爲老氏之服，人皆非之，而吾則與之。嗚呼！以呂君之讀聖人書，求聖人道，迺服異端服焉！而予之與之也，則其意豈淺淺哉。〔註28〕

王行與呂敏等友人因卜居相近，號「北郭十友」。呂敏，元末曾爲道士，洪武初任無錫教諭，雖讀聖賢書，求聖人道，但喜服「異端」道裝，而「人皆非之」。明初的文人「異端」我行我素，不在乎外界看法與眼光，就是服飾上「生活異端」的典型。劉基（1311～1375）則把追求山珍海錯而恣意殺生者，歸類飲食上的「生活異端」：「今有厭五穀而不食，則必求大爽口蜇吻之味而食之，則不戕其生者，鮮矣。故聖人之道，五穀也；異端之道，爽口蜇吻之味也。聖人之道，求諸日用之常；異端之道，必索隱以行怪，其勢不立也。」〔註29〕劉基認爲，過度放縱口腹之欲，即是「異端」。

古代中國歷朝各代，有時也常用「妖」來代表異端。「妖」字意涵甚多，如如西晉陸機（261～303）〈擬青青河畔草詩〉：「粲粲妖容姿，灼灼美顏色。」〔註30〕其「妖」具豔麗、美好之意。通常妖被視作爲異、孽，或怪異之事物，所謂：「人棄常則妖興。」《說文解字》並無「妖」字，但從「祅」或可窺其端倪：

地反物爲祅也。《左氏傳》：伯宗曰：「天反時爲災，地反物爲妖，

〔註28〕〔明〕王行，《半軒集》（《景印文淵閣四庫全書》集部1231冊），卷5，〈贈呂山人序〉，頁15下～16下。

〔註29〕〔明〕劉基，《劉基集》（杭州：浙江古籍出版社，1999年12月第1版），卷4，〈書爲善堂卷後〉，頁136。

〔註30〕逯欽立，《先秦漢魏晉南北朝詩》（北京：中華書局，1998年5月第1版），晉詩卷5，陸機〈擬青青河畔草詩〉，頁687。

民反德爲亂。亂則妖災生。」釋例曰：「此《傳》地反物惟言妖耳。《洪範・五行傳》則妖、孽、禍、痾、眚、祥六者，以積漸爲異。按，虫部云：「衣服歌謠艸木之怪謂之祅，禽獸蟲蝗之怪謂之孼。」此蓋統言皆謂之祅，析言則祅、孼異也。祅省作祆，經傳通作妖。〔註 31〕

漢代「天人感應」的說法，認爲妖災的發生，乃是自然或群體「異常」所致。換言之，「國家將亡，必有妖孽。」一旦服飾、飲食、居室、行具等亂序失常，禮儀變制，天災人禍不斷衍生，終至國家滅亡。刑罰妄加，而怨謗之氣發於歌謠，則有「詩妖」。

時至明代，妖異的出現，依舊被視爲君主不德的象徵。如英宗天順七年（1463），空中有聲，大學士李賢密疏曰：「《傳》言：『無形有聲，謂之鼓妖。』上不恤民，則有此異。」〔註 32〕所謂妖由人興，有天妖、有地妖、有物妖、有人妖：「日月薄蝕，隕星雨血，此天妖也；山崩水竭，水鬬石走，此地妖也；牛馬相生，桃李冬華，此物妖也；若夫父子不親，上下垂離，則人妖也。舉措不公，直枉倒置，則人妖也；政令不信，賞罰無章，則人妖也。賄賂肆行，竊持政柄，則人妖也。人妖不興，則彼三妖者，雖日至於前，猶之無傷也；人妖不除，則彼三妖者，雖無一至，猶之亂亡也。」〔註 33〕張時徹（1540～？）的觀點，認爲「人妖」是造成舉國紊亂、社稷動盪的主因。除天、地、人三妖，張時徹又提出「天下五妖」之論：

> 今天下之妖有五，而物妖不與焉。刻鏤土木，以爲果餌禽蟲，飾之丹青，加以金繒，主人糞除而陳之，雜沓賓筵，粲爛室庭，可悅而不可啗，此之謂食妖。輿隸而首，縉紳之冠，臧獲而被綺縠之服，男子之帽高倍其面，婦人之衣長掩其裳，金織施於絺綌，藻績加於廁牏，此之爲服妖。道德不師周孔，文章不則六經，勦佛老以爲慱，逞鈎棘以爲奇，以徑超頓悟爲絕學，以慱聞廣見爲習迷，穿鑿經傳，

〔註 31〕〔漢〕許慎撰、〔清〕段玉裁注，《說文解字注》（南京：鳳凰出版社，2007 年 12 月第 1 版），頁 13。

〔註 32〕〔明〕焦竑，《玉堂叢語》（北京：中華書局，1997 年 12 月第 1 版），卷 4，〈獻替〉，頁 103。

〔註 33〕〔明〕張時徹，《芝園外集》（《續修四庫全書》子部 1123 冊，上海：上海古籍出版社，1995 年，據中國科學院圖書館藏明嘉靖刻本景印），卷 23，〈續說林七・負暄林〉，頁 4 上～下。

> 非毀程朱，此之爲學妖。峻刑罰以漁貲，飾虛文以賈譽，縱豪右而剝善良，踈縉紳而狎徒，隸以胥郅爲豪雄，鄙龔魯爲寬縱，薄隨夷爲孤介，譽蹠蹻爲才諝，官以賄遷罪、以貨免，此之謂政妖。冠裳而禽犢，骨肉而仇讐，弱者爲鬼蜮，強者爲豺狼，對門相盜，親戚相暴，上下相欺，父子相疑，反表以爲裏，訕白以爲黑，此之謂俗妖。五者繁興，莫或變革，將風俗日頹，而治理日斁，國之灾極矣！彼草木禽蟲之妖，又何足以爲異乎？〔註34〕

五妖中屬於「生活異端」爲服妖與食妖，服妖的概念相當明確，泛指奇裝異服、奢華侈靡的人士。而將食品雕刻，作爲裝飾，僅供賞翫，就是張時徹指稱的「食妖」。〔註35〕除上述食妖類型，講究宴飲排場與過度奢靡浪費者，均是本文要探究的「生活異端」。

丘濬（1418～1595）也認爲：「是故異服異言者有禁，奇技淫巧者有誅，百工技藝皆有常業，而不敢習爲異端，日用器械皆有定制，而不敢作爲邪異。尺度、權量、長短、大小必同物數，布幅多寡，廣狹必定。如是，則若遠若近、曰大曰小皆不敢立異改常，均齊方正，咸惟道德之歸此，天下風俗所以常同也歟！」〔註36〕就丘濬而言，開國時期洪武朝所創制的禮制規範，形同朱明王朝的「祖制」，百官庶民違制違式、僭越奢華者就是異端。飲食過之謂之食妖，服飾過之謂之服妖、巾妖，居室過之謂之木妖、鳥妖，〔註37〕乘輿過之亦可謂之物妖、輿妖。本文試圖從各階層日常生活休戚相關的食衣住行等方面，探討明代社會生活的異端現象。然而，單以奢侈、僭越、時尚、妖異等名詞，都不足以概括此一社會現象，因此本文論述上惟有以「異端」一詞界定之。

〔註34〕《芝園外集》，卷6，〈鑒戒林〉，頁17上～下。

〔註35〕此類食妖，近於物妖一類。〔明〕王士性，《廣志繹》（北京：中華書局，1997年12月第1版），卷2，〈兩都〉頁33：「尚古樸不尚雕鏤，即物有雕鏤，亦皆商周秦漢之式，海內僻遠皆效尤之，此亦嘉、隆、萬三朝爲盛。至於寸竹片石摩弄成物，動輒千文百緡，如陸于匡之玉馬，小官之扇，趙良璧之鍛，得者競賽，咸不論錢，幾成物妖，亦爲俗蠹。」

〔註36〕〔明〕丘濬，《大學衍義補》（《丘文莊公叢書》，台北：丘文莊公叢書輯印委員會，1972年2月臺初版，據明萬曆三十三年重刊本景印），卷78，治國平天下之要，〈崇教化・一道德以同俗〉，頁5下。

〔註37〕〔明〕李贄，《山中一夕話》（《續修四庫全書》子部1272冊，上海：上海古籍出版社，1995年，據明刻本景印），上集卷6，〈美女月夜遊園記〉，頁18上～23上。

三、研究成果的回顧

史學界目前針對明代社會生活在食、衣、住、行的探討，有巫仁恕《品味奢華：晚明的消費社會與士大夫》及滕新才《且寄道心與明月——明代人物風俗考論》二書。巫仁恕集結多年對明代生活層面的研究成果，透過社會科學的理論與方法，分析晚明社會結構與消費文化的關係。首章介紹消費社會的形成，主論分為五個部分：消費與權力象徵——以乘轎文化為例、流行時尚的形成——以服飾文化為例、消費品味與身分區分——以旅遊文化為例、物的商品化與特殊化——以家具文化為例及文人品味的演化與延續——以飲食文化為例。〔註38〕滕新才則將多篇論文合稿刊行，以專題式呈現明代人物和生活樣貌，其中第二部分關於明代中後期社會變遷研究，對飲食、服飾、居室與旅遊的論點頗為深入，觀點多有創見。〔註39〕二書均對本文觀念釐清與寫作方向助益甚多。京師多倡風氣之先，邱仲麟《明代北京都市社會的變遷（1368～1644）》一書，則探尋明代北京社會的變遷過程，其中第三章專論北京社會風氣在經濟發展下的變化，包括衣食、文娛等多方面的考察。〔註40〕

若從生活單一層面探討，研究成果則頗為豐碩，但多集中於服飾方面，其中林麗月多年關注明代服飾層面問題，先後發表〈晚明「崇奢」思想隅論〉、〈陸楫（1515～1552）崇奢思想再探——兼論近年明清經濟思想史研究的幾個問題〉、〈明代禁奢令初探〉及〈傳統中國的「禁奢」與「反禁奢」〉等文。〔註41〕自九○年代末期，觸角又延伸至服飾方面，諸如〈衣裳與風教：晚明的服飾風尚與「服妖」議論〉、〈萬髮俱齊：網巾與明代社會文化的幾個面向〉及〈大雅將還：從「蘇樣」服飾看晚明的消費文化〉等多篇論文。〔註42〕周紹泉〈明代服

〔註38〕巫仁恕，《品味奢華：晚明的消費社會與士大夫》（台北：聯經出版事業股份有限公司，2007年5月初版）。

〔註39〕滕新才，《且寄道心與明月——明代人物風俗考論》（北京：中國社會科學出版社，2003年6月第1版）。

〔註40〕邱仲麟《明代北京都市社會的變遷（1368～1644）》（台北：國立台灣大學歷史學研究所碩士論文，1991年6月）。

〔註41〕林麗月，〈晚明「崇奢」思想隅論〉，《台灣師大歷史學報》，19期，頁215～234；〈陸楫（1515～1552）崇奢思想再探——兼論近年明清經濟思想史研究的幾個問題〉，《新史學》，5卷1期，頁131～153；〈明代禁奢令初探〉，《台灣師大歷史學報》，22期，頁57～84；及〈傳統中國的「禁奢」與「反禁奢」〉，《錢穆先生紀念館館刊》，7期，頁17～28。

〔註42〕林麗月，〈衣裳與風教：晚明的服飾風尚與「服妖」議論〉，《新史學》，10卷3期，頁111～157；〈萬髮俱齊：網巾與明代社會文化的幾個面向〉，《臺大歷

飾探源〉則對明代服飾制度的源流和特點等做一概述。〔註 43〕飲食是存生的重要來源，亦列入歷代禮制的規範。伊永文《明清飲食研究》〔註 44〕和徐海榮主編《中國飲食史・第五卷》二書，〔註 45〕對明代飲食的風尚或器皿等均有涉及，但不易看出時代的整體變化，雖與本文探討的旨趣不同，但仍是研究明代飲食的重要參考。

對於明人居室的研究，目前多側重於居室的建築與格局，而居室生活的整體流變則較缺乏，吳智和〈明人居室生活流變〉，將明代居室生活分爲洪武至建文時期、永樂至弘治時期、正德至隆慶時期及萬曆至崇禎時期四個部分，並提出居家格局與社會習尚的流轉是相呼應。〔註 46〕吳智和另一著作《明人休閒生活文化》提及，居室是文人的生活歸宿，不論仕宦或在野，居室或園林爲文人生活文化的基石與核心。〔註 47〕朱元璋在明初定律，家居不得任意建蓋園囿與台榭，然而明代中後期，特別是江南地區的園林如雨後春筍般湧現，被視爲明代江南經濟發達下的產物，明代的園林發展成爲居室生活裡最常被探討的議題。王春瑜〈論明代江南園林〉〔註 48〕及王鴻泰〈美感空間的經營——明、清間的城市園林與文人文化〉等，〔註 49〕論述園林與明人間的生活關聯，本文脈絡與觀念釐清多有助益。夏咸淳《明代山水審美》分〈江水之助〉、〈園林勝概〉及〈掇山理水〉三部分，提出明中葉後，特別是正德、嘉靖時期，園林興作日繁，江南的崇尚侈靡，社會需求的提高，官宦、富商與士大夫對園林建築，投注大量的金錢與時間，是促進園林發展的助力。〔註 50〕對於關於行具方面的研究，目前史界關注較少，除巫仁恕《品味奢華：晚明的消費社會與士大夫》一

史學報》，33 期，頁 133～160；〈大雅將還：從「蘇樣」服飾看晚明的消費文化〉（《明清以來江南社會與文化論集》，上海：上海社會科學院出版社，2004 年 5 月第 1 版），頁 213～225。

〔註 43〕周紹泉，〈明代服飾探源〉，《史學月刊》，1990 年 6 期，頁 34～40。

〔註 44〕伊永文《明清飲食研究》（台北：洪葉文化事業有限公司，1998 年 3 月初版）。

〔註 45〕徐海榮，《中國飲食史・第五卷》（北京：華夏出版社，1999 年 10 月第 1 版）。

〔註 46〕吳智和，〈明人居室生活流變〉，《華岡文科學報》，24 期，頁 221～256。

〔註 47〕吳智和，《明人休閒生活文化》（宜蘭：明史研究小組，2009 年 10 月初版），頁 232。

〔註 48〕王春瑜，〈論明代江南園林〉（《明清史事沉思錄》，西安：陝西人民出版社，2007 年 1 月第 1 版），頁 106～118。

〔註 49〕王鴻泰，〈美感空間的經營——明、清間的城市園林與文人文化〉，《東亞近代思想與社會》，台北：月旦出版社，1999 年 11 月初版，頁 127～186。

〔註 50〕夏咸淳，《明代山水審美》（北京：人民出版社，2009 年 5 月第 1 版）。

書中對「乘轎文化」的探析外，其餘多為通論性的著作。生活富足使貴族雅士有閒情逸致遊山玩水，輿轎成為他們最基本的代步工具，張嘉昕《明人的旅遊生活》與林利隆《明人的舟遊生活：南方文人水上生活文化的開展》二書有其相關論述。〔註 51〕

明代社會生活的研究，早於九〇年代已成為許多學者關注的課題。〔註 52〕若從社會生活史的探究，陳寶良深耕多年，出版多種明代生活層面的專書，1996 年出版《飄搖的傳統——明代社會生活史長卷》，以輕鬆的筆法介紹眾生百態，說明晚明已是變革時期，傳統文化搖搖欲墜，全新的生活與思潮實為自然趨向。〔註 53〕後又陸續出版《明史社會生活史》及與王熹合著《中國風俗通史・明代卷》，〔註 54〕二書互有參酌增刪，參考許多筆記、文集，是瞭解明代各階層生活的重要參考。明代中葉，商賈階層崛起，士商相互滲透，形成一股習尚，造成僭奢流風盛行。針對晚明時期奢靡現象與消費文化加以探討，是目前研究明史的熱門課題。常建華〈論明代社會生活性消費風俗的變遷〉，從生活層面瞭解消費風俗變遷的背景、特徵與原因。〔註 55〕牛建強《明代中後期社會變遷研究》，透過江南區域環境研究，來瞭解社會變遷的成因、表現與特徵。〔註 56〕鈔曉鴻〈近二十年來有關明清「奢靡」之風氣研究述評〉，直接引用地方志說明各地生活的概況。〔註 57〕

心態史是近幾年來的研究重點，史小軍《復古與新變——明代文人心態史》，將明中期文人心態，分為復古、標榜、諍諫、貪殘和任誕五型，並主張

〔註 51〕張嘉昕，《明人的旅遊生活》（台北：中國文化大學史學研究所碩士論文，2000 年 6 月）；及林利隆，《明人的舟遊生活：南方文人水上生活文化的開展》（宜蘭：明史研究小組，2005 年 8 月初版）。

〔註 52〕趙毅、欒凡，《20 世紀明史研究綜述》（長春：東北師範大學出版社，2002 年 11 月第 1 版），頁 222。

〔註 53〕陳寶良，《飄搖的傳統——明代社會生活史長卷》（長沙：湖南人民出版社，2006 年 5 月第 2 版）。

〔註 54〕陳寶良，《明史社會生活史》（北京：中國社會科學出版社，2004 年 3 月第 1 版）；及陳寶良、王熹，《中國風俗通史・明代卷》（上海：上海文藝出版社，2005 年 2 月第 1 版）。

〔註 55〕常建華，〈論明代社會生活性消費風俗的變遷〉，《南開學報》，1994 年 4 期，頁 60～63。

〔註 56〕牛建強，《明代中後期社會變遷研究》（台北：文津出版社，1997 年 8 月初版）。

〔註 57〕鈔曉鴻，〈近二十年來有關明清「奢靡」之風氣研究述評〉，《中國史研究動態》，2001 年 10 期，頁 9～20。

晚明文人精神與物質生活均顯多姿多采，且極富浪漫氣息，以張揚個性和享受人生爲主要心態。〔註 58〕夏咸淳的《情與理的碰撞：明代士林心史研究》，與史小軍一書同年刊行，但取向略有不同，夏咸淳認爲弘治以來士林心態的變化，是好奇、趨異、喜新與務博，打破前朝呆板僵化的心志，釋放明人的創造潛質，迄至晚明，「趨俗」成爲士人心態的顯著特徵。〔註 59〕羅宗強《明代後期士人心態研究》，則探究嘉靖前、後期，商業經濟的發達，影響明人生活環境、習慣與趣味，提供多樣生活條件，影響生存觀念，進而影響他們的心境，徘徊於入仕與世俗間的微妙心態。

四、史料徵集與運用

本文論述主軸在於「禁奢論」與「崇儉論」，史、子、集部中凡有禁奢、崇儉的明人主張或議論，皆在蒐羅之列。目前明代史料從《明實錄》與《景印文淵閣四庫全書》，現已擴及《四庫全書存目叢書》、《續修四庫全書》、《四庫全書禁燬書叢刊》、《四庫未收書輯刊》及《北京圖書館古籍珍本叢書》等大型叢書，這類叢書均收錄大量明代史料，台灣的國家圖書館善本書室以及漢學研究中心，亦典藏豐富的明代史部、子部與集部史料。而中華書局《元明史料筆記叢刊》、新興書局《筆記小說大觀》及新文豐出版公司《叢書集成》等，這一系列筆記史料，成爲觀察社會生活的最佳素材。

明代的方志，除上述大型叢書〈史部・地理類〉外，《天一閣藏明代方志選刊》、《天一閣藏明代方志選刊續編》、《中國地方志集成》、《日本藏中國罕見地方志叢刊》及漢學研究中心影印日本所藏方志等，均是本文搜羅的史料來源，志書中的〈風俗志〉與〈藝文志〉，也成爲瞭解該地區的重要史料來源。

明人論及禁奢崇儉觀念，史部奏議類、子部雜家類及文集中多有詳載，如呂坤《實政錄》〈禁約風俗〉、左懋第《左忠貞公剩藁》〈嚴禁奢僭以輓風俗以息災沴示〉等，以鄉約方式勸諭地方百姓。鄭二陽《鄭中丞公益樓集》載記〈寧儉約〉、〈鄉黨共約〉及〈折簡約〉等，以鄉黨規約罷黜浮華；莊起元《漆園卮言》中〈力行節儉公約一道〉；郭應聘《郭襄靖公遺集》則以〈家訓〉，

〔註 58〕史小軍，《復古與新變——明代文人心態史》（石家莊：河北教育出版社，2001 年 11 月第 1 版）。

〔註 59〕夏咸淳，《情與理的碰撞：明代士林心史研究》（保定：河北大學出版社，2001 年 11 月第 1 版）。

要求子弟不得豐侈相矜。張萱在《西園聞見錄》的〈節儉〉中，不僅蒐錄明人事蹟，也兼及前代的儉約典範。鄭瑄《昨非菴日纂》中〈惜福〉有明人儉約史例，陳龍正《幾亭外書》中，包括〈變奢俗〉、〈聖人嗜味有道〉、〈養生所主〉及〈晝飲〉等，在飲食方面提出從樸去奢之法，對養生之道著墨甚多。方弘靜《千一錄》，在〈經解〉、〈客談〉等卷，有其對社會生活異端的觀察，〈家訓〉則提出治家儉約之道。李漁在《閒情偶記》分門別類介紹〈聲容〉、〈居室〉、〈器玩〉、〈飲饌〉與〈頤養〉等，但各部類皆寓意節儉於制度之中，黜奢靡於繩墨之外。這些皆是構成本文的重要史源。

第二章　崇儉禁奢的背景

中國歷朝各代以來，「儉約」是帝王治國的基本準則。漢代所謂的「治國之道」以「富民」為始，而富民之要，在於「節儉」。〔註 1〕漢代賢良嘗言，宮室輿馬、衣服器械和喪祭飲食等各方面，皆是人情所不能或缺，所以聖人以「制度」防微杜漸，因「宮室奢侈，林木之蠹也；器械雕琢，財用之蠹也；衣服靡麗，布帛之蠹也；狗馬食人之食，五穀之蠹也；口腹從恣，魚肉之蠹也；用費不節，府庫之蠹也；漏積不禁，田野之蠹也。」〔註 2〕這些看似細微的飲食、服飾、居室與行具等日常習性，一旦儉約趨向奢靡，就容易聚為「國病」，招致「政怠」。若要國政清明，當從革除奢俗，提倡儉樸做起。明人喜談漢代事，這些傳統觀念就成為推行儉德的基本準繩。

「儉」與「奢」，明人自有一套衡量規矩。如胡儼（1361～1443）並不否認，「凡人」特別在居室華麗、輿服侈靡、食飲奢縱與逸樂無度等方面，常因生活充盈而不經意踰越，「凡日用事物之間，口鼻耳目四肢之欲，侈然以自肆者，孰不為過哉！過則失矣，是以聖人之教抑過以就中，君子務焉。」〔註 3〕踰越的「過」，必須透過禮教與法度來救正。明代中後期，商品經濟高度發展，從中央到地方，社會流風以「奢華」相尚，以貧困為恥，新的價值觀念與社會取向不斷地衝擊傳統桎梏，但明代士人仍勠力推行儉約。「國奢示之以儉，

〔註 1〕〔漢〕司馬遷，《史記》（台北：鼎文書局，1974 年 10 月初版），卷 112，〈平津侯主父列傳第五十二〉，頁 2963。

〔註 2〕〔漢〕桓寬，《鹽鐵論校注》（北京：中華書局，1996 年 9 月第 1 版），卷 6，〈散不足第二十九〉，頁 349～356。

〔註 3〕〔明〕胡儼，《頤庵文選》（《景印文淵閣四庫全書》集部 1237 冊），卷上，〈約齋記〉，頁 60 下～61 上。

君子之行，宰相之事也。」〔註4〕如顧炎武（1613～1682）等人認爲，各級官僚體系爲世風之率，他們上奏疏建請推廣儉德與禁制奢侈，地方官員將鄉約與保甲結合，充分於鄉里間落實儉約。宗族家室也是維繫儉德重要的一環，他們以《顏氏家訓》爲齊家之本。舉國官僚士大夫協心同力，其目的在於灌輸各階層回歸「崇儉黜奢」的基調。

第一節　官府衙門的疏奏

元末之際，各路群雄豪傑多採儉樸生活，藉以養精蓄銳與吸納群眾。如明玉珍（1331～1366）躬行儉約，興文教、辟異端、禁侵掠、薄稅斂，「一方咸賴小康焉。」〔註5〕朱元璋所用將領，多來自濠、泗、汝、潁、壽春、定遠諸州人士，「勤苦儉約，不知奢侈，非比浙江富庶，躭於逸樂。」〔註6〕至正二十七年（吳元年，1367）九月，朱元璋執張士誠（1321～1367）後，告誡浙西來歸諸將，務必革去奢華舊習，以節約爲張本。

明朝開國君主朱元璋自詡仁政，教化與聚財、省役、禁貪暴並舉，是他仁治的基礎之一，也是朝廷「培其根」的要務。提倡省約就是推行教化的目的之一，朱元璋深知「積習之弊以奢侈相高」的道理，認爲風俗關乎一代治亂，惟有人君修身與官吏律己以爲萬民表率，同時重視教化的宣傳與教育，才能使社會趨於穩定。〔註7〕明朝初期根基未穩，物力貧乏，太祖絲毫不敢私取民力，如某日巡視內藏，慨然對侍臣言：「此皆民力所供，蓄積爲天下之用，吾何敢私？苟奢侈妄費，取一己之娛，殫耳目之樂，是以天下之積爲一己之奉也。今天下已平，國家無事，封賞之外，正宜儉約，以省浮費。」〔註8〕明朝以「儉德」肇建，深知保國根基在「藏富於民」的道理，「民富則親，民貧

〔註4〕〔清〕顧炎武、〔清〕黃汝成集釋，《日知錄集釋》（長沙：嶽麓書社，1996年2月第1版），卷13，〈儉約〉，頁486。

〔註5〕〔清〕錢謙益，《國初群雄事略》（《四庫禁燬書叢刊》史部8冊，北京：北京出版社，2000年，據北京大學圖書館藏民國烏程張氏刻適園叢書本影印），卷5，〈夏明玉珍〉，頁16上。

〔註6〕〔明〕鄧士龍，《國朝典故》（北京：北京大學出版社，1993年4月第1版），卷6，〈皇朝平吳錄〉，頁149～150。

〔註7〕毛佩琦，〈明教化厚風俗——朱元璋推行教化的幾個特點〉，《學習與探索》，2007年5期，頁195。

〔註8〕《典故紀聞》，卷2，頁36。

則離，民之貧富，國家休戚繫焉。」〔註9〕所有尊貴象徵全然抹去，宮室器用一從樸素，飲食衣服皆以常供，惟恐奢侈傷財害民。

反觀坊間的富民、武臣等猶以金龍牀幔，馬廄用九五間數，而部分豪民亦鎔金爲酒器，飾以玉珠，藉此誇耀身家。太祖皆重懲其弊，並制定官民服舍器用制度，以資依循。〔註10〕太祖以「儉樸」傳世，同時寫錄於寶訓、祖訓與官箴之中，成爲日後皇族勛戚與官僚縉紳奉行的圭臬。洪武以後，面對社會奢僭世風的挑戰，歷朝各代均以爲準則，官僚集團在疏奏建言上，積極的提倡儉約，消極的防微杜漸，其作用不外有二：一爲減省國庫虛耗，二是降低百姓負擔。

一、減省國庫虛耗

皇帝身居國主，過分講求奢華靡費，可能虛耗國財民力，使國家基業毀於一旦。如宣宗在位期間，十分恪遵祖訓，重視儉樸，輯錄《帝訓》二十五篇，〈恭儉〉亦蒐羅於內：

> 恭儉者，帝王之美德，恭則敬謹而不怠，儉則省約而無擾。古聖帝明王率由此道，所以國家清寧，令聞長世，故曰德行廣大而守以恭者榮，土地博裕而守以儉者安。逮其季世之君有不能然，志驕氣溢，傲忽不恭，窮奢極欲，泛濫無節而流毒四海，底於喪敗，既往可鑒矣。蓋貴爲天子富有四海，非約之於身心，施之於家國，則志不期驕而自驕，用不期侈而自侈。是以明主不忘恭己，非惡逸也，防驕怠也。不去儉德非憎美也，慮侈汰也。驕怠侈汰，敗德之斧斤。恭敬節儉，崇德之梯階，其可不愼所由哉！〔註11〕

在太祖祖訓基礎上，宣宗制訂《帝訓》，從天理人倫說明恭儉的重要，期許成爲後代帝王的示範，不可驕奢敗德。

「奢則示之以儉，禮失而求之野，返樸還淳之謂也，必上令而下始行，一倡而群始和。」〔註12〕透過自身警覺與臣僚建言，明朝皇帝在嗣位之初，

〔註9〕《明太祖實錄》，卷176，洪武十八年十一月甲子條，頁3上～下。

〔註10〕〔清〕張廷玉等，《明史》（北京：中華書局，1997年3月第1版），卷65，〈輿服一〉，頁1598。

〔註11〕《明宣宗實錄》，卷38，宣德三年二月下條，頁6下。

〔註12〕〔明〕陸樹聲，《善俗裨議》（台北：國家圖書館善本書室，據明萬曆間原刊本攝製微片），頁2上。

多能謹遵教誨，從減衣縮食做起，如弘治三年（1490）八月，南京太監陳祖生等人奏請孝宗，添增奉先殿每日供獻品物，被禮部以「與祖制家法不合」駁議，僅增一鵝二雞而已。〔註 13〕武宗正德元年（1506）八月，戶科給事中薛金巡視光祿寺，見各官每日添設湯飯桌面，賞賜羊酒品物，用度過侈，宰殺數較往年多數倍，「今豬羊缺少，錢糧窮乏，鋪戶靠損，有司違慢，所入不足以償所出。」〔註 14〕建請武宗惜財用、摒嗜欲，並敕諸司通查各冗費，如舊除革以崇簡約。時至明末，崇禎元年（1628）三月，思宗上位初期，大學士亦建言〈崇節儉之德〉：「皇上罷織造、減魚鮓，儉德成性，史不勝書。然今天下帑藏虛竭，物力因蔽，非極力節省，耗蠹何窮，願宮中冗食之類、匪頒之予，稽查舊籍，務在省裁。」〔註 15〕

皇室一時的節衣縮食政策，實則象徵表意大過實質助益。而這類「表相」的崇儉尚樸，多是君主即位初期的依例行事，藉以宣揚仁心德政；後期則恣意妄爲，耽於逸樂與虛耗財賦者不在少數。此際則仰賴官僚集團的疏奏諫戒，尤以內閣、六部與都察院等機構發揮其職能。如穆宗即位之初，張居正（1525～1582）身兼禮部尚書與武英殿大學士二職，有感於嘉靖末期社會風俗放縱侈靡，官民服舍俱無限制，於隆慶二年（1568）八月上〈陳六事疏〉，其一爲「固邦本」，要求穆宗敦尚儉素，停行土木、奢侈等一切妄費。〔註 16〕張居正認爲，國家經濟財政與民生休戚、社稷安危的基石，惟有崇儉節用才能安民，過度奢侈與浪費均是耗財病民的弊端。〔註 17〕

隆慶三年（1569）正月，內宮太監研製煙火，作爲穆宗元宵節的獻禮，但火藥不慎引爆，燒毀十幾間房屋。雲南道監察御史詹仰庇（1534～1604）直言，國君應爲萬民表率，不得過分耽於聲色：

> 臣惟損德害身之大，莫過於逸欲，而逸欲之漸，每起於近習。蓋人

〔註 13〕禮部認爲：「自太宗豐儉適宜，莫敢增損。若謂朝廷盡祀先之禮，欲其豐盛，雖竭天下之奉亦何所不可致。而其中牲口雜羞，不過雞鵝糕餅，其儉約如此，蓋欲以示儉德聖子神孫，俾萬世守之以爲家法者。」參見《禮部志稿》，卷 83，〈宗廟備考．量增奉先品物〉，頁 1 下～2 上。

〔註 14〕《明武宗實錄》，卷 16，正德元年八月丙子條，頁 10 上～下。

〔註 15〕《崇禎長編》，卷 7，崇禎元年三月戊辰條，頁 8 上。

〔註 16〕〔明〕張居正，《張居正集》（湖北：荊楚書社，1987 年 9 月第 1 版），卷 1，〈陳六事疏〉，頁 8～9。

〔註 17〕韋慶遠，《張居正與明代中後期政局》（廣州：廣東高等教育出版社，1990 年 3 月第 1 版），頁 316～318。

君深居九重，延接正人之時少，親近便嬖之時多，侈靡習成，逸欲易生，至於損德壞身則莫之知也，是可不爲之戒哉！臣聞本月初伍日夜，內官監研製火藥發火，延燒房屋十餘間，道路傳言謂製辦烟火進上，臣聞之不勝驚駭！……臣謂京師者四方之表率也，陛下既以節儉爲天下先，而京師顧奢靡若此，則四方相尚，民困俗偷有由然矣。仍乞敕下廠衛禁革，使天下知敦本崇實，以成朴儉之風，未必非國家之福也，天下幸甚！臣民幸甚！〔註 18〕

房屋是擋風遮雨的住所，詹仰庇認爲不應逞一己私欲，而虛耗國家財富，但穆宗並未採納。袁子讓字仔肩，郴州人，萬曆二十九年（1601）進士，官眉州知州，也認爲人主的美德是「儉」與「潔」，惟有躬行節用與儉約，切奢侈之弊，才能抑止國家漏巵與穿窬：

蓋天下之利權在上，而君志逞，則爲侈用之端；天下之利源在下，而國用侈，則爲剝民之柄。是故君子寧廉取而少施，毋寧濫用而求多也。雖然天下固有儉而無裨者，今人見燎衣則必駭，見棄食則必驚。衣無用之人，是燎之也；食無用之馬，是棄之也，而人恬弗怪。〔註 19〕

所以，「居取容身，豈必瑤臺幔室；衣取適體，豈必齊紈蜀錦；食取養生，豈必觻翠象豹哉！」〔註 20〕

諫戒無法發揮功效，規範皇帝言行，則靠天變示警，期望人君自省。如成化七年（1471）十一月，彗出軒轅，憲宗歸咎「是非乖舛，與將用度奢侈；賞賜無節，妄費府庫之財；與營繕頻繁，徵科無藝」等原因，應與文武大臣、科道等官研擬切實可行、克盡交修之道。〔註 21〕同樣在武宗正德元年（1506）六月，雷震京城正陽門、海馬天壇殿，隔月，孝陵樹木亦爲雷火燒燬。皇城、陵寢屢遭雷擊，南京給事中徐暹等奏陳七事，建請武宗崇尚節儉以率天下，

〔註 18〕《皇明兩朝疏抄》，卷 19，詹仰庇〈嚴究恣肆內臣以端近習疏〉，頁 12 上～13 上。

〔註 19〕〔明〕袁子讓，《五先堂文市榷酤》（《續修四庫全書》子部 1132 冊，上海：上海古籍出版社，1997 年，據中國科學研究院歷史研究所藏明萬曆刻本影印），卷 2，〈節用篇〉，頁 47 上～48 上。

〔註 20〕《五先堂文市榷酤》，卷 2，〈儉潔篇〉，頁 45 上。

〔註 21〕〔明〕徐昌治，《昭代芳摹》（《四庫禁燬書叢刊》史部 43 冊，北京：北京出版社，2000 年，據南京圖書館藏明崇禎九年徐氏知問齋刻本影印），卷 20，〈憲宗純皇帝〉，頁 3 上～下。

爲消弭天災之道。〔註22〕

人君是導風維俗的重要表徵，明人如周廷用等，均主張國君宜引領儉素風尚，因侈靡習氣乃亡國敗家之禍源：

今夫王者，受四海之貢，取九垓之賦，位已尊矣！富已至矣！使窮奢極欲，費出無經，則倉廩需，府庫耗，下民無聊，上天降戾，而天下必危。以此觀之，天子不儉則失四海，諸侯不儉則失國，大夫不儉則失家，庶人不儉則失身，必然之理也。竊觀士民之家，一夫耕而數人食，一婦蚕而眾人衣，匱乏難以兼濟，不輔之以儉，則貧窶立至，飢寒日臻，其不操瓢囊而轉爲溝中之瘠者，鮮矣！……由此論之，民實不可以不儉也。〔註23〕

馮琦（1558～1603）也認爲自古耗天下之財者，莫甚於奢侈。「奢侈之極，必至僭越；奢侈之弊，必至困詘。」要抑制奢侈，惟有人君「示之以禮，先之以儉，而佐之以法禁，然後風俗可得，而移易也。」〔註24〕在上位者宜以節儉示範，則社會自然從風，崇禎七年（1634）進士陳龍正（1585～1645）認爲：「變合邑之奢爲儉，權在邑侯。如宴會之間，定食品、革梨園，則縉紳必從；縉紳心從，則小民從矣。使人人以不奢爲恥，風俗自然趨奢；使人人以不儉爲恥，風俗自然歸俗。」〔註25〕先帝王而後官僚集團、百姓小民，風氣自當化醨爲醇。

二、降低百姓負擔

崇儉黜奢的政策，是降低勞役擔負以抒民困，博得百姓的好感，因此廉能幹練的官員，莫不以「尚儉」爲己任，「節儉」、「省約」、「儉約」、「儉素」與「儉德」等字眼，更成爲他們上疏提及的建言要項之一。早於景帝景泰二年（1451）二月，時任吏部文選清吏司郎中的李賢（1408～1466）建言「崇

〔註22〕《明武宗實錄》，卷16，正德元年八月丙子條，頁11上～下。

〔註23〕〔明〕周廷用，《八厓緒論》（《八厓集》，台北：漢學研究中心景照明嘉靖十年刊本），卷2，〈尚儉〉，頁20下～21上。

〔註24〕〔明〕馮琦，《宗伯集》（《四庫禁燬書叢刊》集部15冊，北京：北京出版社，2000年，據天津圖書館藏明萬曆刻本影印），卷34，〈除秘祝〉，頁11上～下。

〔註25〕〔明〕陳龍正，《幾亭外書》（《續修四庫全書》子部1133冊，上海：上海古籍出版社，1997年，據北京大學圖書館藏明崇禎刻本影印），卷4，〈鄉邦利弊考·禮例十三條·變奢俗三〉，頁39上～下。

節儉」，緣由之一在古代聖賢君主未有不崇節儉者，「況今天下多事之秋，工部、光祿寺諸司，諸色買辦倍於前日。近因賊寇驚擾，人民尚未寧息，伏望陛下躬行節儉，凡內府一應服食器用，必須究查今日之費比之先朝果減省乎？果增多乎？務用減省以蘇民力，則天下幸甚。」〔註 26〕若人君既以節儉存心，臣僚豈敢奢侈相尚，自然家給人足。

仕終南京兵部尚書的張邦奇（1484～1544）也提出，足費莫若省費，而養民之本在昭儉德：

> 今耗財之路，不可縷舉，姑以光祿寺言之，一日之費供一宴之設，而或至於鉅萬，先帝已嘗裁減，……陛下誠躬行儉約，明詔中外，則凡耗財之路，猶庶幾其以漸而可塞也。……臣恐財用日耗於上，而民生日困于下也。夫不塞耗財之路，無以開生財之源。今取於民者，軍需襍征，與夫斗斛耗米之加，已不啻數倍於常時矣，民已竭矣，不可以有加矣。〔註 27〕

過度向百姓徵收財賦，將招致反彈，張邦奇認爲一國之君必須身爲模範，奉行儉約，不可因一己之欲而加重百姓負擔。

穆宗在位初期，勵精圖治，奉行儉約。《明穆宗寶訓》特列〈節儉〉一篇，條列隆慶元年至二年（1567～1568）間，君臣貫徹節衣縮食，減省用度的實例，表列如次：

表 2-1　穆宗初年減省民力事例表

上疏年月	建　言　內　容	處　置　方　式
隆慶元年四月	禮部覆戶科左給事中何起鳴言，南京進鮮馬快船，承天府增進香米等物擾害地方，俱當詔罷。太常寺歲用牲三千有餘，例以行戶上納價，未及領而上納之費已數倍。當令科道官會同該寺，給散牲價及稽察奸弊。	進鮮船騷擾，及太常寺一切宿弊，如議禁革。承天府香米等物，停止不許進獻。
隆慶元年五月		詔罷寶坻縣等處採取魚鮮自今薦新上供，但令光祿寺備辦。

〔註 26〕〔明〕李賢，《古穰雜錄》（《明刊本歷代小史》30 冊，台北：台灣商務印書館，1969 年 3 月臺 1 版），頁 6 上～下。

〔註 27〕〔明〕陳子龍、徐孚遠、宋徵璧等編，《明經世文編》（北京：中華書局，1987 年 3 月第 1 版），卷 147，張邦奇〈處置經費議〉，頁 4 下～5 上。

隆慶元年七月	光祿寺少卿李鍵〈條陳議處供應十事〉，包括申明宴享規制、服制未及大祥，乞罷張飲設樂。寶坻縣魚鮮，每年止辦一次薦新，查革冒支工食，以及畜飼獅羊糜費無益宜停止等項。	均悉依擬。
隆慶元年十二月	戶部尚書馬森建言，生財未若節財，多取不如儉用。上計國儲匱乏，下恤民生艱難，視太倉銀數少，惜糧數少，由朝廷而百官至萬民，共成恭儉之化，漸致殷富之盛。	一切用度，十分省減。正供之外，未嘗妄費分毫。當悉心措處，以濟國用。
隆慶二年三月	御用監奏，合用金箔漆硃等料，減定數目請行工部辦送本監。工部以漆硃等料所未有，宜以嘉靖初年爲其金箔等如數處辦，各監局物料仍如節年事例，不得加增。	從工部議。

資料來源：《明穆宗寶訓》，卷 1，〈節儉〉，頁 21 上～24 上。

穆宗上位未及兩年，企圖導正奢風的目標十分明顯。但此後並未貫徹初始崇儉的論調，開始縱情逸樂。隆慶六年（1572）三月，劉奮庸建請穆宗慎儉德，「嗣位以來，傳旨取銀不下數十萬，求珍異之寶，作鰲山之燈，服御器用，悉鏤金雕玉，生財甚難，靡敝無紀。」〔註 28〕換言之，國君當思小民艱苦，不作無益之事，不貴奇異之物，則國用充羨而百姓安樂。

官僚集團在地位與貲財，均皆高於庶民百姓，但卻也是最早崇奢尚靡、踰禮犯分的階層。因而胡世寧（1469～1530）認爲，改革奢俗降低百姓負擔，當從官員做起：

> 今日守成事少，而財用缺者不能節故也。今財賦所出，比舊無增，而內府供用不知比舊加幾倍矣。上下風俗之奢，官員餽之厚送，中外冗食，不知比舊加幾倍矣。是皆內侵公府、外剝民資而得之，民若之何而不窮，財若之何而不匱也。……凡無益於事者一皆裁革，而又申諭左右勳戚之家，各守禮法，各崇節儉，各爲國惜財，各爲己惜福。至於官員饋送之厚，訪實治罪，而又公吏部黜陟之權轉移於上，士民奢僭之弊，立法嚴禁，而又選法司剛正之士，以執行於下。則臣民內外節儉成風，而國用自足，民生自遂矣。〔註 29〕

胡世寧與李承勛（1473～1531）、魏校（1483～1543）、余祐（1465～1528）並稱「南都四君子」。胡世寧上疏極言時政闕失，他認爲裁革非必要的支出與

〔註 28〕《明史》，卷 215，〈劉奉庸傳〉，頁 5688～5689。

〔註 29〕〔明〕萬表，《明代經濟文錄三種》（北京：全國圖書館文獻縮微複製中心，2003 年），卷 4，胡世寧〈崇節儉以制財用〉，頁 508～509。

浪費，就是「惜財惜福」的表現，臣民儉約蔚然成風，則國家富裕昇平。祁彪佳（1602～1645）亦直言，居官以廉潔爲本，豈可貪圖一己溫飽而累擾民間。每當祁彪佳巡歷所至，盡卻一切鋪設玩好之物，日常飲食不過一蔬一果，決不企求遠方珍錯，生活上力求澹素。〔註 30〕

呂坤（1536～1568）認爲風俗儉奢，衣食關係小民生死。就他的觀察，自萬曆十二年（1584）以來，時局驟變：

> 五穀不登，萬民艱苦，或逃移滿路，流落他鄉；或餓死在溝，暴露屍體；或父母痛哭，殺食女兒；或聚眾搶掠，喪命監倉。假使那豐年醉飽風流之餘，積布積糧，豈至兇年食糟糠土石之物，凍死饑死？便是富貴之家，敦崇朴素，散其餘積，賑濟饑民，爲子孫留多少陰德，在世間傳多少香名？彼爭誇滿身錦繡，互鬬驚眼樓臺，鼓樂震心，肥甘厭口，不思一飽一煖之外安用許多？生在足衣足食之家，亦當惜福。況老成安靜者，君子之德；夸張炫燿者，兒童之識。由此觀之，節儉無非美俗，奢華盡是邪心。但愚頑之輩，千說萬說不依；浮詐之徒，好吃好穿不改。〔註 31〕

呂坤在山西巡撫任上，認爲整飭風紀爲其職責，惟有及時申明法度，禁約森嚴，才能遏止奢俗流佈，但恐踵習已成，不肯遽變。崇禎七年（1634），張國維（1594～1645）被拔擢爲右僉都御史，巡撫應天、安慶等十府。爲人寬厚，得士大夫心。國難當頭，他素聞「吳中俗尚侈靡，人趨淫佚，每歲春夏之交，各村鎮酬神演劇，糜費金錢，賭博姦盜悉由此起。」〔註 32〕要求地方官員以化民成俗爲務，以節省物力爲先。

士人階層是帶動社會儉樸風潮的中流砥柱。松江李豫亨認爲，天下器物本取適用，但今用以爲供，如雕梁畫棟的宮室、羅綺文繡的閨榻之類，在適用之餘，講究悅目美觀，雖說增添工匠商賈的就業機會，但也加重費用開支與民力虛耗。若士大夫不講虛華、不求美觀，則淳風、富庶之日可期。〔註 33〕

〔註 30〕〔明〕祁彪佳，《宜焚全稿》（《續修四庫全書》史部 492 冊，上海：上海古籍出版社，1997 年，據北京圖書館藏明末抄本影印），卷 17，〈興革過軍民利病共五十事〉，頁 594。

〔註 31〕〔明〕呂坤，《實政錄》（《呂坤全集》，北京：中華書局，2008 年 5 月第 1 版），卷 3，〈禁約風俗〉，頁 1000。

〔註 32〕〔明〕張國維，《張忠敏公遺集》（《四庫未收書輯刊》6 輯 29 冊，北京：北京出版社，1997 年，據清咸豐刻本影印），卷 4，〈撫吳示〉，頁 27 下。

〔註 33〕〔明〕李豫亨，《推篷寤語》（《續修四庫全書》子部 1128 冊，上海：上海古儉以養廉，明人主張士大夫節儉方能正直，「若第爲封殖計，則非儉也，悋也。」〔註 34〕然自明代中葉以來，「爲士者身處貧約，猶有正俗意念，及家甫蓄積獲得一官，富貴利達有巢穴焉，身落其中而不能出矣。內之不重，不能見外爲輕。每從人競侈靡、誇聲勢，昔之嗤笑富翁鄙薄俗子，反自蹈之。夫稱士夫則若此矣，何以責之小民！」〔註 35〕所以，海瑞（1514～1587）感嘆中流砥柱無人，造成世俗日偷而莫可止。

徐三重的論述，或可爲官府崇儉禁奢的觀念做一總結。徐三重認爲太平之世，風俗莫不淳厚儉樸；亂世之事，莫不澆薄侈靡。其關鍵在於奢侈則財耗，財耗則人窮，人窮則姦縱懷亂，這些因果關係，造成世道多故。他對時局亦有其特殊關懷：

> 天下之亂成於民貧，民漸於過用，過用由於文之盛而質之漓，此往昔固然之轍也。長人之吏有意敦風援俗，當先之朴素，繩其侈浮，凡厥靡耗之端，一一明示本末而諄其教戒。夫人非狂愚蕩敗，鮮不喜於節損，但以一時嗜好迷溺之偏，有濫溢而不暇顧者。若上以理曉，下以習成，莫不修雅而惡繁樂省，而靳費庶富可幾，風俗日美矣。今舉末世費財之事有十，一曰屋舍之弘壯，二曰器用之工巧，三曰廚饌之精腆，四曰服飾之華璽，……既以儉而去奢，復以禮而由儉。夫上人官長之命令既尊之，鄉邦仕族之家規可慕，人有不趨向而成淳風鮮矣，如是世固可今而復古也。其間富豪貴勢無意遵行倡率，而更令人目其爲梗，此足自關身世門庭，何論今日列諸禮樂政教之外也。〔註 36〕

徐氏探究時局、人心趨向，認爲追求生活上奢華是人之所欲，因此不喜節儉而溺於嗜慾喜好。惟有透過社會教化，官府禁約和鄉約族規的相輔相成、上下相維，才可達到崇儉黜奢的時風流尙。

籍出版社，1995 年，據北京大學圖書館藏據明隆慶五年李氏思敬堂刻本影印），卷 6，〈還奉養之眞〉，頁 28 上。

〔註 34〕〔明〕李廷機，《李文節燕居錄》（《四庫禁燬書叢刊》史部 44 冊，北京：北京出版社，2000 年，據南京圖書館藏明末刻本影印），頁 6 上～下及 19 下。

〔註 35〕〔明〕海瑞，《海瑞集》（北京：中華書局，1981 年 8 月第 1 版），〈興革條例禮屬〉，頁 98。

〔註 36〕〔明〕徐三重，《採芹錄》（《景印文淵閣四庫全書》集部 867 冊）卷 1，頁 29 下～32 上。

第二節　鄉黨規約的申明

鄉約是鄉民自動自發訂定的規約，是地方自治的體現。中國最早的鄉約，來自宋代呂大鈞（1031～1082）《呂氏鄉約》，其目的在使鄉人禮俗相交，患難相恤。而南宋朱熹（1130～1200）重新提倡鄉約，並考證修訂《呂氏鄉約》，使鄉約重新被推展。明初以來的里甲制度漸次敗壞之後，鄉約在中期受到各級官員與名儒鄉紳的重視，其內容包括治安管理、移風易俗與教化勸諭等項，形成一套完善的鄉黨制度。〔註 37〕明王朝至嘉靖、隆慶時期，郭汝霖（1510～1580）認為已從樸直無華驟變為「澆靡無忌」的年代，〔註 38〕如何達成一個「去奢崇儉」的社會，惟有從落實鄉約著手。

一、嘉、隆時期鄉約的推展

南大吉（1487～1541）在《渭南縣志》，曾針對嘉靖年間陝西渭南縣一帶，食衣住行等生活概況做一整體描述：

> 異時宮室多卑陋，今皆高大華麗矣。異時衣服多中度，今皆寬博大袖矣。異時街衢多徒行，今皆車馬僕從矣。異時粧飾多朴素，今皆珠翠錦繡矣。異時常席不用樂，今皆歌妓鳴箏矣。異時士族不穿履，今隸卒伶人屨皆紵雲矣。異時市肆不數處，今沿街白旗狂飲呼盧矣。淫侈潰亂，日甚一日。前輩恭儉淳朴之俗頹然，其日壞矣。〔註 39〕

南大吉，渭南人，正德六年（1511）進士，歷戶部郎中，出知紹興府，嘉靖六年（1520）大計罷歸。南氏以往昔今時的對比方式，將宮室、服飾、車輿、飲食等做一比較，認為昔儉今奢。渭南位處西北，其風俗尚且如此，更遑論其他富庶地區，兼之饑饉相仍，征歛無藝，貪墨成風，廉恥道喪，是個極亂世界，因而飢寒日入莫知，盜賊日滋可識。張時徹為浙江鄞縣人，累官至南京兵部尚書。他深感幼時（武宗正德時期）與今時（世宗嘉靖時期）生活差

〔註 37〕牛銘實，《中國歷代鄉約》（北京：中國社會出版社，2006 年 9 月第 1 版），頁 3～4。

〔註 38〕〔明〕郭汝霖，《石泉山房文集》（《四庫全書存目叢書》集部 139 冊，台南：莊嚴文化事業有限公司，1997 年 6 月初版，據浙江圖書館藏明萬曆郭氏家刻本影印），卷 8，〈賀聶儀部泉厓大夫六十序〉，頁 37 下～38 上。

〔註 39〕〔明〕南大吉，《嘉靖・渭南縣志》（台北：傅斯年圖書館，據日本東京都舊上野圖書館藏明嘉靖二十年攝製微捲），卷 5，〈食貨志・風俗〉，頁 12 下～13 下。

異頗大：「昔之燕客也，饌有常數；今之燕客也，饌無常數。昔之贄饋也，果餌書帕；今之贄饋也，綺縠金銀。昔之宮室也陋，今之宮室也麗。昔之衣裳也朴，今之衣裳也華。昔之什器也質，今之什器也美。」〔註 40〕面對時風丕變，以官僚、儒者爲主體的士大夫遂銳意改革，企圖以鄉約教化庶民，藉以移風易俗。

尹耕（1515～？）著有《鄉約》一書，並將鄉約定義爲：「約鄉人爲守禦事也。」明代的鄉約與保甲相結合，成爲取代里甲制度的地方自治力量來源之一：

> 今之鄉者何也？曰以廬舍之比鱗也，形勢之犄角也，耕植作息之無相遠也，則爲之所謂，不必於五州十連之廣也。今之約者何也？曰以版築之必興也，器械之必具也，守禦應援之必相資也，則爲之所謂，不必於相賓爲旅之大也。〔註 41〕

明代鄉約的落實，一般都推源於王守仁（1472～1528）巡撫南贛時所創立的〈南贛鄉約〉，南贛鄉約不僅將鄉約與保甲結合，同時具有教化功能，「務興禮讓之風，以成敦厚之俗。」〔註 42〕制定鄉約的目的之一在求地方自保，避免盜賊危害，要減少亂事，崇尚儉樸就是最直接、簡單的方式。曾于拱（1521～1588）曾說到其家鄉移風易俗，無踰鄉約：「尚勤儉、崇禮義，間有游惰侈靡者，眾共擯斥，至於寇賊奸宄似未嘗有。」〔註 43〕這就是鄉約推行、制約奢侈的具體體現。

自王守仁南贛鄉約推行後，其他地方官府也隨之倡和。鄉約，成爲一時名宦循吏的德政的典範。在王學子弟與縉紳士夫的宣傳和實踐下，明代鄉約在嘉靖、萬曆（1522～1619）以來近百年間遍及全國，論述鄉約、鄉治、公約與社規的著作不斷湧現。〔註 44〕在這些鄉約的論述裡，他們主張崇儉黜奢

〔註 40〕《芝園外集》，卷 21，〈續說林五・卜塗林〉，頁 12 上～下。

〔註 41〕〔明〕尹耕，《鄉約》（《中國兵書集成》40 冊，北京：解放軍出版社，1994 年 12 月第 1 版，據清光緒王灝輯本畿輔叢書本影印），〈總說〉，頁 44～45。

〔註 42〕〔明〕王守仁，《王陽明全集》（上海：上海古籍出版社，1992 年 8 月第 1 版），卷 16，〈十家牌法告諭各府父老子弟〉，頁 529。

〔註 43〕〔明〕焦竑，《國朝獻徵錄》（台北：臺灣學生書局，1966 年初版，據國家圖書館珍藏善本影印），卷 59，〈嘉議大夫都察院右副都御史曾魯源先生于拱墓誌銘〉，頁 26 上～下。

〔註 44〕曹國慶，〈王守仁與南贛鄉約〉（《明史研究》3 輯，合肥：黃山書社，1993 年 7 月第 1 版），頁 72～73。

是將風俗由澆轉淳的關鍵之一。黃佐《泰泉鄉禮》重視教化職能，〈鄉禮綱領〉表明，士大夫表率宗族鄉人，申明四禮而力行，以贊成有司教化。他以朱熹《小學》爲本，參酌陸九韶（1128～105）《陸氏家制》、呂大鈞《呂氏宗法》等書，教導鄉民在衣食上如何開源節流：

> 凡一年之用，置簿開算糧役之外，所有若干，以十分均之，留三分爲水旱不測之備，一分爲祭祀之用，六分分作十二月之用。若閏，則分作十三月之用。取一月合用之數，約爲三十分，日用其一。凡茶飯魚肉、賓客酒漿、子孫紙筆束修及幹事奴僕等費，皆取諸其間，可餘而不可盡。用至七分爲得中，不及五分爲太嗇。其所餘者，別置簿收管，以爲冬夏裘葛、修葺牆屋、醫藥喪葬及弔喪問疾、時節饋送，毋得奢侈，侵過次日之用。一日侵過，無時可補，便有窘匱之漸。宜一味節嗇，免至於求親舊出息通借，以招恥辱。若速客置酒，當知會數而禮勤、物薄而情厚之義，酒或七行，或十行，量洪者不過十二行而止。果五品，殽五品，羹二品，割胾二品。器用瓷漆，雖親戚上客，一以爲準。其有過用多品者，衆共罰之。〔註45〕

黃佐爲正德十六年（1521）進士，其學以程朱爲宗，學者稱泰泉先生。主張在女服的規定上，其首飾衣裙隨俗，但不許用違禁之物。而各戶等在治裝器物的費銀上亦有等差，一旦僭用珠冠命服、金銀器皿者有罪。〔註46〕黃佐也相當重視社學鄉校教育，他提及負責教讀應由致仕教官、監生或生員等擔任，由他們逐步端正社會風氣。鄉約在先期推廣之初，原意僅是口頭或文字的勸諭。黃佐鑑於該區爲古代南越，民雜華夷而時風淫侈耗財、放縱敗家與傷倫亂俗，所以悉行禁約，曉諭四民，敦儉樸以保家業：

> 夫四民之家，有千金之產者，有一金之產者。奢者以千金而不足，儉者以一金而有餘。何也？奢者勉強隨人，妄用無節，口好肥，身好懶，驕淫奸盜由此而至，所以雖有千金，亦必至於窮困。儉者隨分守己，節用省事，減嗜欲，務勤儉，循理避禍，不至喪敗，所以一金之家，反能長久而不困窮。今之四民，……何不反奢從儉，以

〔註45〕〔明〕黃佐，《泰泉鄉禮》（《景印文淵閣四庫全書》經部142冊），卷1，〈鄉禮綱領〉，頁6上～7上。

〔註46〕《泰泉鄉禮》，卷1，〈鄉禮綱領〉，頁11上～下。有關黃佐鄉約，可參閱：高春緞，《黃佐生平及其史學》（高雄：高雄文化出版社，1992年6月初版），頁141～143。

圖長久受用，不致眼下窮忙！古人云:「人能咬得菜根，則百事可做。」此言極有理。願爾民思之念之，無貽僭侈之罪。〔註 47〕

黃佐透過比較奢侈、儉樸的優劣，告誡鄉民不得逾禮越禁，一旦服色居室、婚喪祭葬有違國朝禮制者，悉送官府治罪。

誠如上述，鄉約在崇儉黜奢方面，通常針對鄉里族人的宴飲和服飾習俗加以制約。如李春芳（1510～1584）對其故鄉揚州府興化縣制訂的〈鄉約事宜〉，有鑑於當時宴會奢侈靡費，杯盤羅列，主張重大聚會二人一席，平常聚會則四人一席，菜餚五盤，果品四五碟，蔬菜不拘。若有客人暫歇，用家常菜、尋常魚各一道即可，這樣的風俗並不奢靡，人情亦可時常往來與聯繫。〔註 48〕約為同時期的海瑞，有〈興革條例〉、〈參評〉、〈保甲告示〉、〈保甲法告示〉、〈禁約三十一條〉等，在擔任浙江淳安知縣時，經常約束民眾在宴飲與服飾不可過奢，所有浮華誇飾盡皆革去。〔註 49〕

二、萬、崇時期鄉約的實踐

江西吉安府《永豐縣志》，記錄其鄉約遵循《洪武禮制》、《教民榜文》所載里社飲誓、教導勸懲而來，其中〈崇尚禮教〉共十條，關於食、衣方面的省約規範如下：

一、本縣酒席近崇侈靡，今宜悉崇儉樸。尋常親朋相會，止於從便，雖一菜一魚，酒數行亦足矣。其有吉慶大會，亦惟五果五肴，正賓席一人陪坐，而年尊者席二人，餘席三人執事，而年幼者席四五人，湯飯至再而已。違者主人處罰，仍違過以候改，賓受而不辭者，亦如之。

一、士也者，民之望也，進德修業，無欲速見小，斯無愧於為士。邇來道教不明，士習不美，……或朵頤飲食，罔顧廉節；或崇飾冠服，蕩不知恥；……有則改之，無則加勉。〔註 50〕

鄉約亦被地方巡撫等官推廣至雲南邊境，「為治以正風俗為本，滇俗未盡淳

〔註 47〕《泰泉鄉禮》，卷 3，〈鄉校〉，頁 18 上～19 上。

〔註 48〕〔明〕嚴錡，《萬曆．興化縣新志》（台北：成文出版社，1983 年 3 月臺 1 版，據萬曆十九年手抄本影印），卷 4，〈人事之紀下．風俗〉，頁 368～369。

〔註 49〕《海瑞集》，〈興革條例〉，頁 99。

〔註 50〕〔清〕陸湄，《康熙．永豐縣志》（台北：成文出版社，1989 年 3 月臺 1 版，據清康熙二十三年刻本影印），卷 8，〈永豐鄉約．崇尚禮教〉頁 6 下～12 上。

美，督學使其盍修鄉約諸款以移易之。」〔註 51〕郭之奇因不曲循權相，告歸廣東揭陽鄉居，後於崇禎六年（1633）起任禮部主事。他認爲訂立鄉約，最重要的功能在厚風俗：「以移其邪而歸之正，移其惰而歸之勤，移其侈而歸之節，移其齗而歸之淳，移其欺而歸之實，移其畔而歸之雅也。未有歸之雅而政教不行，未有政教行而風俗不美也。雖然弗躬弗親庶民不信，禁勝於身則令行於民矣。」〔註 52〕認爲婢僕服綺紈錦布、飾金寶珠玉，平民車騈數里，提帷競道者，均是違式宜應禁止。

自萬曆年間以來，全國地方多以鄉約治民，督撫、提學等官將其落實爲罰條禁律，成爲規誡、懲處百姓僭越行爲的依據。呂坤巡撫山西時，透過鄉約，頒佈告諭與教令，採取較嚴厲手段，嚴禁各階層踰越犯分，強制達到儉約的目的：

> 一、織金粧花，本王府仕宦人家品服，以別貴賤。今商賈工農之家一概穿著，已爲僭分。又有混戴珠冠及金銀□髻四圍花通襃，刻絲捺紗，挑繡襃口領緣等服，而倡優粧飾，金珠滿頭，至於牀門幃帳、渾身衣服，俱用金銷。一套銷金工價，可買一套衣裳，一年之後不復新鮮，拆洗不能，誠爲可惜。又有衙棍市遊，綾段手帕濫作裙褲，雜色寬帶直與衣齊，甚爲可恨。今後庶民之家，富者止許無補綾羅段絹，下三則人户梭布絹紬。凡在省銷金匠，除汗巾銷金不禁外，敢有於衫裙及書簡箸簽軸帳簾幃銷金，及男女僭分穿著前衣者，鄉約舉報到官，男子罰穀五十石送邊，仍與匠人裁縫俱重責枷號。其倡婦穿錦繡戴金珠者，樂工重責枷號，衣飾賞給孤老。〔註 53〕

呂坤的山西鄉約可謂至嚴且密，面面俱到，是否可行，史無明書。董裕（1537～1606）提及在江西撫州府樂安縣施行鄉約的原因：「比來俗日靡矣，財日詘矣，訟日煩、盜日滋矣。大小居民戰戰有戒心矣，而鄉約之頹弛日益甚矣，不以此隄防之不止也。」因而在萬曆二十三年（1595）重新頒示約條，希望能收到「侈靡之風易爲儉素，遠方珍品不鬻于市」之效。〔註 54〕

〔註 51〕〔明〕劉伯燮，《鶴鳴集》（《四庫未收書輯刊》5 輯 22 冊，北京：北京出版社，1997 年，據明萬曆十四年鄭懋洵刻本影印），卷 18，〈鄉約纂序〉，頁 5 下。

〔註 52〕〔明〕郭之奇，《宛在堂文集》（《四庫未收書輯刊》6 輯 27 冊，北京：北京出版社，1997 年，據明崇禎刻本影印），卷 28，〈鄉約考〉，頁 15 下～16 上。

〔註 53〕《實政錄》，卷 3，〈民政・禁約風俗〉，頁 95～96。

〔註 54〕〔明〕董裕，《董司寇文集》（《四庫未收書輯刊》5 輯 22 冊，北京：北京出版吳仁度（1548～1625）則以榜文告示鄉民，凡家有逆子傲弟及斁倫傷化之人，必報名于鄉約，顯書於簿籍，並禁革薄俗踰制人士。就他看來，婦女衣著過度華飾就是僭越，「豸補玄黃象神羊之善，觸章憲紀之威稜。凡在庶民何敢僭擬，況皀胥之妻。彼何人婦而服此，不衷抵爲身災，倡優后飾又何異焉？沿波而往，則黼黻、華蟲、宗彝、粉米之製，凡女可侈霞裝，不必問其誰家之婦也。」〔註 55〕仰各府州縣嚴行禁諭，務加體訪，有皀胥之室服飾無忌者，有司即行拏究，胥吏重治枷號，村婦庄女敢有僭越者，即坐其夫。

崇禎時期，朝野四方多事，「爲爾民者，只宜勤儉務本，並力同心以禦盜賊，設法積貲以納錢糧。」〔註 56〕厲行鄉約，成爲穩固社稷生民的唯一辦法。傅巖爲崇禎七年（1634）進士，《歙紀》爲知徽州歙縣而作。崇禎十五年（1642），李邦華（？～1644）代劉宗周（1578～1645）爲「總憲」都察院左都御史，聽聞巡城御史改季差爲中差，與巡視太倉等差一體回道考覈。李邦華認爲都城內外最易藏奸，除嚴加防備，巡城御史應久任，遂呈思宗條十六事，皆關巡城急務：

> 一、敦俗尚，世風不古，奢僭成習，然無都城爲甚，大之則婚喪無等，小之則宴會無節。娼優與良民比隣而居，婦女入寺院僧徒不避，金珠以飾下賤之首，蟒服而加庶民之妻，分義瀾倒，廉恥河決，俗之敝也極矣。巡城御史必諭令鄉約，將婚喪兩大禮，條具豐約之宜，或分貧富中人之等，定爲成規，俾小民得以永遵，不致勉強破家。此外，宴會誠難盡廢，亦須約定品味，減省虛文。當時詘而舉盈，須寧儉以從禮，示以宴圖，令民確守，敢有故違，即行罰治。至于娼優之當驅，婦女燒香之宜禁，衣飾踰制之當究，總以留此厖樸之氣，以回上天禍盈之鑒。差滿冊內必開，懲治服舍違式凡幾，究問筵廣違約凡幾，驅逐遊惰娼優凡幾，實實舉行，未有不風移而俗易者。〔註 57〕

社，1997 年，據清雍正十三年宸翰閣刻少保公全集本影印），卷 1，〈樂安縣鄉約序〉，頁 22 下～25 上。

〔註 55〕〔明〕吳仁度，《吳繼疎先生遺集》（《四庫全書存目叢書》集部 172 冊，台南：莊嚴文化事業有限公司，1997 年 6 月初版，據南京圖書館藏清乾隆吳炯刻本影印），卷 9，〈告示〉，頁 23 上～24 上。

〔註 56〕〔明〕傅巖，《歙紀》（合肥：黃山書社，2007 年 7 月第 1 版），卷 8，〈紀條示〉，頁 108。

〔註 57〕〔明〕李邦華，《李忠肅先生集》（《四庫禁燬書叢刊》集部 81 冊，北京：北京出版社，2000 年，據北京圖書館藏清乾隆七年徐大坤刻本影印），卷 6，〈巡崇禎末期即使已是國家存亡關頭，李邦華仍將巡城御史與鄉約結合推行，期望回應天變，抑制奢僭風尚。後李自成陷京師，縊於文信國祠，謚忠肅。理學儒者、縉紳官僚或在野人士等，奉行儉約汰侈的良風美俗，在有明三百年間，前後始終一致，並不因晚明時期奢風侈俗，或「崇奢」論調的流衍而沉寂。有識之士在有道治世或無道亂局中，仍然堅持「崇儉黜奢」的社會價值觀。

三、社規、公約的勸誡

劉麟（1474～1561）與同志為會，稱「湖南崇雅社」，其社約內容包含陳辭、交期、會期與儀節等。同時損益《呂氏鄉約》，要求德業相勸、過失相規、禮俗相交及患難相恤，不僅規範同社之人衣冠合度、飲食中節，在〈禮俗相交〉對宴飲禮儀詳加規定：「滌器皿，辦蔬菓魚肉，務令精潔，不尚豐奇。或吹笛鳴鼓，不用粧戲喧譁，雅澹禮飲，成歡乃罷，赴飲亦然，但翌日遣謝。燕集之日，言動衣冠，足示儀勸，不恣飲啜，自同常人。」〔註 58〕

「蕺山先生」劉宗周（1578～1645）是晚明時期推行會約的重要代表人物之一，曾經制定〈約誡〉十則二十條，並有相關處罰條例：

一、戒過飲：

一、呼盧酩酊、長夜不止者，中罰。

一、攣拳攘臂、脫巾岸幘者，上罰。

一、使酒罵座、執成嫌隙者，上罰。

一、戒奢侈：

一、衣冠過麗，隨俗習非者，中罰。

一、飲食過侈，暴殄無紀者，中罰。

所謂上罰，罰杜門謝會講一次，至赴會日，仍治具以供湯餅一次，諸友不更齎分；中罰則謝會講一次，至赴會之日，仍捐古書一冊，藏古小學，若因而竟不會者，皆聽。這是晚明理學中人的「社有約，約為學之大旨而言之，凡以為證人也。」〔註 59〕可以反映理學陣營也企望透過社集規約，來規範日常

城約議疏〉，頁 54 下～55 上。

〔註 58〕〔明〕劉麟，《清惠集》（《景印文淵閣四庫全書》集部 1264 冊），卷 11，〈崇雅社約〉、〈損益藍田呂氏鄉約〉，頁 2 上～7 上。

〔註 59〕〔明〕劉宗周，《證人社約言》（《四庫全書存目叢書》子部 15 冊，台南：莊嚴文化事業有限公司，1995 年 9 月初版，據中國科學院圖書館藏清道光十一年六

生活中踰越的行爲。呂維祺（1587～1641）萬曆四十一年進士，崇禎間爲南京兵部尚書，賊至不屈死，年五十五，謚忠節。有〈豫簪會約〉：「一、四人一卓，卓四、果四、菜十五、餚盒一道，小圍有無隨便，毋過豐，豐則難繼。」〔註 60〕在〈豐芑會則〉中有「禁奢靡」一則：

> 天地之寶惜之，自士人先；朝野之風轉之，自吾輩始。奢則示儉，儉則示禮。二簋可亨，何必費中人之產以佐庖魚；三澣可衣，何必逞竭澤之漁以供裘馬。胸藏萬卷，堪羞碎擊珊瑚；學富五車，自爾隨風珠玉。欲敦白賁，用禁綺靡。〔註 61〕

呂維祺生平篤實踐履，有〈豫簪會約〉、〈芝泉會約〉、〈豐芑會則〉、〈豐芑學約〉、〈伊洛會約〉、〈川上會語〉等，也是晚明理學陣營中，主張衣食宜崇儉。李豫亨認爲：

> 日益飲食，日益服用，日益篋笥，日益宮室，又益之田園，……益之以輿馬，……益之以舟車，益之以盤飣，……益一事則生種種貪戀，增一物則生種種護惜，畢竟終非實際而勞生，亦徒憧憧逐逐而已。〔註 62〕

嘉靖四十四年（1565）進士駱問禮（1527～1608）也提及士庶之家：「其初遇一客必求豐盛，其敝至於畏客上門，不知親友來往不容已，一菜一骰取足成禮止矣。」〔註 63〕認爲「燕飲豐厚」，子孫倣效多至敗家。呂維祺在「本儉十九則」中也說：「執友過從，爲庀一殽亦其情不容已，勿過豐，豐不可繼也。餚核六或八不用果，是爲小集。以柬邀者，或有以酌者，餚核八或十或十二不用果，或用四果，坐久益以榼，是爲常集。其新親初會，高朋特臨，及尋常官席，則十二餚、四菜、四果，或果二、行榼一具，是爲特集。」〔註 64〕呂在此以小集、常集、特集來規範儉約，接續提醒：「吾輩一樽一剌，所關世

安晁氏木活字學海類編本景印），〈證人會約·約誡〉，頁 1 上及 9 下～10 下。

〔註 60〕〔明〕呂維祺，《明德先生文集》（《四庫全書存目叢書》集部 185 冊，台南：莊嚴文化事業有限公司，1997 年 6 月初版，據南京圖書館藏清康熙二年呂兆璜等刻本景印），卷 21，〈豫簪會約〉，頁 2 上。

〔註 61〕前引書，卷 22，〈豐芑會則·禁奢靡〉，頁 8 下～9 上。

〔註 62〕《推篷寤語》，卷 3，〈原清淨之教〉，頁 18 下～19 上。

〔註 63〕〔明〕駱問禮，《續羊棗集》（《續修四庫全書》子部 1127 冊，上海：上海古籍出版社，1995 年，據北京大學圖書館藏據明隆慶五年李氏思敬堂刻本景印），附下，〈通禮當革者凡八條·燕飲豐厚〉，頁 22 上。

〔註 64〕《明德先生文集》，卷 17，〈本儉十九則〉，頁 9 上～10 下。

道不小，天下日亂往往胎於人心之奢。」

莊起元爲萬曆三十八年（1605）進士，官至太僕寺少卿。在〈力行節儉公約一道〉中認爲浙西饒富、浙東瘠薄，「迺今觀瀫水之區，月異而歲不同矣。飲食燕會，水陸裒珍，啓牘揭牋，玄黃彩繪，問遺餽送，筐篚萃異，創始若駭，沿襲成常。彼此往來，非是不虛，不知數年之後，作何樣觀矣！爲此定爲公約，戮力同心，務相遵守。上之薦紳先生，倡爲標準；下之編戶齊民，隨爲注程。可以節嗇財用而不犯好盡之戒，可以防止淫佚而不罹扞罔之愆，或有裨益。」〔註65〕列款如下：

> 一、燕飲宜儉。……今擬爲定式，尋常偶集，果四、殽六、湯點各壹，時暇坐久加以小盒，裁取洽情，不煩浮費。雖大宴饗，殽不過十，果不過五，湯點不過三，攢盒不過一。雖有醢虎加籩之類，賓告主人，三肅而退。凡我同志，幸勿渝盟。〔註66〕

陸樹聲（1509～1605）爲松江華亭人士，嘉靖二年（1523）會試第一，性恬退。有感於江南俗奢，製訂《鄉會公約》，提出一套合情適理的辦法。他認爲尋常往來不用冠帶，著常服或忠靜巾服，出則可以見客，入則便於燕居，免脫著拘窘之勞。在歲時宴會上，「近來羅列飯飣，堆案狼籍，暴殄生物，徒滋煩費。今約每會止時果五、殽五，即豐不過十品，葷素熱盞各五，米麵小食各二。非婚姻大會不得擺列糖餅，攢簇花罩，以誇侈盛。」〔註67〕理學儒者、縉紳官僚、在野士人等，奉行儉約汰侈的良風美俗，在有明三百年間，前後始終一致，並不因晚明時期奢風侈俗，或「崇奢」論調的流衍而沉寂。有識之士在有道治世或無道亂局中，仍然堅持「崇儉禁奢」的社會價值觀。

第三節　族規家訓的勸誡

族規與家訓並無多大界線，其內容皆爲教導宗族、家庭及其子弟待人接物、處事治家的基本道理，只是表述方式不同。族規是種禁制規範，屬於消

〔註65〕〔明〕莊起元，《漆園卮言》（《四庫全書存目叢書》集部184冊，台南：莊嚴文化事業有限公司，1997年6月初版，據中國人民大學圖書館藏明萬曆刻本景印），〈政部・檄示類・力行節儉公約一道〉，頁24上～下。

〔註66〕前引書，頁24下～25上。

〔註67〕〔明〕陸樹聲，《鄉會公約》（台北：國家圖書館善本書室，據明萬曆間原刊本攝製微片），頁3下～4上。

極的制約和獎懲；家訓則是勸導論調，側重積極的勉勵與教化。〔註 68〕族規在內容上主要分爲兩種，一是鄉約、家法與家規等制度性規定；另一種則是家訓、家範等倫理訓誡。〔註 69〕歷朝各代的家訓裡，首推北齊時期顏之推（531～591）《顏氏家訓》。顏之推透過家訓，勸諭子孫輩應修身養性，廣泛學習各種知識，重視家庭與社會的人際關係。《顏氏家訓》共分二十篇，其中〈治家第五〉專論治家的要項，「勤儉」涵蓋於內。顏之推主張，不可過分節儉而成爲「吝」：「儉者，省約之禮之謂也；吝者，窮急不恤之謂也。今有奢則施，儉則吝；如能施而不奢，儉而不吝，可矣。」〔註 70〕《顏氏家訓》成爲後世中國各種各式家訓的典範。無論是族規或家訓，崇儉黜奢是旺族持家的基本要件，必須從日常方面等生活細節詳加規範與切實推行。

一、族規的勸誡

明代中後期在鄉約的普遍推廣之下，族規也成爲鄉約的輔助與延伸。它把官方制度與宗族血緣結合，並非建立在傳統的地緣關係之上。如成化二年（1466）「一峰先生」羅倫（1431～1478），因劾奏首輔李賢奪情而外謫，未幾復官，但告歸里居，立鄉約以整頓風俗。〔註 71〕羅倫分析，爲人祖宗父兄者，都願家裡出個好子弟，然而如何成爲「好子弟」？絕非「好田宅、好衣服、好官爵，一時誇耀閭里」之類，〔註 72〕若只貪求溫飽、奔走勢利，則是辱及祖宗、禍殃子孫的惡弟子。徽州祁門縣的文堂陳氏家族鄉約，亦是這樣的形式。隆慶六年（1572），祁門知縣廖希元推行鄉約一年之後，文堂陳氏呈請知縣，於宗族間推行鄉約，希望藉助鄉約教化，加強對宗族管理，以挽風俗日頹。〔註 73〕此後，明人開始撰寫族規來約束宗族子弟，文中均表明該族儉約之道，就是不可仰賴

〔註 68〕鍾豔攸，《明清家訓族規之研究》（台北：國立臺灣師範大學歷史系博士論文，2003 年 6 月），頁 3。

〔註 69〕劉廣明，《宗法中國》（上海：三聯書局上海分店，1993 年 6 月第 1 版），頁 83。

〔註 70〕〔北齊〕顏之推，《顏氏家訓集解》（北京：中華書局，2002 年 8 月第 1 版），卷 1，〈治家第五〉，頁 42～43。

〔註 71〕〔明〕沈德符，《萬曆野獲編》（北京：中華書局，1997 年 12 月第 1 版）補遺卷 2，〈詞林・鄉紳異法〉，頁 840。

〔註 72〕〔明〕羅倫，《一峰文集》（《景印文淵閣四庫全書》集部 190 冊）卷 9，〈戒族人書〉，頁 14 下～15 上。

〔註 73〕董建輝，《明清鄉約：理論演進與實踐發展》（廈門：廈門大學出版社，2008 年 12 月第 1 版），頁 225～226。

宗族權勢與貲財。再者，如陸樹聲上世祖先皆務農，直至兩伯父皆業儒，迨其兄弟二人始通士籍，陸樹聲在《陸氏家訓》告誡陸氏子弟，勿忘貧賤而慕奢華。「當盈成而常懷開創之艱，處豐餘而無忘寒儉之素，則先業不墜而家可常保矣。」〔註 74〕《陸氏家訓》爾後也升格成爲陸氏家族的族規。

溫璜（？～1644）將母親對子女言行規範的教育，編寫《溫氏母訓》，成爲族規家訓。其母表明，豈有子孫專靠祖宗過活，「天生一人，自料一人衣祿，若肯高低各執一業，大小自成。結果今見各房子弟，長袖大衫，酒食安飽，父母愛之不敢言勞，雖使先人貽百萬貲，坐困必矣。」〔註 75〕爲人子孫不可倚靠祖業，貪求衣暖食飽，理應自立更生。徐三重之子徐禎稷嘗言，世家子弟切勿通豪勢門第，以杜絕奢、淫、懶、傲、剛狠與浮薄等「六惡」，其中「奢」是眾惡之首。〔註 76〕徐禎稷對世族子孫的陋病可謂針針見血。曾任南京兵部尚書的許弘綱（1554～1638），於〈宗族燕會約〉極力抑止宗族飲宴豪奢狀況：

> 杜工部〈示從孫〉詩云：「所來爲宗族，亦不爲盤飧。小人利口實，薄俗難具論。」諺曰：「人情若好，喫水也甜。」如其面善心離，雖烹龍炮鳳何益？況奉先祭品家禮不過魚肉米麵，而宗族敘會乃水陸畢陳，何其弗思甚耶！先君在日曾立約，每會止鮮肉五色，時菜三色，點心二色，不用鵝，不用烙，不用周圍饌碟，不用中席攢盒，違禁者主家罰銀二錢，客受而不辭者罰一錢，各入宗祠公用，最稱簡古，而近復浸淫靡費也。〔註 77〕

許弘綱疾呼，飲食上崇儉黜奢的族規基調就是「清雅簡樸」，並針對主客二家訂定相關懲處細則，最爲良善完備。族規言之鑿鑿，知易行難卻爲人之通病。

二、家訓的勸誡

明代家訓傳世數量龐大，使得家訓內容豐富多樣，形式多元及領域擴

〔註 74〕〔明〕陸樹聲，《陸氏家訓》（台北：國家圖書館善本書室，據明萬曆間原刊本攝製微片），頁 5 下～6 上及 11 下。

〔註 75〕〔明〕溫璜，《溫氏母訓》（《景印文淵閣四庫全書》子部 717 冊），頁 7 上～下。

〔註 76〕〔明〕徐禎稷，《恥言》（《四庫未收書輯刊》6 輯 12 冊，北京：北京出版社，1997 年，據清光緒三十二年南扶山房刻本影印），卷上，頁 17 下～18 上。

〔註 77〕〔明〕許弘綱，《群玉山房文集》（《四庫未收書輯刊》5 輯 24 冊，北京：北京出版社，1997 年，據清康熙百城樓刻本影印），卷 1 下，〈宗族燕會約前篇〉，頁 60 上。

大，內容上除一般家訓外，也有訓誡商賈的家訓。作者有帝王官宦、夙儒學者，也有尋常百姓；形式上有長篇大作，亦有箴言、歌訣、訓詞、銘文與碑刻等；方法上既有循循善誘的說理，也有族法家規的罰條。〔註 78〕值得一提的是，明代出現許多女訓，其中以成祖仁孝文皇后徐氏的《內訓》最爲後人所耳熟能詳，《內訓》共二十篇，其一爲〈節儉〉。文中提及衣食之資「致之非易，而用之不節，暴殄天物，無所顧惜」，將使天下大弊。若天子諸侯夫人以至於庶人妻婦，皆敦節儉率家，則民無凍餒，禮義可興。節儉因人而異，「處己不可不儉，事親不可不豐。」〔註 79〕皇后母儀天下，躬行儉約，實爲天下萬民表率。

明太祖嘗言：「勤儉爲治身之本，奢侈爲喪家之源。」〔註 80〕他深知人們必從飲食、服飾上開始著重侈靡，一旦習奢，再入儉實難，絕非保家之道。皇室以崇儉爲家訓，黔首百姓也自當奉行。如《龐氏家訓》表明，龐氏子孫修身齊家，以「孝友勤儉」四字爲立身第一義。〔註 81〕至於齊家的具體原則：「不爭田地，不佔山林，不尚爭鬥，不肆強梁，不凌宗族，……不尚奢侈。」〔註 82〕明人體認節儉與否，是家族、家庭香火延續的關鍵之一。「勤儉本分是起家的本」〔註 83〕、「居家第一要節儉」，〔註 84〕因而明人特重「儉」，因爲它是節流之道，爲持家之根本，亦是維持家計、守護家業的根本辦法。明人家訓裡所列崇儉之法，不外「節用」、「尚樸」等項，如無錫華悰韡（1341～1397），入明不仕而終，編家勸貽訓子孫：「今之田產，粗可以爲衣食歲供之資，苟能勤儉，守而弗失，亦可以遺之子孫，更不宜多求或貪而致悔也。

〔註 78〕徐少錦、陳延斌，《中國家訓史》（西安：陝西人民出版社，2003 年 4 月第 1 版），頁 421～422。

〔註 79〕〔明〕仁孝文皇后，《內訓》（《叢書集成新編》33 冊，台北：新文豐出版公司，1985 年初版），頁 477。

〔註 80〕《典故紀聞》，卷 3，頁 43。

〔註 81〕〔明〕龐尚鵬，《龐氏家訓》（《百部叢書集成》1381 冊，台北：藝文印書館，據清道光伍崇曜校刊嶺南遺書本影印），〈務本業〉，頁 1 上。

〔註 82〕《一峰文集》，卷 9，〈戒族人書〉，頁 15 下～16 上。

〔註 83〕〔明〕劉大夏，《劉忠宣公遺集》（《四庫未收書輯刊》6 輯 29 冊，北京：北京出版社，1997 年，清光緒元年劉乙燃刻本影印）卷 1，〈家規十條〉，頁 1 下～2 上。

〔註 84〕〔明〕萬衣，《萬子迂談》（《四庫全書存目叢書》集部 109 冊，台南：莊嚴文化事業有限公司，1995 年 9 月初版，據復旦大學圖書館藏清乾隆二十二年刻本影印），卷 6，頁 21 上。

且富者重怨之所歸也，家計苟完則足矣，踰分則甚非也，慕虛名而求實禍，切以爲戒。」〔註 85〕明人編寫家訓，冀望能收兩種功效：一是節儉持家，進可累積貲產，退可維持溫飽；二則培養德性，以家訓戒諭子孫，毋得奢侈濫用。〔註 86〕這些重視訓言的家庭，多數身居官位，並非缺衣乏食。換言之，明人對勤儉的重視，是基於「不勤而寡入，不儉則妄費」的考慮，所以提倡節儉，強調節衣縮食，反對怠惰的持家心態。〔註 87〕

「治家舍節儉，別無可經營。」〔註 88〕節儉是家庭量入爲出的節流手段。節儉的方法之一，是採取量入爲出的處理，不至於妄費，所以其特點在對生活細目重新安排，必須思慮哪些東西要消費、生產，哪些先用、後儲，哪些用於日常交際，哪些則需備荒存蓄等諸多問題。〔註 89〕如何達成家訓的儉約規範，明人通常透過下列方式：

（一）當思貧苦艱難

「起家的人，莫不有成於儉，而後漸廢於侈靡。」〔註 90〕由儉入奢易，由奢入儉難。龐尚鵬（1524～1580）爲嘉靖三十二年（1553）進士，萬曆三年（1575）起用爲福建巡撫，後因得罪張居正而罷官返鄉。嚴禁家中子孫生活奢靡，只以布衣疏食度日，在祭祀和宴客時，才能飲酒吃肉，暫穿新衣。一尺布或半文錢都不敢任意花用，才不致於淪爲飢寒。〔註 91〕朱柏廬（1617～1688）《朱氏家訓》：「一粥一飯，當思來處不易；半絲半縷，恒念物力維艱。」這句名言最爲後世傳誦。

（二）重視器物實用

〔註 85〕〔明〕華悰韡，《慮得集》（《續修四庫全書》子部 1122 冊，上海：上海古籍出版社，1997 年，據中國科學院圖書館藏明嘉靖十一年華從智刻本影印），卷 1，〈家勸三〉，頁 16 上。

〔註 86〕王龍風，《明代家訓研究》（台北：輔仁大學中文研究所碩士論文，1995 年 1 月），頁 63～66。

〔註 87〕《中國家訓史論稿》，頁 323。

〔註 88〕〔明〕吳麟徵，《家誡要言》（《四庫全書存目叢書》子部 17 冊，台南：莊嚴文化事業有限公司，1995 年 9 月初版，據中國科學院圖書館藏清道光十一年六安晁氏木活字學海類編本影印），頁 5 上～下。

〔註 89〕朱明勛，《中國家訓史論稿》（成都：巴蜀書社，2008 年 4 月第 1 版），頁 233。

〔註 90〕〔明〕姚舜牧，《藥言》（《廣州大典》7 輯，廣州：廣州出版社，2008 年 9 月第 1 版，據咫進齋叢書清同治光緒間年歸安姚氏川東粵東刻本影印），頁 6 下。

〔註 91〕《龐氏家訓》，〈禁奢靡〉，頁 5 下～6 下。

「器用但取堅整，舟車鞍轡但致遠重，勿競雕巧絢麗，以乖素風。」〔註92〕張永明的家訓計有三十五條，其一爲〈崇儉約〉:「儉德之共也，能崇尚儉約，深自樽節省，口腹之欲，抑耳目之好，不作無益以害有益，不務虛飾以損實費。食可飽而不必珍，衣可煖而不必華，居處可安而不必麗，吉兇賓客可脩禮而不必侈，如此則一身之求易供，而一歲之計可給。既免稱貸舉息，俯仰求人，又且省事寡過，安樂無憂。故富者能儉則可以常保，貧者能儉則可以無饑寒，豈不美哉！」〔註93〕朱柏廬對儉約亦有實質的奉行之道:「器具質而潔，瓦缶勝金玉。飲食約而精，園蔬勝珍饈。勿營華屋，勿謀良田。」〔註94〕節約是未雨綢繆，因而器具重實用而不重精巧，飲食首重均衡而不求珍饈。朱柏廬還闡述如何實踐節儉之道，他認爲節儉首要在「平心靜氣」，才不會因忿恨，與人口角爭鬥；第二要量力舉事，土木之功、宴飲之費等事，絕不可好高求勝；第三則節衣縮食，「綺羅之美」、「肥甘之美」均非養生之法，只會開啓「破家之漸」。〔註95〕

（三）講求清心寡欲

「清心寡欲」是達成儉約的要件。明人家訓裡，經常提及飲食清淡、布衣雅素與器物實用的益處，「食之自菲，衣甘自惡，處甘自下是也。能自損則日益，能自辱則日榮，盛衰豈不由人自取哉！」〔註96〕許相卿（1479～1557）《許云邨貽謀》，內容著重家庭教育、管理及做人處事的道理，他深感勤儉是持家的基本態度，換言之就是「寧儉勿奢」，其實踐方法爲「內外服食淡素，恆存酸儒氣味。在常，服葛苧卉褐土絹綿綢，非婚喪公朝，不衣羅紈綺縠。非賓祭老病，不舉酒，不重肉。」〔註97〕他以陸九韶《居家正本制用篇》爲

〔註92〕〔明〕許相卿，《許云邨貽謀》（《叢書集成新編》33冊，台北：新文豐出版公司，1985年初版）卷1，頁182。

〔註93〕〔明〕張永明，《張莊僖文集》（《景印文淵閣四庫全書》集部1277冊），卷5，頁10下～11上。

〔註94〕〔清〕朱柏廬，《朱氏家訓》（太原：山西古籍出版社，2004年3月第1版），頁239。

〔註95〕〔清〕陳弘謀，《五種遺規》（《續修四庫全書》子部951冊，上海：上海古籍出版社，1997年，據中國科學院圖書館藏清乾隆四年至八年培遠堂刻匯本），《訓俗遺規》，卷3，張履祥〈訓子語〉，頁9下。

〔註96〕〔明〕周怡，《周訥谿公全集》（台北：中央研究院傅斯年圖書館藏，據清道光二十年燕翼堂刊本），卷2，〈衡山寄示可貴兒〉，頁26下。

〔註97〕《許云邨貽謀》卷1，頁182。

本，規劃家庭的日用開支，落實儉約。楊繼盛（1516～1555）爲嘉靖二十六年（1547）進士，劾嚴嵩（1480～1567）十大罪，下獄死，年四十。曾告誡家人衣著宜平實，房屋休高大，飲食要簡素，「休要見人家穿好衣服便要做，住好房屋便要蓋，使好家活便要買，此致窮之道。」〔註 98〕彭端吾爲萬曆二十九年（1601）進士，累遷至山西道御史，在家訓中提及：「衣服儉素，即是一德。夏葛冬褐，乃其本分。吾家累世冠裳，不曾改變先世布衣風味，此忠厚傳家之風也。」〔註 99〕

（四）可以培德養廉

「正家之道，務在嚴謹勤儉，嚴謹須防內屬往來、家人出入，勤儉須戒男婦荒惰、服用侈靡。……或因志滿驕奢，或因和買非法，竟致敗官。」〔註 100〕故惟節儉可以養廉，惟正家可以立治。

明人家訓皆主張「崇儉禁奢」的基本原則，內容上有簡有繁、有告有誡。霍韜（1487～1540）在《霍渭厓家訓》裡，條列霍氏子弟在服飾、飲食、器用與行員等四個生活層面的規範，分爲基本原則與實施細則兩部分，表列如次：

表 2-2　霍韜家訓規約表

項　目	原　　則	細　　則
服　飾	衣以周身，寒煖之用，朴雅是宜。	1. 凡女子十五以上，紗衣服一套，紵絲衣服一套。 2. 凡男子未四十，不許服紗羅段綾。 3. 凡衾褥，不許用紬、段、綾、綺、織繡。
飲　食	飲食之節，有家之常，惟小人恣口腹之慾，以破其家、亡其身，敗其妻子，大傷風化，宜立之式，俾勿越。	1. 凡會膳以教儉，朔望拜祠堂畢，交拜畢，以次就膳位。八人肉三碟、菜兩碟、酒三行，女酒無。如五十以上，酒三行；十五以下，肉菜再議量減。 2. 凡會膳以教儉，會膳日許肉食，非會膳日，復非賓至，不許肉食。非品官不許肉食，非五十以上不許肉食。有私家肉食者，朔望日，揚之以紀過。 3. 凡會膳，三十以上乃用酒，三十以下不許飲酒。 4. 凡會膳，四十以上乃許豬雞鴨間用，四十以下只豬肉一味。

〔註 98〕〔明〕楊繼盛，《楊忠愍傳家寶訓》（《叢書集成續編》60 冊，台北：新文豐出版公司，1989 年），〈父椒山諭應尾、應箕兩兒〉，頁 15 下。

〔註 99〕《課子隨筆節鈔》，卷 2，彭端吾〈彭氏家訓〉，頁 27 下。

〔註 100〕〔明〕吳遵，《初仕錄》（《官箴書集成》69 冊，合肥：黃山書社，1997 年 12 月第 1 版，據崇禎金陵坊唐氏刻官常政要本景印），崇本篇，〈正家法〉，頁 5 下～6 上。

		5. 凡會膳，三十以下不許精白米。 6. 凡客至，肉三碟、菜兩碟，酒五行或七行。 7. 凡親賓朔望至，即從會膳，非朔望至，聽私家膳，肉三碟、菜兩碟，酒五行或七行。
器　用	器已利用，有家之常，上下之殺，禮所生也。……帝王器用，猶不敢侈，古之道也，況於庶民乎？欲恆保家，朴雅是宜。	1. 凡祠堂祭祀，許用欽賜銀爵，餘勿濫用。 2. 凡祠堂祭祀，只三爵用銀，酒瓶、茶瓶、酒盞、茶盞、碗及碟，俱用石灣瓦器。箸用竹，表祖考雅朴之德，百世不忌也。 3. 凡死者，棺中勿置金銀。 4. 凡客至，不許用銀杯盤、銀瓶盌。 5. 凡客至，不許用象箸及銀箱烏木箸、肉碟，大不許踰四寸。 6. 凡娶婦，不許受銀酒器、卓器。 7. 凡婦入門，不許僭濫珠冠花翠。 8. 凡家恆食，及會膳食，用石灣瓦器，不許用饒州磁器。
行　具		1. 凡私家，不許畜鞍馬，子姪出入，不許乘馬。 2. 凡子姪出入，不許獨費一舟。

資料來源：〔明〕霍韜，《霍渭厓家訓》（台北：國家圖書館，出版時間不詳），頁 9 上～18 下。

霍韜為正德九年（1514）進士，累官禮部尚書。學博才秀，先後多所建白，亦頗涉國家大計。明人深感惟有透過身修家齊，從儉約力行，才能達到國治天下平的可能，因而不斷地在家訓時時叮嚀、處處規範。吳麟徵（1593～1644）天啓二年（1622）進士，崇禎中在諫垣有直聲，累官太常少卿。崇禎十七年（1644）三月，北京城破，吳麟徵官邸為流寇所據，乃入道旁祠，作書訣別家人、示兒輩，其食服器用俱要有農家風味，認為綺紈、金銀此物意味「奢華」，乃是喪身亡家的根源。〔註 101〕

明人崇儉禁奢的主張、語錄、要言，語多精彩、隨處可見。如「福生於清約，約者亨而侈者窮。」「飽肥甘、衣輕煖而不知節者，天損其福。」〔註 102〕「人生衣食之外，俱為長物，但人苦不自足耳。」〔註 103〕「食以養生，非以恣

〔註 101〕〔明〕吳麟徵，《吳忠節公遺集》（《四庫禁燬書叢刊》集部 81 冊，北京：北京出版社，2000 年第 1 版，據中國科學院圖書館藏明弘光刻本景印），卷 3，〈示兒輩〉，頁 3 上～下。

〔註 102〕〔明〕樊良樞，《密菴卮言》（《續修四庫全書》子部 1132 冊，上海：上海古籍出版社，1997 年，據中山大學圖書館藏明崇禎刻本景印），卷 1，〈約己〉，頁 1 上、4 下。

〔註 103〕《推篷寤語》，卷 6，〈還奉養之眞〉，頁 26 上。

欲，孔戒多食，孟嗤饜足。」〔註 104〕「暴殄天物，自有報應，無論祈福也。」〔註 105〕「聲色、臭味、安逸皆性也，君子何以忍嗜慾也，曰富貴而不忍嗜慾則貽累於人，貧賤而不忍嗜慾則貽累於己。」〔註 106〕戴君恩提及：「入其家而服物、飲食，儉素中禮者，此盛徵也；入其家而服物、飲食，奢靡無度者，此敗徵也。以此觀之，百不失一。」〔註 107〕不論是報應說、自足說或養生論、貽累論、盛衰論等，都一致認爲「崇儉禁奢」才是人生在世永恆的律己持家之依準。

〔註 104〕〔明〕張鳳翼，《處實堂集》（《續修四庫全書》集部 1353 冊，上海：上海古籍出版社，1995 年，據明萬曆刻本景印），卷 7，〈食箴〉，頁 13 下。

〔註 105〕〔明〕謝肇淛，《文海披沙》（《續修四庫全書》子部 1130 冊，上海：上海古籍出版社，1997 年，據明萬曆三十七年沈儆炌刻本景印），卷 7，〈奢僭之報〉，頁 22 下。

〔註 106〕〔明〕顧大韶，《炳燭齋隨筆》（《續修四庫全書》子部 1133 冊，上海：上海古籍出版社，1997 年，據上海圖書館藏清初刻本景印），頁 14 下。

〔註 107〕〔明〕戴君恩，《剩言》（《續修四庫全書》子部 1132 冊，上海：上海古籍出版社，1997 年，據北京圖書館藏明刻本景印），卷 5，頁 10 下。

第三章　飲食方面的異端

「飲食之人，則人賤之，然食亦人生大計。」〔註1〕郎瑛（1487～1566）認為過度講求口腹之欲，非儒者士人所當為。然飲食是人類賴以為生的重要方式，每個時代或各個區域，因應口味不同或風土差異，形成各自獨立、各具特色的風味佳餚。飲食在古代中國，不單是維持生計，它是敬神祭祖、安邦親鄰的重要表徵，也是溝通上下、聯繫親友的現實生活管道。飲食可以說是社交最基本的活動方式，也是人類文化發展的縮影。

明代皇權的發展已達極致，依附皇帝為權力來源的王室貴族與官僚系統，一方面身居既得利益集團，另一方面用以區分士庶，藉由豪奢的宴會顯示身分，則是最簡單而有效的方式。明中後葉各地商人集團的崛起，則帶動另一股華宴時尚，商賈身懷鉅貲，在飲食生活上，開始講究食材取源多樣，重視新奇與巧思，掀起社會崇尚侈靡的氣息，對明代日常生活深具影響。官民過度講求宴飲奢華，有識之士認為這是敗國喪家的根源，亟欲尋回明前期的樸實無華。

第一節　明初的飲食規範

一、洪武、永樂時期

朱元璋來自佃農家庭，對農民有特殊情懷。元末時期，舉國生活艱難、

〔註1〕〔明〕郎瑛，《七修續稿》（《七修類稿》，北京：中華書局，1961年9月第1版），卷3，〈義理類・食物四要〉，頁780。

食不果腹，使其深感生存維艱。早於吳元年（元至正二十七年，1367）十一月，即告誡太子與諸王飲食儉樸之道，「所飲食不過菜羹糲飯，而國家經費皆其所出。」〔註2〕朱元璋既定天下，便以儉約自處，早晚進膳不敢過奢，日常飲食必有豆腐一道。〔註3〕同時御膳甚儉，一日兩膳，並要求皇室子嗣一併遵守，不可食牛肉或飲牛乳，僅能以羊肉充飢。〔註4〕每日早膳只用蔬菜，服行儉德以示天下。〔註5〕朱元璋深知，「人主嗜好，所繫甚重。躬行節儉，足以養性。崇尚侈靡，必至喪德。朕常念昔居淮右，頻年饑饉，難於衣食，鮮能如意？今富有四海，何求不遂？何欲不得？然檢制其心，惟恐驕盈，不可復制。」〔註6〕大宴群臣之際，也不斷告誡臣僚，建國維艱而守成更難，不可苟圖晏安。〔註7〕明朝在建國之初，生產力尚未恢復，百姓生活物資相對匱乏，因而在階級森嚴的皇權制度下，明初飲食普遍以儉樸爲尚。換言之，宴飲在明初只是禮節的表示。〔註8〕

「人之害，莫大於欲。欲非止于男女、宮室、飲食、服御而已，凡求私便於己者，皆是也。然惟禮可以制之。」〔註9〕如何達到有效的節制飲食，朱元璋認爲必先從「節欲」做起。制定禮教的目的在防欲，倘若禮廢，就無法規範欲望，致使言行放縱。爲人君者若廢禮縱欲，則毒流百姓；爲臣僚者亦若是，則禍延家庭。若能透過禮教，讓階層各安其分，不踰禮違制，則朱明江山將得以穩固。朱元璋統治明朝的最高原則是「禮」、「法」並用，在禮教外，同時制

〔註2〕〔明〕朱元璋，《明太祖寶訓》（台北：中央研究院歷史語言研究所，1967年3月初版），卷2，〈教太子諸王〉，頁10上～11下。

〔註3〕〔清〕史夢蘭，《全史宮詞》（《四庫未收書輯刊》2輯30冊，北京：北京出版社，1997年，據清咸豐六年刻本景印》），卷20，〈明〉，頁17下。

〔註4〕〔明〕李樂，《見聞雜記》（上海：上海古籍出版社，1986年第1版，卷6，〈六十二〉，頁474。

〔註5〕〔明〕敖英，《東谷贅言》（《四庫全書存目叢書》子部102冊，台南：莊嚴文化事業有限公司，1995年9月初版，據南京圖書館藏明嘉靖二十八年沈淮刻本景印），卷下，頁18下～19上。

〔註6〕〔明〕黃光昇，《昭代典則》（《續修四庫全書》史部351冊，上海：上海古籍出版社，1997年，明萬曆二十八年周日校萬卷樓刻本景印），卷8，〈太祖高皇帝〉，頁42上～下。

〔註7〕〔明〕陳建，《皇明通紀法傳全錄》（《四庫禁燬書叢刊補編》10冊，北京：北京出版社，2005年據上海圖書館藏，明崇禎九年刻本景印），卷5，〈高皇帝〉，頁17上～下。

〔註8〕《明代社會生活史》，頁269。

〔註9〕《明太祖實錄》，卷126，洪武十二年八月丁卯條，頁1上。

訂法律來約束百姓，因而明初就對飲食加以禁制。飲食的法條，並不似服飾、屋舍等規定繁瑣且層層節制，主要針對飲品器皿的材質與刻飾詳加規範，其規定包含：公侯與一品、二品官員，酒注和酒盞用金，其餘用銀；官秩三至五品，酒注用銀，酒盞用金；官秩六至九品，酒注用銀，其餘官吏飲器均以瓷製。至於平民百姓的酒注用錫，酒盞用銀，其餘用瓷器、漆器打造。在漆木飲器上，均不許用砂紅、稜金和雕刻龍鳳紋飾。〔註10〕綜觀明代的飲饌制度，主要以「儉僕」爲治理要務，相關規定只是用來避免百姓僭越無等。

較特別的是，明代對巡按御史、國子監生等人的飲食習性另有要求。隸屬都察院的巡按御史是風憲官員，爲朝廷之耳目，以「宣上德、達下情」爲職任，所到之處，舉凡軍民休戚或水澇旱荒等情事，必須即刻監劾上奏。風憲官身負監察大權，職重權高，在飲食上更應循禮守法，只宜從儉，不得踰分。面對地方官的各式宴請，朝廷申明，分巡所至，不許命令有司和買貨物及盛張筵宴，或邀請親職、私役夫匠與多用導從來虛張聲勢者，其罪愆不待解而自明。〔註11〕

國子監生是朝廷儲備官僚、師資的主要來源之一，因而國子監所有言行的訓練皆以禮義爲先。太祖於洪武十五年（1382）改國子學爲國子監，同時制定〈監規〉，以培訓監生的養成。飲食上也諸要多求，如監生在饌堂會食，不得擅入廚房議論飲食美惡，或任意鞭打膳夫，違者將笞五十，並發回原籍當差。洪武二十年（1387）稍加更動〈監規〉，要求會食時，務要整肅禮儀、恭敬飲食，不可喧嘩起坐，也不許逼迫膳夫打飯外出、冒費廩膳，違者痛決。〔註12〕

成祖「靖難」嗣位，爲表明大統承繼太祖，所有禮制法規自當恪遵施行。雖說宦官系統在靖難奪嫡扮演關鍵的重要角色，成祖也將有功太監如鄭和（1371～1433）、王彥等倚爲心腹，但在永樂初期，曾爲宦官不思儉約、浪費民脂等行爲大發雷霆：

> 宦寺服食所需，皆朝廷給之，豈得復有私營？近有於皇城內畜養雞牲，糜費食米，今四方荒旱之後，民尚艱食，朕日夜爲憂。此輩坐

〔註10〕〔明〕張鹵，《皇明制書》（《北京圖書館古籍珍本叢書》46冊，北京：書目文獻出版社，1988年，據明鎮江府丹徒縣刻本景印），禮儀定式卷7，頁282～284。

〔註11〕〔明〕李東陽等撰、申時行等重修，《大明會典》（台北：新文豐出版公司，1976年7月初版，據明萬曆十五年司禮監刊版景印），卷210，〈都察院二·出巡事宜〉，頁23下～24下。

〔註12〕《大明會典》，卷220，〈國子監·監規〉，頁4上～下及8下～9上。

享膏粱，不知生民艱難，而暴殄天物不卹，論其一日養牲之費，當饑民一家之食，朕已禁戢之矣。爾等識之，自今敢有復爾，必罪不宥。〔註13〕

宦官飼養雞牲，只是做爲食材的來源，然而成祖卻認爲以米穀餵食是暴殄天物的行爲。類似的事件也發生在永樂二年（1404）十月，御馬監欲索白象食穀，成祖聽聞，立召御馬監官痛責：「汝輩坐食膏粱，衣輕煖，豈知百姓艱難？計象一日所飼穀，當農夫數口之家一日之食，朕爲君，職在養民，汝輩不令朕知而爲此事，是欲朕失天下心。如復敢爾，必誅不宥。」〔註14〕對成祖朱棣而言，靖難篡奪，叔姪相爭，社會觀感必定不佳。如何能爭取百姓認同，使其衣食無虞，成爲安天下、挽民心的首務。

靖難之役歷時三年，社會生產力亟待恢復，成祖採取與民休息的政策，對欠稅逃役者並不加以追討，甚至給予農民牛隻、種子等相關資助方案，施政方向均以百姓爲優先考慮。永樂二年（1404）正月，成祖諭令各布政司府州官進表者辭歸時說道：「治天下者，以天下之心爲心；治一方者，以一方之心爲心。朕居君位，夙夜念慮，未嘗忘民，每思飲食衣服，百物之奉，皆出民力。民或有寒不得衣，饑不得食，勞不得息，朕何忍獨安？」〔註15〕成祖直言，國家與百姓休戚與共，百姓的衣食皆出於己力，朝廷只是代爲統理，以免造成強淩眾暴之患。目前時局，地方官務必使百姓無所干擾，使其休養生息，而國力自當恢復。

皇室是階層最高統治者，宮廷筵宴的鋪張與排場，是顯示身分尊貴的最佳場合。明代的宮廷飲食，主要包含兩方面：一是帝王及其家庭的節令飲食活動，二是統治階層爲某些政治需要而舉行的宴筵，兩者互有關連而相互區別。而後者尤具有強烈政治意涵，參與的成員除王室外，尚包括統治集團內的文武官員，使得宮中筵飲氣氛典雅隆重且禮儀繁瑣。自成祖遷都北京，北京順勢成爲明朝政治、經濟、文化與軍事中心，來自四面八方進貢的時令鮮果薈萃於京師，而徵召各地的皇家名廚能人，將所有美味鮮品加工成佳餚，供給皇室貴族恣情朵頤。皇室飲食文化，對傳統中國時令所應攝取的食品頗

〔註13〕〔明〕余繼登，《典故紀聞》（北京：中華書局，997年12月第1版），卷6，頁105。

〔註14〕《典故紀聞》，卷6，頁112～113。

〔註15〕《明太宗寶訓》，卷2，〈卹民〉，頁22上～下。

爲注重，同時針對各個時節舉行慶典，使得飲食與娛樂合而爲一，對民間飲食氛圍具有一定的引領作用。〔註 16〕

明初多數官員仍以節儉自持，不喜鋪張。如新安胡壽安於永樂中期，調任四川新繁知縣，以清慎自持，任內自行栽種蔬果以供日用，樽節開支，且未曾嚐過肉麋，人呼「菜知縣」。其子自徽州來川省親，一月內烹煮二雞，胡壽安勃然大怒，重責其子：「吾居官二十餘年，嘗以奢侈爲戒，猶恐弗能令終，爾好大嚼如此，不爲吾累乎？」〔註 17〕洪武、永樂時期爲宦在朝的官僚，多以廉儉自重。

二、洪熙、宣德時期

「仁、宣之際，懲吏道貪墨，登進公廉剛正之士。」〔註 18〕政局安定，吏治澄清，有利於政策的下達，仁、宣時期（1425～1435）施行休養生息的政令，君臣皆奉節儉爲圭臬，並在適度範圍進行節制。如宣德五年（1430）二月，光祿寺廚役控訴寺官，私自剋減外邦的供給物品。此關乎邦國友誼，宣宗不敢怠忽，交付刑部侍郎施禮執治，且諭令施禮：「光祿之弊不止此。自祖宗以來，飲食供給皆有定規，今擅自增減應給之人多不得。凡得者，卒非應給之人，惟虛立案牘以掩人目，宜究治之。」〔註 19〕光祿寺職掌祭享、宴勞、酒醴與膳羞等事，雖說節儉是美德，但對外邦的飲食任意減量是爲非禮，也失去「懷夷」的作用。飲食禮儀是代表主人對賓客的尊重，茲事體大，錙銖必較，其所繫非輕。此時，各地方官以廉能與儉樸爲施政要點。宣德六年（1431）六月，四川廣昌縣丞徐政，委攝南城縣事，他要求里長供飲食諸物，每日計費鈔五十貫。建昌知府陳鼎知悉後，以其「貪饕害民」罪名械送至京，宣宗交付都察院審理。宣宗的見解是，飲食之事雖微不足道，但眞正的廉節君子，必不肯以口腹累人，甚至以後漢時期著名的典故「羊續懸魚」爲例，要求地方官吏以廉潔自持。〔註 20〕

〔註 16〕徐海榮主編，《中國飲食史・第五卷》（北京：華夏出版社，1999 年 10 月第 1 版），頁 71～72。

〔註 17〕〔明〕耿定向，《先進遺風》（《筆記小說大觀》4 編 5 冊，台北：新興書局，1978 年 9 月初版），卷下，頁 12 下。

〔註 18〕《明史》，卷 158，〈黃孔昭傳〉，頁 4326。

〔註 19〕《明宣宗寶訓》，卷 3，〈戒飭臣下〉，頁 33 下。

〔註 20〕《明宣宗實錄》，卷 80，宣德六年六月癸丑條，頁 7 上。

參與宴會，飲酒助興本是稀鬆之事。宣德初，臣僚宴樂多奢侈相尚，歌妓滿前，因而宣宗初政之始，對飲酒有其特殊關懷。明朝很早就注意到飲酒對社會百姓的重要，太祖朱元璋鑑於民間造酒糜費，故行禁酒之令：「農民今歲無得種糯，以塞造酒之源，欲使五穀豐積而價平，居民得所養，以樂其生，庶幾養民之實也。」〔註21〕此禁令並非全面，而是因時制宜，藉以平抑物價，達到照顧農稼、厚植民力爲目的。酒禁只具短暫且針對性，並未因而成爲定規。丞相胡惟庸（？～1380）在家宴飲，並畜養數十隻猢猻爲娛，「客至，則令供茶行酒，能拜跪揖遜，執朱戚舞蹈，吹竹笛聲尤佳，稱之『孫慧郎』。」〔註22〕胡惟庸貪杯好飲，酒酣耳熱，難免抒發不滿之聲，飲酒惹來殺生之禍，除太祖猜忌之心頗重外，酒醉亦常爲有心人所趁，卻是不爭事實。〔註23〕

明初洪武時期，南京設妓館於聚寶門外，以安遠人。當時雖法憲嚴肅，然而諸司官員退朝後，多相率飲於妓樓，羣婢歌舞侑酒，暢飲踰時。當時並不禁官妓，僅嚴禁官吏挾妓飲酒與宿娼；直至永樂末年，都御史顧佐（1376～1446）奏請革除。史稱：「後乃浸淫放恣，解帶盤簿，喧呶竟日，樓窗懸繫牙牌纍纍相比。日昃歸署，半已霑醉，曹多廢務矣。朝廷知之，遂從顧公之言。」〔註24〕宣宗在即位之初，對酒醉所帶來的危害深惡痛絕。宣德元年（1426）正月，宣宗閱覽大理寺奏錄罪囚，其中多有同飲致醉、鬥爭殺人的囚徒。宣宗認爲，一同飲酒作樂，皆謂彼此意氣相合，但醉酒後卻招致憾事，其源皆肇始於縱酒。〔註25〕宣宗諄諄告誡，朝臣沈溺酒色仍時有所聞，如宣德三年（1428），御史嚴皚、方鼎與何杰等沈湎酒色，久不朝參。〔註26〕依《大明律》規定，凡大小官員，無故不朝參者，「一日笞一十，每三日加一等，各罪止杖

〔註21〕《典故紀聞》，卷1，頁9。

〔註22〕〔清〕梁維樞，《玉劍尊聞》（《續修四庫全書》子部1175冊，上海：上海古籍出版社，1997年，據清順治梁清遠梁清傳刻本景印），卷10，頁3下。

〔註23〕據《明史》，卷308，〈胡惟庸傳〉，頁7909：「吉安侯陸仲亨自陝西歸，擅乘傳。帝怒責之，曰：『中原兵燹之餘，民始復業，籍户買馬，艱苦殊甚。使皆效爾所爲，民雖盡鬻子女，不能給也。』責捕盜於代縣。平涼侯費聚奉命撫蘇州軍民，日嗜酒色。帝怒，責往西北招降蒙古，無功，又切責之。二人大懼。惟庸陰以權利脅誘二人，二人素戇勇，見惟庸用事，密相往來。嘗過惟庸家飲，酒酣，惟庸屏左右言：『吾等所爲多不法，一日事覺，如何？』二人益惶懼，惟庸乃告以己意，令在外收集軍馬。」

〔註24〕《國朝典故》，卷33，〈野記三〉，頁556～557。

〔註25〕《明宣宗實錄》，卷15，宣德元年正月乙卯條，頁12上。

〔註26〕《明史》，卷95，〈刑法三〉，頁2329。

八十，并附過還職。」〔註 27〕宣宗大怒，命枷以徇，自此言官有荷校者。隔年七月，給事中賈諒、張居杰，劾奏行在戶部郎中蕭等不理職務，整日挾妓酣飲恣樂，命悉下之獄。宣宗與戶部尚書夏原吉（1366～1430）等人論及此事，仍對戶部郎中等官員的言行深感不滿：「飲酒，人之常情，朕未嘗禁，但君子當以廉恥相尚。倡優賤人，豈宜褻狎禁！頗聞此風盛行，如劉觀輩尤甚，每赴人邀請，輒以妓自隨，故此輩仿效若流而不返，豈不大壞風俗？」〔註 28〕鑑於郎官、御史等相繼以酣酒敗，宣宗痛定思痛，遂作〈酒論〉警戒臣僚：

> 天生穀麥黍稷所以養人，人以麴糵投之為酒，《周官》有酒正，以式法授酒材，辨五齊之名、三酒之物，以供國用。《書》秬鬯二卣曰明禋，《詩》既載「清酤賚我，思成以享」，祀神明也。「厥父母慶，洗腆致用酒」，以事親也。「豈樂飲酒」，以燕臣下也。「酒醴維醹，酌以大斗」，「釃酒有衍，籩豆有踐」，燕父兄及朋友故舊也，皆用之大者，酒曷可廢乎？而後世耽嗜於酒，大者亡國喪身，小者敗德廢事，酒其可有乎？自大禹疏儀狄戒甘酒，成湯至帝乙罔敢崇飲，文王、武王戒臣下曰「無彝酒」，曰「德將無醉」，曰「剛制于酒」，孔子言「不為酒困」，又禮有一獻百拜，然則酒曷為不可有哉？夫非酒無以成禮，非酒無以合歡，惟謹聖人之戒而禮之率焉，庶乎其可也。〔註 29〕

宣宗以夏、商、周三代的聖王明君對酒的看法，輔以《詩》、《書》儒家經典，最後以孔子的「不為酒困」作為結語，其目的在於期盼群臣「不耽嗜於酒」。但酒醉互毆致死的案例，亦時有所聞。〔註 30〕

宣德四年（1429）八月，上諭行在禮部尚書胡濙（1375～1463）：「近聞大小官私家飲酒，輒命妓歌唱，沈酣終日，怠廢政事。甚者留宿，幾壞禮俗。爾禮部揭榜禁約，再犯者，必罪之。」〔註 31〕但身為顧命大臣的「三楊」，並不在此限之列，「宣德間，三楊公猶及用之，嘗與一兵官會飲，文定倡為酒令，誦詩一句，以月字在下，而分四時，令畢，文定指席中侍妓，……諸公劇飲

〔註 27〕〔明〕雷夢麟，《讀律瑣言》（北京：法律出版社，2000 年 1 月第 1 版），卷 2，〈無故不朝參公座〉，頁 86。

〔註 28〕《明宣宗實錄》，卷 56，宣德四年七月丙寅條，頁 7 上。

〔註 29〕《典故紀聞》，卷 9，頁 162。

〔註 30〕如《明宣宗實錄》，卷 85，宣德六年十二月癸巳條，頁 1 上：「行在大理寺奏：有父子與人飲，強人以酒，不從，而子毆至死者，當其子絞罪。命如律。因曰：『酒能發君子之和氣，亦能激小人之暴氣，小人使酒，未有不敗者。』」

〔註 31〕《明宣宗實錄》，卷 57，宣德四年八月丙申條，頁 9 下。

霑罪而去。」〔註 32〕未見宣宗對此加以禁革，或也只能默許。〔註 33〕

三、正統、天順時期

英宗即位之初，著手減省宮廷食材的耗費，如敕令南京巡按、直隸監察御史及衛、府、州等，舉凡採買物件及打造海船、木植物料等項，皆悉停罷。一應製造海味、菓品、食物等項，及捕捉禽獸、魚蝦、花木等物，悉行停止。若已製造的貨品、捕獲的食材，差遣人員管領回京，未完者均停罷。而朝廷差內外官員人等即便回京，不許託故，稽遲違者，懲治重罪。〔註 34〕英宗以幼齡嗣位，顧命老臣以蒼生爲念，本著取諸自然、回歸大地的精神，勵行自然護育的政策，同時企圖達到避免食材虛耗的功效。然而，飲酒挾妓的情況，到英宗復位的天順時期似乎變本加厲。都察院都御史遂於英宗天順八年（1468）十月，針對太僕寺李侃（1407～1485）所言〈激勸風俗以隆治化〉等陳事，企圖藉以端正風俗，達到政治清明，社會安定：

> 近聞在京在外軍民之家，不知廉恥之徒，縱容婦女爲娼，比擬樂婦，粧飾大開門面，接納官舍客商人等，在家宿娼歌唱飲酒，全無忌憚。累次犯姦問斷，從夫嫁賣文被，爲娼之家收買，以爲奇貨可居，得錢益廣，用奢度侈，日費千萬，其鄰近貧難婦女，見彼富盛，亦皆傚傚成風，以致官吏軍民人等各起淫心，貪財害人、營謀騙詐、劫盜財物以行其奸，是以爭鬧不息，詞訟日繁，盜財之具實由於此。〔註 35〕

〔註 32〕〔明〕蔣一葵，《堯山堂外紀》（《四庫全書存目叢書》子部 148 冊，台南：莊嚴文化事業有限公司，1995 年 9 月初版，據北京大學圖書館藏明萬曆刻本景印），卷 82，〈國朝・楊士奇〉，頁 7 上～7 下。

〔註 33〕史例可參見：〔明〕蘇祐，《逌旃璅言》（《四庫全書存目叢書》子部 103 冊，台南：莊嚴文化事業有限公司，1995 年 9 月初版，據上海圖書館藏明嘉靖刻本景印），卷下，頁 16 上～下：「早朝入文華，宣皇問：『昨宵之飲，樂乎？』（三楊）倉皇莫知以對。上誦應令之句，三公大慚，謝上。上笑顧中侍齎錦十端，而前曰用助纏頭之費，三公復頓首謝，遂共私自念伎之黠慧，乃致沈飲，幾達犯法禮，他人可知矣。因具奏禁止，未知然否，抑或好事者之言？」

〔註 34〕〔明〕傅鳳翔，《皇明詔令》（《續修四庫全書》史部 457 冊，上海：上海古籍出版社，1997 年，據華東師範大學圖書館藏明嘉靖十八年傅鳳翔刻二十七年浙江布政司增修本景印），卷 9，〈諭畿輔停採辦制造敕〉，頁 39 下～40 上。

〔註 35〕〔明〕不著撰人，《明代檔冊》（中國第一歷史檔案館、遼寧省檔案館編，《中國明朝檔案總匯》桂林：廣西人民出版社，2001 年 6 月第 1 版），87 冊，〈激太僕寺李侃矯抗有直聲，天順年間累陞右僉都御史巡撫山西，力振風紀，貪墨屏跡。認爲宿娼飲酒是社會動盪的源頭，企望都察院能行令巡按御史提督五城兵馬司嚴督火甲，緝捕姦淫，俱送法司。至於婦女犯姦，照例斷送宣府、大同與遼東等處給配極邊，貧困無家配小軍餘爲妻，其有縱容婦女爲娼者，官員罷職不敘，軍民人等各調邊遠充軍爲民。在外則從各府、州、縣督令里老、火甲人等，緝捉獲婦女推問明白，亦照在京事例送極邊給配，官員不敘，軍民人等亦調邊遠充軍，如此違反善良風俗者知道懲戒條規，而風化可以端正。

正統、天順時期的官員與百姓，對儉約生活頗能坦然自適。如兵部給事中蔣性中宴請周忱（1381～1453），飯設不過五品，有菜一碟，美名「金花菜」，後來得知不過僅是草頭。〔註 36〕至於平民百姓通常只圖飽餐，對於食物烹調的色、香、味並不過份注重。他們在菜餚與食材上，自有節儉制約之道，以江西地區爲例，每件飲食諸事都有配套的節制方法，且皆有其名目。就吃飯而言，第一碗只許單食白飯，第二碗才能配菜，稱爲「齋打底」；在肉食上，他們以豬肉內臟取代帶骨肉塊，因無骨頭可餵食家犬，被戲稱「狗靜坐」；用以勸酒的果品，皆用彩色的木雕製品裝飾，僅有一種時令鮮果可供選擇，稱爲「子孫果盒」；逢年過節則到食堂租賃祭祀神明的牲品，祭典完後即刻歸還，俗稱「人沒份」。〔註 37〕節儉到這樣程度，可謂極致。方弘靜（1516～1611）目睹晚明時期海內侈靡風尚，對照《菽園雜記》記錄的江西民俗飲食生活，認爲其勤儉可尚，或被譏其過陋，如「子孫果盒」、「人沒份」誠爲非禮，但「齋打底」實乃養生之法。方氏感歎江右猶存質樸風尚，每有卜居之念。〔註 38〕

上述或許只是地方局部鄉鎮區域的單一現象，但從兩京飲食方面的虛華，可概風氣的悄然轉變。徐有貞（1407～1472）有〈贈吳益之〉詩，可略見當時北京繁華的模樣：

> 京師富庶區，日夜聞絃管。紛紛貴游子，被服皆綺纂。流飲傳玉盃，

勸風俗以隆治化等項條例〉，頁 166～168。

〔註 36〕〔明〕何三畏，《雲間志略》（台北：臺灣學生書局，1987 年 6 月初版，據中央研究院歷史語言研究所藏明刊本景印），卷 7，〈蔣少參檢菴公傳〉，頁 513～514。

〔註 37〕〔明〕陸容，《菽園雜記》（北京：中華書局，1997 年 12 月第 1 版），卷 3，頁 28。

〔註 38〕〔明〕方弘靜，《千一錄》（《續修四庫全書》子部 1126 冊，上海：上海古籍出版社，1997 年，據北京大學圖書館藏明萬曆年刻本景印），卷 26，〈家訓四〉，頁 22 下。

琱俎列珍饌。侈靡無不爲，志意各已滿。念爾窮居士，寂寞寓虛館。天寒霜雪間，門巷轍跡斷。藜羹常不糝，緼袍敝不煗。長誦仁義言，坐愁白日短。天道信難知，福善應可緩。嗟子固安命，爲友顏獨赧。慚負周急義，徒然勞永歎。〔註39〕

至於南京地區英宗正統到天順年間的二、三十年間，在飲食習慣方面的轉變，可引《客座贅語》所記：

南都正統中延客，止當日早，令一童子至各家邀云：「請吃飯。」至巳時，則客已畢集矣。如六人、八人，止用大八仙棹一張，殽止四大盤，四隅四小菜，不設果，酒用二大杯輪飲，棹中置一大碗，注水滌杯，更斟送次客，曰「汕碗」，午後散席。其後十餘年，乃先日邀知，次早再速，棹及殽如前，但用四杯，有八杯者。再後十餘年，始先日用一帖，帖闊一寸三四分，長可五寸，不書某生，但具姓名拜耳，上書「某日午刻一飯」，棹、殽如前。〔註40〕

地居輦轂的北京，講求鮮衣美食的風氣理當勝於南京。英宗正統中期的南京，飲食上不講究過度的排場與禮節，賓客食畢儘速離去，不添增主人的麻煩；其後二、三十年間，菜餚並未增加，但酒已從二杯增爲八杯，且邀請賓客的禮數日漸繁複。這表示正統至天順年間（1436～1464）的飲食習慣已逐漸改變，不再只是圖溫飽，明人開始重視他人的眼光與看法，希望藉宴飲的排場與聲勢來獲得敬重，顯見明人對飲食風尚已有更進一步的要求。〔註41〕

曾任戶部尚書的鄭紀（1433～1508），爲英宗天順四年（1460）進士，從《東園文集》裡，可看出其故鄉福建莆田亦漸爲虛華風氣所染：

一、餽送往復之禮，人情不能無也。但近時吾莆大家，留飲則五鳳卓面，餽送則羊酒盤盒，非惟競鬬奢侈，抑或預投物餌。奢侈則禮壞，投餌則傷名節，不可不預爲之處。今紀到家之日，諸親友係本房兒女，親家則賀禮四事，餘親只二事，鄉里近者一事，遠者只果酌以敘鄉情而已。邀請不用開卓，食物不過魚肉三四味，過則例一定固卻。

〔註39〕〔明〕徐有貞，《武功集》（《景印文淵閣四庫全書》集部184冊），卷5，〈贈吳益之〉，頁3下。

〔註40〕〔明〕顧起元，《客座贅語》（北京：中華書局，1997年12月第1版），卷7，〈南都舊日宴集〉，頁225。

〔註41〕方志遠，《明代城市與市民文學》（北京：中華書局，2004年8月第1版），頁211～212。

> 一、本家留客，鮮鹹魚不過三味，蔬菜不拘，果品因家中所有，不用粘疊高聳。酒不過五行七行而止，飲量以杯爵大小爲度，不得擲色高歌，日飲抵暮，亂性敗度，莫過於此，戒之！戒之！〔註42〕

鄭紀深惡宴飲過量，希望透過家訓規範族人，潛移默化的影響下，逐步將儉約風尚感染親屬與鄉人。洪武至天順時期近百年間，類似鄭紀儉身自持這樣的記載，實常見於青史。

第二節　中葉的宴飲習尚

一、成化時期的飲食

「成化以前，人心古朴，酒乃家釀，肴核土產；是後崇尚侈僭，食案至二三十豆，酒必南商鬻者。」〔註43〕憲宗並非一位勵精圖治的皇帝，《明通鑑》稱其：「怠於政，（彭）時與萬安同在閣，而安內結中官戚畹，大臣希得進見。」〔註44〕憲宗不理政務國事，內外朝長期被宦官奸佞之輩把持，宴飲享樂蔚然成風。宮廷飲食的風行，造成廚役供不應求。成化以前，光祿寺員額有廚役六千三百八十四名，成化十年（1474）奏添五百員，成化二十三年（1487）太監山青又奏添一千名，又日支白米八合，宮廷廚役的消耗與飲食的浮濫可見一斑。〔註45〕

朝政不行，宮廷饗宴依舊夜以繼日，地方卻因農糧短缺而流民四起。成化七年（1471）十二月，光祿寺少卿陳鉞針對宮廷飼養猛禽野獸，以及齋醮虛耗食材等狀況以星變上言，期望藉由災異革除奢弊：

> 近來蟲蟻（房）并清河（寺）等處，畜養猴豹鷹犬之類，不下八千有奇。計其費，每歲肉三萬七千八百斤，雞千四百四十隻，雞子三千六百九十枚，棗栗四千六百八十斤，粳稻等料七千七百七十六石，

〔註42〕〔明〕鄭紀，《東園文集》（《景印文淵閣四庫全書》集部1249冊），卷13，〈歸田咨目〉，頁16上～下。

〔註43〕〔明〕韓玉，《嘉靖・通許縣志》（《天一閣藏明代方志選刊續編》58冊，上海：上海書店，1990年12月第1版，據明嘉靖刻印本景印），卷上，〈人物・風俗附〉，頁79。

〔註44〕〔清〕夏燮，《明通鑑》（台北：世界書局，1962年11月初版），卷33，〈憲宗純皇帝〉，頁1257。

〔註45〕《明經世文編》，卷44，耿裕〈災異疏〉，頁8下～9上。

直銀通數千餘兩。今歲民歉民貧，流殍載路，而羽毛之微得食人食。……歲時及齋醮等事所用果品，曩皆散撮，近乃黏砌裝盛，尺盤斤數加增至千有餘。〔註 46〕

英宗正統年間，凡遇祭祀、筵宴及茶飯等，茶食果品均是以散撮。歲時節慶與齋醮科儀重視「黏砌」裝盛的風氣，就朱國禎（1558～1632）的考察，肇始於天順年。成化初雖曾下旨裁革陋習，〔註 47〕但至孝宗弘治中期，凡遇奉天殿與孔子祭典，果品俱用二尺盤黏砌，每盤約高二尺，用荔枝、圓眼等果類一百一十斤以上，及棗、柿等用二百六十斤以上，其餘祭祀依次遞減。直至弘治十七年（1504），因四方災傷頗重，才准從減損。〔註 48〕

美食佳餚裡，「糖纏」是明代筵宴常見的甜品，諸多史書將其作法記錄，傳諸後世。〔註 49〕如李時珍（1518～1593）《本草綱目》記載：「石蜜，即白沙糖也。凝結作餅塊如石者為石蜜，……以石蜜和諸果仁，及橙、橘皮、縮砂、薄荷之類，作成餅塊者，為糖纏。」〔註 50〕約在英宗天順元年（1461），開始成為皇宮筵宴的貢糖甜品，深受各階層人士喜愛。成化以來的婚冠大小酒席，皆用簇盤糖纏餅錠，上下仿效，習以成風。戶科給事中丘弘等人均表示，國破民窮皆實出自此。飲食雖無禁例，但適逢歲歉民饑，宜行「救荒革奢」政策，因而憲宗詔令冠婚之家酒席從省，店鋪不許製作、買賣大樣簇盤糖纏餅錠，違者依律問罪，納米發落。〔註 51〕

為導正當時飲食俗尚，明朝官僚多透過災異陳言。如成化十七年（1481）

〔註 46〕〔明〕何喬遠，《名山藏》（《續修四庫全書》史部 425～427 冊，上海：上海古籍出版社，1997 年，據明崇禎刻本景印），卷 15，〈典謨紀．憲宗純皇帝〉，頁 30 上～下。

〔註 47〕《典故紀聞》，卷 14，頁 158：「成化初，命光錄寺今後一切祭祀筵宴等項，買辦牲口，不得每年不得過十萬，果品不得黏砌。」時間雖不詳，但應比成化七年光祿寺少卿陳鉞上言為早，故列之比較。

〔註 48〕〔明〕朱國禎，《湧幢小品》（《明代筆記小說大觀》4 冊，上海：上海古籍出版社，2005 年 4 月第 1 版），卷 2，〈果品〉，頁 3166～3167。

〔註 49〕〔明〕宋詡，《竹嶼山房雜部》（《景印文淵閣四庫全書》子部 871 冊），卷 2，〈養生部二．餹纏〉，頁 25 上：「凡白砂餹一斤入銅鐵銚中，加水少許，至煉火上熔化，投以果物和勻，宜速離火，俟其餹性少擬，則每顆碎析之，紙間火焙乾。」

〔註 50〕〔明〕李時珍，《本草綱目》（《李時珍全集》，武漢：湖北教育出版社，2004 年 8 月第 1 版），卷 33，〈石蜜〉，頁 2450。

〔註 51〕《皇明條法事類纂》，卷 22，〈禁約織金寶石大樣餅錠等件例〉，頁 551～552。

四月，兩京及都會等地，及各地官員、軍民之家，衣服、飲食與器用窮極奢靡，十三道監察御史黃傑等上陳時政，直陳越禮僭份是造成星象異變的主要來源，要求累朝榜例奏行禁約，犯者處以重法。〔註 52〕成化二十一年（1485）正月，憲宗有感於冬暮、春初兩次星變，而河南、山東與畿內等多省飢饉四起，但北京官員、軍民之家，衣食奢侈僭用、濫費物力的狀況並無改善。詔旨禮部即便查例，出榜禁約。〔註 53〕透過禁約來強化兩京等地的管理，在憲宗時期飲食方面的踰越，仍獲得合理的規範與約束。

二、弘治時期的飲食

孝宗弘治皇帝奉行儉約，謹守祖宗法度。但朝廷筵宴仍不可缺，飲食仍是彰顯帝王身分、氣度與拉攏群臣的重要表徵。弘治「時朝政寬大，廷臣多事遊宴。京師富家攬頭諸色之人，亦伺節令習儀於朝天宮、隆福寺諸處，輒設盛饌，托一二知己轉邀，席間出教坊子弟歌唱。」〔註 54〕另外，從宮廷豢養動物的供給肉品裡，可略窺弘治初年食材數量的耗費：

> 乾明門，貓十二隻，日支豬肉四觔七兩，肝一副。刺蝟五箇，日支豬肉十兩。羊二百四十七隻，日支菉豆二石四斗二升，黃豆三升二合。西華門，狗五十三隻，御馬監狗二百一十二隻，日共支豬肉并皮骨五十四斤。虎三隻，日支羊肉十八斤。狐狸三隻，日支羊肉六斤。文豹一隻，日支羊三斤。豹房土豹七隻，日支羊肉十四斤。西華門等處，鴿子房日支菉豆穀粟等項料食十石。一日所用如此，若以一年計之，共用豬羊肉并皮骨五萬五千九百餘斤，肝三百六十副，菉豆穀粟等項四千四百八十餘石。〔註 55〕

弘治是明代中葉較爲節儉的時期，然在食材的耗費上亦十分可觀，其他朝則不知幾倍。時任禮部尚書兼文淵閣大學士的丘濬，費盡心思，投其所好，特

〔註 52〕《明憲宗實錄》，卷 214，成化十七年四月戊申條，頁 2 上～下。

〔註 53〕〔明〕孔貞運，《皇明詔制》（《四庫禁燬書叢刊》史部 56 冊，北京：北京出版社，2000 年，據南京圖書館藏明崇禎刻本景印），卷 5，頁 65 上～74 上。

〔註 54〕〔明〕陳洪謨，《治世餘聞》（北京：中華書局，1985 年 5 月第 1 版），下篇卷 3，頁 53。

〔註 55〕〔明〕朱懷吳撰、車應泰編，《昭代紀略》（台北：漢學研究中心，據明天啓六年序刊本景印），卷 6，〈貓犬豹馬等畜費給數〉，頁 17 下～18 上。

製軟硬適中的餅食獻與孝宗，「取寵」的意味十分濃厚。連內官都不禁感嘆以飲食取上進寵：「此吾內臣供奉之職，非宰相事也。」〔註 56〕

京城貴戚官員及豪勢之家，踰越的情事亦時有耳聞。如弘治七年（1494）五月，欽天監天文生聞顯，因天象示警上言，請求孝宗對飲食方面嚴加禁約，其一為謹齋戒。當時京官凡遇齋戒，大臣在衙門宿歇，而屬官不至，至者又常飲酒無度，宜行禁約。另一為明事例，京官軍民勢豪之家，多以奢靡相尚，婚姻醵會率用大樣餅錠、糖纏、高頂、獅人，並穿著渾金衣服，配戴寶石首飾，明顯踰禮犯分，期望重申禁約。〔註 57〕

自此，宮廷飲食菜餚由簡單走向繁複，而風氣從兩京傳播至各省城鎮間，再逐漸浸染每個階層與地域。如陝西武功縣，「習侈善饗，無豐儉之節日，日擊鼓聚會，靡有厭飫，少年得分銀尺布則弗計。蔬饌置酒，彈弦不避長老，時節遊衍，男女率冶容袄服，佔佔自見。」〔註 58〕部分具遠見卓識者認為，飲食逐漸侈靡，索需無度是庫藏走向貧乏的原因之一。南京國子監監丞楊文鑑於此風不可長，上疏啓奏孝宗：

> 今天下節儉之風浸微，婚喪燕享，驕奢無度。屠宰之類，動及千數；肥鮮之味，恒致百品。凡靡麗之物，難以悉舉。上下同風，遠近同俗，轉移之機在於一人。臣願陛下寡欲養心，躬履儉素，非但封拜賜予婚喪燕享之有制，而飲食服御尤宜量為節損。如前代令主常膳不求兼味，常服不辭再浣，著為定制。〔註 59〕

楊文應詔陳言，深切時弊，學者稱「淡成先生」。則期盼孝宗能以身作則，提倡節儉來遏止驕奢無度的歪風，但僅是曇花一現。弘治十五年（1502）九月，吏部尚書馬文升（1426～1510），建請通行中外官員服舍、鞍馬、飲食及器用等，俱遵守舊制，以為民範，違者以罪懲治。〔註 60〕孝宗弘治號稱中興，朝政雖仍屬相對穩定狀態，然而朝野重視美味與講求豐宴，已是無法可擋的時代趨勢。

〔註 56〕《治世餘聞》，下篇卷 1，頁 40。

〔註 57〕《明孝宗實錄》，卷 88，弘治七年五月戊戌條，頁 2 上～下。

〔註 58〕〔明〕康海，《正德・武功縣志》（《稀見中國地方志匯刊》8，北京：中國書店，2007 年 2 月第 1 版，據明萬曆四十五年許國秀刻本景印），卷 1，〈地理志第一〉，頁 11 下～12 上。

〔註 59〕《明孝宗實錄》，卷 150，頁 3 上～下，弘治十二年五月庚辰條。

〔註 60〕《明孝宗實錄》，卷 191，頁 2 下，弘治十五年九月甲申條。

三、正德時期的飲食

武宗在位的正德初期，內有顧命諸臣的輔政，仍戮力革新前朝飲食僭越的狀況，要求禮部會同都察院備查議處。於是禮部尚書張昇（1442～1527）、都御史張敷華（1439～1508）等感於近歲豐收，臣民暴殄天物，上言要求自後一切宴會，不得用糖纏、餅錠、簇盤、插花、粘果及舖造，違者俱重罪。〔註 61〕然京師比年俗奢，宴會豐腆，有大臣宴請佞臣錢寧，其費達千金者，科道官認爲移風易俗必由上始。〔註 62〕爲嚴格實行飲食生活的等差，正德十六年（1521），也將飲食器皿材質重新訂定：一、二品官員，飲食器皿許用黃金，但不准用玉質，而商賈、工匠之家，飲食器皿不許用銀。〔註 63〕然在武宗的自身喜好下，酒館大張旗鼓，「皇店內張酒館，寵信番僧，從其鬼教。招集邊軍，同其服色，或容結爲昆弟，或縱乘馬禁中。燕飲無復尊卑，飲食不計冷煖，數離深宮，馳驅于外，宿衛之臣，不知陛下所在。」〔註 64〕正德十三年（1518），藉機巡視大同，強奪都指揮關山、指揮楊俊住宅，並改爲酒肆，曰「官食」。〔註 65〕武宗也經常與太監、宮女裝扮，置身酒店，身著沽酒店小二服飾，頭戴瓜拉帽，也找宮女扮演勾欄女子勸酒，醉臥就直接寄宿酒店，這種荒唐行徑經年累月的上演。〔註 66〕

光祿寺丞崔傑曾對禁苑裡的所飼養的魚、獸，一天所耗費的食材做過統計：「南城金魚，日食蒸餅白麵二十斤；御馬監小猴十隻，日食白米一斗，紅棗二斤八兩；獅子房二號，日食活羊一隻，白糖四兩，羊乳二瓶，醋二瓶，花椒一兩三錢；犀牛一隻，日食白米一升，豬肉二觔，雞一隻，紅棗二斤；豹每隻日食羊肉二斤，虎每隻日食羊一羫。」〔註 67〕武宗時宴飲過奢，在食材的虛耗實過於前代。

推行「禁豬令」是武宗朝的一件大事，其原因單純，「帝以『豬』聲，音

〔註 61〕《禮部志稿》，卷 99，〈禁令備考・服飾禁例〉，頁 16 上。

〔註 62〕《明武宗實錄》，卷 14，正德元年六月癸未條，頁 3 上～4 下。

〔註 63〕《明史》，卷 68，〈輿服四〉，頁 1672。

〔註 64〕《明武宗實錄》，卷 108，正德九年正月丙戌條，頁 7 上～下。

〔註 65〕〔明〕呂毖，《明朝小史》（台北：正中書局，1981 年 8 月臺初版），卷 11，〈官食〉，頁 499。

〔註 66〕〔清〕毛奇齡，《明武宗外記》（台北：廣文書局，1964 年 2 月初版），頁 13。

〔註 67〕〔清〕褚人穫，《堅瓠集》（北京：全國圖書館文獻縮微複製中心，2002 年 8 月第 1 版，據清康熙間四雪草堂刻本景印），《堅瓠秘集》卷 4，〈物日食料〉，頁 22 上～下。

同于『朱』，字犯御姓，令天下禁殺豬。」〔註 68〕而《萬曆野獲編》亦對此事件的來龍去脈推本尋原：

> 而正德十四年十二月亦有之，時武宗南幸，至揚州行在。兵部左侍郎王（憲），抄奉欽差總督軍務、威武大將軍、總兵官、後軍都督府、太師鎮國公朱（壽）鈞帖：照得養豖宰豬，固尋常通事，但當爵本命，又姓字異音同。況食之隨生瘡疾，深爲未便。爲此省諭地方，除牛、羊等不禁外，即將豖牲不許喂養，及易賣宰殺，如若故違，本犯並當房家小，發極邊永遠充軍。〔註 69〕

武宗生於弘治四年（1491），爲辛亥年，干支屬豬年，而「朱」又與「豬」同音，這是禁豬令的主要緣由。一旦干犯此罪，全家大小發極邊永遠充軍，此意味著必須流放至三千里外終生充軍，其罪行等同於強盜、劫囚罪，爲《大明律》流刑中判決至嚴者。〔註 70〕武宗把養豬與吃豬肉等民間尋常之事，視爲盜賊犯罪。禁豬令不僅令人發噱，也實感莫名奇妙。〔註 71〕因而，沈德符戲稱：「此古今最可笑事。」

禁豬令一出，民間怨聲載道、苦不堪言。內閣大學士楊廷和（1459～1529）遂於正德十五年（1520）二月，上奏〈請免禁殺豬疏〉爲百姓請命：

> 臣等切思，民間豢養牲豖，上而郊廟、朝廷祭祀、宴饗膳羞之供，下而百官萬姓日用飲食之資給，皆在於此，不可一日缺者。……至于十二支生辰，所屬物畜，乃術家推算星命之說，鄙俚不經，不可爲據。若曰國姓字音相同，古者嫌名不諱。蓋以文字之間，雖當諱者，尚且不諱嫌名，今乃因其字之音，而并諱其物之同者，其可乎？又況民間日用牲豖，比之他畜獨多。牛以代耕，亦非可常用之物，私自宰殺，律有明禁，不可縱也。此事行之雖若甚微，而事體關係甚大，如此傳之天下後世，亦非細故，誠不可不慮也。〔註 72〕

〔註 68〕《明朝小史》，卷 11，〈豬與朱同〉，頁 485。

〔註 69〕《萬曆野獲編》，卷 1，〈列朝・禁豬令〉，頁 32。

〔註 70〕《讀律瑣言》，卷 18，〈強盜〉，頁 315：「凡強盜已行，而不得財者，皆杖一百，流三千里。」；同書卷，〈劫囚〉，頁 318：「若官司差人追徵錢糧，勾攝公事，及捕獲罪人，聚眾中途打奪者，杖一百，流三千里。」

〔註 71〕李洵在〈明武宗與豬禁〉一文，對此事件有詳實研究。可參閱：李洵，《下學集》（北京：中國社會科學出版社，2006 年 5 月第 2 版），〈明武宗與豬禁〉，頁 206～269。

〔註 72〕〔明〕楊廷和，《楊文忠三錄》（《景印文淵閣四庫全書》史部 428 冊），卷 1，楊廷和深知，禁豬令上至朝廷郊廟祭祀、筵宴珍饈，下至百姓日用飲食等多方面皆頗感不便，其言之成理，迫使武宗順水推舟將禁豬令取消。

「楓山先生」章懋（1437～1522）十分欽佩先進薛瑄（1389～1464）。薛瑄認為待客之禮當存古意，因而居家賓客僅用一雞一黍，酒三行而已。今人多以酒肉相尚，實為非禮。〔註73〕而王恕（1416～1508）雖任雲南巡撫，但平日所食，不過豬肉一斤、豆腐兩塊與菜一把而已。〔註74〕但飲食競奢已成為俗尚，阿里·阿克巴爾（Seid Ali Akbar Khatai）《中國紀行》，成書約於正德十一年（1516），他眼見的明代中期，不論在花園還是庭院舉行的盛宴，皆用盆景裝飾與點綴，樹下擺放很多精緻食品。長桌兩旁放著成排的金飾座椅，一邊坐著年輕的中國姑娘，另一邊則坐著樂師和歌手，透過演唱樂曲，使宴飲氣氛更加熱絡。參加宴席的男子擁抱美女，盡情歡樂，能歌善奏的藝人及舞伎，隨著樂曲翩翩起舞。只有親臨現場，才能領略這種歡愉，除中國有這樣的宴席，在其他世界是看不到的。〔註75〕雖不知阿克巴爾所到的是哪座城市，但從書中仍可看出明代中期經濟富足的概況。飲食方面雖缺乏具體的法制規定，小康之家講求豐宴亦是在所難免，其僭越的社會現象，應比衣裝服飾、居室房舍略早。如地處西北的陝西鄠縣，在成化初期，服食器用崇尚簡樸，「弘治初漸入於奢，然舊風未殄，其猶可觀焉。逮末年，盆人變，相競以弊浸淫，至正德極矣。自其服食、器用觀之，華靡倍昔，其中則無何有也。」〔註76〕正德年間是飲食風俗轉變的關鍵，眾多的史料多有記載，所言誠為不虛。

四、嘉、隆時期的飲食

據晚明陳儒的觀察，成化、弘治年間（1465～1505），民風猶稱純樸，習尚

〈請免禁殺豬疏〉，頁35下～37上。

〔註73〕〔明〕劉宗周，《人譜類記》（《諸子集成續編》（六），成都：四川人民出版社，據文淵閣四庫全書本景印），卷下，頁27下。

〔註74〕〔明〕何良俊《四友齋叢說》（北京：中華書局，1997年12月第1版），卷9，〈史五〉，頁78～79。

〔註75〕〔波斯〕阿里·阿克巴爾（Seid Ali Akbar Khatai）著，張至善、張鐵偉譯，《中國紀行》（《Khataynameh》，北京：三聯書店，1988年2月第1版，據阿里·阿克巴爾1516年（正德十一年）撰波斯文手抄本的英譯手稿本），第十章，頁104。

〔註76〕〔清〕康如璉，《康熙·鄠縣志》（《陝西省圖書館藏稀見方志叢刊》3，北京：北京圖書館出版社，2006年9月第1版，據清康熙二十一年刻本景印），卷4，〈田賦志·風俗〉，頁456～457。

儉素，但此時期卻侈靡相高，恬不知悟。〔註 77〕嘉靖朝不僅爲明代飲食風尚的轉折，亦是各種風氣流布與轉變的關鍵時期。世宗在位長達四十五年，前期多年致力於崇尚儉樸的生活方式，身負維風導俗的兩大機構：禮部與都察院戮力改善社會習氣。嘉靖五年（1526）十二月，禮部尚書席書（1461～1527）等會同廷臣條議修省事宜，鑑於天下承平既久，「人習僭侈，宮室、輿馬壯麗奇巧，所費不貲；婚姻祭葬、飲食筵宴尤爲暴殄，其婦女身衣錦綉，首帶金珠，貴賤不辨，踰禮犯分莫甚於茲，民窮財匱職此之由。」建請禮部糾查，依例通行奢侈禁約。〔註 78〕嘉靖二十七年（1548）九月，禮科給事中姜良翰奏稱：

> 今天下之患，在于吏治之不清、豪強之玩法、農夫之失業，而其原皆自風俗侈縱始。請申明禮制，以章示下民。凡飲食、宴會、服舍、輿馬、器用之類，悉差爲等第，令不得踰越。然後塞兼并之源，嚴貪墨之戒，驅遊惰之民，復生養之業，庶太平可望也。然京師者，諸夏之本；貴戚者，士民之首。茲欲風教四訖，請自京師始。〔註 79〕

詔令都察院出榜禁約，仍通行在外，一體遵守，如此虛應故事的禁約，實無多大約束力。

都察院方面，嘉靖六年（1527）十一月，時任都察院事的張璁（1475～1439），有鑑於巡按御史所至之處，多用導從，建請申明憲綱，在飲食供帳等方面宜從儉約，舉凡設彩鋪氈，無名供饋之屬，皆不許用，避免百姓供億之繁。〔註 80〕都察院右都御史汪鋐（1466～1536），也希望御史所至振揚風紀，嚴禁侈靡，爲民表率。「御史令行禁止，可以移易風俗，宜以身率物，躬行節儉，然後立爲條教，凡飲食、宴會、服飾、車馬、婚姻喪祭等項，悉爲品節限制，禁其侈靡。」〔註 81〕如此三申五令，到嘉靖晚期，都察院仍依然大聲疾呼，要求巡按各地御史要秉公持正，身先儉約。〔註 82〕

〔註 77〕〔明〕陳儒，《芹山集》（台北：漢學研究中心景照明隆慶三年陳一龍刊本），卷 22，〈申明禁約以圖化理事〉，頁 5 上～下。

〔註 78〕《明世宗實錄》，卷 71，嘉靖五年十二月甲子條，頁 5 下～7 下。

〔註 79〕《國朝典故》，卷 36，〈世宗實錄二〉，頁 747。

〔註 80〕《明世宗實錄》，卷 81，嘉靖六年十一月丁未條，頁 1 上～下。

〔註 81〕《明世宗實錄》，卷 109，嘉靖九年正月乙卯條，頁 9 下。

〔註 82〕《明世宗實錄》，卷 524，嘉靖四十二年八月癸酉條，頁 2 下：「都察院左都御史張永明等疏陳六事，一勵風紀，言御史按治一方，務秉公持正，身先儉約。日廩五升之外，秋毫無取。諸飲食供張，導從夫馬，一切不以煩民，乃爲稱職。今後有糜費無度，及餽送士夫牌坊、夫馬、水手之類，俟回道之日，即皇帝不可能終年都以昂貴食材爲主食，有時也單憑個人喜好決定食物，甚至是民間尋常小吃。世宗寵信道教追求長生不老，喜啖「麒麟脯」或「五色芝」；其子穆宗喜歡喝驢湯，果餅則由尚膳監、甜食房到東長安大街購買。〔註 83〕至於在京官僚階層，在飲食方面，有時並不遜於宮廷饗宴，除平常的飲食活動、帝王的賞賜及逢年過節的慶典宴飲。常以飲食爲出發，作爲聯絡感情與生活享樂。南京各衙門也是宴飲成風，時人遂嘲諷：「南京各衙門擺酒，吏部是辦事官吏，戶部是糴頭與攬頭，禮部六科是教坊司官俳，兵部是會同館馬頭，刑部都察院大理寺是店家，工部是作頭，太常寺是神樂觀道士，光祿寺是廚役。」〔註 84〕各地舖戶需承擔官衙日用飲食，有時擺酒一桌，僅給銀二錢。不管如何，其菜色佳餚必須豐備，污穢浮濫的食物切忌上桌。

世宗久不視朝，當時朝政凋敝，官僚溺於宴飲，身居內閣首輔諸臣亦如是。夏言（1482～1548）兩度擔任首輔，「久貴用事，家富厚，高甍雕題，廣囿曲池之盛，媵侍便辟及音聲八部，皆選服御，膳羞如王公。故事，閣臣日給酒饌，當會食，言與嵩共事二載，言不食上官供，家所攜酒餚甚豐飫，什器皆用金，與嵩日對案，嵩自食太官供，寥寥草具，不以一匕及嵩也。」〔註 85〕嚴嵩（1480～1567）與夏言同爲江西人士，鬥垮夏言之後嚴嵩再度成爲首輔，掌權時間先後長達十五年。嚴嵩日常飲宴食用珍品的程度，窮奢極欲、僭越犯上，而遭御史糾舉：

> 如陛下所食太牢，滋味不過數品，天下臣民無不知之，蓋不極玉食以貴天下也。嵩除陛下賞賜膳盒之外，凡窮海之錯，極陸之毛，絕域之所產，人間之所無，罔不畢至，以供飲宴。九夷四方之待嵩有甚于待陛下也，其故何哉？以國家之事，皆由于彼也。〔註 86〕

劉瑾掌權之時，是明代飲食風尚轉變的關鍵；嚴嵩當國之時，是明代貪污納賄現象加遽的時期，嚴嵩父子田產富可敵國。其義子鄢懋卿靡費無紀，延聘工匠製造筵席所用金銀湯鼓、器皿，竟耗費千百兩。〔註 87〕鄢懋卿任都察

以不職署考。」

〔註 83〕陳寶良，《明代社會生活史》，頁 276。

〔註 84〕《四友齋叢說》，卷 12，〈史八〉，頁 100。

〔註 85〕〔明〕焦竑，《玉堂叢語》，（北京：中華書局，1997 年 12 月第 1 版），卷 8，〈汰侈〉，頁 275。

〔註 86〕〔明〕祁柏裕等，《南京都察院志》（台北：漢學研究中心景照明天啓三年續刊本），卷 28，王宗茂〈糾劾誤國輔臣疏〉，頁 5 上。

〔註 87〕〔明〕田藝蘅，《留青日札》（《四庫全書存目叢書》子部 105 冊，台南：莊嚴

院左副都御史時，每張筵會百金爲常。戶部以兩浙、兩淮、長蘆、河東鹽政不舉，請遣大臣總理，嵩遂用鄢懋卿。所至市權納賄，歲時饋遺嚴氏及諸權貴，不可勝紀。行至揚州糾察，明知鳳陽巡撫劉景韶（1517～1578）貪殘無度，卻接受其曲意阿承，「設酒一席幾費千金，金銀器皿極其奇巧，花飾以寶珠，而下貯以銀瓶，餽贐之禮聞亦萬餘。」〔註 88〕鄢懋卿所經之地，路費工食皆出里役，如此奢侈縱肆而徒增民力，成爲風憲同僚彈劾的對象。

何良俊（1506～1573）爲南直隸松江華亭人士，他曾於除夕前一個月出訪，見南京中城兵馬司前食盒塞道不得行，原來是各大家至兵馬處送節慶禮品。而南京各衙門長官，客至供茶，皆用瓷甌；其宴客行酒，亦是瓦盞；唯有儀制張兵馬鳳岡，供茶用銀鑲甌，行酒用銀杯盤。〔註 89〕這些宴飲器皿雖無僭越，但仍可略窺嘉靖後期南京地區在飲食上的豪奢，飲食早已成爲交際應酬、攀附權貴的門徑。因而士大夫家，「賓饗踰百物，金玉美器，舞姬駿兒，喧雜絃管矣。」〔註 90〕

嘉靖以前，「鄉社村保中無酒肆，亦無遊民。……畏刑罰，怯官府，竊鐵攘雞之訟，不見於公庭。」〔註 91〕當時人皆食其力，男耕婦織，兒女攜竹筐挑拾路邊野菜。若有宴飲，各自攜帶酒餚，不需招呼而至。席間所討論的話題，多是田場稼穡、雞豚孳碩，或者商榷兒女婚姻等諸瑣事而已。〔註 92〕廣東香山縣早期，「食設卓不過菓肉各五品，小燕用冰盤爲八仙卓，其舅婿初會必設大卓，用海青散盤牛羊之類，有至一、二十金者。」〔註 93〕此時各地市鎮尚未完全浸染奢侈風俗。

農稼仰天衣食，一旦米糧歉收，日常宴飲的生活型態就無法維持。如嘉靖五年（1526）水旱災頻仍，禮部尚書席書建請開倉賑災救民：

文化事業有限公司，1995 年 9 月初版，據浙江圖書館藏明萬曆三十七年徐懋升重刻本景印），卷 35，〈鄢懋卿〉，頁 13 上。

〔註 88〕《南京都察院志》，卷 28，林潤〈黜貪濫撫臣以消民怨疏〉，頁 22 下～23 上。

〔註 89〕《四友齋叢說》，卷 12，〈史八〉，頁 103～104。

〔註 90〕《名山藏》，卷 102，〈貨殖記〉，頁 9 上～下。

〔註 91〕〔清〕烏竹芳，《道光・博平縣志》（南京：鳳凰出版社，2004 年，據清道光十一年刻本景印），卷 6，〈民風解〉，頁 1 上。

〔註 92〕《名山藏》，卷 102，〈貨殖記〉，頁 9 上～下。

〔註 93〕〔明〕鄧遷、黃佐，《嘉靖・香山縣志》（台北：漢學研究中心景照明嘉靖二十七年刊本），卷 1，〈風土志・風俗〉，頁 10 上。

> 今歲南京地方，夏秋旱澇相仍，人民饑饉殊甚。初賣牛畜，繼鬻妻女，老弱輾轉，少壯流移，或縊死于家，餓死於路，父老皆言，今非昔比。……今論治者，凡言制禮作樂，然後啓人敬聽，若曰作粥活民，率厭聞也。然衣食足，而後禮樂可興，今使民饑而死，雖日講射祭冠昏，日奏咸英韶濩，何補於治哉？……必治平有具，水旱無虞，惟在天子公卿，上下一於恭儉，節浮費，裁冗食，損上益下，重農司，飭守令，廣儲蓄。遇有凶荒，開倉發賑，茲堯舜三王之仁政也，區區賑粥活民，豈經世久長之計哉？〔註94〕

重恭儉，廣積蓄，衣食足，才是活民之道。嘉靖十四年（1535），災禍橫行，有「天下十荒，八九浙中」之稱，致使百物騰踴，米石一兩五錢，瘟疫大行，餓莩橫道。浙人在除夕夜圍爐守歲，僅能以詩自嘲：「年去年來來去忙，不飲千殤也百殤；今年若還要酒吃，除卻酒邊酉字旁。年去年來來去忙，不殺鵝時也殺羊；今年若還要鵝喫，除卻鵝邊鳥字旁。」〔註95〕約自嘉靖朝後，全國各地不論貧富城鄉，均有走向一個不同於前期的社會型態。

第三節　晚明的飲食崇奢

崇禎年間刊行的《松江府志》，於〈風俗志〉中提及賓宴的世變：「席必備列方圓蔬果之外，桌楂圍碗添果時蔌。遇公宴上司鄉紳，醵分器用靖窯，殽菜百種，徧陳水陸。選優演劇，金玉犀斝遞舉行觴，或翻席復設于別所。張華燈，盛火樹，流連達曙，俗貧而示之以侈，作俑其誰？」〔註96〕在晚明時期，飲食方面的奢侈主要表現在宴會上，約有幾項特點：一、菜餚數量的增加，二、菜餚種類的不同，三、僱請廚役與歌妓，四、宴會次數的增加，五、宴會費用的提高。意味晚明飲食上菜色務必豐富多變，飲酒作樂與戲劇歌舞亦是不可或缺。〔註97〕飲食奢侈專有的時尚稱謂，有：「炮鳳烹龍」、「雕

〔註94〕〔明〕俞汝爲，《荒政要覽》（台北：國家圖書館善本書室藏，據明萬曆刻本攝製微片），卷1，〈奏急簡要以活饑民疏〉，頁13下～17上。

〔註95〕〔明〕王圻，《稗史彙編》（《筆記小說大觀》3編7冊，台北：新興書局，1978年9月初版），卷172，〈荒年轉語〉，頁11上～下。

〔註96〕〔明〕方岳貢等，《崇禎．松江府志》（台北：漢學研究中心景照明崇禎四年刊本），卷7，〈風俗志．俗變〉，頁25下。

〔註97〕參見：常建華，〈論明代社會生活性消費風俗的變遷〉，《南開學報》，1994年4期，頁58～59。

蚶鏤蛤」、「文杯鏤案」和「畫卵雕薪」等名詞，〔註 98〕意謂過分講究烹調技術和器皿裝飾，都是奢華的象徵。晚明時期飲食方面的崇奢現象，約可分爲四方面：

一、講究宴會排場

《金瓶梅》的小說文學刻劃，是反映考察明代後期飲食的最佳寫照，如二十二回裡的描述：

> 一日，臘月初八日，西門慶早起，約下應伯爵，與大街坊推官家送殯。……說著，兩個小廝放桌兒，拿粥來吃。就是四個鹹食，十樣小菜兒，四碗頓爛：一碗蹄子、一碗鴿子雛兒、一碗春不老蒸乳餅、一碗餛飩雞兒，銀廂甌兒裡，粳米投著各樣榛松、栗子、果仁、梅桂、白糖粥兒。西門慶陪應伯爵、陳經濟吃了，就拿小銀鍾篩金華酒，每人喝了三杯。〔註 99〕

臘月初八一頓早餐竟是如此講究，用餐之後還要喝酒，與現代人飲食習慣大相徑庭，也可略窺地方土豪西門慶對熟絡朋友的豪氣與排場，這是明代晚期飲食的社會寫照。

萬曆四年（1576），張居正建請神宗諭令都察院，嚴禁在京各官衙宴會，不得沉湎縱肆，荒廢公務。〔註 100〕但張居正言行不一，其返鄉歸葬之時，所過州邑郵，「牙盤上食，水陸過百品，居正猶以爲無下箸處。」錢普獨能吳饌，張居正遂有滿意之情：「吾至此僅得一飽耳。」此話一出，吳中只要廚藝稍加精良者，全被召募殆盡，皆得善價以歸。〔註 101〕京城官僚與縉紳士大夫爲表現其身分，在宴飲上特別講究排場、食具與食材，華麗奢靡爲常態。如京師有個蔣攬頭，居家宴客八人，每席盤中有八枚雞首，共用雞六十四隻，席間一御史生性喜食雞首，蔣氏以眼睛示意僕人，復進雞首八盤，亦如其數，結果一席之間，耗費一百三十二隻雞。〔註 102〕

〔註 98〕〔明〕楊愼，《升庵外集》（台北：臺灣學生書局，1971 年 5 月初版，據明萬曆四十四年顧起元校刊本景印），卷 29，〈飲食之侈〉，頁 715。

〔註 99〕〔明〕蘭陵笑笑生，《金瓶梅詞話》（北京：人民文學出版社，2008 年 8 月第 1 版），22 回，〈西門慶私淫來旺婦，春梅正色罵李銘〉，頁 254～255。

〔註 100〕《明神宗實錄》，卷 56，萬曆四年十一月已丑條，頁 2 上。

〔註 101〕《玉堂叢語》，卷 8，〈汰侈〉，頁 276。

〔註 102〕《留青日札》，卷 26，〈懸雞〉，頁 12 上～下。

在明代早期，如南直隸揚州府通州一帶，普通的地方聚會食宴，通常一席賓主四人，若賓客較多，主人就坐於賓客側邊。筵席上無人服侍，餚果自取，酒則從市集酤來。若有宴請，不求豐盛，僅以醉飽爲平常。「庶氓之家終歲不讌客，有故則盂羹豆肉相招一飯，人不以爲簡也。貴家鉅族，非有大故不張筵、不設綵、不用歌舞。」〔註 103〕然在此一儉樸爲尚的時期，尤以江南一帶，食宴逐漸奢華，「肆筵設席，吳下向來豐盛。縉紳之家，或宴官長，一席之間，水陸珍羞，多至數十品。即士庶及中人之家，新親嚴席，有多至二、三十品者，若十餘品則是尋常宴會矣。」〔註 104〕而揚州府城的飲食華侈，市肆百品，肉類、湯品外，「或用諸肉」、餅糖與酒釀，可謂誇視江表。〔註 105〕浙江的杭州府，亦「踵侈靡之習，富室窮水陸之珍，即貧者亦勉效，席案堆積，厭飫不堪，弊也極矣。」〔註 106〕

一般民家如常熟縣陳氏，喜歡誇耀身家，經常大擺筵席，每人席前擺設完整一隻雞、鵝等食物。有次用螃蟹做蟹螯湯品，但嫌螯腳瘦小，竟將所有食材拋進河底。〔註 107〕徐復祚也以其家族豪奢飲食爲例：

> 余母家安氏，無錫人，家巨富號安百萬，最豪於食。常於宅旁另築一莊，專豢牲以供膳，子鵝常蓄數十頭，日宰三四頭以充饌，他物稱是。或夜半索及不暇宰，則解一支以應命，食畢而鵝猶宛轉不絕，後諸舅競用奢侈敗。余食腸甚狹，自太牢外，無所不食，亦復不能吃素。客有勸余吃素者，余曰：「予不吃佛素，但吃吾夫子素。昔在祖父時，家處富貴，雞豕魚鱉，逢著便吃，此吃素富貴之素也。今日貧寒，鮝魚蝦殼甘於金虀玉鱠，此吃貧賤之素。也定不效他人以麵筋、豆腐，祈來生福蔭，下地獄種子。」客大笑曰：「此老直是爲

〔註 103〕〔明〕沈明臣、陳大科，《萬曆·通州志》（《天一閣明代方志選刊》4 冊，台北：新文豐出版公司，1985 年，據寧波天一閣藏明萬曆刻本景印），卷 2，〈疆域志·風俗〉，頁 92。

〔註 104〕〔清〕葉夢珠，《閱世編》（北京：中華書局，2007 年 9 月第 1 版），卷 9，〈宴會〉，頁 218。

〔註 105〕〔明〕楊洵，《萬曆·揚州府志》（《北京圖書館古籍珍本叢刊》25 冊，北京：書目文獻出版社，1998 年，據明萬曆刻本景印），卷，〈風物志·風俗〉，頁 3 上。

〔註 106〕〔明〕陳師，《禪寄筆談》（《四庫全書存目叢書》子部 103 冊，台南：莊嚴文化事業有限公司，1995 年 9 月初版，據北京圖書館藏明萬曆二十一年自刻本景印），卷 10，〈崇儉說〉，頁 22 下～24 上。

〔註 107〕《敔園雜記》，卷 14，頁 169。

饕口解嘲。」〔註108〕

徐復祚《明史》無傳，但其家學淵源可知！若以尋常之家，則難以想像其奢華程度。何良俊年幼時見人請客，只是果五色、餚五品而已，惟有貴客蒞臨或新婚迎娶之時，添加蝦蟹蜆蛤等三四物，而如此飲宴，一年中至多一、兩次。但到嘉靖朝時，餚品共計百餘樣，鴿子、斑鳩之類皆有，〔註109〕而「水陸畢陳」是宴飲酒席上的必備食品。浙江嘉定縣，「富室召客，頗以飲饌相高，水陸之珍常至方丈，至于中人亦慕效之，一會之費常耗數月之食。」〔註110〕在一般家庭宴席，若僅有數十味，也必須維持水陸食材具備，甚至尋購「厭鈍之物」鱔魚、甲魚之類，每觔要價銀三、四釐，以此厚待尊客貴賓。有時市場商販見有利可圖，藉機調漲價格，儘管每斤索價銀二分，也必須忍痛添購。〔註111〕

民間社會宴請開始重視菜色多樣，不再只是僅求溫飽，時代愈後，餚品愈多，所費貲金也愈多。其中廣東穗城民富而俗侈，設席宴客，日費二、三十金在所不惜。〔註112〕明初江西永豐縣，在宴會上通常只有四至五色果餚，水果取自當地土產，餐餚來自家畜，至嘉靖時期，餐餚增至數十盤，每道宴會費數十金，飲食的講究與繁盛程度比擬京師。〔註113〕福建邵武府建寧縣，緊鄰江西藩邸建昌，習尚移染下其俗漸奢，「常會設簇盤陳，添換至三十餘味，謂之『春臺席』。冬月收藏華甫畢，內眷相邀，日椎牛宰豕，食卓坐碗累至尺餘，至婚燕又不止食前方丈。」宴飲奢華之風，造成當地盛傳：「千金之家，三遭婚娶而空；百金之家，十遭宴賓而亡」的窘況。〔註114〕在浙江嘉定、湖州等地的鄉紳士夫，

〔註108〕〔明〕徐復祚，《花當閣叢談》（《續修四庫全書》子部1175冊，上海：上海古籍出版社，1997年，據中國科學院圖書館藏清嘉慶借月山房彙抄本景印）卷6，〈去餅緣〉，頁22下～23下。

〔註109〕《四友齋叢說》，卷34，〈正俗一〉，頁314。

〔註110〕〔明〕韓浚，《萬曆・嘉定縣志》（台北：臺灣學生書局，1987年6月初版，據明萬曆三十三年刊本景印），卷2，〈疆域志・風俗〉，頁150。

〔註111〕〔明〕許敦俅，《敬所筆記》（附錄於陳學文，〈商品經濟的發展對社會意識與民情風俗的衝擊〉，據嘉興祝廷錫民國十年手抄標點本），〈紀世變〉，頁318。

〔註112〕〔明〕王臨亨，《粵劍編》（北京：中華書局，1997年11月第1版），卷2，〈志土風〉，頁78。

〔註113〕〔明〕管景，《嘉靖・永豐縣志》（《天一閣明代方志選刊》12冊，台北：新文豐出版公司，據寧波天一閣藏據明嘉靖刻本景印），卷2，〈風俗〉，頁14上。

〔註114〕〔明〕何孟倫，《嘉靖・建寧縣志》（《天一閣藏明代方志選刊續編》38冊，上海：上海書店，1990年12月第1版，據明嘉靖刻本景印），卷1，〈地理志・

早期宴請郡邑長官，客席需銀一兩一桌。今非豐饌嘉餚不敢留客，非二、三百錢不能辦具，耗費益多致使物價益貴、財力益困，而情誼益衰。〔註 115〕而南直隸鎮江府丹徒縣，「綰水陸之口廚，傳日費數十金，謂之『班支』；郡邑公私筵燕，諸所狼籍，歲費且數千金，謂之『坊支』。」〔註 116〕朝野飲食生活上的豪奢造成閭閻騷然，苦不堪言。

當耶穌會傳教士利瑪竇（Matteo Ricci, 1552～1610），於明末到中國宣揚天主教時，看到這樣的飲食習俗，大歎不可思議。根據他的觀察，晚明人士不太注意送上的任何菜餚，因為他們的膳食方法是根據席上花樣多寡，而不是根據菜餚種類來評定。菜一端上桌，就不再撤去，直到吃完飯為止，但飯沒吃完，桌上就壓得吱嘎作響。碟盤堆得很高，簡直讓人覺得是在修建一座小型的城堡。〔註 117〕這僅是單指一般宴會，在正式宴會場合，通宵達旦成為把酒言歡的社交禮數。酒足飯飽之後，則將剩菜剩飯分給窮人。利瑪竇發現中西飲食習慣大相徑庭，而晚明人士對食物的奢華與慷慨程度，令他嘖嘖稱奇。

飲食上的豐侈，是炫耀身家的必要條件，也為待客之道的重要飲食禮儀。「都會具柬，遍召同年寅、好鄉親，假館設席，延賓至，具貨金，主人受賀，演戲終日，謂之『請分子』。每分多至八金以上，少至一金以下。每會可數百金，除費計贏若干，以為主人之得。」〔註 118〕然而並非每戶皆家財萬貫，透過分攤食費戲資，讓宴會得以進行，賓主盡歡。江西皇家宗室有「壺盤之風」，「宗中有一事，相厚者即各以壺盤至，肴或十盤、或八盤、或四盤，酒或一壺、或兩壺、或三壺，隨其家厚薄不計焉。即日，主人必具圍碗，謂之『添換』。另日，仍設席酬謝。後流而製一衣、置一器，亦輕舉焉。有一王孫，千金之產以此不越歲而破產殆盡。」〔註 119〕蘇州崑山張大復（1554～1630）文采洋溢，賓客來訪者

風俗〉，頁 15 下。

〔註 115〕《見聞雜記》，卷 10，〈三十九〉，頁 829。

〔註 116〕〔明〕唐順之，《唐荊川先生集》（《叢書集成續編》144 冊，台北：新文豐出版公司，1989 年，據常州先哲遺書本排印），卷 13，〈鎮江丹徒縣洲田碑記〉，頁 11 下。

〔註 117〕〔義〕利瑪竇（Matteo Ricci）、〔比〕金尼閣著，何高濟等譯，《利瑪竇中國箚記》（《China in the Sixteenth Century: The journals of Matheo Ricci, 1583～1610》，北京：中華書局，1990 年 10 第 1 版），第一卷，〈關於中國人的某些習俗〉，頁 72。

〔註 118〕《識小錄》，頁 309。

〔註 119〕〔明〕姚旅，《露書》（《續修四庫全書》子部 1132 冊，上海：上海古籍出版社，1995 年，據華東師範大學圖書館藏據明天啓刻本景印），卷 8，〈風篇上〉，

眾，但其家計困窘，仍必「蔬炙雜進，絲肉競奮，參橫月落」，明早已無米可炊，也只能與家人相視苦笑以對。〔註 120〕風氣所及，生活再拮据亦不敢廢禮。方弘靜於萬曆時期，官至南京戶部尚書右侍郎，在「家訓」中感嘆說：「往時風俗猶樸，席不過數品，品嘗用者三四味耳，其餘長者不妄下筯，酒數行即起，主人一日再速客，日未暮也。今乃沈緬，竟日深夜未厭，日益甚矣。」〔註 121〕昔日先輩飲食上的樸素風尚，已不可復見於晚明的社會。

二、追求山珍海錯

湯胤勣嘗將飲食與服飾、居室做一比較，主張人須居中等屋，服下等衣，食上等食。他歸納出一個道理：「茅茨土堦，非今所宜，瓦屋八九間，僅藏圖書足矣，故曰中等屋。衣不必綾羅錦繡也，夏葛冬布適寒暑足矣，故曰下等衣。至於飲食，則當遠求名勝之物，山珍海錯，名茶法酒，色色具備，庶不爲凡流俗士，故曰上等食也。」〔註 122〕湯胤勣列名「景泰十才子」，以豪氣傳頌流世。竭力追求盤飧兼味、山珍海錯，成爲文人雅士區別其他階層的重要表徵。

「食水產者，鼈蛤螺蚌，以爲珍味。食陸產者，狐兔鼠雀，以爲美品。」〔註 123〕《酌中志》提及皇城於正月所尚珍味，包括冬笋、銀魚、鴿蛋、麻辣活兔，塞外黃鼠與半翅鶡雞，江南的密羅柑、鳳尾橘、漳州橘、橄欖、小金橘、風菱、脆藕，西山蘋果、軟子石榴及水下的鮮蝦等，不可勝計。〔註 124〕基本上明代的皇宮，是搜羅中國各地珍品和獨具特色的美食，上有所好，則下必甚焉。明代後期飲食重視餚品繁盛和價格昂貴，對於各地佳餚也不斷地蒐羅，以滿足口腹之慾和炫耀財富。「窮山之珍，竭水之錯，南方之蠣房，北方之熊掌，東海之鰒炙，西域之馬奶，眞昔人所謂富有小四海者，一筵之費，竭中家之產不能辦也。」〔註 125〕講究豪奢生活的張岱，對四方名產知之甚詳，也頗有見地：

頁 6 上。

〔註 120〕〔清〕錢謙益，《牧齋初學集》（《錢牧齋全集》，上海：上海古籍出版社，2003 年 8 月第 1 版），卷 54，〈張元長墓誌銘〉，頁 1358。

〔註 121〕《千一錄》，卷 25，〈家訓三〉，頁 9 下～10 上。

〔註 122〕《識小錄》，卷 4，〈居服食三等語〉，頁 566～567。

〔註 123〕《堅瓠集》，《堅瓠秘集》卷 4，〈水產海產〉，頁 21 下。

〔註 124〕《酌中志》對於皇宮食材珍品記載詳盡，可參閱：〔明〕劉若愚，《酌中志》（《明代筆記小說大觀》4 冊，上海：上海古籍出版社，2005 年 4 月第 1 版），卷 20，〈飲食好尚紀略〉，頁 3062。

〔註 125〕《五雜俎》，卷 11，〈物部三〉，頁 1720～1721。

> 越中清饞，無過余者，喜啖方物。北京則蘋婆果、黃甗、馬牙松；山東則羊肚菜、秋白梨、文官果、甜子；福建則福桔、福桔餅、牛皮糖、紅腐乳；江西則青根、豐城脯；山西則天花菜；蘇州則帶骨鮑螺、山查丁、山查糕、松子糖、白圓、橄欖脯；嘉興則馬交魚脯、陶莊黃雀；南京則套櫻桃、陶門棗、地栗團、窩筍團、山查糖；杭州則西瓜、雞豆子、花下藕、韭芽、玄筍、塘棲蜜桔；蕭山則楊梅、蓴菜、鳩鳥、青鯽、方柿；諸暨則香狸、櫻桃、虎栗；嵊則蕨粉、細榧、龍遊塘；臨海則枕頭瓜；台州則瓦楞蚶、江瑤柱；浦江則火肉；東陽則南棗；山陰則破塘筍、謝桔、獨山菱、河蟹、三江屯螺、白蛤、江魚、鰣魚、裏河鰦。〔註 126〕

張岱對於遠方食材有耐性可等上一年，鄰近地區則企求每月或每天都有鮮物。雖有終日追求口腹深感罪孽深重，但他仍覺得對佳餚美食的傳播有其貢獻。

豢養的家禽方面，食材向來以鵝爲重。〔註 127〕王羲之（303～361）愛鵝成性，早期吃鵝肉，不能光明正大，必去其頭尾，而以雞首尾掩蓋，僅因祖制規定御史不許食鵝。而晚明時期則視爲肴饌的常味，經常日進數頭，而水陸畢陳，宴會連開十夜，伴以聲樂者，亦爲尋常。〔註 128〕宜興吳文肅公之子尙寶丞驥，富與相國敵，每次開宴，必窮水陸，以銀纍絲盒盛，按酒味各白盒。「吳亦厚自奉，溧陽子鵝，懸於室中凡七，以白飯飯之，日噉其一，七日周而復始，蓋飯鵝過七日則瘦，故也。其所懸鵝，以方籠涉日，則方而脂肥，至骨亦脆矣。吳每宴客，客必具一鵝首，至一宴有宰十餘鵝者，其好事亦爲江南之冠。」〔註 129〕《弇州史料》也記載明人罕見的廚藝技能：

> 王父爲南少司馬時，守備中貴人時張甚，競以侈靡相高，一宴之味，必窮水陸。有取雞卵或鵝、鴨卵，破之，不知何術分黃白，而以牛胞刮淨，裹其外約斤許，大熟則飣於盤，詫曰：「此駝鳥卵也。」又作饅頭大於斗，蒸而當席破之，則中有二百許小饅頭，各有餡而皆

〔註 126〕〔明〕張岱，《陶庵夢憶》（台北：頂淵文化事業有限公司，2004 年 3 月初版），卷 4，〈方物〉，頁 38。

〔註 127〕《花當閣叢談》，卷 1，〈食鵝〉，頁 28 上。

〔註 128〕〔明〕王世貞，《觚不觚錄》（《筆記小說大觀》5 編 4 冊，台北：新興書局，1980 年），頁 7 下～8 上。

〔註 129〕〔明〕王世貞，《弇州史料後集》（《四庫禁燬書叢刊》史部 49～50 冊，北京：北京出版社，2000 年，據北京大學圖書館藏明萬曆四十二年刻本景印），卷 36，〈貴介豪侈〉，頁 40 下～41 下。

熟，不知何術？〔註 130〕

王世貞（1526～1590）聽聞當時中貴人家，能做出饅頭者，卻以不見這樣的技術，而感觸頗深，引以爲憾。食材中，家畜以雞、豬肉的供應爲大宗。宴飲上爲求賓主盡歡，殘殺過多牲畜用以食用，在晚明社會則頗爲常見。如某一監司宴席，僅主、客席三桌，就用鵝十八隻、雞七十二隻以及豬肉共一百五十斤。〔註 131〕有時爲保持口感與鮮度，也採活體烹煮的方式，「鵝鴨之屬，皆以鐵籠罩之，炙之以火，飲之椒漿，毛盡脫落，未死而肉已熟矣。驢羊之類，皆活剝取其肉，有肉盡而未死者。」〔註 132〕這樣的屠宰方式絕非人道的表現。

牲畜常是人類盤飧佳餚的一部分，但鮮少宰殺牛、馬之類，除明人主張「不食牛馬驢騾肉者」爲善外，〔註 133〕若以牛隻爲例，牠們是農業社會的重要資產與幫手，在傳統重農抑商的政令下，太祖曾諭令不得宰殺耕牛，因耕牛爲「衣食之本」。〔註 134〕〈戒殺牛文〉的出現，就是用來告誡世人，牛隻爲人類耕田效勞，何以忍心烹鬻？〔註 135〕強調不因口腹而宰殺牛隻。景帝景泰年間（1450～1456），京城軍民爲求牟利，暗地宰殺牛隻販售的事例層出不窮。〔註 136〕此後更甚，牛隻不再被保護，販賣愈多，屠宰愈盛，〔註 137〕成爲主要的食材之一。有鑑於此，北京巡城御史楊四知在神宗萬曆十三年（1585），於宣武門外榜禁殺牛，導致影響回回人生計，甚至試圖趁其外出行刺，最終都察院左都御史趙錦（1516～1591）收回成命，抗議事件方告落幕。〔註 138〕穆斯林不食豬肉，牛、羊肉成爲他們維生的重要肉類製品，如同前述武宗時期的禁豬令，若一味魯莽推行禁食牛肉，只會風波不斷。至於驢隻是中、低階官員與升斗小民的代步工具，卻也是宮廷佳餚的一環。穆宗曾食驢腸而深感

〔註 130〕《弇州史料後集》，卷 36，〈宦豎食幻〉，頁 41 下～42 上。

〔註 131〕《五雜俎》，卷 11，〈物部三〉，頁 1722。

〔註 132〕《五雜俎》，卷 11，〈物部三〉，頁 1728。

〔註 133〕《實政錄》，卷 5，〈鄉甲約・紀善以重良民〉，頁 1080。

〔註 134〕《典故紀聞》，卷 2，頁 22；以及卷 5，頁 81。

〔註 135〕〔明〕高濂，《雅尚齋尊生八牋》（《北京圖書館古籍珍本叢書》61 冊，北京：書目文獻出版社，1988 年，據明萬曆十九年自刻本縮印），〈清修妙論箋下・日抄玄經秘典聖賢教戒省心律己格言計一百五十八條〉，頁 80。

〔註 136〕《明英宗實錄》，卷 256，景泰六年七月丁酉條，頁 8 下。

〔註 137〕《明孝宗實錄》，卷 68，弘治五年十月癸亥條，頁 10 上～下。

〔註 138〕〔清〕談遷，《棗林雜俎》（北京：中華書局，2006 年 4 月第 1 版），和集，〈叢贅・禁殺牛〉，頁 575；以及《萬曆野獲編》，卷 20，〈言事・禁嫖賭飲酒〉，頁 516～517。

美味，侍臣因此吩咐光祿寺備辦，但穆宗不忍因口腹日殺一驢遂罷。但神宗、思宗時期的御膳，驢肉已變成盤飧的常品。〔註 139〕

在水產食材方面，沈德符（1578～1642）自幼居於京師，未曾見過青蛙、蝦蟹、鰻魚、螺蚌之屬，而今市廛處處可見。此肇因於浙東人士牟利，利用水堰養殖生產，成爲普及的食材。爲供應京師龐大人口的需求，江海捕獲緩不濟急，遂造就明代人工養殖事業的興盛。〔註 140〕此時，蛙肉也是京城百姓食用的大宗。萬曆初年，曾有給事中建言，京城四面蝦蟆，供應萬人之食，宜下令禁止捕殺與濫食，被時人譏其爲「蝦蟆給事」。〔註 141〕矯枉過正，依舊毫無成效可言。

魚類是水產海鮮中最普遍的食材。如鱸魚是廣東地區的佳餚，「古人皆重膾，今遍歷土風，作之者寡，惟東粤絕重，匪惟宴會，即歌樓酒館，往往而是。重客雅士，間輒就餐，一舉而盡數盌。然膾重鱸者，以肉白無腥，粵雖以青魚，可掩昔美。」〔註 142〕姚旅曾嚐一口，至今仍口齒留香而回味無窮。楊愼（1488～1559）喜食鮰魚，兼有河豚、鰣魚之鮮美，而無兩魚缺陷（河豚毒能害人，鰣魚味美多刺），而把鮰魚肉質贊爲「水底之羊」。〔註 143〕黃駒俗稱河豚，亦名嗔、鯢、鯸夷和鯸鮐，其肝最毒，明人多用橄欖、甘蔗共煮。〔註 144〕田汝成（1503～1557）往來吳下，「每春水新生，荻芽纔茁，則河豚大上，屠掛闤闠，富人爭高價市之，目爲珍品，非上客不出。」〔註 145〕經常有饕客散千萬而弗啖。范濂嘗言厚生者當戒，但其肉鮮美，被視爲海味逸品：

〔註 139〕邱仲麟，〈皇帝的餐桌：明代的宮膳制度及其相關問題〉，《台大歷史學報》，34 期，頁 13。

〔註 140〕《萬曆野獲編》，卷 12，〈户部・西北水田〉，頁 320。有關明代漁户的養殖，可參考：吳智和，〈明代漁户與養殖事業〉，《明史研究專刊》，1 期，1979 年 9 月，頁 109～164。

〔註 141〕〔明〕文元發，《學圃齋隨筆》（台北：偉文圖書出版有限公司，1976 年 9 月初版），頁 646。

〔註 142〕《露書》，卷 10，〈錯篇上〉，頁 2 下～3 上。

〔註 143〕〔明〕楊愼，《異魚圖贊》（《筆記小說大觀》4 編 6 冊，台北：新興書局，1978 年 9 月初版），卷 1，〈洄魚〉，頁 2 上：「河豚藥人，鰣魚多骨，兼此二美，而無兩毒。」

〔註 144〕〔明〕馮時可，《雨航雜錄》（《筆記小說大觀》4 編 5 冊，台北：新興書局，1978 年 9 月初版），卷下，頁 3 下。

〔註 145〕〔明〕田汝成，《田叔和小集》（《叢書集成續編》144 冊，台北：新文豐出版公司，1997 年 3 月臺一版），卷 7，〈啖河豚誡〉，頁 15 下～16 上。

> 河肫有毒而味美，昔人所以有直得一死之說。上海最尚此品，而郡中用者絕少。故曰淡水河肫，漁人得之，皆棄去。萬曆以來，河肫稱海味第一，而競食海河肫，即淡水河肫亦食，郡中遂有煮河肫店。且初食時，人猶畏毒，或露天煮，或張蓋煮，或加甘蔗解之，或銀器試其毒。而雞犬有食河肫子者，輒死。近年來煮河肫如煮肉，絕無忌憚，即雞犬厭飫其子，更覺精神。乃知輓世人物腸胃，皆毒如虺蜴，非河肫所能傷者。〔註146〕

河豚毒素依其品種，蘊藏在身體內臟、血液、肌肉與皮膚等部位，毒性隨季節變化，現今仍須專門執照才可宰殺。當萬曆年間，眾人競食美味之際，「河豚店」應運而生。初期，明人為去其毒性，無所不用其極；爾後，不懼毒素，寧為一死。楊樞把食用豚肉中毒與否，歸咎「福澤」厚薄：「夫松人每以遇毒，歸罪於修治之不佳，而不知人有虛實厚薄之不同，故有死有不死。」〔註147〕明人對飲食的執著與心態令人莞薾。

飲食也可增進文人的結社集會活動。每年十月，張岱與友人、兄弟輩結為「蟹會」，專吃螃蟹。河蟹到十月特別肥美，「殼如盤大，墳起，而紫螯巨如拳，小腳肉出，油油如螾愆。掀其殼，膏膩堆積，如玉脂珀屑，團結不散，甘腴雖八珍不及。」〔註148〕「蟹會」中人，一人分食六隻河蟹，為避免冷腥，便急忙翻煮著吃，搭配肥臘鴨、牛乳酪共食。水果有謝橘、風栗與風菱，口渴飲用玉壺冰，蔬菜則有兵坑荀，米飯用餘杭的粳白米，漱口用蘭雪茶，張岱自稱宛如「天廚仙供」。

謝肇淛在家鄉福建，與友人也有「荔枝會」。謝氏自登第後，離閩十五年，以久未啖荔枝為由，與昔日文友結「紅雲社」，又名「園雅會」。社中諸子鱗次比集，相約「勿言朝廷時政，勿作市里猥談，勿陰說短長，勿互相攻擊，勿故為狂解亂恣喧呶，勿強作解事妄加評品」。此「六勿」主張，可能受昔日京城「葡萄社」集，帶來奇禍有關。〔註149〕

〔註146〕〔明〕范濂，《雲間據目抄》（《叢書集成三編》83冊，台北：新文豐出版公司，1997年3月臺一版），卷2，〈記風俗〉，頁3上。

〔註147〕〔明〕楊樞，《淞故述》（《四庫全書存目叢書》史部247冊，台南：莊嚴文化事業有限公司，1996年8月初版，據中央民族大學圖書館藏清嘉慶道光間南匯吳氏聽彝堂刻藝海珠塵本景印），頁8上。

〔註148〕《陶庵夢憶》，卷8，〈蟹會〉，頁75。

〔註149〕吳智和，〈謝肇淛的史學〉，《中央研究院第二屆國際漢學會議論文集》（明清與近代史組），1989年6月，頁25。

三、重視精緻器皿

美食若有良器搭配，更爲相得益彰，更顯與眾不同。元末李鳳鳴字時可，以字行，朱元璋與張士誠爭雄時，曾借糧米二千斛爲軍糧。楊維楨（1296～1370）登門造訪，李鳳鳴誇耀身家，用以碧玉盛飯，又設櫻桃宴，每案之面皆由瑪瑙玉器打造。另有荷花宴，每花設几十二面，皆以嵌以水晶，席間亦有藝妓歌舞作伴。一時豪麗，罕有其比。〔註 150〕時至晚明時期，「有飲食之侈，物必珍貴，具必鳳甌；品必數十，飲必丙夜。甚至弱冠生朝，演戲招賓；祖父忌祭，牌枚行久者。」〔註 151〕嘉興人士宴客，多用銀水火爐、金滴嗉，「是日客有二十餘人，每客皆金臺盤一副，是雙螭虎大金杯，每副約有十五六兩。」〔註 152〕而士庶之家，初登仕途，就以犀玉酒器作爲宴飲酒器，至於象箸、玉盃也是尋常之物。寒素之人亦不深惜物力，跟隨時尚潮流，器皿成爲炫耀身分的奇珍異品。

「攢盒」是明代裝載食材的餐盤器具，名稱與形制爲明代獨有。〔註 153〕其流行可溯源至穆宗隆慶間，而萬曆時期尤爲繁盛。早期攢盒是宮廷製品，朝廷郊壇遣內臣，以攢盒分賜閣老及鴻臚寺、錦衣衛堂上官等近臣，盒中雜貯滿各色甜食珍果，除糖霜、牛皮糖外，還包括許多無法名狀的甜點。〔註 154〕爾後士宦也普遍使用，後來連僕夫龜子皆用攢盒。〔註 155〕爲飲食遊山方便，於是郡城內外開始設有攢盒店，官府反而稱便，「官家貴族有五乾五濕，攢碟勸盤，設看卓然，肴不離煙，鮮皆土儀也。」〔註 156〕此後，全國同步流行攢盒的食器。

〔註 150〕〔明〕都穆，《都公譚纂》（《續修四庫全書》，子部 1266 冊，上海：上海古籍出版社，1997 年，據南京圖書館藏清鈔本景印），卷上，頁 649～650。

〔註 151〕〔明〕蔡獻臣，《清白堂稿》（《四庫未收書輯刊》6 輯 22 冊，北京：北京出版社，2000 年 1 月第 1 版，據明崇禎刻本景印），卷 17，〈同安縣志・風俗志〉，頁 19 上。

〔註 152〕〔明〕于慎行，《穀山筆麈》（北京：中華書局，1997 年 11 月第 1 版），卷 16，〈論略〉，頁 189。

〔註 153〕〔南朝宋〕劉義慶，《世說新語箋疏》（北京：中華書局，1983 年 8 月第 1 版），卷中之上，〈雅量第六〉，頁 352：「王夷甫嘗屬族人事，經時未行，遇於一處飲燕，因語之曰：『近屬尊事，那得不行？』族人大怒，便舉樏擲其面。」其「樏」中有七隔，用以盛餚饌。有人認爲是攢盒的濫觴，其實並不盡然。

〔註 154〕〔明〕胡侍，《墅談》（《四庫全書存目叢書》子部 102 冊，台南：莊嚴文化事業有限公司，1995 年 9 月初版，據北京大學圖書館藏明嘉靖刻本景印），卷 6，〈攢盒〉，頁 6 上。

〔註 155〕《雲間據目抄》卷 2，〈記風俗〉，頁 3 下。

〔註 156〕〔明〕田琯，《萬曆・新昌縣志》（《天一閣明代方志選刊》7 冊，台北：新文攢盒最初用以裝盛甜品，後普及在飲食的各個層面，成爲食盒。李樂訪同門張九山，「出攢盒六器，命酒，皆菜豉小果，計費不湏銀一二分也，怡然坦然，兩相忘其爲薄。」〔註 157〕李樂爲官，自淦縣入府城，沿途也多有富翁以攢盒來供，足見攢盒已成爲主要食器之一。〔註 158〕《金瓶梅》對攢盒亦多有描述：

> 西門慶一面揭開盒，裏面攢就的八槅細巧果菜：一槅是糟鵝胗掌，一槅是一封書臘肉絲，一槅是木樨銀魚鮓，一槅是劈曬雛雞脯翅兒，一槅鮮蓮子兒，一槅新核桃穰兒，一槅鮮菱角，一槅鮮荸薺；一小銀素兒葡萄酒，兩個小金蓮蓬鍾兒，兩雙牙箸兒，安放在一張小涼杌上。〔註 159〕

另一回則針對攢盒乘裝的甜點，所言甚詳：「使棋童兒漢排軍人抬送了四個攢盒，多是美口糖食，細巧菓品；也有黃烘烘金橙、紅馥馥石榴、甜磂磂橄欖、青翠翠蘋婆，香噴噴水梨，又有純蜜蓋柿、透糖大棗、酥油松餅、芝蔴象眼、骨牌減煠、蜜潤絛環，也有柳葉糖、牛皮纏，端的世上稀奇，寰中少有。」〔註 160〕足見攢盒是明朝富足之家常用食器。馮夢龍（1574～1646）則以攢盒譬喻男女愛情：「結識私情好像攢盒，能逢著酒蕩緊隨身，就是一碟兩碟略嘗滋味，自有多少箇趣，你沒要快兒頭擱動子弗留停。」〔註 161〕

除攢盒外，明代亦有其他食盒的流行。萬曆年間，有種源自日本的漆器食盒極具巧思，「漆器惟倭稱最，而胎胚式製亦佳。如圓盒以三子小盒嵌內，至有五子盒，七子九子盒，而外圓寸半許，內子盒肖蓮子殼，蓋口描金，毫忽不苟。小盒等重三分，此何法制？方匣有四子匣，六子九子匣。」〔註 162〕盒分八格，分盛八種食物，可藉此分隔主副菜或是冷熱食，是極具現代化的飲食觀念。屠隆（1543～1605）《考槃餘事》也記載一種「山遊提盒」，其形制「高總一尺八寸，長一尺二寸，入深一尺，式如小廚，爲外體也。下留空，

豐出版公司，據寧波天一閣藏明萬曆刻本景印），卷 7，〈風俗〉，頁 5 上。

〔註 157〕《見聞雜記》，卷 3，〈一百六十二〉，頁 286～287。

〔註 158〕《見聞雜記》，卷 10，〈三十九〉，頁 828～829。

〔註 159〕《金瓶梅詞話》，27 回，〈李瓶兒私語翡翠軒，潘金蓮醉鬧葡萄架〉，頁 315。

〔註 160〕《金瓶梅詞話》，42 回，〈豪客攔門玩煙火，貴客高樓醉賞燈〉，頁 500。

〔註 161〕〔明〕馮夢龍，《山歌》（《馮夢龍全集》42 冊，上海：上海古籍出版社，1993 年 6 月第 1 版），卷 6，〈攢盒〉，頁 132。

〔註 162〕《雅尚齋尊生八牋》，卷 14，〈燕閑清賞牋上・高子論剔紅倭漆雕刻鑲嵌器皿〉，頁 75 下～76 上。

方四寸二分。以板閘住，作一小倉。」內裝酒杯六個，酒壺一把，筷子六雙，勸杯二個。空作六合如方，合底每格高一寸九分，有四格，每格裝六只碟子，可以置茶殽，供酒觴。又二格，每格裝四大碟，置鮭菜供饌筷。一門即可裝卸，遠行提攜甚為輕便，並足以供給六位賓客享用。在質地、功能性等多方面兼顧，也相當符合喜歡遊山玩水人士的需求。〔註 163〕至於戈汕的「蝶兒」，也是為方便宴飲因應而生的食盒。「其寂小而奇者，須以儱旋轉輳理之偶窮也。」其形制為斜、半斜、長斜等三角形，能組成亭山、鼎、瓶、蝴蝶等形狀，隨意增損，聚散咸宜，可供親朋好友使用，用以飲酒或吃飯，形態各具。〔註 164〕一般認為是中國七巧版的雛形，使得食盒不單為器皿，也變成可供賞玩的工藝製品。

圖 3-1　山遊提盒形制

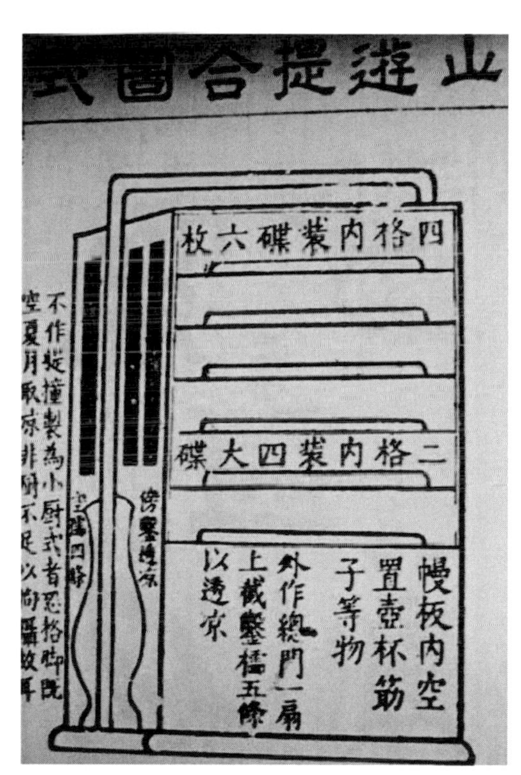

圖片來源：《雅尚齋尊生八牋》，卷 8，〈遊具〉，頁 40 下。

攢盒等多種食器所帶動的飲饌風尚，使得南京都察院為秉公督導，以〈臺中定約〉來規範御史。御史臺中為風紀重地，宜崇儉為先，一切筵會不用樂、不用席、不用幣、不用紅柬及不用謝酒帖送公禮。「主人席兩人一座不專席，饌限十器，飯三道，益以小菜十器，攢盒免辦。」〔註 165〕然而，飲食歪風已到難以想像的地步，曾有史載南京有印差道長五人，與巡視京城道長，俱與上元、江寧二縣有統屬，凡有宴席，俱是兩縣坊長管辦。有一道長請同僚遊山，共計十

〔註 163〕〔明〕屠隆，《考槃餘事》《續修四庫全書》子部 1185 冊，上海：上海古籍出版社，1997 年，據復旦大學圖書館藏明萬曆沈氏尚白齋刻陳眉公訂正秘笈本景印。卷 4，〈遊具雅編・提盒〉，頁 4 下。

〔註 164〕〔明〕戈汕，《蝶几譜》（北京：中國營造學社，1934 年 4 月初版），頁 1 上～下。

〔註 165〕《南京都察院志》，卷 26，〈臺中定約〉，頁 33 下～34 上。

三位道長，每人要錢一吊，總用錢一點三萬。廚子亦藉機索以重賄，若不與，則將不潔之物放置湯中，管辦之人立遭譴責。且先吃午飯，方才坐席；及至登山，又要添換攢盒等項。每趟筵宴，至少得賣一棟樓房才能辦妥，結果官吏未滿一月就傾家蕩產，最後一人自縊而死，一人投水自殺。〔註 166〕

茶餘飯後桌間亦有消遣。士大夫嘉賓饗宴超過百物，「金玉美器，舞姬駿兒，喧雜絃管矣。」〔註 167〕有時挾女妓一二人，或用狹客一二人，談箏度曲，坐以豪飲求賓主盡歡。〔註 168〕而宴客杯酌間，南北士人勸盡飲曰「千歲」。〔註 169〕古人飲酒皆有節制，通常不在天黑後飲酒，長夜之飲，君子所不為。而京師六部十三道官，「飲酒多至夜，蓋散衙時才得赴席，勢不容不夜飲也。」〔註 170〕宴會多行酒令助興，凡宴會以乾（飲乾不留涓滴）、格（聽其自斟不得欄格）、起（不許起身）、住（不許數住）四字為令，士人先出自飲稟令，眾賓推則善飲者，一至二人為監令，聽其覺察，凡犯令及諠譁失禮者皆罰，倘若監令自犯則加倍懲罰。席間若有不能再飲者，稟於席長，定其分數。此令一出，四座肅然，主人安坐，而客皆醉。近年多用擲骰，乞令於客，各以次及，而「監令」流傳於今。〔註 171〕

四、婚喪宴飲豐侈

婚姻是反映社會生活側面的一個重要依據。明代強調社會等級差別，嚴防僭越與貴賤混淆，而講究門第出身，提倡門當戶對，成為婚姻取決與否的關鍵選項。明代男女結婚，通常透過門第和命卜，「指腹為婚」者少，婿婦當以賢能取決，反對聘財，一切婚禮務從簡樸。〔註 172〕洪武五年（1372），太祖下詔：「古

〔註 166〕《四友齋叢說》，卷 12，〈史八〉，頁 99。

〔註 167〕《名山藏》，卷 102，〈貨殖記〉，頁 8 下。

〔註 168〕《閱世編》，卷 9，〈宴會〉，頁 1 上。

〔註 169〕〔明〕葉盛，《水東日記》（北京：中華書局，1997 年 12 月第 1 版），卷 4，〈請嚯〉，頁 44。

〔註 170〕《菽園雜記》，卷 14，頁 179。

〔註 171〕〔明〕徐師曾，《嘉靖．吳江縣志》（台北：台灣學生書局，1987 年 6 月初版，據明嘉靖四十年刊本景印），卷 13，〈典禮志三．風俗〉，頁 732～733。有關酒令，可參閱：劉培育，《明代酒令研究》（台北：中國文化大學中文研究所碩士論文，1995 年 6 月）。

〔註 172〕陳瑞，〈明代中後期社會生活越禮逾制現象探析〉，《安徽史學》，1996 年 2 期，頁 30。

之婚禮，結兩姓之好，以重人倫。近代以來，專論聘財，習染奢侈。宜令中書省集議，定制頒行遵守，務在崇尚節儉，以厚風俗。違者，論罪如律。」〔註 173〕大體來說，明代婚禮具有兩項特點：一受奢侈時風影響，聘禮日漸豐厚。初期只有牲畜布帛，萬曆以後則變爲銀錢金玉。二是聘禮的變化快速，南勝於北。北方的婚禮儘管不合古禮，但其遺意猶存；南方尤特重於江南地區，僅講究金錢。〔註 174〕婚姻講求金錢更甚閥閱，女索聘財，男爭奩貲。

嫁娶是人生與家庭的重大喜訊，也是兩個家族緊密結合的牽線，鋪張浪費實爲難免，但自弘治、嘉靖之後，奢華宴飲之風盛行，婚禮宴客更不能免俗。流風廣布全國各地，如福建地區「民間婚姻，男家務爲觀美，女家極力以求稱之，侈靡無節。」〔註 175〕廣東地區爲嫁女務以資粧，以糖果、粉餌相高，甚至破產不以爲意。〔註 176〕。四川洪雅縣，其婚宴獨豐，餚饌之外，列金幣，設全牲，不辭勞費，竭力追求遠方異品。〔註 177〕正德十三年（1518），王守仁巡撫南贛，鑑於民窮苦甚，又競爲奢侈，試圖以鄉約遏制歪風。「嫁娶之家，豐儉稱貲，不得計論聘財粧奩，不得大會賓客，酒食連朝。親戚歲時相問，惟貴誠心實禮，不得徒飾虛文，爲追節等名目奢靡相尚。」〔註 178〕王守仁以十家牌鄰互相糾察，容隱不舉正者，十家均罪。但婚禮侈靡無度的流風仍無可禁止。

死者爲大，喪葬的安排，全靠陽世的親朋好友辦理，這與傳統禮儀有兩項密切關係，一是傳統社會將如何安葬長者視爲「孝」的重要指標之一，所以不論貧富、意願與能力與否，皆悉心辦理。一是傳統禮儀對葬禮做出嚴格區分，門庭不同，葬禮規格也相異，不能僭越，而送葬隊伍多寡，也標示著死者在家族的地位。爲門面家風，古人非常看重葬禮。〔註 179〕如同陳確所言：

〔註 173〕《大明會典》，卷 71，〈婚禮五・庶人婚禮〉，頁 13 上～下。

〔註 174〕陳寶良，《飄搖的傳統——明代城市生活長卷》（長沙：湖南人民出版社，2006 年 5 月第 2 版），頁 135。

〔註 175〕〔明〕黃仲昭，《弘治・八閩通志》（《北京圖書館古籍珍本叢刊》33 冊，北京：書目文獻出版社，1988 年，據明弘治四年刻本景印），卷 3，〈風俗・漳州府〉，頁 8 下。

〔註 176〕〔明〕譚愷，《嘉靖・廣東通志》（台北：漢學研究中心景照明嘉靖四十年刊本），卷 20，〈民物志・風俗〉，頁 10 下～11 上。

〔註 177〕〔明〕張可述，《嘉靖・洪雅縣志》（《天一閣藏明代方志選刊》20，台北：新文豐出版公司，1985 年，據寧波天一閣藏明刻本景印），卷 1，〈疆域志・風俗〉，頁 13 上。

〔註 178〕《王陽明全集》，卷 16，〈告諭〉，頁 565～566。

〔註 179〕顧希佳，《禮儀與中國文化》（北京：人民出版社，2001 年 8 月第 1 版），頁

「葬死，大事也，古人甚重之唯恐不及時焉。由今人言之，則若古人之甚忍於其親，何惜虛堂尋尺之地，不使死者稍留，而務速棄之重泉以爲快哉！嗟呼！此人心之所以亡，而人孝之道息也。」〔註 180〕明初喪葬揉合元朝及傳統厚葬風氣，喪禮較無哀戚之情，監察御史高原侃嘗言：

> 京師人民，循習元氏舊俗，凡有喪葬設宴會，親友作樂娛尸，惟較酒殽厚薄，無哀戚之情，流俗之壞至此，甚非所以爲治。且京師者，天下之本，萬民之所取，則一事非禮，則海内之人轉相視效，弊可勝言。况送終禮之大者，不可不謹。乞禁止以厚風化。〔註 181〕

太祖於明初對各級官員及平民喪禮程序、器用等，皆作完整而嚴格的規定，特別是喪禮踰制均不被允許。

宴飲賓客的奢華之風，亦浸染到喪禮。賀欽（1437～1510）提及杭州喪葬陋俗：送喪出城，同類設席邀喪主，必須等到大夥酒足飯飽之餘，才將亡者下葬。這樣的習尚根深蒂固，儘管明朝奠基百餘年，感嘆至今仍無有變者。〔註 182〕嘉靖年間，南京都城內外，「有喪之家於郊外大置筵席，男子自爲一聚，歡宴酒食；婦女自爲一聚，亦歡合酒食。以筵席豐大爲美觀，以賓親眾集爲富盛。喪葬甫畢，家已空乏，故有停喪不葬踰數十年，暴露其親者。」〔註 183〕河南開封府鄢陵縣，在成化以前，民風淳樸，俗崇儉約，筵會無珍異之設。今時婚筵喪奠爭尚侈靡，「廣招親朋，以裒儀物，甚至限錢幣之數以計豐嗇，飭廚召樂以賞費相高。有喪之家，僧道兼用，倡優雜進。雖朝廷欽禁奢侈，士大夫奉行矯正而猶不能盡變。」〔註 184〕萬曆年間，位居海外貿易樞紐的泉州府，庶民經濟能力不下吳中，喪禮宴飲也極盡華靡：

> 居喪之奠，廣致親賓，自堂上及堂下，盛陳籩豆，高堆酥□，甚至羅箱飛走，徒飾美觀，既撤奠，則親賓饗胙，不諱醉飽。及鄉村下

245。

〔註 180〕《陳確集》，別集卷 6，〈葬論〉，頁 476。

〔註 181〕《國朝典故》，卷 9，〈洪武聖政記宋濂・新舊俗第七〉，頁 183。

〔註 182〕〔明〕賀欽撰、賀士諮編，《醫閭集》（《景印文淵閣四庫全書》集部 1254 冊），卷 3，〈言行錄〉，頁 15 下。

〔註 183〕〔明〕霍韜，《渭厓文集》（台北：漢學研究中心藏日本内閣文庫，據明萬曆四年序刊本景印），卷 4，〈正風俗疏〉，頁 26 上～下。

〔註 184〕〔明〕劉訒，《嘉靖・鄢陵縣志》（《天一閣藏明代方志選刊》15 冊，台北：新文豐出版公司，1985 年，據寧波天一閣藏明萬曆刻本景印），卷 4，〈官師志・風俗〉，頁 10 下。

> 屋，亦視茲爲送死大事，以不能致客爲羞。……顧物力甚詘，而用度益奢，飲食張具，恣所好美，儲無甔石，衣必綺紈，非然者以爲僇辱。〔註 185〕

在喪葬奢風主導下，無法跟隨潮流就成爲「生活異端」。因此傾家當產者眾多，「京師則世祿之家，兩浙則富商大賈，越禮踰制，僭擬王者。是故巨室之昏喪者一，而中人之破產者幾矣。……靡也極矣。」〔註 186〕山西太原府人民深以爲苦，其居喪有僕僕之苦，卻已無戚戚之容，眾家竭力供應喪禮所需費用，仍以傾家敗亡作收。〔註 187〕河南通許縣設有喪葬互助機制，一會有約五十人，選一人爲會計，繳交會費後，每當有喪事之時，便以會費資助，名曰「提賵」。但正德之後，風氣隨之一變，資金變成筵請伎樂和宴請賓客的基本消費，名爲「鬧棚」。〔註 188〕花費勢必因此增多，窮困者不免舉債追加，其最初互助的功能反而消失殆盡。〔註 189〕總之，明人借「喪禮」行酒食之實，「凡來弔者，主人留以宴飲，甚至縗麻以侑酒，歌吹以燕賓，恬不知怪。非徒不怪而已，且以酒肴之盛、賓客之多相誇美。有不然者至，米責讓成怨咎。使爲人子女者，輟哀痛之情，以周旋於賓友，薄送死之具，以盡力於豆殤。」〔註 190〕張履祥（1611～1674）對這種飲食歪風深惡痛絕。

明朝的飲食習尚，若從地域來說，江南得天獨厚的地理條件，飲食最稱奢華；從階層來看，生活奢侈多爲經濟雄厚的「富室大戶」、「貴家巨族」，但明朝中後期參與飲食文化的階層極其廣泛，尋常百姓也標榜虛榮，追逐時髦與崇尚享樂。由於社會上普遍崇尚奢侈，講究奢華，在這種風氣下，有人堅持勤勞儉約，就會被視爲迂腐而遭到嘲笑，甚至排斥。〔註 191〕「習俗移人，雖賢者不免，所以不免者何爲毀譽、是非所顚倒也。一郡一邑相去不暇，各

〔註 185〕〔明〕陽思謙，《萬曆・泉州府志》（台北：漢學研究中心景照萬曆四十年刊本），卷 3，〈輿地志下・風俗〉，頁 56 下～57 下。

〔註 186〕〔明〕袁袠，《世緯》（《筆記小説大觀》6 編 6 冊，台北：新興書局，1978 年 9 月初版），卷下，〈革奢〉，頁 14 上。

〔註 187〕〔明〕不著撰人，《崇禎・山西通志》（台北：漢學研究中心景照萬曆四十年刊本），卷 29，周永春〈復古指南序〉，頁 9 上。

〔註 188〕《嘉靖・通許縣志》，卷上，〈人物・風俗附〉，頁 21 上。

〔註 189〕關於喪葬靡費的討論，可參考：何淑宜，《明代士紳與通俗文化——以喪葬禮俗爲例的考察》（台北：國立臺灣師範大學歷史研究所，2000 年 12 月初版）。

〔註 190〕〔清〕張履祥，《楊園先生全集》（北京：中華書局，2002 年 7 月第 1 版），卷 18，〈喪祭雜説〉，頁 527。

〔註 191〕參閱：滕新才，《且寄道心與明月——明代人物風俗考論》，頁 161～163。

自爲俗，如好訐訟、好鬪狠，好奢靡相勝，好任狹相高之類。風俗所靡，生則習見不知其非爭相誇尚，未至則求其至；既至，則求其勝，雖賢父兄戒之，仁師友勸之，不能改也。」〔註 192〕這種社會相染的飲食文化，反映出明人及時行樂的生活態度，用外被富庶、內實凋弊的手法，包裝明朝中後期表象的社會繁榮，它不僅是一種普遍的揮霍奢侈，而是具強迫性地改變人們觀念和社會結構，突破前期單調刻板、樸素儉約的生活模式。然多數明人，如姚文然（1621～1678）直言：「肴略者，食妖也。天下豈有一食，而不可再食之物哉！……民以食爲天，以尋常日用之食爲不堪，而另思以意造食，是賤民之所天，也可不懼乎！」〔註 193〕姚文然爲崇禎十六年（1644）進士及第，選爲庶吉士，以「食妖」告誡其兒，珍惜食材、愛惜物力實爲正家之道。

〔註 192〕〔明〕李豫亨，《推蓬寤語》（《續修四庫全書》子部 1128 冊，據北京大學圖書館藏據明隆慶五年李氏思敬堂刻本景印），卷 8，〈毗政篇上·毗閭閻之政〉，頁 423。

〔註 193〕〔清〕姚文然，《姚端恪公外集》（《四庫未收書輯刊》7 輯 18 冊，北京：北京出版社，1997 年，據清康熙二十二年姚士塈等刻本景印），卷 18，〈又示塈兒〉，頁 23 上。

第四章　服飾方面的異端

嘉靖時期，有則關於服飾的趣談：京師某縫師擅名一時，所制衣服長短寬窄，無不稱身。有某御史向他訂製衣服，裁縫師詢問其入臺年資，御史不解：「製衣何用知此？」曰：「相公輩初任雄職，意高氣盛，其體微仰，衣當後短前長；在事將半，意氣微平，衣當前後如一；及任久欲遷，內存沖挹，其容微俯，衣當前短後長，不知年資，不能稱也。」〔註1〕足見「量體裁衣」，其事雖微，所關甚大。薛瑄也說道服飾與人類之間的重要性：「古人衣冠偉博，所以莊其外而肅其內者，人衣冠一切簡便短窄，居動靜，務安適，無所嚴內，無所肅鮮，不習爲輕佻浮薄者。」〔註2〕服飾是人類智慧的結晶，是人類與動物區別的外在表現。它是人類文化傳承的象徵，具備遮蔽身體與裝飾美感的功能。服飾涵蓋範圍十分廣泛，舉凡冠帽、首飾、面飾、腰帶、衣裳、裙褲、服色及鞋襪等均屬之，它成爲人與人相見的第一印象，其樣式、質地無不表示其人身分與氣度，倘若搭配得宜，衣裝不僅可以雕塑身材，亦可藏拙揚美，給予人最舒適的感觀享受。

服飾是歷代統治者規範臣民，爲政的第一要務。《禮記・深衣》載：「古者深衣，蓋有制度，以應規、繩、權、衡。」〔註3〕西周時期，上身穿著爲「衣」，下身穿著爲「裳」。春秋戰國之際，將「衣裳」合爲「深衣」，成爲主要服飾

〔註1〕《昨非菴日纂》，3集卷8，〈靜觀〉，頁570。

〔註2〕〔明〕張萱，《西園聞見錄》（台北：明文書局，1991年元月初版，據民國二十七年北平哈佛燕京學社排印本景印），卷22，〈衣服〉，頁1下。

〔註3〕〔明〕徐曾，《禮記集注》（《四庫全書存目叢書》經部88冊，台南：莊嚴文化事業有限公司，1997年2月初版，據上海圖書館明萬曆刻本景印），卷28，〈深衣第三十九〉，頁15下。

型態。《禮記》所載，意味著統治者欲將服裝標準一致化。秦漢以來，「改正朔，易服色」爲統治者首要任務，改朝換代之際，「易服冠」成爲開國君主最重要的措施之一。在君尊臣卑、君貴民賤的禮制下，服飾代表的政治意涵，遠比其實用與審美方面來得重視。服飾同時也是風俗儉奢的風向球，對於強調「正衣冠」的儒家思想，及維持「望其服知貴賤」的身份秩序，尋常百姓身穿達官顯要服飾，就是「僭份違禮」。從經濟的角度來看，僭越身份的行爲，則是「奢侈靡費」。在民間社會日常生活中，服飾是觀風察俗最突出的一環。

第一節　明初的服飾規範

明代服飾具有匯集歷朝各代大成、嚴格劃分階層界線等兩大特色。〔註4〕朱元璋親自對冠服原料、樣式、尺寸與顏色四方面等細節部分詳加釐定，不許混同更不可踰禮犯分，務必使階層各有規矩和等差。朱元璋竭力創設完整的服飾制度，除區別中國和「蠻夷」的基本意涵外，也企圖恢復敦樸風尚，並與傳統禮教相契合，則是另一個的重要統治面向。在服飾方面鼓勵儉樸，無非是想藉此規範等階行爲，維持政局的穩定。〔註5〕正如呂柟（1479～1542）所言：「人服此而思其理，則邪僻之心無自而入。」〔註6〕統治者創製冠服與鞋履，自有其教化道理存在。

一、洪武、永樂時期

明朝代蒙元而一統天下，朱元璋省思元朝滅亡原因，在於綱紀不行，人心渙散所致。因此，如何安撫民心，穩定社稷，成爲開國典制的要務。「昔帝王之治天下，必定禮制，以辯貴賤、明等威。是以漢高初興，即有衣錦綺縠、操兵乘馬之禁。歷代皆然。近世風俗相承，流於奢侈，閭里之民服食居住與公卿無異，貴賤無等，僭禮敗度，此元之所以失政也。」〔註7〕朱元璋肇建之

〔註4〕周紹泉認爲，明代在中國服飾史上有其兩大特點：第一，明代是中國歷史上「漢官威儀」之大成；第二、嚴格劃分君臣界限。詳見：周紹泉，〈明代服飾探源〉，頁36～38。

〔註5〕陳寶良，《明代社會生活史》，頁194。

〔註6〕〔明〕呂柟，《涇野子內篇》（北京：中華書局，1992年12月第1版），卷13，〈鷲峰東所語第十八〉，頁192。

〔註7〕〔明〕宋濂，《洪武聖政記》（《叢書集成新編》史地119冊，臺北：新文豐出版公司，1985年），卷1，〈定民志第六〉，頁531。

初，即恢復華夏文化，以冠服制度爲首要政務。洪武元年（1368）二月，太祖初即位，「詔復衣冠如唐制」。〔註 8〕先透過「禮」，來區別人與人間的尊卑貴賤，包括食、衣、住、行等多方面，都必須受到禮制的規範。

「網巾」是巾冠制度首先律定之物。它是整束頭髮之物，古代男子與婦女一樣，必須梳理髮髻，爲不使髮髻散落而以網巾包覆。網巾通常飾以黑色絲繩、馬尾或棕絲編織，亦有以絹布做成。常於家居穿戴，但外出必須戴上帽子表示禮貌。〔註 9〕網巾於明初普及並推行到社會各處，網巾在明初另有番曲折故事：太祖初有天下，某日微行至神樂觀，看見道士於窗下結網巾，問曰：「此何物耶？」道士回答：「此網巾也。用以裹之頂上，則萬髮皆齊矣。」隔日召見神樂觀道士，令其爲道官，並取網巾十三頂，頒於十三布政司，使人無分貴賤皆裹於首，遂爲定令。〔註 10〕但事實上網巾元代已有，〔註 11〕絕非明代獨創，周亮工（1612～1672）甚至從畫作推究，可能是唐巾的變異。〔註 12〕但明人仍引爲美談，對此事津津樂道。

太祖除確立網巾制度外，自洪武元年（1368）二月開始革除元制，並遂

〔註 8〕《明太祖實錄》，卷 30，洪武元年二月庚戌條，頁 10 上：「詔復衣冠如唐制。初元世祖起自朔漠，以有天下，悉以胡俗變易中國之制，士庶咸辮髮椎髻，深襜胡俗，衣服則爲袴褶窄袖及辮線腰褶，婦女衣窄袖短衣，下服裙裳，無復中國衣冠之舊。甚者，易其姓氏爲胡名，習胡語，俗化既久，恬不知怪，上久厭之。」

〔註 9〕周迅、高春明，《中國古代服飾風俗》（台北：文津出版社，1989 年 9 月初版），頁 179。

〔註 10〕〔明〕陶汝鼐，《榮木堂集》（《榮木堂合集》，《四庫禁燬書叢刊》集部 85 冊，北京：北京出版社，2000 年，據中國科學院圖書館藏清康熙刻世綵堂匯印本景印），樂府卷 3，〈萬髮齊〉，頁 6 上～下；及《國朝典故》，卷 62，梁億《遵聞錄》，頁 1424。

〔註 11〕《識小錄》，卷 4，〈網巾〉，頁 667～668：「徐渭《路史》云：『網巾之制，始洪武中。朝天宮道士創此，問其義，以萬法歸一對。』至萬曆末，陳眉公〈述藍仁詩〉云：『白頭難掩雪霜蹤，纖手穿成絡索同。暎帶暮年徵矍鑠，遮藏秋色久蓬鬆。牽絲秪訝蛛臨户，攬鏡猶慙鶴在籠。便與黃花相見好，寧愁破帽落西風。』此詩惜不言其所始。近見姚旅述元人謝宗可詩曰：『烏紗未解滌塵袢，一網清風兩鬢寒。薛影細分雲縷滑，棋紋斜界雪絲乾。不須漁父燈前結，且向詩翁鏡裏看。頭上任渠籠絡盡，有時怒起亦衝冠。』則元亦已有之矣，豈元時第行於方隅，至國朝乃始遍天下耶。」

〔註 12〕〔清〕周亮工，《書影》（台北：漢京文化事業有限公司，1984 年 3 月初版）卷 9，頁 252：「俗傳網巾起自洪武初。新安丁南羽言，見唐人《開元八相圖》，服皆窄袖；有岸唐巾者，下露網紋。是古有網巾矣，或其式略異耳。」

步調整各階層的巾冠制度：

> 洪武改元，詔衣冠悉服唐制。士民束髮于頂，官則烏紗帽、圓領、束帶、皀靴；士庶則服四帶巾、雜色盤領，衣不得用黃、玄。士庶妻首飾許用銀鍍金，耳環用金珠，釧鐲用銀，服淺色團衫，用紵絲、綾羅、綢絹。樂妓則戴明角冠皀褙，不許與庶民妻同。二十二年，申嚴巾帽之禁：儒生、吏員、人民常戴本等頭巾，鄉村農夫許戴斗笠，出入市井不禁，不親農業者不許。二十四年，生員玉色絹布襴衫，寬袖皀線絛，軟巾、垂巾。〔註13〕

朱元璋調整官民、士庶及民妻、樂妓之別，確定服飾樣式與推廣至社會各層面。這些服飾制度中，對樂伶、娼妓等較低階層者更爲嚴酷，如伶人平時應戴綠頭巾，腰繫紅搭膊，足穿帶毛豬皮靴，而且不能行走於街道中，僅能於街旁兩側行走。樂婦則帶皀冠，不許金銀首飾，身穿皀背子，出入不許穿著錦繡衣服，〔註14〕足見太祖十分看重貴賤區別。

約從洪武三年至二十六年（1370～1393），朱元璋又將服飾制度進行大規模調整。新的服飾制度頒佈之後，數百年未曾有大變動，只在顏色與禁例上，做些許變更。洪武朝頒佈的服裝規定，形成開國「祖制」，爲後世所依循，茲列表如下：

表4-1　洪武年間服飾規定表

時　　間	規定對象與服飾項目	規　定　內　容
洪武初年	進士巾服	定進士巾。如今烏紗帽之製頂微平，展角闊寸餘、長五寸，許絲以垂帶，皁紗爲之深色。藍羅袍緣以青羅，袖廣而不殺革帶，青鞓飾以黑角，垂撻尾於後。笏用槐木，廷試後赴國子監，領出傳臚日服之，至上表謝恩後，謁先師孔子行釋菜，禮畢，始易常服，其巾袍等仍送國子監交收。
洪武三年	士庶巾服	士庶初帶四帶巾，今改四方巾。用雜色盤領衣，不許用黃執仗之。士首服鏤金額交腳幞，頭服諸色辟邪寶相花裙襖銅葵花，束帶皁紋，靴刻期冠方頂巾衣胸背鷹鷂花腰線襖子諸色闊絲，匾絛象牙雕花環行縢八帶，鞋皁隸冠圓頂巾衣皁衣。

〔註13〕《留青日札》，卷22，〈我朝服制〉，頁15上～下。

〔註14〕《墅談》，卷2，〈娼盜〉，頁10上～下。

洪武三年	士庶妻首飾耳環	士庶妻首飾許用銀鍍金，耳環用金珠，釧鐲用銀，服淺色團衫，許用紵絲綾羅紬絹。
洪武三年	庶民之家衣服質地、配戴首飾	詔禁民僭侈，凡庶民之家不得用金繡錦綺紵絲綾羅，止許用紬絹素絲，其首飾釧鐲竝不許用金玉珠翠，止用銀。
洪武四年	皁隸公使皁盤領衫	皁隸公使人穿皁盤領衫，戴平頂巾，繫白□□帶牌。
洪武五年	民間婦女服飾質料、顏色、髮髻等	令凡民間婦人，禮惟用紫染色，絕不用金繡。凡婦人袍衫止用紫綠桃紅及諸淺淡顏色，不許用大紅鴉青黃色，帶用藍絹布。凡女子在室者，服飾之制皆作三小髻金釵珠頭帬窄袖褙子，凡婢使人等綰高頂髻，用絹布狹領長襖長裙，小婢使綰雙髻，用長袖短衣長裙。
洪武六年	庶民巾環飾品	令庶民巾環不得用金玉瑪瑙珊瑚琥珀，未入流品者，並同庶民帽，不得用頂帽珠，許用水晶香木，校尉只絲束帶幞頭靴鞋，刻期雕刻雜花，象牙絲環外，餘同庶民
洪武四年	吏員巾服	各衙門掾史令史書吏司吏典吏穿皁盤領衫繫絲絛，戴四方平頂巾。
洪武十四年	吏員巾服	吏員皁衣改用青衣。
洪武十四年	農商、僧道服飾	令農民之家許穿紬紗絹布，商賈之家止許穿絹布。如農民之家，但有一人爲商賈者，亦不許穿紬紗。又令校尉用金鵝帽，黑漆戧金，荔枝改作銅釘樣，每五釘攢就四面，稍起邊欄，鞓用青束之。各衙門祗禁，原穿皁衣改用淡青。又令僧道服色，禪僧茶褐常服，青絛玉色袈裟，講僧玉色常服，絲絛淺紅袈裟，教僧皁常服，黑絛淺紅袈裟，僧官皆如之。道士常服青，法服朝服皆用赤色，道官亦如之。惟僧錄司官袈裟、道錄司官法服朝服，皆綠紋飾以金
洪武二十年	史典吏服飾	令史典吏皆服吏巾，巾樣不與庶民同。
洪武二十二年	將軍力士校尉旗軍頭巾	令將軍力士校尉旗軍常戴頭巾，或□腦官下舍人并儒士吏員民人常戴本等頭巾，鄉村農夫許戴斗笠蒲笠出入，市井不禁，不親農業者不許。
洪武二十三年	耆民儒士生員衣制	令耆民儒士生員衣制同文職，惟袖長過手復回不及肘三寸，庶民依長去地五寸，袖長過手六寸，袖椿廣一尺，袖口五寸。軍人衣長去地七寸，袖長過手五寸，袖椿廣不過一尺，窄不過七寸，袖口僅出拳。
洪武二十四年	命婦常服	命婦常服用顏色團領衫。
洪武二十四年	生員巾服	生員襴衫用玉色布絹爲之，寬袖皁緣皁絛軟巾垂帶。

洪武二十四年七月	文武官同籍父兄伯叔弟姪子婿等穿靴	申明靴禁。令文武官同籍父兄伯叔弟姪子婿，及儒士生員吏典知印承差欽天監天文生太醫院醫士瑜珈僧正一道士將軍散騎舍人帶力之人，正五馬軍小旗教讀大誥師生許穿靴。校尉力士遇上，直許穿出外，不許其庶民商賈技藝步軍及軍下餘丁管步軍總小旗官下家人火者皁皂隸伴當在外醫卜陰陽人皆不許，止許穿皮扎𩌦，其北平山西山東陝西河南并直隸徐州地寒人民，許穿牛皮直縫靴。
洪武二十六年	官民步卒人等服對襟衣	禁官民步卒人等不許服對襟衣，惟騎士不拘。
洪武年間	狀元冠服	朝冠二梁朝服，緋羅爲之。圓領白絹中單錦綬，全蔽膝，全槐笏，一把紗帽，一頂光素，銀帶一條，藥玉佩一副，朝靴氈襪各一雙，禮部官引至御前頒賜，上表謝恩，日服之。

資料來源：《禮部志稿》，卷18，頁47上～52上；《大明會典》，卷61，頁34上～38下；《荒政要覽》，卷7，〈戒侈靡〉，頁10上～12下。

這些開國立基的禮制規定，並非僅是道德約束，更成爲一代的法制，以《大明律》規範之。一旦踰分犯禁，即以刑法懲處：

> 凡官民房舍車服器物之類，各有等第。若違式僭用，有官者，杖一百，罷職不敘。無官者，笞五十，罪坐家長。工匠並笞五十。若僭用違禁龍鳳文者，官民各杖一百，徒三年。工匠杖一百，連當房家小，起發赴京，籍充局匠，違禁之物入官。首告者，官給賞銀五十兩，若工匠能自首者，免罪，一體給賞。〔註15〕

若常服僭用錦綺、紵絲、綾羅、彩繡等，婦女僭用金繡衣服、金寶、首飾、鐲釧及用珍珠緣綴，娼妓僭用金首飾鐲釧者，事發後，各問應得之罪，所有服飾器用等物追繳入官。關於服飾方面的處置條例，多依《大明律》中〈服舍違式〉規定，但實際上瑣碎的禁令甚多。如選授山東道監察御史王英（1376～1450），僅著微服入郡城，但當時禁止庶民穿靴，王英因而被守城門者捆縛，直到出示冠帶才被釋放。〔註16〕可以想見洪武時期嚴刑峻法的實際概況，朱元璋認爲只要將所有階層各安其位，統治者自可高枕無憂。

〔註15〕〔明〕李善長、劉惟謙等，懷效峰點校，《大明律》（瀋陽：遼瀋書社，1990年8月第1版），卷12，〈禮律二·服舍違式〉，頁93。

〔註16〕〔明〕陳繼儒，《見聞錄》（《四庫全書存目叢書》子部244冊，台南：莊嚴文化事業有限公司，1995年9月初版，據首都圖書館藏明萬曆繡水沈氏刻寶顏堂祕笈本景印），卷3，頁11下～12上。

圖 4-1　明・羅虛白，〈魏浣初小像圖〉

魏浣初字仲雲，常熟人，萬曆四十四年（1616）進士，官至廣東提學參政，崇禎二年（1629）致仕，著有《詩經脈講意》等。畫中魏氏佩戴四方平定巾，身穿大襟袍，表現退隱鄉居怡然自得的神情。

圖片來源：上海戲曲學校中國服裝史研究組，《中國歷代服飾》（上海：學林出版社，1983 年 4 月第 1 版），頁 240。

太祖的服飾制度，特別突顯士人階層。太祖開國以來對於推行學校、崇尚教化不遺餘力，對士人有其特殊感觀與期待，給予身份識別的優渥，「秀才襴衫，前後用飛魚補，騎驢有傘，絹用青色，止一圍，門斗隨之。」〔註 17〕尤以服飾來彰顯崇重：

> 舉世衣冠，往往通用，惟有生員衣冠，皇祖特爲留意。襴衫之制，中用玉色，比德於玉也。外有青邊，玄素自閑也。四面攢闌，欲其規言矩行，範圍於道義之中而不敢過也。束以青絲，欲其制節謹度，收斂於禮法之內而不敢縱也。絛總下垂，絛者條也，心中事事有條理也。團領官服，以官望士，貴之也。惟有頭巾制度未定。一日皇祖微行，見士戴一巾，問此何巾？曰：「四方平定巾。」皇祖曰：「四方平定，必須民安。」乃將巾前面按一掌作「民」字樣，遂爲儒巾。曰：「朝廷養士本爲安民，以作元服，首重之也。而今儒巾倒過來看，隱然是一『民』字。其兩飄帶，則頭角未至崢嶸，羽翼未至展布，欲其柔順下垂，不敢淩傲之意云。」〔註 18〕

「冠」爲帽子，仕宦貴族男子滿二十歲帶冠；「巾」爲平民的頭巾，平民男子

〔註 17〕《堅瓠集》，《堅瓠廣集》卷 2，〈秀才襴衫〉，頁 33 上。
〔註 18〕《實政錄》，卷 1，〈明職・弟子之職二〉，頁 919～920。

二十歲成人即可戴巾，士人巾帽「以六瓣合縫，下綴以簷」。〔註 19〕據聞明初頭巾，由素有「文妖」之稱的楊維禎首戴，太祖加以重新審定而成。〔註 20〕呂坤於《實政錄》中，闡述、考究士人衣冠的由來。此條史料雖有美化太祖形象與拉攏士人之意，但仍可略窺朱元璋賦予士人的時代意義。〔註 21〕後因秀才醉臥道傍，自害體制，太祖大怒，遂命以後秀才居常出入不用襴衫，止許常服。

生員巾服的制定多依秦達擘劃。洪武二十四年（1391），秦達爲工部尚書，朱元璋以學校爲國儲材，而士人巾服裝與吏胥無異，宜有甄別，命秦達製式以進。朱元璋親自審視，經三次更易後始定，務求士人服飾典緻高雅。同時賜監生襴衫、縧各一條，以爲天下之表率，由是士子衣冠多有古風。〔註 22〕

服飾規定的另項特點爲「重農抑商」，此政策可上推至漢代。漢高祖八年（前199），下令禁止商人不得衣裝錦繡綺縠；前秦苻堅時期，禁止工商、皂隸、婦女不得服金銀錦繡，違者棄市。〔註 23〕明太祖延續自漢代以來抑制商賈的既定政策，洪武十四年（1381），令農民之家許穿紬紗絹布，商賈之家只許穿著絹布；農民之家，有一人爲商賈者，亦不許穿紬紗。洪武二十二年（1389），申嚴巾帽之禁，儒生吏員人民常戴本等頭巾，鄉村農夫許戴斗笠出入市井，而不親農業

〔註 19〕《豫章漫鈔》曰：「今人所戴小帽以六瓣合縫，下綴以簷如筩。閻憲副閎謂予言，亦太祖所制，若曰『六合一統』云爾。楊維禎廉夫，以方巾見太祖。問其製，對曰，『四方平定巾』。上喜，令士人皆得戴之。商文毅用自編民亦以此巾見。」詳見：《日知錄集釋》，卷 28，〈冠服〉，頁 991～992。

〔註 20〕楊維禎身居元末明初詩壇領袖地位，但明人多稱其「文妖」。如〔明〕王彝，《王常宗集》（《中國西南文獻叢書》22 卷，蘭州：蘭州大學出版社，2004 年 2 月第 1 版），卷 3，〈文妖〉，頁 288～290：「會稽楊維楨之文狐也，文妖也。噫！狐之妖，至於殺人之身，而文之妖，往往使後生小子群趨而競習焉，其足以爲斯文禍非淺小，文而可妖哉！」

〔註 21〕頂巾是否由太祖欽定，明人亦有存疑，如祝允明認爲非楊維禎發明，太祖手按頭巾也非事實。〔明〕祝允明，《枝山前聞》（《中國野史集成》37 冊，成都：巴蜀書社，1993 年，據說郛景印），〈制度〉，頁 3 上～下：「按洪武二十四年三月二十六日，禮部右侍郎張智同各官奉聖旨恁禮部，將士民戴的頭巾樣式，再申明整理，智乃奉行。先爲軟巾制度，已嘗擬定，而小民往往成造破爛不堪，紗羅用紙粘裹，竹絲添花混同造賣，有乖禮制，合行申禁仍前，違制者賣人、買人同罪。如此則當時巾制，乃太祖自定，恐非緣維禎與手按也。」

〔註 22〕《西園聞見錄》，卷 22，〈衣服〉，頁 1 下。

〔註 23〕〔明〕胡侍，《眞珠船》（《四庫全書存目叢書》子部 102 冊，台南：莊嚴文化事業有限公司，1995 年 9 月初版，據清華大學圖書館藏明刻本景印），卷 2，〈商賈之服〉，頁 17 下～18 上。

者不許。太祖此禁立意雖好，李默認為：「貧者何處得穿紬紗，富者自不求戴斗笠，今之商賈，姑以衣服言之，豈止用紬紗而已。」〔註24〕

王禕（1321～1372）與宋濂齊名，太祖譽為「浙東二儒」，洪武二年（1369）任命為參修《元史》總裁官，主張藏富於民，「玉衣示侈，佔服稱妖，漢室乃傾。一服之華，若為過靡，孰知禍殃？」〔註 25〕玉衣是王室貴族的殮服，儘管人死為大，王室喪服不可過靡。朱元璋出身農稼，深知物力維艱。儘管已為國君，生活仍以儉樸為念，也期盼能依此感染臣僚與百姓。太祖某次巡視內廷，見宮人遺留些微絲綺在地，重責諸姬，今後怙惡不悛者，立斬不赦，僅因蠶繅為徵稅之計費。〔註 26〕太祖在服飾各方面遵行儉約，嚴斥徒耗民力的官員，明初有一史例：

> （洪武）三年九月丁巳，是日朝退有雨，二內使乾靴行雨中。上見，召責之曰：「靴雖微，皆出民力，民之為此，非旦夕可成，汝何不愛惜，乃暴殄如此！」命左右杖之。因謂侍臣曰：「嘗聞元世祖初年，見侍臣有著花靴者，責之曰：『汝將完好之皮為此，豈不廢物勞人？』此意誠佳。大抵為人嘗歷艱難則自然節儉，若習見富貴，未有不侈靡者也。」因敕百官，自今入朝遇雨雪，皆許服雨衣。〔註 27〕

洪武二十四年（1391）七月，曾經頒行靴禁，「先是常禁民間製靴，不許裁為花樣及以金線裝飾。而富商大賈、奸民猾胥、末技賤工及軍中無賴少年，往往冒犯，恣為淫巧，裁為花樣，嵌以金線藍條，巇敦樸之風，亂貴賤之等。甚者詐為公侯大臣家子姪，出入市中為奸利事。」〔註 28〕太祖聽聞，詔行禮部，嚴禁靴製淫巧僭越犯度的行為。

由儉入奢易，由奢入儉難，太祖深明此理，所以期盼上行下效，期盼臣僚能為萬民之表率，所以強調儉樸。他也認為，人民生活侈靡，多在車馬、

〔註24〕〔明〕李默，《孤樹裒談》（《四庫全書存目叢書》子部240冊，台南：莊嚴文化事業有限公司，1995年9月初版，據中國科學圖書館藏據明刻本景印），卷2，〈太祖下〉，頁12下～13上。

〔註25〕〔明〕王禕，《王忠文公集》（《叢書集成新編》75冊，台北：新文豐出版公司，1985年），卷12，〈正服箴〉，頁345。

〔註26〕〔明〕徐禎卿，《翦勝野聞》（《筆記小說大觀》9編7冊，台北：新興書局，1988年），頁11下。

〔註27〕〔明〕王世貞，《弇山堂別集》（北京：中華書局，1985年12月第1版），卷91，〈中官考二〉，頁1739～1740。

〔註28〕《禮部志稿》，卷64，〈申明靴禁〉，頁22下～23上。

衣裘、宮室與飲食等四方面，只要使其所乘車馬、所居宮室、所服衣裘及所用飲食皆有階級等第，上可兼下，下不得僭上。官民可憑其服飾外貌就知其身分，則人心安定，不敢恣意妄爲，自然家給人足，則教化可行。〔註 29〕自王公、大夫、士人與庶民，其衣冠各有差等，人們以僭越奢靡爲恥，「故有詩人好衣緋者，傳咲於士庶；有朝士紅履趨陛者，被糾於鴻臚。」〔註 30〕因而，明初以來各地風俗，多爲敦本尙樸、重熙累洽的社會。

成祖永樂時期，仍依洪武年間定立官員衣冠制度，頒行天下，治國原則仍以儉樸爲念。永樂十二年（1404）二月，官員奏事完畢，成祖退坐右順門，其所穿衣服樣式仍爲老舊，甚至內裏都已破損不堪，群臣認爲成祖儉素爲國，可爲萬世臣民之表率。〔註 31〕成祖對官民踰僭犯禁者絕不寬貸，如即位之初，都督陳質任意踰僭，擅製龍鳳袍服，事敗身亡家破。太祖嘗言，服飾器用已有定制，禮部將榜上式樣畫出，敢有違式，處以凌遲。又恐官員軍民人等不知禮法，誤罹刑憲，於永樂二十年（1422）十月，再命禮部將冠服等項，畫圖出榜申明，使其安分守禮，共享太平之福。〔註 32〕

二、洪熙、宣德時期

自仁宗迄至英宗期間，服飾制度更迭幅度不大，値得一書者爲監生服色的異動。舊制生員以貢舉入監，至殿試選授方易命服。在洪武中期，朱元璋嘗許監生私戴遮陰帽。仁宗洪熙間，監生入朝著青衣，仁宗不識成規，教著青衣好看，自此服青袍至明末。〔註 33〕宣宗以來，強調恪守祖訓，嚴禁僭越犯分。宣宗宣德四年（1429）二月，諭行禮部尙書嚴格執行禮儀制度：「朝廷之禮，最先正名尊卑等級，不可僭差。凡內外官員士庶服飾、儀從、序立及尊卑稱呼之類，皆有定制。近多越禮犯分，亦有在內府私行揖拜禮者，其揭

〔註 29〕《大學衍義補》，卷 82，治國平天下之要，〈崇教化・廣教化以變俗〉，頁 799。

〔註 30〕〔明〕黃鳳翔，《田亭草》（《續修四庫全書》集部 1356 冊，上海：上海古籍出版社，1995 年，據天津圖書館藏明萬曆四十年刻本景印），卷 20，〈救時名實論〉，頁 21 上。

〔註 31〕《明太宗實錄》，卷 148，頁 2 上～下，永樂十二年二月癸亥條。

〔註 32〕《皇明條法事類纂》，卷 22，〈申明僭用服飾器用并挨究製造人匠問罪例〉，頁 546；及卷 22，〈官員人等不許僭用服色例〉，頁 544。

〔註 33〕〔明〕祝允明，《野記》（《中國野史集成》37 冊，成都：巴蜀書社，1993 年，據元明善本叢書十種歷代小史景印），頁 52 上～下；以及《明史》，卷 67，〈輿服志三・監生巾服〉，頁 1649，均有相同記述。

榜申明定制，無使僭越。」〔註 34〕

三、正統、天順時期

在禁令方面，英宗正統七年（1442）十二月，禮部尚書胡濙等上奏，中外官舍軍民多學胡語、穿胡服，請令都察院出榜，以巡按監察御史嚴格禁止，英宗從之。〔註 35〕正統十二年（1447）正月，英宗諭令工部，禁僭用織繡蟒龍、飛魚、斗牛等服及違禁花樣。景帝景泰四年（1453），「令錦衣衛指揮侍衛者，得衣麒麟服色。」〔註 36〕原本麒麟圖案是專屬於公侯伯等爵及駙馬，景帝欲以錦衣衛來強化政治監控，所以從服裝給予身分上的提升。〔註 37〕英宗復辟，天順二年（1458）二月下詔：「禁官民人等，衣蟒龍、飛魚、斗牛、獅子、四寶、相花、大西番蓮、大雲花樣，及薑黃、柳黃、玄色綠等衣服。」〔註 38〕英宗在位期間，幾次頒布禁令，意味官民服飾的僭越有逐漸加溫趨勢。而自英宗行捐納，景帝行鬻爵，義官爵位之濫日甚一日，既能以錢財買官爵冠帶，服飾禁令乃不攻自破。〔註 39〕

京師向來是流行時尚的風向指標。英宗正統末年，陳鑑曾言京師風俗澆漓，其故有五：事佛過甚、營喪破家、服食靡麗、優倡爲蠹及博塞成風等原因。〔註 40〕風俗的丕變，意味衣食生活富裕，而人們則想追求更優越的生活享樂。陳鑑察覺到此風漸起，但禮部卻擱置不議。

第二節　中葉的服飾踰制

太祖、成祖以來（1368～1424），國家財富不斷累積，社會安定，百姓生活富足。王錡（1433～1499）《寓圃雜記》記載，英宗至憲宗時期（1436～1487）五十多年來的城市變化：「正統、天順間，余嘗入城，咸謂稍復其舊，然猶未盛也。迨成化間，余恆三、四年一入，則見其迥若異境。以至於今，愈益繁

〔註 34〕《禮部志稿》，卷 3，〈禮制之訓〉，頁 21 下。
〔註 35〕《明英宗實錄》，卷 99，正統七年十二月己丑條，頁 1 下。
〔註 36〕《大明會典》，卷 61，〈冠服二・文武官冠才〉，頁 12 上。
〔註 37〕《明英宗實錄》，卷 175，正統十四年二月丙寅條，頁 6 上。
〔註 38〕《明英宗實錄》，卷 287，天順二年二月庚戌條，頁 10 下。
〔註 39〕周紹泉，〈明代服飾探源〉，《史學月刊》，1990 年 6 期，頁 38～39。
〔註 40〕《明史》，卷 162，〈陳鑑傳〉，頁 4407。

盛。」〔註 41〕英宗在位期間，朝廷控制力逐漸薄弱，部分人民遂棄農轉向從事商業活動。憲宗成化以來，經濟生活能力好轉，而民風尚稱純樸，若有奢侈或僭越情事，常被視爲「生活異端」，甚至被加以懲治。

一、成化時期的服飾

成化二年（1466）二月，憲宗鑑於官員軍民等多有不遵守定例，僭用服色花樣，而婦女則僭用渾金衣服、寶石頭面，違禮犯分。諭令禮部出榜南、北二京張掛禁約：

> 今後仍前僭用者，輕者依律治罪，重責必殺不饒。……洪武年間，定立官員人等冠服、器皿、房屋等項制度，明著條章，頒布天下。曩者廖永忠、胡惟庸、藍玉等擅作威作福，謀爲不軌，皆因其所用器皿、服飾，一旦敗露，滅族凶家，人所共知。及朕即位以來，都督陳質，不鑑前非，因蹈覆轍，居處僭用親王法物，置造龍鳳袍服、砂紅器皿，事敗，身亡家破。慮恐官員軍民人等，不知禮法，誤罹刑憲，已敕該部遵依舊制出榜，申明中外，使其安份守禮，共亨太平之福。近者官員人等，猶有越禮僭分者，恁禮部將冠服等項制度出榜，再行申明，教多人知道，敢有仍前犯者治罪如律。……查得先准都察院，咨天順二年閏二月初六日，節該欽奉聖旨，蟒龍、飛魚、斗牛、大鵬、像生獅子、四寶相花、大西番蓮，並玄黃紫及玄色樣黑綠、柳黃、姜黃、明黃，俱係內府供用之數。今在京在外，無知之徒，往往私自織繡，染造僭用，以致貴賤不分，尊卑無別，越禮犯分，莫甚於此。恁便都察院便出榜通行，曉諭禁約，今後敢有仍前偷傚此等花樣顏色、織繡染造，並私賣私買、僭用的，拿來本身處殺，全家充軍。〔註 42〕

明中葉後，民間社會物力豐盈，商業日盛，士庶奢侈僭越禮制日趨明顯，其中尤以服飾方面的生活風尚變遷爲多，而自成化朝開始浮現。〔註 43〕詔令中

〔註 41〕〔明〕王錡，《寓圃雜記》（北京：中華書局，1997 年 12 月第 1 版），卷 5，〈吳中近年之盛〉，頁 42。

〔註 42〕〔日〕前兼恭作，《訓讀吏文》（京城府：朝鮮印刷株式會社，1942 年 12 月初版），卷 4，〈禁約僭用服色〉，頁 267～269。

〔註 43〕林麗月，〈大雅將還：從「蘇樣」服飾看晚明的消費文化〉（《明清以來江南社會與文化論集》，上海：上海社會科學院出版社，2004 年 5 月第 1 版），頁 213～214。

說及太祖時期胡惟庸、藍玉等人謀反，與憲宗時期都督陳質被誅殺的原因，就是器皿、服飾上的僭越。憲宗重申禁令，採取極刑打擊奢僭，舉凡私賣、私買與僭用者處以死刑，其全家充軍。

然而，三申五令仍無法遏止人民炫耀、愛美的天性。成化六年（1470）十二月，戶科都給事中丘弘等上奏：「近來京城內外風俗尚侈，不拘貴賤，概用織金寶石服飾，僭儗無度，一切酒席皆用簇盤糖纏等物，上下倣效，習以成風，民之窮困殆由於此。」〔註 44〕憲宗要求嚴加禁革，其禁令大體與四年前相仿。由於京城往往是時尚的流佈中心，遂於南、北二直隸率先推行，凡有僭用服飾、大張酒席者，令錦衣衛官校及巡城御史緝捕，而僭越者皆處以死刑，家屬充軍。時至成化十年（1474）再度頒令嚴禁官民人等婦女，不許僭用渾金衣服、寶石首飾。〔註 45〕對於各階層蠢蠢欲動的時尚心態，朝廷多採極刑以儆效尤，然而重典未必能收其成效。成化十二年（1476）二月，發生日、月食天文異象，九卿藉機以「災異」陳言：「軍民服色器用，近多僭越，服用則僭人紅織金羅段徧地錦，騎坐則僭描金鞍鐙銀鞦轡，首飾則僭寶石珠翠。今四方絲貴金少，率皆坐此。宜嚴加禁約，違者即重罪而沒入之。此侈風在今更甚，尤宜禁止。」〔註 46〕九卿希望能以大人感應之說來遏止社會奢侈之風，然而多年來的禁令仍無法制止此風尚的傳播。

成化年間，在北京風靡一時的「馬尾裙」，最爲明人津津樂道。陸容（1436～1494）《菽園雜記》對馬尾裙淵源與發展記述頗詳：

> 馬尾裠始於朝鮮國，流入京師，京師人買服之，未能有織者。初服者，惟富商貴公子歌妓而已。以後武臣多服之，京師始有織賣者。於是無貴無賤，服者日盛，至成化末年，朝官多服之者矣。大抵服者下體虛奓，取觀美耳。閣老萬公安冬夏不脫，宗伯周公洪謨重服二腰。年幼侯伯駙馬，至有以弓弦貫其齊者。大臣不服者，惟黎吏侍淳一人而已。此服妖也，弘治初，始有禁例。〔註 47〕

馬尾裙以馬尾織成，其狀如髮，亦稱髮裙。穿法是將裙繫於襯衣之內，體型肥大者一裙，瘦削者二、三裙，使外衣張揚，儼若一傘，以相誇耀。〔註 48〕

〔註 44〕《明憲宗實錄》，卷 86，成化六年十二月庚午條，頁 10 下～11 上。

〔註 45〕《大明會典》，卷 61，〈冠服二・士庶妻冠服〉，頁 38 下。

〔註 46〕《典故紀聞》，卷 15，頁 268。

〔註 47〕《菽園雜記》，卷 10，頁 123～124。

〔註 48〕《寓圃雜記》，卷 5，〈髮裙〉，頁 41：「馬尾裙由朝鮮傳入，髮裙之制，以馬最早從朝鮮流傳而來，初期僅流行於京城富商、貴公子及歌妓間，後推展到各個層面，甚至爲京官所仿效，朝廷京官除黎淳（1427～1491）一人外，幾爲流行所被。〔註 49〕連素來自命理學道統，滿口天下大事的禮部尚書周洪謨（1420～1491），亦是此服裝的愛好者。身爲管理國家禮制的最高首長，反而自壞體制。對新奇服飾的追求，似乎已無性別與界線。但由於馬尾裙無法可管，並未違反祖制或僭越身分，直至有一給事中建言：「京城士人多好進馬尾襯裙，營操官馬因此被人偷拔騣尾，落膘，不無有誤軍國大計。」朝廷才找個理由來遏止歪風。京師好事者編寫歌謠嘲諷：「選科全不在文章，但要鬚鬍與胖長。更有一般堪笑處，衣裳漿得硬幫幫。」〔註 50〕弘治元年（1488）正月，孝宗即位之初，監察御史湯鼐依《大誥》、《大明律令》、《稽古定制》、《教民榜》及《馬政條例》等書，針對有司不知遵守，以致政教廢弛，風俗敗壞，建請孝宗重申舊例。其中，左侍郎張悅身服馬尾襯裙，爲市井浮華之飾，亦在彈劾之列。孝宗奏其所請，並言明日後有用馬尾服飾者，著令錦衣衛緝捕，喧騰一時的「馬尾裙事件」，至此才告一段落。〔註 51〕

二、弘治時期的服飾

除解決「奇裝異服」的馬尾裙，另一項前朝遺留「蟒服濫賞」的問題也亟待處置。由於憲宗在朝二十三年間，多寵用內官與奸佞，導致朝政敗壞。孝宗初即位，必須要重新整頓朝廷人事，掃除不良歪風。在服裝的濫用方面，當屬邊防勳臣武將與鎮守太監等依例乞賜蟒衣。都察院左副都御史邊鏞上言，請禁內外官僭乞蟒衣：

> 按國朝品官服色，未聞有蟒衣之制。考之《爾雅》及諸《韻書》皆云：蟒者，大蛇。初無蟒龍之稱，蓋蟒乃蛇屬，非龍類。蟒無角無足，龍則角足具焉。今織蟒衣者，類爲龍形，而非蟒象，名雖蟒，

尾織成，繫於襯衣之內。體肥者一裙，瘦削者或二三，使外衣之張，儼若一傘，以相誇耀。然繫此者，惟粗俗官員、暴富子弟而已，士夫甚鄙之，近服妖也。」

〔註 49〕《玉堂叢語》，卷 5，〈廉介〉，頁 164：「黎文僖淳性耿介，門生尹華亭以雲布寄淳，不受，責之曰：『古之爲令，拔葵藝麻，今之爲令，織布添花，吾不用妖服也。』」

〔註 50〕《治世餘聞》，下篇卷 3，頁 57～58。

〔註 51〕《萬曆野獲編》，卷 19，〈臺省・湯劉二御史再譴〉，頁 489～490；及《明孝宗實錄》，卷 9，弘治元年正月甲寅條，頁 4 上～下。

實則龍也。請如鏞言，凡內外官有曾受賜及自製者，無問新舊，悉令進繳，自今內外機房不許織造，違者論之以法。上是之，命今次賞與各官及南京守備內外官，原受賜者，聽其服用，餘悉令還官，此後不許再乞。〔註 52〕

面對憲宗任意賞賜蟒衣，給予臣僚僭越可趁之機，孝宗雖未依邊鏞之請，強制要求所受賜者或織造者一律上繳，不願拂其父之意。僅要求原受賜各官仍可服用，其餘上繳，表明不願破壞禮制。隔年，孝宗又濫賞內官，向來以直言著稱的吏部尚書王恕，遂上〈輔治疏〉，請求孝宗追回濫賞之莊田、蟒衣等項，裁革奢侈奔競的風氣，必須恪遵守祖宗之法，不爲巧言令色所惑，才能成爲天下先。〔註 53〕王恕期盼孝宗能以身作則，清明吏治，崇尚節儉。日後，孝宗在位勵精圖治，斥逐奸邪，任用賢能，史稱「弘治中興」。

弘治後期，孝宗過分寵溺外戚勳臣，任意賜與閣臣大紅蟒袍，如弘治十六年（1503）二月，賜大學士劉健（1433～1526）、李東陽（1447～1516）及謝遷（1449～1531）紅蟒衣各一襲，〔註 54〕蟒衣之制死灰復燃，內閣官員賞賜蟒衣自此始，一直沿用至明亡。孝宗雖欲展現人君親愛臣下的度量，但蟒衣似龍袍，反而自壞禮制，而體制一旦崩解，就很難維繫。〔註 55〕次年，孝宗與劉健等人提及禁服色等問題，孝宗的理解爲：「在外文職官讀書明理，猶不敢僭；爲內官不知道理，尤多僭妄。」劉健等群臣深感認同，但均表示不知內府該禁何種花樣？孝宗對服色樣式自有定見，他認定在圖案上，蟒龍、飛魚與斗牛皆不許用，亦不許織造；在顏色上，玄黃紫皀有禁，柳黃、明黃與姜黃等色也都禁用。至於玄色禁黑綠乃人間常服，不必禁止，惟有內府人

〔註 52〕《明孝宗實錄》，卷 9，弘治元年正月甲子條，頁 4 上～下。

〔註 53〕〔明〕徐昌治，《昭代芳摹》（《四庫禁燬書叢刊》史部 43 冊，北京：北京出版社，2000 年，據南京圖書館藏明崇禎九年徐氏知問齋刻本景印），卷 22，〈孝宗敬皇帝〉，頁 9 上～下：「陛下嗣位之初，人心歸向如古之二帝三王，本朝太祖、太宗復見于今日，莫不稱頌而愛戴之。蓋聞陛下在青宮時，存心正大，不喜聲色，不貴貲貨。及登寶位，又罷貢獻織造，屏去一應珍奇玩好之物，治近習蠹國亂政邪術欺君罔上之罪，迸逐剌麻番僧法王佛子國師，革罷傳奉冗員，追回濫賞莊田蟒衣等項，裁奢侈奔競，凡數事，此天下臣民所以稱頌而愛戴之也。夫何未久，而又濫賞內官，將見前數事，不數年，復如舊矣。伏望陛下自今伊始，于出入起居之時，發號施令之際，遠宗堯舜之道，近守祖宗之法，決不可爲巧言所惑，蹈襲前事，上拂天意，下失人心，而爲社稷憂。」

〔註 54〕《明孝宗實錄》，卷 196，弘治十六年二月乙巳條，頁 5 下。

〔註 55〕邱仲麟，《明代北京都市社會的變遷（1368～1644）》，頁 92。

不許服用。〔註 56〕孝宗針對祖制詔命、現行法規與風俗概況調整服飾制度，但似乎經由他手賞賜蟒衣則不在此列。弘治十八年（1505）四月，禮部尚書張昇等言五事，其中二事則是針對服飾制度：一爲禁侈靡，鑑於近年織異色花樣，造違式房屋，而以京師尤甚。請求今後請以《諸司職掌》及《洪武禮制》制度爲本，違者依律重治。另一爲重名器，金蟒等衣，非人臣常用之服。今後內外官不許奏請，違者允許科道官指名糾劾，治以重罪。〔註 57〕儘管如此，服飾踰制的禁令，亦隨時代發展或皇帝政令寬鬆與緊縮。

大體而言，弘治朝以前，「其時官吏亦奉法遵職，與民相安無事，故俗號稱：『近古自正德。』」〔註 58〕但奢僭踰越的情事已悄然發生，如庶民之家僭用命婦服飾，加以鈒花、銀帶，恬不之愧。〔註 59〕重視衣著光鮮亮麗，成爲必備的生活方式。〔註 60〕弘治元年（1488）十二月，都察院左都御史疏奏違式，認爲風俗奢侈，甚害治道，近年富商服飾擬於王者，軍民之家僭用渾金衣服，僧道衣著紵絲綾羅，指揮亦用麒麟繡補等，宜以成化二年頒佈法令爲本，出榜禁約。在京，都察院行文巡城御史督令五城兵馬司、錦衣衛坐城官校；在外，以巡按御史、各地按察司緝拿問罪，違禁衣服等物入官。〔註 61〕風氣已成，靡衣玉食是必然趨勢。周璽（1450～1491）已經看出弘治朝風氣丕變：「中外臣僚士庶之家，靡麗奢華，彼此相尚，而借貸費用，習以爲常。居室則一概雕畫，首飾則濫用金寶，倡優下賤以綾緞爲袴，市井光棍以錦繡緣襪，工匠廝役之人任意制造，殊不畏憚，雖蒙朝廷禁止之詔屢下，而奢靡僭用之俗自如。」〔註 62〕追求美感與崇尚浮華本是人的天性，一旦社會掙脫

〔註 56〕《西園聞見錄》，卷 24，〈衣服〉，頁 2 上。

〔註 57〕《明孝宗實錄》記載年份爲弘治十八年，《禮部志稿》則爲弘治十七年，今依《明實錄》所記。詳見：《明孝宗實錄》，卷 223，弘治十八年正月丁卯條，頁 6 下～7 上。

〔註 58〕〔明〕張岳，《嘉靖・惠安縣志》（《天一閣明代方志選刊》10，台北：新文豐出版公司，1985 年，據寧波天一閣藏明嘉靖刻本景印），卷 4，〈風俗〉，頁 3 下。

〔註 59〕〔明〕莫旦，《弘治・吳江志》（台北：成文出版社，1983 年，據明弘治元年刊本景印），卷 6，〈風俗〉，頁 236。

〔註 60〕〔明〕林世遠、王鏊，《正德・姑蘇志》（《北京圖書館古籍珍本叢刊》26 冊，北京：書目文獻出版社，1988 年，據明正德刻年嘉靖續修本景印），卷 13，〈風俗〉，頁 227。

〔註 61〕《皇明條法事類纂》，卷 22，〈奏違式〉，頁 562。

〔註 62〕〔明〕周璽，《周忠愍垂光集》（台北：中央研究院傅斯年圖書館館藏，據清道光二十八年潘氏袁江節署求是齋刊光緒七年印本景印），卷 1，〈論治化疏〉，

法條桎梏，統治者煞費苦心、刻意建立的制度最後也有可能徹底崩解。

三、正德時期的服飾

武宗正德以後的明代，「以苛刻爲政，剝膚敲骨者六年。加之屢有水旱之災，民窮譎詐漸生，風俗始爲之一變。」〔註 63〕王錫爵（1534～1614）認爲：「今之世，下官攻擊上官以爲名，上官媚下官以爲厚；鄉宦脅有司以爲威，有司又脅鄉宦以爲巧，眞極亂世界。」〔註 64〕受孝宗託孤之內閣大學士劉健，於武宗即位之初即建言，目前時局有：「南海子閹人選入千餘，蟒龍玉帶之賞太濫」等兩大弊端待需處理。然而武宗只針對私閹現象申明禁約，至於蟒衣玉帶之濫賞，則未置可否。〔註 65〕而針對民間服飾，重申嚴禁軍民婦女，不許用銷金衣服帳幔，寶石首飾鐲釧，而娼妓不許用金首飾、銀鐲釧。犯者本身，家長夫男匠作，各治重罪。〔註 66〕太監劉瑾（？～1510）爲滿足浪蕩皇帝喜好淫樂的個性，而武宗則以賞賜各種樣式材質的服飾回報。上行下效，僭冒愈多，濫賞愈烈，而民力漸不堪負荷。〔註 67〕

劉瑾後雖被誅，武宗聲色犬馬的性格未曾改變，國庫開支頗重。曾任戶部尚書的韓文（1441～1526），於正德六年（1511）上〈裁冗食節冗費奏〉，期望人君以身作則崇尚節儉：

> 一、崇尚節儉。臣等竊觀，自古人君莫不以勤儉興國，奢靡壞政。漢文帝躬衣戈綈，集皀囊爲帷，惜中人之產，罷露臺之費，以致海內殷富，是其明驗。邇者皇上體念民窮財竭，風俗僭侈，特敕文武百官不得僭用玄黃紫三色，及軍民下賤，不得衣羅段紵絲。三品以下，暑月不得執扇用。盖中外聞之，莫不歡欣稱頌，以爲陛下躬行儉約，其效必肇于此矣。蓋人君一身，萬化之本，君能自行，則不令而從；君不能自行，則雖令不從。臣等伏望皇上念祖宗創業之難，

頁 10 上。

〔註 63〕《嘉靖．惠安縣志》，卷 4，〈風俗〉，頁 3 下。

〔註 64〕〔明〕王錫爵，《王文肅公牘草》（《四庫全書存目叢書》集部 135 冊，台南：莊嚴文化事業有限公司，1997 年 6 月初版，據首都圖書館藏明萬曆王時敏刻本景印），卷 9，〈李養愚撫臺〉，頁 24 上～下。

〔註 65〕《明武宗實錄》，卷 11，正德元年三月戊戌條，頁 8 上。

〔註 66〕《大明會典》，卷 61，〈冠服二．士庶妻冠服〉，頁 38 下。

〔註 67〕《明武宗實錄》，卷 39，正德三年六月庚午條，頁 2 下。

> 憂國用匱乏不極，守恭履儉，崇尚節約，一銀一錢之微，皆爲小民之脂膏；一衣一帛之細，皆係庫藏之官物。省無益之工，罷不急之用。仍乞敕司禮監御用等監，凡百上用輿馬服飾、器用玩好，屏去淫巧，務從朴素，使度數不增于前，而法可垂于後矣。再乞敕光祿寺，查勘內外近侍官員，日逐費用卓席酒肉等項，但係濫費，應該減革者，奏請節省，使天下臣民仰覿聖意所在，翕然向化，則儉約之風可興，奢靡之俗可革，而財利之用自足矣。〔註68〕

立意雖好，但此時武宗終日嬉戲，沈溺於玩樂之中，絲毫沒有改變其放蕩的行爲。正德十六年（1521），朝廷嚴禁軍民人等，如有穿紫花罩甲等服，或禁門外遊走者，允許緝捕和地方人等擒拏。〔註69〕刑責與成化朝相較，罰責較輕。

正德中期，京都士人忽以巾易帽，而四方仿效。一時變更，販夫走卒亦有戴者，郎瑛自覺駭異，以俚語四句詠人：「忽出街衢不奈看，今時人物古衣冠。望塵走俗人心厭，況又庸人戴一般。」友人孫體時，一日戴巾來訪，恐郎瑛誚諷，於途中預購一絕，對以巾詩吟：「江城二月暖融融，折角紗巾透柳風。不是風流學江左，年來塞馬不生騌。」〔註70〕二人相對而笑。君主無法表率四方，造成僭越已成社會常態，法禁無可禁。官服以蟒服、飛魚、鬥牛等服色，廣爲各階層人士所冒濫，成爲違制服飾的代表。〔註71〕而巾服其共通之處，是以北京「京式」爲風格，華麗與僭越爲其主要內涵。

四、嘉、隆時期的服飾

有人問：「今之天下奚其尚？」答曰：「玩寶盈篋，珠翠盈囊，綉綺盈軸，色豔盈室，絃竹盈架，珍錯盈列，皆富貴淫樂之具也。」〔註72〕這就是一種明代中葉民間的流行風尚。所謂流行，基本上是由一地前往另一地，或者由一地往四面八方的推廣與散布，它是一種新事物、新名詞、新格調或新氣象、新生活，引起眾多人模仿、推崇，甚而追隨，進而由上而下、由下而上及橫

〔註68〕《明經世文編》，卷128，韓文〈裁冗食節冗費奏〉，頁6上～7上。

〔註69〕《大明會典》，卷61，〈冠服二・士庶妻冠服〉，頁37下。

〔註70〕《七修類稿》，卷33，〈巾詩〉，頁498～499。

〔註71〕林麗月對鬥牛、飛魚及蟒龍等珍奇異獸服飾有其完整考證，可參見：〈衣裳與風教——晚明的服飾風尚與「服妖」議論〉，頁113。

〔註72〕〔明〕黃省曾，《客問》（《叢書集成新編》哲學類21冊，台北：新文豐出版公司，1985年，據百陵學山本排印），卷1，頁400。

向移動。〔註 73〕嘉靖以來，朝野社會生活富足有餘，顧起元（1565～1628）認爲此時期，是社會風氣由崇儉黜奢轉變全面奢靡的關鍵：

> 南都在嘉、隆間，諸苦役重累，破家傾產者，不可勝紀，而閭里尚多殷實人户。自條編之法行，而雜徭之害杜；自坊廂之法罷，而應付之累止；自大馬重紙之法除，而寄養賠破之禍蘇；自編丁之法立，而馬快船小甲之苦息。然而民間物力反日益彫瘵，不自聊者，何也？嘗求其故：役累重時，人家畏禍，衣飾、房屋、婚嫁、宴會務從儉約，恐一或暴露，必招扳累。今則服舍違式，婚宴無節，白屋之家，侈僭無忌，是以用度日益華靡，物力日益耗蠹。且曩時人家尚多營殖之計，如每歲赴京販酒米、販紗緞、販雜貨者，必得厚息而歸，今則往多折閱。殆是造化默有裁抑盈虛之理，故難偏論也。〔註 74〕

隨著條鞭法的漸次推行，許多民間苛稅解除，民眾理應財充物足，但實際情況卻恰巧相反，不僅物力凋零，甚至民不自聊。推究其原因之一，可能是條鞭法解除人們日常消費的後顧之憂，進而相競誇耀物質生活而造成物力日益耗損。〔註 75〕

若從朝廷來看，內閣之間長年內鬥，嚴嵩專權時期，貪污納賄與買官鬻爵的情況層出不窮。世宗晚年耽於仙道，長期不視朝政，故群臣服飾不甚依分，僭越者眾。「若三品所繫，則多金鑲雕花銀母象牙明角沉檀帶；四品則皆用金鑲玳瑁鶴頂銀母明角伽楠沉速帶；五品則皆用雕花象牙明角銀母口帶；六七品用素帶亦如之，而未有用本色者。」〔註 76〕上行下效，遂造成「今婦人之衣如文官，其裙如武職，而男子之制迥殊於此，是時制耶！」〔註 77〕

楊一清（1454～1530）被召赴京途中，聽聞織染局前往陝西織造，而該局所奏各色羊絨，織綵龍袍曳撒鞠衣之類，既非先王之制，亦非常用也非不可或缺之物，而陝西地方凋敝、錢糧缺乏，內憂外患頻仍。楊一清遂上奏疏：

〔註 73〕華梅，《人類服飾文化學》（天津：天津人民出版社，1995 年 12 月第 1 版），頁 237。

〔註 74〕〔明〕顧起元，《客座贅語》（北京：中華書局，1997 年 12 月第 1 版），卷 7，〈俗侈〉，頁 231～232。

〔註 75〕參見：張和平，〈一條鞭法與晚明社會的奢靡之風——兼論中國傳統社會周期性危機〉，《中國社會經濟史研究》，2004 年 3 期，頁 34～40。

〔註 76〕《觚不觚錄》，頁 7 上～下。

〔註 77〕〔明〕郎瑛，《七修類稿》（北京：中華書局，1961 年 9 月第 1 版），卷 9，〈衣服制〉，頁 147。

羊絨初本庶民賤者之服，非宮庭所宜御，故常賁之，所不及近年奸巧之徒，造爲織金粧花之麗，五綵閃色之華，人始貴之一袍，費至百餘金，一疋價可十餘兩。在先王當置諸淫巧之科，在今日當申嚴侈靡之禁，從而重之，以病吾民。聖明亦偶未之思耳，不然則陛下嗣位以來勤，卹民隱寬徵之，令無歲不降，軫念邊方内帑之銀，不時給發，不以玩好奪心志，不作無益害有益，仁聲善政，莫罄名言，何獨於此一事執之甚堅？豈非視之輕，而不覺其爲害之重。若是乎，伏望陛下愼守儉德，以廣愛民之仁慱，納讜言以成從諫之美。〔註78〕

圖 4-2 〈明人肖像畫〉

戴儒巾、穿大袖衫的士人。
圖片來源：上海戲曲學校中國服裝史研究組，《中國歷代服飾》，頁253。

楊一清主張，先把急缺羊絨袍服先行送京，其餘可從緩者與見織未完者，交付鎮、巡等官織進。若是該年荒歉或虜情緊急，便具奏停止，待年成有收或地方無事之日再度舉行，如此民心不搖、本固邦寧，而各官得以盡心督徵邊儲，防禦外寇侵擾，各官安其職位，地方可保無虞。在服飾方面，嘉靖朝雖是一個轉變的關鍵時代，但群臣爲鞏固國力，仍竭盡所能防止侈靡或僭越的情事發生。

若從服飾的樣式與變化，可比較出嘉靖時期與前幾朝的差別。以河南太康縣爲例，在男子服飾方面，明初時，規定衣衫褶前七後八；至弘治間，變爲上長下短褶

〔註78〕〔明〕孫旬，《皇明疏鈔》（《中國史學叢書》3編，台北：臺灣學生書局，據國家圖書館藏明萬曆甲申（十二年）兩浙都轉運鹽使司刊本景印），卷25，楊一清〈憫人窮卹人言以昭聖德疏〉，頁1831～1833。

多；正德初年，轉爲上短下長三分之一；迄嘉靖初年，衣服與弘治朝相彷，爲上長下短。在婦女服飾方面，弘治間，婦女衣衫僅遮掩裙腰，富者以羅陵紗絹，織金彩通袖，裙用金彩膝襴，髮髻高達寸餘；正德間，衣衫漸大，裙褶漸多，衫用金彩補子，髮髻日漸增高；直至嘉靖初年，衣衫長襬至膝，裙短而褶多，髮髻則高如官帽，皆鐵絲胎，高六、七寸，口周尺二、三寸餘。〔註 79〕董穀爲正德十一年（1516）舉人，官安義、漢陽二知縣，其見聞多爲嘉靖朝事：「吾鄉婦女皆窄衣光髻。余始至京，見皆曳長衣、飄大袖，髻卑而平頂，甚訝其製異也。還鄉，又皆然矣。」〔註 80〕婦女衣衫由窄而寬，變短爲長，成爲主要的形制，足見嘉靖朝確爲明代服飾變化的轉捩點。余永麟亦深有同感：

> 太祖製民庶章服黑漆，方巾取四方平靜之意，青布直身，取四海永清之意。服此巾服，則人知禮節，此制作之深意也。小帽截子惟執役廝卒服之，其後民趨於便，雖士庶亦多用之。以布衣爲禮衣，如衢、嚴等處，雖析薪者亦服，此服尚有淳樸之風。邇來巾有玉壺巾、明道巾、折角巾、東坡巾、陽明巾，衣有小深衣、甘泉衣、陽明衣、琴面衣，帶有琵琶帶，鞋有雲頭鞋，婦女有全身披風，坐已人袖，風俗大變，故民謠云：「頭帶半段素，身穿橫裁布，街上唱箇喏，清燈明翠膜。」又云：「蝴蝶飛脚下，浮雲起婦人，穿道衣人，多失禮體。」又云：「一可怪，四方平巾對角戴；二可怪，兩隻衣袖像布袋；三可怪，紵絲鞋上貼一塊；四可怪，白布截子綴綠帶。」秉禮者痛之，建言於朝，遂有章服詭異之禁。〔註 81〕

雖有人譏諷爲「異端」，但風氣已成，難以釐革。儘管世宗親自製作「忠靖冠」，別第其品職。但有爭奇慕異者，以紬絹爲質，藍線繩爲界，仿忠靖巾制度，易名爲「凌雲巾」，連商販、白丁亦有戴此者，余永麟遂深覺風俗壞極。

此期四方婦人的穿著與幾乎與男裝無異，其樣式爲：直垂至膝，去地僅五寸，袖闊至四尺餘。時人有譃詩云：「碧羅舞袖雙垂地，籠卻纏頭無處尋。」

〔註 79〕〔明〕安都，《嘉靖・太康縣志》（《天一閣藏明代方志選刊續編》58 冊，上海：上海書店，1990 年，據明嘉靖刊本景印），卷 4，〈服舍〉，頁 11 上。

〔註 80〕〔明〕董穀，《碧里雜存》（《筆記小說大觀》4 編 5 冊，台北：新興書局，1988 年），〈板兒〉，頁 12 下。

〔註 81〕〔明〕余永麟，《北牕瑣語》（《歷代筆記小說集成》33 冊，石家莊：河北教育出版社，1994 年 4 月第 1 版），頁 40～42。

〔註 82〕女服被視爲妖服，其原因在於衣長袖闊，與男飾極爲相似。換言之，也就是穿著不合分際的服飾。服妖的出現，部分士子對明中葉後禮法約束力量憂心忡忡。嘉靖十五年（1536），南京禮部尚書霍韜主張，透過刑法來約束南直隸地區男女易服的風尚：

> 南畿地方，一時女衣，袖大過膝，襖長掩裙，似此不衷，名曰「服妖」，誠爲有關風俗。……長短之式，男女異制；女服上衣齊腰，下裳皆衣，地承天也；男服上衣覆裳，天包地也。女衣掩裳，女亂男也。斁陰陽之分，亂男女之辨，照災殃之變，不止上有餘下不足爲服妖而已。〔註 83〕

女裝「地承天」或男裝「天包地」，皆是傳統思想賦予男女間的刻板印象，當悖離儒家正統，就被斥爲妖異。因而霍韜爲導正風俗，命令南京城外，以半月爲限，各家婦女依照弘治年間樣式改制其衣服。經一月若仍未修正，地方人士發現後，可逕自提拿送官，並給予獎賞，至於該婦之夫則受連坐罪，其目的在於「以回淳俗」。儘管如此，服妖衣裝的型制仍風行一時。時尚風氣也漸由兩京傳播至江南一帶。自嘉靖、隆慶朝（1522～1572）後，社會風俗日漸薄漓，其中豪門貴室更是引領風騷的關鍵：

> 風俗自淳而趨於薄也，猶江河之走下而不可返也，自古慨之矣。吳松素稱奢淫黠傲之俗，已無還淳挽朴之機；兼以嘉、隆以來，豪門貴室，導奢導淫，博帶儒冠，長奸長傲，日有奇聞疊出，歲多新事百端。牧豎村翁，競爲碩鼠；田姑野媼，悉戀妖狐。倫理蕩然，綱常已矣。〔註 84〕

若以地區劃分，兩京爲首善之區，富裕奢華程度自是其他地方無法比擬；而江南諸郡縣，據地理優勢，有江海陂湖之饒，土田肥美，生活富庶。「俗好媮靡，美衣鮮食，嫁娶葬埋，時節饋遺，飲酒燕會，竭力以飾觀美。富家豪民，兼百室之產，役財驕溢；婦女、玉帛、甲第、田園、音樂，儗于王侯。」〔註 85〕再者，上位者對禮制往往無法躬行實踐，給予各階層有心人士可趁之機。何瑭（1474～1543）批評嘉靖時期風俗奢僭：

〔註 82〕《升菴集》，卷 69，〈宮衣尚窄〉，頁 5 下。
〔註 83〕《渭厓文集》，卷 9，〈爲定服式以正風化事〉，頁 108 下～109 上。
〔註 84〕《雲間據目抄》，卷 2，〈記風俗〉，頁 1 上。
〔註 85〕《震川先生集》，卷 11，〈送昆山縣令朱侯序〉，頁 254。

> 風俗奢僭，《易》稱：「節以制度，不傷才，不害民。」又稱：「履，以辨上下，定民志。」蓋用度奢侈，則民財必傷，上下不辨，則民志不定。……彼時百姓初脫亂離之苦，凡百用度取給而止，奢僭甚少。中間奢僭犯禮者，不過二、三豪家。聖祖已嚴爲禁約如此。自國初至今百六十年，承平既久，風俗日侈，起自貴近之臣，延及富豪之民，一切皆以奢侈相尚，一宮室、台榭之費至用銀數百兩，一衣服、燕享之費至用銀數十兩，車馬器用，務極華靡。財有餘者以此相誇，財不足者亦加仿效，上下不分蕩然不知。風俗既成，民心迷惑，至使閭閻貧民，習見奢僭。婚姻、喪葬之禮，燕會、賻贈之禮，畏懼鄉親譏笑，亦竭力營辦，甚稱貸爲之。官府習于見聞，通無禁約。間有一二賢明之官，欲行禁約，議者多謂奢僭之人自費其財，無害于治，反譏禁者不達人情。〔註 86〕

一旦奢華在食衣住行、嫁娶喪祀形成一定範例，即成「風尚」，對各階層便具有種種有形與無形的牽絆，成爲人們在從事相同活動時的仿傚典範。財力匱乏的人也只能竭力措辦，免得遭受鄉里譏笑。與其說他們仿效，不如說他們不得不比照辦理，無奈的心態溢於言表。〔註 87〕追求美感與崇尚浮華是人的天性，一旦掙脫法條桎梏，統治者煞費苦心、刻意建立的制度可謂徹底崩解。

中央控制力逐漸薄弱，法網疏闊，加上商品交易的擴大，生產資本累積厚實，民眾消費能力增強，社會風俗日漸侈靡。而侈靡之風又影響社會秩序安定，僭禮犯份隨處可見，對貴賤、長幼、尊卑的傳統社會等級制度衝擊甚大。奢侈刺激人們欲望，爲滿足私欲，貪汙納賄成爲司空見慣，破壞明前期淳厚的社會風氣。貪賄成風，恬不以爲怪，而貪黷之風，又倒過來刺激社會風氣，使其更趨奢靡。〔註 88〕中葉以來社會風尚已不似前期淳厚，加之生齒益繁，捨本逐末者多，士民競以華服相誇耀，婦女亦好爲華飾。〔註 89〕

〔註 86〕〔明〕何瑭，《何瑭集》（鄭州：中州古籍出版社，1999 年 9 月第 1 版），卷 1，〈民財空虛之弊議〉，頁 16～17。

〔註 87〕牛建強，《明代中後期社會變遷研究》（臺北：文史哲出版社，1997 年 8 月初版），頁 32。

〔註 88〕徐泓，〈明朝社會風氣的變遷——以江浙地區爲例〉，《中央研究院第二屆國際漢學會議論文集》（明清與近代史組），1987 年 6 月，頁 159。

〔註 89〕〔明〕謝庭桂、蘇乾，《嘉靖．隆慶志》（《天一閣藏明代方志選刊》3，台北：新文豐出版公司，1985 年，據寧波天一閣藏明嘉靖刻本景印），卷 7，〈風俗〉，頁 255。

第三節　晚明的服飾僭越

神宗萬曆中期，沈德符（1578～1642）認爲當時天下服飾僭擬無等者，首推勳戚、內官、婦人三類：某些勳戚官員僅爲八品，「家居或廢罷者，皆衣麟服，系金帶，頂褐蓋」。在京宦官「輒服似蟒、似鬥牛之衣，名爲草獸，金碧晃目，揚鞭長安道上，無人敢問。」至於王府的內使，「曾奉旨賜飛魚者不必言，他即未賜者，亦被蟒腰玉，與巡按藩臬往還宴會，恬爲不怪也。」婦女階層又較勳戚、宦官過逾，甚至被戲稱「天地間大災孽」的生活異端：

> 在外士人妻女，相沿慣用袍帶，故天下通弊，若京師則異極矣。至賤如長班，至穢如教坊，其婦外出，莫不首戴珠箍，身被文，一切白澤、麒麟、飛魚、坐蟒，靡不有之。且乘坐肩輿，揭簾露面，與閣部公卿，交錯于康逵，前驅既不呵止，大老亦不詰責，眞天地間大災孽。〔註 90〕

謝肇淛亦指稱，明朝服色最濫者，乃屬內臣與武臣。內官衣蟒腰玉，禁中有萬人；而武臣千戶以上即腰金，亦不下萬人。至於邊帥、緹騎冒功邀賞腰玉者，其人數已難以估算。〔註 91〕這種舉國皆狂的時代與環境，京城人士司空見慣不以爲意。

思想的解脫，亦是追求奢侈風尚與講究個人品味的重要因素。王守仁承繼宋儒陸九淵（1139～1193）學說，以「心即理」、「致良知」及「知行合一」等取代程朱學派的天理，將道德律與個體內在道德意識揉合爲一，促進思想解放，也衝破前期朱學的桎梏，成爲思想主流。〔註 92〕王學發展過程中，其分支泰州學派開始打破束縛，「非聖人之是」、「是聖人之非」，提倡「百姓日用之道」。其創始人王艮（1483～1541）提倡：「聖人之道，無異于百姓日用；凡有用者，皆謂之異端。」〔註 93〕王艮後拜守仁爲師，但拜師過程則有一番曲折：

> 王心齋初見陽明先生，服古冠服，手執木簡，坐定。問何冠，曰：「有虞氏冠。」問：「何服？」曰：「老萊子服。」曰：「學老萊子乎？」曰：「然。」曰：「將止學其服，抑學其上堂詐跌，掩面啼哭也。」

〔註 90〕《萬曆野獲編》，卷 5，〈勳戚・服色之僭〉，頁 147～148。

〔註 91〕《五雜俎》，卷 12，〈物部四〉，頁 1760。

〔註 92〕楊豔秋，《明代史學探研》（北京：人民出版社，2005 年 12 月第 1 版），頁 57。

〔註 93〕〔清〕黃宗義，《明儒學案》（《黃宗義全集》第七冊，杭州：浙江古籍出版社，1993 年 10 月第 1 版），卷 32，〈泰州學案・心齋語錄〉，頁 835。

> 心齋色動，其後在京師以冠服異製，人情驚駭，遂招非詆，同門歐陽德諸人力促之歸。〔註94〕

王艮異於常人的舉動，學風略偏保守的江右王學的歐陽德等人無法接受，但並未動搖王守仁收其為徒的意念。王艮衝破傳統禮教的束縛，講究自我的個性，逐漸感染社會流風。對於日後人們享受人生，追求極致的物質、精神生活有一定的影響。

至於泰州學派的李贄（1527～1602），更是「異端」的典型代表。李贄勇於挑戰正統儒教，他對儒家傳統經典，抱持輕蔑的態度。李贄的叛逆，著重在他重視個人主義，「人」的價值不被社會環境或傳統氛圍束縛，人應及時行樂，不被皇帝或官僚體制所約束。「道」也不是高深學問，他應只是人民的日常生活而已。因此，萬曆三十年（1602）三月，神宗採納禮部尚書馮琦之言，下詔撲滅異端思想：「祖宗維世立教，尊尚孔子；明經取士，表章宋儒。近來學者不但非毀宋儒，漸至詆譏孔子，掃滅是非，蕩棄行簡，安得忠孝節義之士為朝廷用。」〔註95〕然而，好奇尚異習尚已成，愈撲愈熾，愈禁愈不能止，追求服飾華麗，成為一時的全民運動。

「衣則忽副忽短，袖則忽大忽小，冠則或低或昂，履則忽銳忽廣」，〔註96〕成為晚明服妖追求時尚的基本型態。綜觀明朝中後期服飾的變化，質地由樸素低廉轉為華麗高昂，顏色則由淺淡單調轉為繽紛鮮艷，樣式由工整刻板轉為新奇複雜。且竭力追求時髦與變裝，服飾日新月異，令人目不暇接，在「異端」引領之下，成為中國服飾史上最多采多姿的時期。〔註97〕此時，人民追求的服裝樣式，約可分為三方面：

一、變異求奇

《露書》記述福建莆田在嘉靖時期的風土習俗，「男子初娶婦，必織馬尾為裙，以衷衣服，貧者不得此為恥，誠為惟俗。近來有以馬尾韈者，亦好異一事。」〔註98〕好異求奇是人類張揚與眾不同的重要表現，「世以創見為新奇，

〔註94〕《人譜類記》，卷下，頁24上。
〔註95〕《明神宗實錄》，卷370，萬曆三十年三月乙丑條，頁2上。
〔註96〕〔清〕袁棟，《書隱叢說》（《續修四庫全書》子部1137冊，上海：上海古籍出版社，1997年，據清乾隆刻本景印），卷5，頁531。
〔註97〕滕新才，《且寄道心與明月——明代人物風俗考論》，頁177。
〔註98〕《露書》，卷8，〈風篇上〉，頁7下。

敢爲異服；士以循常爲俗套，罔識正冠。」〔註 99〕其中，「服妖」爲服飾樣式新奇最典型例子，他並非服裝幻化成妖精，而是人們穿著不符合身分的服飾，或標新立異的款式。服妖非明代所獨有，在漢代充斥天人感應災異思想的氛圍裡，他們被視爲妖異，並可能引發災難。〔註 100〕因此，自漢代以來，服妖成爲「異端」的主要代表。明初朱權（1378～1448），自有一套追求時尚之道：

> 時有不同，事有所宜。若文公家禮之製，今人有用之者，反以爲市井之咲，官府謂之妖人，往往見責，被其捶辱，可謂時風不古，反爲罪人，誠可嘆也。……若網巾樣，用環二枚，以大帶二條，穿纏於後，以帶仍又繫之於髻前，則更其制曰「臞仙巾」。深衣與道衣同，製上衣下裳而作，袖大不過一尺，邊用本色，緣使人觀之不咤其目，故不得罪於官長，亦不取咲於世人。謂與道人衣製相似也，就中之製大不同焉，甚是高古好看，使軒皇之風再見於今日，非老夫其誰歟？更其制曰「臞仙服」。〔註 101〕

朱權字臞仙，爲太祖朱元璋第十七子，就藩大寧。靖難之後，徙封寧王江西南昌。朱權被誣告巫蠱毀謗之罪，後查驗無果，但心灰意冷，韜光養晦，搆精廬一區，鼓琴讀書其間，世得無患。朱權隱身南贛，在服飾上自「臞仙巾」、「臞仙服」，可規避官府查緝，免除市井訕笑，又能展現與眾不同的流行感。雖說朱權行事低調，不願爲「妖人」，但制服同中求異，仍表徵其爲生活異端的一員。

「服妖」或源自北京，先由帽子、靴子等改變裝扮，進而從衣飾開始推向流行。如弘治十五年（1502）後，流行「帽頂皆平而圓，如一小鏡。靴匾如鮎魚喙，富家子弟無一不然。云自京師倡始，流布四方。衣下襞積，幾至臍上，去領不遠，所在不約而同，近服妖也。」〔註 102〕服裝的變異與僭越，是引發明人撻伐服妖的重要理由。林俊（1452～1527）把齋醮與服妖同列造成天災、民亂的主因：「齋醮之設，褻天黷神，不惟無福，實乃召災。南京蘇

〔註 99〕《山中一夕話》，卷 5，〈巾妖慨〉，頁 10 下。

〔註 100〕關於兩漢時期的服妖研究，可參閱趙牧，〈漢代「服妖」透視〉，《遼寧教育學院學報》，1995 年 3 期，頁 75～78。

〔註 101〕〔明〕朱權，《神隱》（《四庫全書存目叢書》子部 260 冊，台南：莊嚴文化事業有限公司，1995 年 9 月初版，據北京圖書館藏明刻本景印），卷 2，〈道具之屬・幅巾深衣〉，頁 29 下～30 上。

〔註 102〕〔明〕戴冠，《濯纓亭筆記》（《四庫全書存目叢書》子部 103 冊，台南：莊嚴文化事業有限公司，1995 年 9 月初版，據中國科學院圖書館藏明嘉靖二十六年華察刻本景印），卷 3，頁 14 下～15 上。

州織造花樣太巧，丈尺太長；松江大紅布、太倉洗白布太細，古人謂之服妖。費財勞人，災或由此。」〔註 103〕服妖的裝飾過於花俏，衣服較尋常樣式長或細，均被視作引發災難的異端。

穿著不合身分或階層的衣服，雖有標新立異的效果，但亦被視爲服妖。萬曆年間士大夫所服衣飾，多以窄袖便於執役，然而這種樣式，卻是唐朝宦官的服飾，他們就是服妖。因而這款衣飾，被指稱引發神宗朝宦官專擅的主因。〔註 104〕原本奇裝異服是服妖，直至此時，跟不上時代變化者，反而變成服妖：

> 萬曆壬寅（三十年，1602），杭州府推官枷號「一蘇樣」，少年眾笑之，傳以爲快。凡樣之始，皆知笑之，是非之本心也，久則效之，不知其笑矣。今之服妖，如所謂蘇樣者，翩翩道上，莫知禁者。無論坊市細氓，即縉紳大夫，袖僅納手，若彎弓之爲者，此何祥乎？余田間十年，起嗔鄖陽，記室所白書柬儀文，與曩浙中迥異，余不能從，從舊而已。及至南都，篋中衣敝未改爲也，僚友相戲，以爲太古之衣。于時有一名卿從家起，久而不至，問其所親曰：「公貧，即衣亦非易辦耳。」余爲喟然，去志益決。〔註 105〕

萬曆年間，江南流行服飾由多元模仿走向單一模式，即是以蘇州爲時尚中心，「蘇樣」服飾流行即爲此之體現。所謂「蘇樣」，最初乃指重意象不重實物的模仿，故又稱「蘇意」。〔註 106〕

「蘇意」，錢希言《戲瑕》對此來源加以探析：

> 華亭宋孝廉茂澄言，其同鄉許公樂善，先年爲西台御史時，方掌河南印，有〈新選駙馬詣台考論〉一篇，此命題於外隔三日送進，蓋國家虛設故事也。許遂於其論義後批「大有蘇意」四字，概稱其文氣得三蘇以爲耳。此批亦原無緊要，不虞一時爲長班傳出，傳者聽

〔註 103〕〔明〕林俊，《見素集奏議》（《景印文淵閣四庫全書》集部 1357 冊），卷 1，〈災異陳言疏〉，頁 25 下。

〔註 104〕《千一錄》，卷 15，〈客談三〉，頁 28 上：「嘗於友人家觀《唐明皇內宴圖》，所圖高內侍者長裾窄袖，正如近日士大夫所服，喟然而嘆！蓋窄袖以便執役，自內侍之服，非冕衣裳者所宜也，可謂服妖矣。今中使布列宇內，非其徵乎？」

〔註 105〕《千一錄》，卷 23，〈家訓一〉，頁 30 上～下。

〔註 106〕〔明〕鄔鳴雷，《萬曆・建昌府志》（臺北：漢學研究中心景照明萬曆四十一年序刊本），卷 1，〈風俗〉，頁 28 上：「邇來一二少年，浮慕三吳之風，侈談江左，則高冠博袖，號曰『蘇意』。」

> 者，並誤作蘇州之蘇解，至是台省卿寺及館中諸公，無不交口稱蘇意，沿爲長談。後至聞於禁掖，至尊亦言蘇意，六宮之中無不蘇意矣。蘇意者，言吳俗脫俗不拘也。今賓主分東西坐，有謂之蘇坐，遠近傳訛，悉偱於此。〔註 107〕

蘇意的出現並非刻意，原意指其文章有北宋「三蘇」的遺風，但後來卻衍生爲「蘇州」風尙的代名詞，一時傳誦，不脛而走。「蘇州」在當時實爲時尙的先驅，所以才會出現「蘇坐」等相關連帶詞，大家以訛傳訛，也不覺爲怪。再者，「蘇意」非美談，前無此語，萬曆二十四年（1596）有某一杭州官員「笞窄襪淺鞋人，枷號示眾，難於書封，即書『蘇意犯』。人人以爲笑柄，轉相傳播，今遂一概稀奇鮮見，動稱『蘇意』，而極力效法，北人猶甚。北宋末，慕江南風景，創花石綱，內庭皆作白板黃茅，野橋村店，則蘇意之不宜效法，而宜痛禁明矣。」〔註 108〕此處對「蘇意」的解釋更加淺白，即是稀奇少見的事物。蘇樣蔚爲風尙，得利於蘇州豐沛的文化資產與商品經濟，而時人對蘇州文人雅士的崇拜，也造就蘇州成爲文化與經濟合一的時尙都會。〔註 109〕

爾後，「異端」的服妖擴及社會各個層面，在衣著上，只要能點綴或作怪的地方，明人則競奇鬥豔。「下至牛醫馬傭之卑賤，唐巾、晉巾、紗帽，淺紅深紫之服，炫然搖曳於都市，古所謂服妖也。」〔註 110〕舉凡巾帽、衣裙及鞋襪踰制，都可能是服妖。如《萬曆・通州志》所言：

> 弘、德之間，猶有淳本務實之風，士大夫家居多素練。衣淄、布冠，即諸生以文學名者，亦白袍青履遊行市中；庶氓之家，則用羊腸葛及太倉本業布。此二物者，價廉而質素，故人人用之，其風俗儉薄如此。今者，里中子弟謂羅綺不足珍，及求遠方吳紬、宋錦、雲縑、駝褐，價高而美麗者以爲衣，下逮褲襪亦皆純采。其所制衣，長裙、闊領、寬腰、細摺，倏忽變異，號爲時樣，此所謂服妖也。故有不衣文采而赴鄉人之會，則鄉人竊笑之，不置之上坐。向所謂羊腸葛

〔註 107〕〔明〕錢希言，《戲瑕》（《筆記小說大觀》17 編 2 冊，台北：新興書局，1988 年），卷 3，〈蘇意〉，頁 20 下～21 上。

〔註 108〕〔明〕薛岡，《天爵堂文集筆餘》（《筆記小說大觀》38 編 4 冊，台北：新興書局，1978 年 9 月初版），頁 2 下。

〔註 109〕〈大雅將還：從「蘇樣」服飾看晚明的消費文化〉，頁 216～217。

〔註 110〕〔明〕陽思謙，《萬曆・泉州府志》（台北：漢學研究中心景照據萬曆四十年刊本），卷 3，〈輿地志下・風俗〉，頁 56 下～57 下。

本色布者，久不鬻於市，以其無人服之也。至於駔會庸流，麼麼賤品，亦帶方頭巾，莫知禁厲。其俳優隸卒，窮居負販之徒，躡雲頭履，行道上者踵相接，而人不以爲異。〔註 111〕

通州位居南北交通往來樞紐地帶，具有引領時尚的地域指標意義。先期服飾多爲單色或素色，重視衣服實用性。弘治時，綾羅綢緞已是尋常，務求遠方江南一帶的華服來表示與眾不同，甚至創新樣式，「長裙、闊領、寬腰、細摺」，不僅求稀、求奢與求貴，甚至同中求異來別樹一幟。「當俗之成，以醜爲好，其既也，則揜目而過之矣。」〔註 112〕這些特立獨行的人士雖被譏爲服妖，但他們頗不以爲意，最後反而成爲流行的先驅，感染各階層人士，人們反不以爲異端，彼此競爲「服妖」，一時的時尚，反成爲社會的風尚。

風氣所及，明朝末年，連九邊國防重鎮之一的山西太原，婦人「盡白髻而妖服，不蠶不織，而習於呰窳。」〔註 113〕京師婦女好著短身窄袖衣裝，名爲「四不像」。〔註 114〕顧炎武（1613～1682）指稱，國家敗亡必須歸咎於服妖的駢興錯出：

《內丘縣志》曰：「萬曆初，童子髮長猶總角，年二十餘始戴網。天啟間，則十五、六便戴網，不使有總角之儀矣。萬曆初，庶民穿腄靸，儒生穿雙臉鞋，非鄉先生首戴忠靖冠者，不得穿廂邊雲頭履。至近日，而門快輿皁無非雲履，醫蔔星相莫不方巾，又有晉巾、唐巾、樂天巾、東坡巾者。先年，婦人非受封不敢戴梁冠，披紅袍，繫拖帶。今富者皆服之。又或著百花袍，不知創自何人。萬曆間，遼東興治服，五彩炫爛，不三十年而淪於虜。茲花袍幾二十年矣。服之不衷，身之災也。兵荒之咎，其將不遠與。」〔註 115〕

位於天子腳下北直隸八府之一順德府內丘縣的居民，任情恣意地穿戴衣帽，部分人也穿著女眞民族的傳統衣飾，結果未及三十年，即亡於女眞建立的清

〔註 111〕〔明〕沈明臣、陳大科，《萬曆・通州志》（《天一閣明代方志選刊》4，台北：新文豐出版公司，1985 年，據寧波天一閣藏明萬曆刻本景印），卷 2，〈疆域志・風俗〉，頁 92。

〔註 112〕《千一錄》，卷 24，〈家訓二〉，頁 7 上。

〔註 113〕〔明〕不著撰人，《崇禎・山西通志》（台北：漢學研究中心景照明崇禎二年刊本），卷 29，周永春〈復古指南序〉，頁 9 上。

〔註 114〕〔明〕陸啓浤，《燕客雜記》（附錄於邱仲麟，〈陸啓浤《燕客雜記》標點并序〉，《明代研究》，15 期），卷 3〈百九十四〉，頁 179。

〔註 115〕《日知錄集釋》，卷 28，〈冠服〉，頁 991～992。

朝。顧炎武認爲身著不合時宜與身份的服飾，就是異端惑人，國家終將烽火連天。

性別上的異裝癖好，也是服妖的特色之一。楊愼（1488～1559）引用西晉文學家傅咸（239～294）奏議，來說明此類異端：「妹喜冠男子之冠，桀亡天下；何晏服婦女之服，亦亡其身。內外不殊，王制失序也，此服妖也。」〔註116〕古代中國歷朝各代將國家興衰與社會動盪，歸咎於朝廷或百姓流行的奇裝異服，明朝士大夫便將這些歷史典故，來強化服飾禁令。〔註117〕因此，傳統思維下男著女裝或女著男裝所觸發災難，小則個人身死，大則國家滅亡。

同時，服飾變異也有可能導致自身遭遇劫難。如吳中名士張獻翼頗有文采，嘉靖四十三年（1564），與其兄鳳翼（1527～1613）、弟燕翼三人同舉南畿試，主試者爲避嫌，將獻翼予以裁撤。張獻翼怏怏不平，遂以怪誕舉止來抒發鬱悶，身穿彩繪荷花、菊花衣物，頭戴大紅方巾。沈德符深感不妥，告訴其兄紅帽爲俘囚所頂，乃不祥徵兆。不久，張獻翼因蔣高召私妓一案受牽連，死於非命，兄長張鳳翼不勝唏嘘。〔註118〕這些理由或許是明人對服妖過分挑剔與芥蒂的依據。

崇禎時期，婦人無論大家小戶，衣尚纏黑；秀才所戴「囂囂巾」，前後二片，皆長尺餘，風吹如飛，有歌謠云：「男子頭上蝴蜨飛，女人身上和尚衣。」均被指稱「服妖」。〔註119〕僮僕皆著玄色羅綺或用紅紫衣見賓客，也大家不以爲意。〔註120〕足見服飾流變與僭越，已從初期被眾人撻伐的「生活異端」，轉變爲帶領流行的先驅。沈長卿就頗以服妖自詡：

首飾日新月殊，不能出珠玉金寶外；巾袖千方百計，不能出高低大

〔註116〕〔明〕楊愼，《升菴集》（《景印文淵閣四庫全書》集部1270冊），卷69，〈服妖〉，頁1上。

〔註117〕巫仁恕，〈明代平民服飾的流行風尚與士大夫的反應〉，《新史學》，10卷3期，頁98。

〔註118〕《萬曆野獲編》，卷23，〈士人・張幼予〉，頁582～583。

〔註119〕〔清〕尤侗，《艮齋雜說》（《續修四庫全書》子部1136冊，上海：上海古籍出版社，1997年，據復旦大學圖書館藏清康熙刻西堂全集本景印），卷4，頁19下。

〔註120〕《崇禎・松江府志》，卷7，〈風俗・俗變〉，頁31下～32上：「僕豎之變：初士夫隨從，皆青布衣，夏用青苧，冬有衣鐵色褐者，便爲盛服，然不常用。近僮豎皆穿玄色羅綺，至有天青暗綠等色，中裙裏衣，或用紅紫見賓客，侍左右，恬不爲異，雖三公八座間，亦有之。凡一命之家，與豪侈少年，競爲姣飾，不第亡等，家法可知矣。」

> 小外。視不變者，頗覺可厭，非能趨時也，茅靡而流也；方其不變也，視變者，頗覺多事，非能矯俗也，膠柱而泥也。巾袖介不高不低、不大不小之介，識者目爲鄉愿，則又添一重公案。莫若兩存之，以有待今日高、明日低，今日大、明日小。轉徙不測，令人呼我爲服妖，不亦快哉？必欲諧俗，則高低大小兼備，人高亦高，人低亦低；人大亦大，人小亦小。必欲省費，則先高後低，先大後小，一剪刀之力耳。〔註 121〕

苦思與眾不同的穿著，服妖成爲引領風騷的先驅。龔煒提及：「余少時見士人僅僅穿裘，今則里巷婦孺皆裘矣；大紅線頂十得一二，今則八九矣，家無擔石之儲，恥穿布素矣；團龍立龍之飾，泥金剪金之衣，編戶僭之矣。」〔註 122〕明末的奢侈風氣，能形成不分階層、城鄉普遍參與的特點，雖是以商品經濟發展爲前提，但與其傳播途徑密不可分。基本上，由富豪、縉紳所流行，帶動市井、鄉村小民的仿效；再者，城市引領鄉村，成爲嶄新風騷。〔註 123〕傳播途徑雖有階層與地區之異，但事實上二者密不可分，可謂殊途同歸。

二、反古爲今

服飾不論如何變異，皆有其循環週期可依循，每次的變異，就是一種流行的時尚。「古者衣服有量、冠有常，必循其故。」〔註 124〕衣服樣式的變化創新，皆不可能憑空想像或信手拈來可得。要顯得與眾不同，最快的途徑，就是從既有的衣服，進行小規模的修飾與剪裁，「復古」有時亦是「新奇」。

一時的人物，往往改變當時事物的流行趨勢，所以才有「物帶人號」的說法，即：「古來用物，至今猶繫其人者。」〔註 125〕明太祖朱元璋與漢高祖劉邦（前 256～前 195），皆以布衣起事，其麾下謀士也多以劉邦事蹟陳說於前，

〔註 121〕〔明〕沈長卿，《沈氏日旦》（《四庫禁燬書叢刊》子部 12 冊，北京：北京出版社，2000 年，據北京大學圖書館藏明崇禎刻本景印），卷 4，〈崇禎元年冬〉，頁 49 下～50 下。

〔註 122〕〔清〕龔煒，《巢林筆談》（北京：中華書局，1997 年 12 月第 1 版），卷 5，〈吳俗奢靡日甚〉，頁 113。

〔註 123〕王衛平，《明清時期江南城市史研究：以蘇州爲中心》（北京：人民出版社，1999 年 12 月第 1 版），頁 311～312。

〔註 124〕《千一錄》，卷 3，〈經解三〉，頁 8 下。

〔註 125〕《萬曆野獲編》，卷 26，〈玩具・物帶人號〉，頁 663～664。

故明太祖行事也多仿效漢高，〔註 126〕所以漢制服飾成爲明朝開國所依循的藍本。生員的巾帽，於洪武年間由太祖御定，但它可能仿自於漢代酈食其（？～前 204）的儒冠。〔註 127〕爲去除元俗，太祖於洪武元年（1368）二月下詔，回復唐制衣冠。足見明初制度多仿漢、唐二朝而來。成化以前，平民不論貧富，皆遵國制，其樣式簡單質樸。浙江新昌縣，「頂平定巾，衣青直身，穿皮靴，鞋極儉素；後漸侈，士夫峨冠博帶，而稍知書爲儒童者，亦方巾、彩履、色衣，富空子弟或僭服之，小民儉嗇惟粗布而已。」〔註 128〕

世宗嘉靖時期的巾服漸歸儉素，但裁制雜異，屢禁未革，如嘉靖初曾作青羅巾，稱「程子玉臺巾」。〔註 129〕古制的巾服風行一時，北直隸的廣平府，當時流行復古衣飾的穿戴，在頭巾上，有晉巾、唐巾、林宗巾、明道巾、東坡巾、玉臺巾等，鞋有雲頭履，衣有深衣、二十四氣、陽明衣、十二月、八卦及鶴氅等。至於世宗親自頒定的忠靖巾，各階層人等如雜流、武弁、驛遞、倉散等官皆僭越穿戴，而儒生學子羨其美觀，加以金雲，成爲「凌雲巾」。然而，此時朝廷對於京城巾服掌控甚嚴，只要僭越或詭邪異端之人，逮繫囹圄。〔註 130〕至於東南沿海地區的福建泉州府惠安縣，樣式雖不似京城繁多，亦追求古意，在方巾、統帽方面，士人多配戴唐巾、晉巾與紗帽巾，而普通百姓多戴唐巾、穿朝履。〔註 131〕自宋代以來，泉州府素爲海外貿易集散重地，消費能力優於其他地區，穿著不同形制的衣服，遂造就復古流行的風潮。李樂提及：「且莫說國初洪、永間，只嘉靖初年人，也不追思倣傚。間有一二，欲行古人之道，人便指摘譏貶，此之謂不知類也。」〔註 132〕

復古風尚，約在穆宗隆慶（1567～1572）以後逐步發展，神宗萬曆時期（1573～1620）是流行顛峰，主要流行的樣式來自頭巾與鞋襪。服飾，除衣

〔註 126〕〔清〕趙翼，《廿二史箚記校證》（北京：中華書局，2001 年 11 月第 1 版），卷 32，〈明祖行事多仿漢高〉，頁 737。

〔註 127〕《七修類稿》，卷 8，〈生員巾服〉，頁 136。

〔註 128〕〔明〕田琯，《萬曆・新昌縣志》（《天一閣藏明代方志選刊》7 冊，台北：新文豐出版公司，1985 年，據寧波天一閣藏明刻本景印），卷 4，〈風俗志・服飾〉，頁 5 下。

〔註 129〕《堅瓠集》，《堅瓠廣集》卷 2，〈秀才儒巾〉，頁 33 上～下。

〔註 130〕〔明〕陳棐，《嘉靖・廣平府志》（《天一閣藏明代方志選刊》2 冊，台北：新文豐出版公司，1985 年，據寧波天一閣藏明刻本景印），卷 16，〈風俗志〉，頁 2 下～3 上。

〔註 131〕《嘉靖・惠安縣志》，卷 4，〈風俗〉，頁 2 下～3 下。

〔註 132〕《見聞雜記》，卷 6，〈六十九〉，頁 480～481。

裙之外，也包含冠巾和鞋襪。鞋襪，亦稱履、舄，與衣服相對，就是「足衣」。明人對服裝較爲講究，至於具搭配功能的冠巾和鞋襪，踰越與發展的時間較晚，地域較窄。分佈區塊多以單一府縣居多，逐步擴及數省。在流行的樣式上，「士人方巾」最爲各階層所喜，吏典喜用，已爲逾僭。連奴隸、庸流、豪俠與惡少也不免俗地配戴方巾，混跡街衢。階層較低的教坊司樂工，原本只能戴萬字巾，在此時仿效士大夫，並於服裝上飾以禽鳥，與士大夫已毫無區別。倡優也配飾官宦之家貴婦的金珠翠玉頭飾，招搖過市，其服飾比貴族更爲華麗。〔註 133〕各階層不分士庶、貴賤，對巾帽的唯一要求是：「趨奇炫詭，巾必駭眾，而飾以王服，必耀俗而緣以綵。」〔註 134〕有識之士不禁感慨：「巾製異常若此，謂之巾妖也。」〔註 135〕

穆宗隆慶四年（1570），奏革雜流、舉監忠靖冠服，士庶男女宋錦雲鶴、綾段紗羅，女衣花鳳通袖，機坊不許織造。田藝蘅戲稱：「今宋錦禁而漢錦出矣，吾不知夏商周之錦又何如也？」〔註 136〕萬曆年間，天下諸事慕古，衣尚唐段、宋錦，巾則尚晉巾、唐巾、東坡巾等。如揚州府，「郡城五方會，所裹巾幘，意製相詭，市肆所鬻有晉唐巾、紫微巾、逍遙巾、東坡巾，種種不一。」〔註 137〕頭巾成爲復古流行最重要的代表。此時期流行的頭巾，自漢而宋，無所不包，名目甚多：

> 近年以來，殊形詭製，日異月新。於是士大夫所戴其名甚夥，有漢巾、晉巾、唐巾、諸葛巾、純陽巾、東坡巾、陽明巾、九華巾、玉臺巾、逍遙巾、紗帽巾、華陽巾、四開巾、勇巾。巾之上或綴以玉結子、玉花絣，側綴以二大玉環。而純陽、九華、逍遙、華陽等巾，前後益兩版，風至則飛揚。齊縫皆緣以皮金，其質或以帽羅、緯羅、漆紗，紗之外又有馬尾紗、龍鱗紗，其色間有用天青、天藍者。至以馬尾織爲巾，又有瓦楞、單絲、雙絲之異。於是首服之侈汰，至今日極矣。足之所履，昔惟雲履、素履昔惟雲履素履，無它異式。

〔註 133〕〔明〕陳棐，《嘉靖・廣平府志》（《天一閣藏明代方志選刊》2，台北：新文豐出版公司，1985 年，據寧波天一閣藏明刻本景印），卷 16，〈風俗〉，頁 1 上。

〔註 134〕《萬曆・新修餘姚縣志》，卷 5，〈輿地志五・風俗〉，頁 160。

〔註 135〕《山中一夕話》，卷 5，〈巾妖慨〉，頁 10 下。

〔註 136〕《留青日札》，卷 22，〈我朝服制〉，頁 15 上～下。

〔註 137〕《萬曆・揚州府志》，卷 20，〈風物志・風俗〉，頁 1 上。

今則又有方頭、短臉、毬鞋、羅漢靸、僧鞋，其跟益務爲淺薄，至拖曳而後成步，其色則紅、紫、黃、綠，亡所不有。即婦女之飾，不加麗焉。〔註 138〕

從嘉靖到萬曆年間（1522～1620），頭巾增至十四種，如漢巾、晉巾、唐巾、諸葛巾和東坡巾等，皆是前朝已有，明人依據此樣型再以改革。舉唐巾爲例，唐巾與漢巾相去不遠，〔註 139〕「唐製，四腳，二繫腦後，二繫領下，服牢不脫，有兩帶、四帶之異。今則二帶上繫，二帶向後下垂也。今之進士巾，亦稱唐巾。」〔註 140〕將唐巾稍加更動，成爲一項嶄新的裝飾，明人在頭巾上綴以玉飾，更顯光彩奪目。同時要它兼具「驚世駭俗」的功能：「今人以白爲凶服，未聞有白綸巾、白帢、白氎巾之制，惟喪服乃用麻、用葛，而有萬字、鑿子之制。萬字則上闊而下狹，形如萬字；鑿子則如唐巾而去其帶耳。」〔註 141〕此時古制服飾已非主要樣式，而是揉合復古與新奇兩種特質。

范濂初爲生員，見朋輩戴橋梁絨線巾、春元帶金線巾，縉紳帶忠靖巾。爾後，大家戴久不耐繁複，先變革高士巾、素方巾，轉爲配戴唐巾、晉巾、漢巾及褊巾等。萬曆十四年以來（1586），皆用不唐不晉之巾，亦有用馬尾羅巾、高淳羅巾等。在衣服與布料上，同樣地進行更裁：

男人衣服，予弱冠時，皆用細練褶，老者上長下短，少者上短下長，自後漸易兩平，其式即皂隸所穿冬暖夏涼之服，蓋胡制也。後改陽明衣、十八學士衣、二十四節氣衣，皆以練爲度，亦不多見。隆、萬以來，皆用道袍，而古者皆用陽明衣，乃其心好異，非好古也。綾絹花樣，初尚宋錦，後尚唐漢錦、晉錦，今皆用千鐘粟、倭錦、芙蓉錦、大花樣，名「四朵頭」，視漢唐諸錦，皆稱厭物矣。羅，初尚暖羅、水圍羅，今皆用湖羅、馬尾羅、綺羅，而水圍羅又下矣。其他紗紬，更易不可勝計。〔註 142〕

從「仿古」變爲「好異」，這就是明人服飾的最佳時代特色與社會寫照。

〔註 138〕《客座贅語》，卷 1，〈巾履〉，頁 23～24。

〔註 139〕〔明〕屠隆，《起居器服箋》（《中國歷代美術典藏匯編》22，天津：天津古籍出版社，1997 年 9 月第 1 版），〈漢唐巾〉，頁 3 下～4 上：「唐巾之製，去漢式不遠。前摺較後兩傍少窄三四分，頂角少方。有純陽巾亦佳，兩傍製玉圈，右綴一玉瓶，可以簪花外，此者非山人所取。」

〔註 140〕《留青日札》，卷 22，〈巾〉，頁 4 上～下。

〔註 141〕《留青日札》，卷 22，〈巾〉，頁 4 上～下。

〔註 142〕《雲間據目抄》，卷 2，〈記風俗〉，頁 1 下。

婦女僭越亦不遑多讓，淮揚諸多巨商大賈妻妾，每遇宴會輒以服飾競鬥侈靡。〔註 143〕俗尚日奢，婦女尤甚，「家纔儋石，已貿綺羅；積未錙銖，先營珠翠。每見貿易之家，發跡未幾，傾覆隨之，指房屋以償逋，挈妻孥而遠遯者，比比是也。」〔註 144〕婦女的仿古流行，也是從頂上裝飾肇始。婦女首飾配戴，舊用金銀草花，今則以粵璣、燕璧，一珠箍市價達百十金。〔註 145〕婦人首飾若以髮爲之，稱「假頭」，亦稱「假髻」。起源於東晉太元年間（373～385），京師婦女悉反戴，而今漸傳四方。也有模仿漢代「墮馬髻」，將頭髮朝上捲起，挽成一個大髻，垂於腦後，是明代相當流行的一種髮式。除衣裝奢華，婦女若能妝點，與髮髻搭配更顯雍容華貴。四川嘉定州洪雅縣，其服飾舊多樸素，自嘉靖中葉後，「婦女爲豔粧，髻尚挺心，兩袖廣長，衫幾曳地。」〔註 146〕婦女梳尚浮渲，熹宗天啓末年，流行名爲「揪子」、「撇兒」的髮式，類似唐末的「囚髻」、「拋家髻」，直至崇禎中期，四方仍爭尚此一髮髻。〔註 147〕

「婦女之妝必競珠翠之巧」，〔註 148〕生活清苦者無以爲飾，反被斥爲鄙婦破戶。婦女的地位較低，其法條禁錮亦少，較多來自社會傳統觀感的壓力。女爲悅己者容爲天性，特別是樂戶娼妓，爲求生計，重視打扮，禮教對其並不適用，個性的解放也比其他女性階層較早，華服僭越誠爲必然。京師官員內眷，爲炫耀身分，裝飾華麗亦不爲過；但南京曲院鴇母雖年事已高，亦盛妝豔服，光彩動人。「衫之短長，袖之大小，隨時變易，見者謂是時世妝也。」〔註 149〕明代中晚時期，中下階層突破身分，講究服飾新奇與怪異的同時，女性亦未缺席。

〔註 143〕〔明〕王用賓，《三渠先生集》（台北：漢學研究中心景照明天啓二年序刊本），卷 13，〈張季公配孺人宋氏合葬墓誌銘〉，頁 25 上。

〔註 144〕《客座贅語》，卷 2，〈民利〉，頁 67。

〔註 145〕〔明〕張岳，《嘉靖・惠安縣志》（《天一閣明代方志選刊》10，台北：新文豐出版公司，1985 年，據寧波天一閣藏明嘉靖刻本景印），卷 4，〈風俗〉，頁 2 下。

〔註 146〕《嘉靖・洪雅縣志》，卷 1，〈疆域志・風俗〉，頁 13 上。

〔註 147〕〔清〕顧景星，《白茅堂集》（《四庫全書存目叢書》集部 206 冊，台南：莊嚴文化事業有限公司，1997 年 6 月第 1 版，據福建省圖書館藏清康熙刻本景印），卷 31，〈抓拉揪子撇兒〉，頁 12 下。

〔註 148〕〔明〕羅炫，《崇禎・嘉興縣志》（《日本藏中國罕見地方誌叢刊》17 冊，北京：書目文獻出版，1991 年，據日本宮內省圖書寮藏明崇禎十年刻本景印，卷 15，〈里俗〉，頁 2 上。

〔註 149〕〔清〕余懷，《板橋雜記》（上海：上海古籍出版社，2000 年 12 月第 1 版），卷上，〈雅遊〉，頁 13。

萬曆初期內閣首輔張居正在政治上銳意改革，生活卻極盡奢華，猶愛傅脂粉。〔註 150〕謝肇淛反諷張居正，「漢惠帝時，黃門侍中皆傅脂粉。順帝時，梁冀奏李固胡粉飾貌，搔頭弄姿。曹子建以粉自傅，何晏動靜自喜，粉白不去手。蓋魏晉以前習俗如此，夫婦人之美者猶不假粉黛，況男子乎？」〔註 151〕祝允明（1460～1526）也頗好此道，「爲人好酒色六博，不修行檢，常傅粉黛，從優伶酒間度。」〔註 152〕愛美實爲天性，男女皆然。朝中大臣追求時髦變異，這種社會風氣，連帶影響到各個階層。

三、服胡爲漢

元朝統治時期，中國士庶多染蒙古習氣，樣貌呈現「辮髮、推髻、深襜、胡帽」，男子服飾爲袴褶窄袖及辮線腰褶，婦女樣式爲衣窄袖短，下服裙裳。朱元璋推翻元朝，同時欽定服飾制度，衣服不得服兩截，其辮髮、胡髻、胡服與胡語等一切禁止，〔註 153〕強調華夏漢室的正統原則。儘管三申五令，但元俗仍深植民間。如洪武五年（1372）的民間社會，「民不見化，市鄉里閭，尙循元俗」的概況，有感於「中國衣冠，壞於胡俗」，遂頒行詔令，考定品官命婦冠服，及士庶人衣巾、婦女服飾，行之中外。〔註 154〕即使時至洪武二十四年（1391），頒行服舍、器用制度時，仍不忘再三提點「不用胡服」的規定。明太祖對端正元俗胡風念茲在茲，「區別華夏」是其服飾制度實施重要的原則之一。有明一代，官民喜著蒙古衣飾的習尙層見疊出，僅因胡服形制短窄，較爲合身，適合工作與遠出方便，因此受到歡迎。

胡風服飾的流行，並未隨太祖過世而瓦解。英宗正統七年（1442），禮部尙書胡濙上言要求禁止胡服，「以中國之人效犬戎之俗，忘貴從賤，良爲可恥。昔北魏本胡人也，遷洛之後，尙禁胡俗，況聖化度越前古，豈可效尤。」〔註 155〕。正統九年（1444），申明習尙胡虜衣服、語言之禁。沾染胡俗的明代人士，身分

〔註 150〕《萬曆野獲編》，卷 12，〈吏部・士大夫華整〉，頁 316。

〔註 151〕《五雜俎》，卷 12，〈物部四〉，頁 1750。

〔註 152〕《花當閣叢談》，卷 3，〈祝京兆〉，頁 24 下。

〔註 153〕〔明〕陸釴，《賢識錄》（《四庫全書存目叢書》子部 240 冊，台南：莊嚴文化事業有限公司，1995 年 9 月第 1 版，據涵芬樓景印明刻今獻彙言本景印），頁 2 上～下。

〔註 154〕《明太祖實錄》，卷 73，洪武五年三月條，頁 10 上。

〔註 155〕《明英宗實錄》，卷 99，正統七年十二月己丑條，頁 1 下。

由貴轉賤，成爲令人不齒的一群，然而他們並未違反祖制服舍禁令，所以未被懲處。此時距土木堡之變發生的時間僅止五年，夷夏之防已趨於緊張，但北邊部分地區仍不改喜著胡服的特性。

孝宗弘治初年，民俗日偷，漸樂夷風。京城內外軍民男婦，每遇寒冬，男子率用貂狐等皮製尖頂捲簷帽，稱「胡帽」，婦女則以貂皮作覆額披肩，謂「昭君帽」。風氣所及，九邊重鎮相互仿效，恬不爲怪。刑部尚書認爲，胡服異裝關乎華夷大體，於弘治四年（1488）正月建言，宜敕錦衣衛、巡城御史，督令五城兵馬司嚴加巡緝；京師直隸等處，亦行巡按監察御史禁治。軍民人等男婦童稚仍戴胡帽者，拿送法司究問。刑部便出榜禁約，並施以連坐，婦人有犯，罪作夫男；童稚有犯，罪作家長，製帽匠作鋪家，一體治罪，初犯照例發落，再犯枷號示眾。期盼法律嚴明，人心知警，而民俗歸厚。〔註 156〕

嘉靖、萬曆年間，再度流行外族的服飾「袴褶」，其樣式爲短袖或無袖，而衣中斷，其下有橫褶，而下腹豎褶。爲燕居常服，其樣式有三：袖長者，爲「曳撒」；腰中間斷以一線道橫之，稱爲「程子衣」；而無線者，爲「道袍」或「直掇」。後有人認爲程子衣、道袍皆過於簡樸，日後士大夫宴會，穿著曳撒爲主流，戎服自此爲盛，以雅服爲輕。〔註 157〕迄至萬曆以後，許多人穿著陳子（陳獻章）衣、陽明巾，若在細縫中加以苧褶，則變成遊牧民族騎馬的衣裝，但士紳多用之，以爲莊服。〔註 158〕在帽子上，「今帝京前元輦轂所都之風未殄，軍中所帶火帽，既襲元舊，而小兒悉綰髮加姑姑帽，嬉戲如胡兒，近服妖也矣。」〔註 159〕天啓末年，男子喜戴契丹「抓拉帽」，遼道宗耶律洪基平日燕居，多戴六瓣緊窄帽，後以名之，爲遼道宗契丹名「查剌」之轉音。〔註 160〕崇禎末年，京師小兒喜戴胡帽，陸啓浤（1590～1648）認爲這大概就是所謂的「服妖」類型。〔註 161〕

亦有喜著異國外邦服飾者，其中以高麗服飾爲最。高麗緊鄰中國，成爲貨品供輸的最佳來源。「自至正以來，宮中給事中使令，太半爲高麗女，以故

〔註 156〕《皇明條法事類纂》，卷 22，〈禁約軍民并婦女人等胡服胡語初犯照常發落再犯枷號匠作一體治罪〉，頁 565～566。

〔註 157〕《觚不觚錄》，頁 8 下。

〔註 158〕《萬曆野獲編》，卷 26，〈玩具・物帶人號〉，頁 663～664。

〔註 159〕〔明〕史玄，《舊京遺事》（《四庫禁燬書叢刊》史部 33 冊，北京：北京出版社，2000 年，據山東省圖書館藏清退山氏鈔本景印），卷 2，頁 14 下。

〔註 160〕《白茅堂集》，卷 31，〈抓拉揪子撇兒〉，頁 12 下。

〔註 161〕《燕客雜記》，卷 3，〈百九十四〉，頁 179。

四方衣服、靴帽、器物，皆依高麗樣子。」〔註 162〕至於內官冠帽，則依高麗王帽形制所作。明朝肇始，高麗尚未歸服，太祖悉令內侍穿戴，並站於高麗使者之前，用以羞辱高麗皇室。〔註 163〕

晚明時張岱曾記載一則趣聞，調侃浙江同鄉緊跟蘇州的時尚腳步，「如一巾幘，忽高忽低，如一袍袖，忽大忽小。蘇人巾高袖大，浙人效之，俗尚未遍，而蘇人巾又變低，袖又變小矣。故蘇人常笑吾浙人爲『趕不著』，誠哉其趕不著也。」〔註 164〕人類創造服飾，而服飾多爲絢爛奪目，穿著的方式也五花八門，這些都在顯示一個道理，就是人類在穿著服飾時，總在追求某種價值，在共同的條件下追求差異。不僅如此，人們還喜歡推翻既定的服飾形象，努力在區別於「原我」中，創造一個「新我」。〔註 165〕爲因應百姓的需求，在北京出現以租賃服飾的新興行業，「自衫襦至中單、韈袴，皆有店家可賃」。〔註 166〕雖說風氣所及，時代的引領，亦扮演重要因子。晚明之際，各階層人士解放心靈，追求物欲，竭力於生活同中求異、去樸從豔，來達到精神官能的享受。此種社會風氣絕非幾十年一蹴可及，或一二人能引領時尚，而是舉國皆沉湎陶醉，眾人皆是「生活異端」。

〔註 162〕〔明〕權衡，《庚申外史》（《四庫全書存目叢書》史部 45 冊，台南：莊嚴文化事業有限公司，1996 年 8 月初版，據蘇州市圖書館藏明鈔本景印），卷下，頁 5 上。

〔註 163〕《七修類稿》，卷 13，〈內官冠帽〉，頁 194。

〔註 164〕〔明〕黃士紳，《萬曆．惠安縣續志》（臺北：漢學研究中心景照明萬曆四十年刊本），卷 1，〈風俗〉，頁 40 下。〔明〕張岱，《琅嬛文集》（長沙：嶽麓書社，1985 年 7 月第 1 版），卷 3，〈又與毅儒八弟〉，頁 142～143，有相同記載。

〔註 165〕華梅，《人類服飾文化學》，頁 317～318。

〔註 166〕《舊京遺事》，卷 2，頁 15 上～下。

第五章　居室方面的異端

居室是人類生活與居住的場所，然而人類生活常受到內外因素的制約，出遊有時，會友有約，宴樂有限，出處有命，居室始終是生活的主體。生活文化轉換的時代現象，其根源反映在居室生活之上。〔註 1〕早期人類重視居室的實用性，構木爲巢、擇洞而居，具目的僅爲棲身避獸與遮風擋雨，美觀並非爲主要的考量要素。有一個安身立命的根基後，人類開始追求居室外在、內部的觀感與整體，如房屋的堅實、面積的擴大與及結構的嚴謹等，居室開始兼具美感與實用、誇飾等功能。

「有土斯有財」的傳統觀念，土地與地上建築成爲人的恆產，成爲突顯身分尊華、炫耀家產的表徵。因而李栩有感而發：「居家之病有七：曰呼，曰遊，曰飲食，曰土木，曰爭訟，曰翫好，曰惰慢，有一於此，皆能破家。」〔註 2〕過度的居室土木興築，足以破家，但居住於金雕玉琢的深宮豪院內，是貴族豪商畢生汲汲追尋，且鍥而不捨的最終目的。明代中後期，在居室僭越無度與華麗浮誇的時期，部分明人反思居室土木過奢的遺害，提倡返樸歸眞，「知恬逸自足者，爲得安樂本；審居室安處者，爲得安樂窩。」〔註 3〕

第一節　明初的居室規範

荀子（前 313～238）主張王者之制，必須「衣服有制，宮室有度，人徒有

〔註 1〕 吳智和，《明人休閒生活文化》，頁 135。
〔註 2〕 《戒庵老人漫筆》，卷 6，〈陸梳山居家制用〉，頁 261。
〔註 3〕 《雅尚齋尊生八牋》，卷 7，〈起居安樂牋上〉，頁 1 下。

數，喪祭械用皆有等宜。」〔註4〕其目的在於建立君尊臣卑、階級等差的觀念，俾上位者有效管理，數千年來歷朝各代的帝王，多依儒家此模式進行統治。朱元璋有感於元末失序，乃因「貴賤無等，僭禮敗度」的社會所致，除欽定房舍規範外，爲有效安撫人心與穩固王朝統治，遂從儉樸做起。

一、太祖的崇儉理念

房屋居室是人生財貨的一部分，元末群雄逐鹿，透過居室、什器贈與，成爲拉攏民心的最好工具。如張士誠（1321～1367）取才，不問賢與不肖，皆贈送輿馬與居室，士民嗜利者趨之若鶩。〔註5〕房屋居室同時也是保障人身安全的最後一道防線，《漢律》明定：「無故入人室宅廬舍，格殺勿論。」因而朱元璋率軍之初，則以保障人民的居家安全爲首要，在征討婺州時，入城後即命二騎士齎令牌遍告軍伍嚴禁殺人、劫擄婦女與焚燒房屋，違者依軍法論斬。〔註6〕

朱元璋持身謹行，強調節儉的重要性。元至正二十四年（1364），江西行省進獻陳友諒（1320～1363）的鏤金床，朱元璋對侍臣說：「此與孟昶七寶溺器何異？以一床工巧若此，其餘可知。陳氏父子窮奢極靡，焉得不亡！」孟昶（919～965）爲五代十國時期後蜀皇帝，在位後期奢華無度，甚至以珍寶製成夜壺，稱爲「七寶溺器」。過度沈溺於紙醉金迷，而遭北宋滅其國。明初臣僚論及陳友諒的敗亡之因是「未富而驕，未貴而侈」，因而以陳友諒爲借鑑，「處富貴者，正當抑奢侈、弘儉約、戒嗜欲以厭眾心，猶恐不足以慰民望，況窮天下之技巧，以爲一己之奉乎？」〔註7〕朱元璋不願成爲孟昶、陳友諒之流，即刻命人毀床。太祖日後憶及建國之初，嘗言：「士誠恃富，友諒恃強，朕獨無所恃，惟不嗜殺人，布信義，行節儉，與卿等同心共濟。」〔註8〕這也說明他爲何能從群雄脫穎，終而建國的重要關鍵之一。

〔註4〕〔清〕王先謙，《荀子集解》（北京：中華書局，1988年9月第1版），卷5，〈王制篇第九〉，頁158～159。

〔註5〕〔清〕錢謙益，《國初群雄事略》（《四庫禁燬書叢刊》史部8冊，北京：北京出版社，2000年，據北京大學圖書館藏民國烏程張氏刻適園叢書本影印），卷7，〈張士誠〉，頁50下。

〔註6〕《國朝典故》，卷4，〈國初事蹟〉，頁87。

〔註7〕《明太祖實錄》，卷14，甲辰三月戊辰條，頁6下～7上。

〔註8〕《明史》，卷3，〈太祖本紀〉，頁55～56。

在皇城居室方面，則先從簡省宮殿工事著手。至正二十六年（1366），南京宮殿開始營建，負責官員拿圖樣請示，朱元璋要求抹除雕琢奇麗的建築裝飾，並告訴中書省臣僚：

> 宮室但取其完固而已，何必過爲雕斲？昔堯茅茨土堦，采椽不斲，可謂極陋矣，然千古稱盛德者，以堯爲首。後世競爲奢侈，極宮室苑囿之娛，窮輿馬珠玉之玩，慾心一縱，卒不可遏，亂由是起。夫上能崇節儉，則下無奢靡。吾嘗謂珠玉非寶，節儉是寶，有所締構，一以樸素，何必雕巧以殫天下之力也！〔註9〕

朱元璋諭令工部，宮殿的營建必須依照三個原則：一以樸素堅固爲施工重點，二則華飾奇巧一概不用，三爲臺榭園囿均不建蓋。〔註10〕太祖除本身奉行儉約，也要求皇親、將領等一併遵守。洪武九年（1376）五月命中書省臣，親王宮室得飾硃紅大青綠，其餘居室止飾丹碧。中書省認爲親王居室飾大青綠並無過度之處，太祖則企圖從節儉來培養諸親王心性，「惟儉養性，惟侈蕩心。居上能儉，可以導俗；居上而侈，必至厲民。獨不見茅茨卑宮，堯、禹以崇聖德，阿房、西苑秦、隋以失人心。諸子方及冠年，去朕左右，豈可使靡麗蕩其心。」〔註11〕

在宮殿內部貼飾上，仍以樸素爲念。江西瑞州出產色彩斑斕的石材，臣僚有人建議用此雕琢鋪地，被太祖嚴斥：「敦崇儉朴，猶恐習奢，好尚華美，豈不過侈？爾不能以節儉之道事予，乃導予以侈麗，夫豈予心哉！」〔註12〕洪武元年（1368）二月，湖廣蘄州進貢竹席，朱元璋不喜，爲避免天下爭進奇巧而勞民傷財，下令非朝廷所需，一概不得妄獻。而登基以後，將所有身旁乘輿、服御等物應用黃金爲裝飾者，皆以銅代之。工部等官員認爲少量開支不需過度節約，太祖回答：「朕富有天下，豈吝于此。然所謂儉約者，非身先之，何以率下。小用不節，大費必至，開奢汰之源，啓華靡之漸，未必不由小而至大也。」〔註13〕

皇親、勛戚與將領等遵循居室儉約的規定，太祖便將這套準則推至各階層。特於洪武三年（1370）八月下詔中書省，明定禁條，區分服舍等第，要求各級

〔註9〕《典故紀聞》，卷1，頁8～9。

〔註10〕《明太祖實錄》，卷101，洪武八年九月辛酉條，頁1上～下；以及卷106，洪武九年五月壬戌條，頁1下。

〔註11〕《明太祖寶訓》，卷3，〈節儉〉，頁45上～下。

〔註12〕《典故紀聞》，卷1，頁14。

〔註13〕《留青日札》，卷23，〈金〉，頁2下。

職官（一品至九品）的房舍、車輿、器用和衣服皆有等差，庶民房舍不得超過三間，不得用斗栱彩色。〔註 14〕洪武十七年（1384）十二月，詔定官民居室、器用之制，凡居室不得施重栱藻井重簷，惟樓居重簷不禁。公侯前廳七間兩廈九架，中堂七間九架，後堂七間七架，門屋三間五架，門用金漆獸面錫環，家廟三間五架，俱覆以黑板瓦。脊用花樣瓦獸，梁棟用斗栱，簷角綵色繪飾，門窻枋柱用金漆或黑油飾，其餘廊廡、庖庫不得過五間七架，一品二品廳堂五間九架，脊用瓦獸，梁棟簷桷青碧繪飾，門屋三間五架，門用綠油獸面錫環。三品至五品廳堂五間七架，脊用瓦獸梁棟，簷桷青碧繪飾，正門三間三架，門用黑油錫環。六品至九品廳堂三間七架，梁棟飾以土黃，正門一間三架，黑油門鐵環。庶民所居堂舍不過三間五架，不許斗栱、綵色雕飾。〔註 15〕這些等差不僅在區別士庶，對於各品秩職官均有嚴密的規定，避免違式僭用。

洪武二十四年（1391）六月，根據洪武十七年（1384）頒佈的「官民居室規定」基礎上，修訂居室制度更臻於完善，羅列如下表：〔註 16〕

表 5-1　明代官民居室規範表

身　分	規　　定
公侯	前廳、中堂、後堂各七間，門屋三間，俱用黑版瓦蓋，屋脊用瓦獸，梁棟鬥栱簷桷綵色繪飾，門窗枋柱俱用下漆油飾，及門用獸面擺錫環。家廟三間俱用黑版瓦蓋，屋脊用花樣瓦獸，梁棟鬥栱簷桷綵色繪飾，門窗枋柱用黑漆或黑油飾，其餘廊廡廚從屋等房從宜蓋造，俱不得過廳堂正屋制度。
一品、二品	廳堂各七間屋，脊許用瓦獸，梁棟鬥栱簷桷青碧繪飾，門屋三間，門用綠油獸面擺錫環
三品至五品	廳堂各七間，屋脊許用瓦獸，梁棟鬥栱簷桷青碧繪飾，門屋三間，門用黑油擺錫環。
六品至九品	廳堂各三間，梁棟止用粉青刷飾，正門一間，門用黑油鐵環。
庶民	凡所居房，曾不得過三間五架，不許用斗栱及綵色裝飾，其餘從屋雖十所、二十所隨宜蓋造，但不得過三間。

資料來源：《皇明制書》，稽古定制卷 9，頁 297～298。

〔註 14〕《明太祖實錄》，卷 55，洪武三年八月庚申條，頁 2 下。

〔註 15〕《明太祖實錄》，卷 169，洪武十七年十二月乙未條，頁 1 上～下。

〔註 16〕《明太祖實錄》，卷 209，洪武二十四年六月己未條，頁 4 下～5 上。《明史》，卷 68，〈輿服志四・百官第宅〉，頁 1671～1672，所繫年份爲洪武二十六年。今從《實錄》所記。

二、實爲「律法」的禮制

儘管三申五令，居室房舍僭越情事時有所聞。洪武四年（1371）八月，太祖有感風俗侈靡，閭里庶民服飾與居處無異公卿，遂命中書省明立房舍服飾禁條，頒示中外，俾有所守。〔註 17〕爲有效落實階級等差制度，太祖不僅公布各階層居室房舍的建置規格，同時制定「營造違制」罪來避免僭級踰越：

> 上以諸功臣之家不循禮法，往往奢侈自縱，以致覆亡，雖屢加誡勅，終莫之省。廼命翰林儒臣取唐、宋制度，及國初以來所定禮制，參酌損益編類成書，凡勛舊之家，墳塋、碑碣丈尺，房屋間架及食祿之家貨殖，是禁例皆有定制，命頒之功臣之家，俾遵行之。〔註 18〕

明朝參酌《唐律》中「舍宅車服器物違令」條的內容加以變革，〔註 19〕進一步對明人房舍約束規定。綜合《明律》與明朝禮制，關於居室方面的規範，可分爲官民房舍的規範與侵佔巷街阡陌的規範等兩方面。

1、在官民房舍規範上：《大明律》記載，凡官民房舍、軍服、器物之類，各有等第。若違式僭用，有官者仗一百，罷職不敘。無官者笞五十，罪坐家長。工匠並笞五十。若僭用違禁龍鳳紋者，官民各杖一百，徒三年。工匠杖一百，連當房家小，起發赴京，籍充局匠。違禁之物並入官。〔註 20〕雷夢麟對〈服舍違式〉該條另有補充說明：

> 各有等第，所謂式也。龍鳳紋，上御之物，官民並不許用，所謂禁也。違式者，雖是僭用，猶非上御之比，故有官者杖一百，法行自貴始也。無官者及工匠，止笞五十。違式之物，責令改正。若違禁僭用龍鳳紋者，則是僭天子之分矣，故官民並杖一百，徒三年；工匠杖一百。其工匠起發赴京，籍充局匠。違禁之物入官。〔註 21〕

需要釐清的是「式」與「禁」二字用法。違式，意味著違反自己身分僭用高

〔註 17〕〔明〕黃道周，《博物典彙》（《四庫禁燬書叢刊補編》41 冊，北京：北京出版社，2005 年，據中國科學院圖書館藏明崇禎刻本），卷 2，〈皇朝禮〉，頁 6 下～7 上。

〔註 18〕《明太祖實錄》，卷 248，洪武二十九年十一月己巳條，頁 1 下～2 上。

〔註 19〕劉俊文，《唐律疏議箋解》（北京：中華書局，1996 年 6 月第 1 版），卷 26，〈雜律・舍宅車服器物違令〉，頁 1818：「諸營造舍宅、車服、器服及墳塋、石獸之屬於有令有違者仗一百，雖會赦皆令皆去改，其物可賣者聽賣。若經赦後百日不改去及不賣者，論如律。」相關細目規範，可參考該書，此處不贅。

〔註 20〕《大明律》，卷 12，〈禮制二・服舍違式〉，頁 93。

〔註 21〕《讀律瑣言》，卷 12，〈服舍違式〉，頁 221～222。

一級身分，如民僭用官、低品級僭用高品級等；違禁，則是指各個階層官民，僭用帝王御物。僭越皇帝的「違禁」處罰，當然比「違式」的情節來得嚴重許多，相形之下，官員的處罰亦比庶民加重。

《大誥續編》亦有補充說明：「民有不安分者，僭用居處器皿、服色、首飾之類，以致禍生遠近，有不可逃者。《誥》至，一切臣民，所用居處器皿、服色、首飾之類，毋得僭分。敢有違者，用銀而用金，本用布絹而用綾、錦、紵絲、紗、羅；房舍棟梁，不應彩色而彩色，不應金飾而金飾；民之寢床船隻，不應彩色而彩色，不應金飾而金飾；民床毋敢有暖閣而雕鏤者，違《誥》而爲之，事發到官，工技之人與物主，各各坐以重罪。」〔註22〕目的在使官有等差，民有富貧，讓賤者不易爲而用之。綜合前述，服舍禁令成爲定制，別有一番緣由：

> 《禮制集要》成。先是，上謂翰林學士劉三吾等曰：「朕自即位以來，累命儒臣歷考舊章，上自朝廷，下至臣庶，冠婚喪祭之儀，服舍器用之制，各有等差，著爲條格，俾知上下之分。而姦臣胡惟庸等擅作威福，謀爲不軌，僭用黃羅帳幔，飾以金龍鳳文。邇者逆賊藍玉越禮犯分，床帳、護膝皆飾金龍，又鑄金爵以爲飲器，家奴至於數百，馬坊、廊房悉用九五間數。而蘇州府民顧常亦用金造酒器，飾以珠玉寶石，僭亂如此，殺身亡家，爾等宜重加考定，以官民服舍器用等第編類成書，申明禁制，使各遵守，敢有仍前僭用者必寘之法，成造之人如之。至是書成，其目十有三：曰冠服、房屋、器皿、傘蓋、床帳、弓矢、鞍轡、儀從、奴婢、俸祿、奏啓本式、署押體式、服制，頒布中外。〔註23〕

朱元璋生性猜忌多疑，洪武十三年（1380）的「胡惟庸案」，胡惟庸飾以金龍鳳紋，被控以僭上「謀反」等罪名被殺，除罷除中書省職權，其牽連甚達十年之久。而洪武二十六年（1393）的「藍玉案」，藍玉（？～1393）更甚胡惟庸，馬坊、廊房悉用九五之數，藍玉功高驕橫，導致株連者上達萬人，如張溫（？～1393）從太祖渡江二十餘年，北伐皆有功，「後以居室器用僭上獲罪，遂坐玉黨死。」〔註24〕姑且不論丞相胡惟庸、開國勛臣藍玉等人被誅，背後

〔註22〕〔明〕朱元璋，《大誥續編》（《御製大誥續編》，《中國珍稀法律典籍集成》乙編1冊，北京：科學出版社，1994年8月第1版），〈居處僭分第七十〉，頁152～153。

〔註23〕《明太祖實錄》，卷243，洪武二十八年十一月乙亥條，頁2下。

〔註24〕《明史》，卷132，〈張溫傳〉，頁386。

隱藏的寓意究竟爲何？另一程度顯示，太祖重視階級等差的制度與皇權威嚴的不可侵犯性。

2、在侵占街道的規定上：萬曆《大明會典》記載，舉凡官民侵占街巷道路，而起蓋房屋及爲園圃者，杖六十，令其復舊；穿牆而出穢污之物於街巷者，笞四十。出水者勿論。〔註25〕誠如表1所載，在京功臣往往憑藉權勢，覬覦住宅左右前後隙地，或以種植蔬菜佔地，或蓋造亭館、開掘池塘以爲遊翫，除越禮犯分，並影響居家環境。尋常百姓的屋舍尤重風水、強調地氣，這些勘輿學說，歷代君主深信不疑，認爲國都蘊含龍脈王氣，因而嚴禁官民任意挖掘：

> 古人於地有王氣之處，往往埋金以厭之，或井其地以洩之，前代帝王如此用心，今京城已故各官多有不諳道理，於住宅內自行開挑池塘，養魚種蓮以爲玩好，非惟洩斷地脈，實於本家不利，以致身亡家破。今後京城內官員宅院不許開挑池塘，亦不得於內取土築墻掘成坑坎。〔註26〕

隨意開挖可能造成王氣洩漏，甚至導致敗家亡國。透過風水之說，明朝嚴格要求官員不得多留空地自用，終成爲一代祖訓。即使身爲諸王，宮室需依照制定格式起蓋，不許犯分。換言之，明代諸王宮室不許有離宮、別殿及臺榭等遊翫去處，一切悉如王府營建規制。〔註27〕

三、「嚴刑峻法」下的居室規範

太祖將房舍制度定爲祖訓後，惠帝曾於建文四年（1402）重申禁令，嚴禁官民建造九五間數，房屋雖一、二十所，也不許超過三間。〔註28〕成祖在位二十二年間勵行儉約，但青史著墨於飲食、服飾等項，居室方面的省費節約則不見於史料。然自惠帝至英宗（1399～1464）六十多年間，社會趨於穩定，而經濟繁榮進步，僭越略有所聞，但並非時見，或言百姓習於儉德持家，亦可言刑罰實具相當禁制力。

仁宣時期恪遵祖訓，採取一連串輕徭薄賦、休養生息措施，減免過度奴役工匠，對於國家各項營建嚴密控管，各種政策體現在奉行簡約上最爲顯著。當

〔註25〕《大明會典》，卷172，〈河防・侵佔街道〉，頁5下。
〔註26〕《禮部志稿》，卷99，〈禁令備考・房屋禁令〉，頁13上。
〔註27〕《大明會典》，卷181，〈工部・王府〉，頁10下～11上。
〔註28〕《明史》，卷68，〈輿服志四・百官第宅〉，頁1671～1672。

宣宗聽聞湖廣災變，即刻諭令工部尚書吳中（1372～1442）：「百姓艱難宜恤。比聞工部採辦林木，動以萬計，不爲國家愛惜民力，而勞擾如此，其斟酌裁之。寬一分，則民受一分之賜。」〔註 29〕從上階層的皇親諸王或朝廷京官來節制耗費，如宣德三年（1428）四月，新落成的公主府第三所，建於諸王邸之南。宣宗敕諭吳中建造原則是：「居室不必大多，不可過爲華侈，但令堅壯可永安耳。」〔註 30〕宣德八年（1433）十月，宣宗鑑於內官、內使往往在外私作居室，諭行在工部、都察院、錦衣衛與五城兵馬司宜皆究實，具名以聞，其應給者給之，不應給者悉入官。〔註 31〕宣宗認爲監局官多私役工匠建造居室，遂於隔年三月，敕令內府各監局內官、內使等，凡在內各衙門創造修理，必須明白具奏，有擅爲者悉處重罪。宣宗對此事件十分重視的原因在於，「土木之工，朕未嘗妄興，恐勞民傷財，下人乃敢縱恣如此，豈可以不戒飭。」〔註 32〕仁宣之治，寬卹民力，紓解永樂朝以來對國家財賦的重耗，百姓的困頓獲得一定程度的減緩。

英宗繼位後，以王振（？～1449）掌理司禮監，內官管束日益鬆弛，對私建居室不以爲忤，但朝廷轉而約制皇室。如正統六年（1441）十一月，工部移文有司爲晉憲王營葬，欲發四千軍夫派買物料，時任巡撫河南、山西大理寺左少卿于謙（1398～1457）上疏建言，認爲該項營建繪飾過多、房屋過侈：「臣以山西地瘠民貧，況今年春夏旱蝗，秋月霜蚤，田禾薄收，饑窘逃移者眾。乞敕該部軍夫減半物料，但令足用，房屋可已者已之，庶工程得以蚤完，軍民免於勞擾。」〔註 33〕英宗從于謙之言，房屋當仍舊制。隔年十月，英宗亦致書襄王瞻墡：「承喻欲營朝堂及繕治居室，但湖襄之間民敝已久，今年以旱暵告者相繼，以此朝廷凡事省約，未嘗輕勞一夫、輕斂一物。叔素仁厚，亦宜體念人情，如房屋可居宜且停息，如必須繕理亦當酌量府中人力，隨宜修治。」〔註 34〕英宗透過天災示警，來要求皇室營建省繁從儉，蠲除工匠或災民的勞役，似乎通情達理。

大體而言，明代前期的官民居室違式並不普遍，或因經濟能力薄弱，或

〔註 29〕〔清〕谷應泰，《明史紀事本末》（北京：中華書局，1977 年 2 月第 1 版），卷 28，〈仁宣致治〉，頁 429。

〔註 30〕《明宣宗實錄》，卷 41，宣德三年四月甲寅條，頁 2 上～下。

〔註 31〕《明宣宗實錄》，卷 106，宣德八年十月戊午條，頁 10 上。

〔註 32〕《明宣宗實錄》，卷 109，宣德九年三月壬辰條，頁 5 下～6 上。

〔註 33〕《明英宗實錄》，卷 85，正統六年十一月庚子條，頁 9 下。

〔註 34〕《明英宗實錄》，卷 97，正統七年十月乙未條，頁 3 下。

與社會地位低落有直接關聯。以南直隸地區爲例，儀眞縣民風質實樸約，室廬無過度裝飾；〔註 35〕震澤縣風尙質樸，非世家不架高堂，小民以茅房爲居，中產之家的居室，前房必以土牆茅草搭蓋，後房始用磚瓦，「恐官府見之以爲殷富也。」〔註 36〕這些律法禮制仍可收一定效用。明朝不僅派出欽差御史巡歷四方，尋常百姓也常自發性相互監控。此時期有二則房舍違式的事值得一書：一是永樂五年（1407）十月，浙江紹興府百姓告鄉人居室違禁的事例。成祖認爲不可偏聽，他認爲南方僻遠未經兵革，其屋室多爲宋元時期遺留，豈可當之違禁。遂令巡按御史驗視，若本朝禁令後造者抵罪，禁令前造違法則不問；〔註 37〕二是正統十二年（1449）閏四月，有人舉發福建福州府房屋間架違式，閩縣知縣陳敏則爲居民發聲：

> 禮制榜文，庶民房舍不得過三間五架，今福州街市民居有七架九架，其架或過於五，而一間、二間，其間不至於三。讎家健訟指爲口實，官府丈量俱論違式，紛紜折改不得安居。〔註 38〕

陳敏指出，福州地區的屋宅建構較大，民房多有七架或九架房樑，奏請今後房舍架多而間少者具不問罪，以平息告訐之風，英宗遂允其所言。

英宗正統時期，法網漸漸疎闊。〔註 39〕追求生活上的奢靡，各階層蠢蠢欲動，富豪之家爭尙侈靡，相習成風，貧下相繼倣效，甚至蕩廢產業者時有耳聞。〔註 40〕英宗特於正統六年（1441）十一月，重申「服舍制度」的禮制規範，要求相關所司嚴加飭約，敢有再犯者論罪。時至景帝景泰五年（1454）十二月，監察御史周清鑑於風俗侈靡，建請禮部再度申服舍的舊制規定，榜示通衢。〔註 41〕英宗正統以後，二次提出服舍禁制，是有感於社會風氣已趨

〔註 35〕〔明〕申嘉瑞，《隆慶・儀眞縣志》（《天一閣藏明代方志選刊》5 冊，台北：新文豐出版公司，1985 年，據寧波天一閣藏明刻本景印），卷 11，〈風俗考〉，頁 2 上。

〔註 36〕〔清〕陳和志，《乾隆・震澤縣志》（台北：成文出版社，1970 年，據清乾隆十一年修光緒十九年重刊本影印），卷 25，〈風俗序〉，頁 2 上。

〔註 37〕《禮部志稿》，卷 99，〈禁令備考・囿房屋違禁〉，頁 14 上。

〔註 38〕《明英宗實錄》，卷 153，正統十二年閏四月丙戌條，頁 6 上～下。

〔註 39〕〔明〕曾才漢，《嘉靖・太平縣志》（《天一閣藏明代方志選刊》6 冊，台北：新文豐出版公司，1985 年，據寧波天一閣藏明刻本影印），卷 2，〈地輿志下・風俗〉，頁 20 上:「（明初）居室無廳事，高廣惟式。至宣德年間稍稍盛，此後法網亦漸疎闊。」

〔註 40〕《明英宗實錄》，卷 85，正統六年十一月甲午條，頁 6 上。

〔註 41〕《明英宗實錄》，卷 248，景泰五年十二月丙戌條，頁 3 上。

向華侈，相染成俗，爲維繫敦厚純樸的風氣，姑且行之。透過縉紳故老或朝野鉅望對地方的影響力，使得奢靡驕侈之風，不致於任意擴散，因而在居室方面多因仍舊。〔註 42〕英宗正統以後是禮制崩解的初始，奢侈流風開始混雜在質樸的社會之中。

第二節　中葉的居室流變

後世給憲宗的評價是守成之君，「值重熙之運，垂衣拱手，不動聲色，而天下大治。」〔註 43〕此說法似過於溢美。憲宗在位前期，荊襄流民四起，後期則與萬貴妃耽於逸樂，致使奸佞當權，朝綱敗壞，國家問題叢生。中央控制力薄弱，造成殷富之家藉機試探朝廷，高樓瓦舍大興，成爲居室生活層面的重要轉折期，地方志書均以憲宗成化時期爲風氣轉變的關鍵，因此以成化朝爲明中葉時期的肇端。

一、成化時期的居室

憲宗早年勵精圖治，恪遵祖訓，強調服舍違式禁制，遂於成化二年（1466）八月，再行「申明服舍器用禁約」。在京以巡城御史及五城兵馬，在外以各布按二司，直隸順天等府州縣官員，嚴督官吏、軍民人等遵行奉守。若有違犯，就便捉拿人犯，並追究工匠，依事例問罪發落。〔註 44〕憲宗體認，民俗奢儉乃國脈盛衰所繫，若未禁奢革侈，財竭民窮必現。事隔二年，翰林院修撰羅璟（1432～1503）指稱，朝廷雖屢有禁例，但在京、在外官員軍民人等，屋舍等項故違僭用、奢侈者眾，致使盜賊蠡出，宜痛加禁革，嚴加禁約，同時題事建請崇尚節儉，厚植天下風俗。羅璟字明仲，江西泰和人，天順八年（1464）進士第三，授翰林院編修。憲宗再次重申舊令，要求官員軍民人等，務要遵照洪武、永樂頒降定式，不許僭用奢侈。〔註 45〕儘管再三告誡，

〔註 42〕〔明〕焦竑，《國朝獻徵錄》（台北：臺灣學生書局，1966 年初版，據國家圖書館珍藏善本影印），卷 97，彭韶〈山西左參議黃公常祖志銘〉，頁 49 上。

〔註 43〕《明憲宗實錄》，卷 293，成化二十三年八月乙卯條，頁 8 下。

〔註 44〕〔明〕戴金，《皇明條法事類纂》（東京：古典研究會，1966 年 6 月初版據東京附屬圖書館藏本景印），卷 22，〈申明僭用服飾器用並挨究製造人匠問罪例〉，頁 546。

〔註 45〕《皇明條法事類纂》，卷 22，〈禁約官員軍民人等服器屋舍嫁娶喪葬等項不許僭用奢侈例〉，頁 549～551。

官員僭越時有所聞，如成化十年（1474）十二月，有一武將父子服舍違式的史例：

> 貴州都指揮宋晟，先以罪罷任閒住，子雄襲畢節衛指揮使，父子所爲多不法，服舍器用僭侈。部下卒有怨之者，欲奏之朝，雄有故授業師因飲酒慢之，遂竄改晟、雄所作詩爲悖逆語，教卒入奏中。奏上命錦衣衛差官，往會巡撫等官按之，得其實，俱械至京重鞫。都察院擬罪，晟坐服舍違式當杖，雄坐監守自盜當死，俱贖罪罷職，卒以誣告悖逆徙邊遠。奏上，詔從所擬。〔註46〕

雖未言明實際僭越狀況，但據《大明律》的處罰：爲官者，杖一百，罷職不敘。換言之，憲宗早期對「服舍違式」仍有相當程度的堅持。

然而成化朝可謂爲居室由儉轉奢的關鍵，各地風氣約於此間悄然轉變。據方志所記，如山東兗州定陶縣，國初宮室尚樸，成化以後，富居華麗。〔註47〕河南太康縣城，明初僅有草房六、七戶，景泰時始有瓦房；成化間瓦樓舍宇漸多，俗以高樓相尚，迄至弘治間猶盛。〔註48〕湖廣的茶陵州，早期宮室尚樸，三間五架居多，成化以後，「富者之居高廣靡麗，比之公室。」〔註49〕常州府江陰縣，國初民居尚儉樸，三間五架，制甚狹小，成化以後，「富者之居，僭侔公室。」〔註50〕綜觀史載，憲宗成化年間的房舍制度，在各地方均有鬆動的傾向，在貴族、士人與富民帶動下，由儉入奢進而僭越犯分。〔註51〕也就是由草房變爲瓦舍，由無廳增而有廳，由低矮築成高廣，由三間五架走向多間多架，由樸實無華轉而金碧輝煌。〔註52〕地方志書清楚明載各地僭越狀況，使得明初的律法規章形同虛設，禮制規範蕩然無存。

〔註46〕《明憲宗實錄》，卷136，成化十年十二月丁未條，頁12上。

〔註47〕〔明〕包大爟，《萬曆・兗州府志》（《天一閣藏明代方志選刊續編》55冊，上海：上海書店，1990年，據明萬曆刊本影印），卷31，〈風俗〉，頁500。

〔註48〕《嘉靖・太康縣志》，卷4，〈服舍〉，頁11上～下。

〔註49〕〔明〕張治，《嘉靖・茶陵州志》（《天一閣藏明代方志選刊續編》63冊，上海：上海書店，1990年12月第1版，據明嘉靖刻本影印），卷上，〈風俗第六〉，頁20下。

〔註50〕〔明〕張袞，《嘉靖・江陰縣志》（《天一閣藏明代方志選刊》5冊，台北：新文豐出版公司，據寧波天一閣藏明嘉靖刻本影印），卷4，〈風俗記第三〉，頁2下。

〔註51〕常建華，〈論明代社會生活性消費風俗的變遷〉，《南開學報》，1994年4期，頁56。

〔註52〕滕新才，《且寄道心與明月——明代人物風俗考論》，頁190～191。

二、弘治時期的居室

孝宗在位罷斥前朝姦邪，大力選拔人材，同時廣開言路，一時間各級官員紛紛諫言獻策。孝宗在位十八年間，中後期疏於政事，崇儉政策並未一以貫之，土木工程屢興，民困財竭的窘況也再度浮現。如弘治十一年（1498）三月，司禮監奉命搭蓋乾清宮西室七所，以及添修萬歲山後的毓秀亭。何孟春（1474～1536）感歎孝宗初期以節儉形於宮闈，但卻在數年後土木頻興。何氏認為宮室應「塗而不琱，斵而不刻」，毓秀亭不宜修葺，除恐疲軍勞民外，以「遊翫去處，更不許造」、「宮中隙地，不起亭館臺榭」等祖訓規範孝宗，直諫人君之孝，固在謹守祖宗法訓，「豈在侈土木於前觀哉！」〔註 53〕何孟春直言遂暫緩毓秀亭等工事。

朝政所宜先者，莫如崇儉戒奢，以率天下。然而當時京師風俗，居室崇廣是尚。小民仿效庶官，庶官仿效貴戚，貴戚又於朝廷間仿效。兵科給事中王承裕（1465～1538）為王恕（1416～1508）季子，於弘治十三年（1500）三月，奏請出榜禁約，居室服飾等一應遵守，違例者兵馬司以罪緝捕，各處巡按御史一體施行。〔註 54〕僭越情況並未因此而抑制，隔年閏七月，禮科給事中倪議建亦建請榜示禁約，他指出當今風俗害治者最多，以奢僭為害尤甚。官員軍民之家，衣服、房屋之制，窮奢極侈，越禮犯分，「庶民軍餘擬王公，倡優隸卒比勳戚。名分之僭，風俗之偷，莫此為極。」〔註 55〕要求有不遵舊制、違禁令者，治以重罪。禮部覆奏，從其所請。兩年間，兵科給事中王承裕與禮科給事中倪議，奏疏異曲同工，皆指陳風俗奢僭對國家朝廷的危害，但孝宗並未藉機革除奢俗。弘治十七年（1504），天災人禍四起，「江北、江南諸府，災傷太甚，陝西往歲困于用兵，江浙諸省困于多事」，傷亡重大，造成民生困頓，部分官員認為是皇帝不德的徵兆，以兵部尚書劉大夏（1436～1516）為首的官員，建請皇帝省約，舉凡織造、土木與齋醮等類，皆應罷省；臣民居室、輿馬等踰制，皆行禁革。〔註 56〕孝宗並未反躬自省，僅認為其言深切時弊，事有當行者再議擬以聞。

弘治期間，吳寬（1435～1504）指稱：「王侯宅第，則又窮極壯麗，朱門

〔註 53〕〔明〕何孟春，《何文簡疏議》（《景印文淵閣四庫全書》史部 429 冊），卷 1，〈省營繕疏〉，頁 3 下～11 下。

〔註 54〕《明孝宗實錄》，卷 160，弘治十三年三月己未條，頁 1 下～2 上。

〔註 55〕《明孝宗實錄》，卷 177，弘治十四年閏七月庚寅條，頁 6 上。

〔註 56〕《明孝宗實錄》，卷 208，弘治十七年二月庚戌條，頁 8 上。

洞開，畫戟森列，所藏者唯狗馬玉帛而已。」〔註 57〕官員房舍多改建爲豪宅，成爲中葉時期居室方面的時代特點。崔銑（1478～1541）曾比較成化、弘治兩朝之差異：

> 成化中，風俗儉樸。先君爲司馬郎，銑時十歲，尚記先君賃屋，自深巷入轉東，土垣小門，內屋三間秣馬。又土垣小門入，寢三間，東三間爲客坎，寢之對，有垣及門，小屋二間，爨室也。弘治中，官頗治屋。然而西涯閣老（李東陽）宅尹天官故第，天官又名以賄敗者，在陋巷，榱柱皆樸樕，東小村，但稍廣廠。今被召至京，大官自造華居，襲石采檐，連甍別院，價至萬金者。李序菴第燕客，酒半，出王斝相酬，金銀不足珍。噫！奢樂極矣，其無患乎？〔註 58〕

北京官員求田問舍蔚然成風，居家擺設裝飾奢僭之俗漸起，「斯是陋室，惟吾德馨」的儉約良俗似已蕩然無存。

二、正德時期的居室

武宗正德時代的社會，正如王守仁所說：「今天下波頹風靡，爲日已久，何異於病革臨絕之時，然又人是己見，莫肯相下求正」的境地。〔註 59〕「浪蕩皇帝」性好嬉戲，正德二年（1507）於西華門外太液池南岸，建造宮殿，並於兩廂設置密室，稱爲「豹房」。豹房原是皇城內豢養猛獸以供遊樂的場所，武宗選擇豹房爲居所，其目的在視豹房爲遊幸場所，不受皇宮體制約束，不被皇族禮儀規範，同時可另闢「小內朝」，隔絕政事煩擾。〔註 60〕該年八月後，就從明帝居所乾清宮，轉換到豹房居住，數年來不斷擴建豹房，鎮日流連於豹房，政事一概不理，朝政淪爲姦佞所秉。誠如祖訓規定，內府禁密，不許蓋造離宮別殿。然而自正德間，左右近倖獻諂，內起新宅、佛寺、神廟、總督府、神武營、香房、酒店，外起鎮國府、總督府、老兒院、玄明宮、教坊

〔註 57〕〔明〕吳寬，《匏翁家藏集》（《四部叢刊初編》集部 83 冊，台北：臺灣商務印書館，據上海商務印書館縮印明正德刊本影印）卷 31，〈陋清閣記〉，頁 185。

〔註 58〕〔明〕崔銑，《漫記》（《中國野史集成》37 冊，成都：巴蜀書社，1993 年 11 月第 1 版），頁 273。

〔註 59〕《王陽明全集》，卷 21，〈答儲柴墟〉，頁 814。

〔註 60〕李洵對明武宗的行爲與心理研究頗豐碩，可參酌：李洵，〈讀《明武宗實錄》條記〉（《下學集》，北京：中國社會科學出版社，2006 年 5 月第 2 版），頁 235～246。

司新宅、石經山、祠廟、店房等多處增建。〔註61〕君王自違祖訓，自成異端，自壞體制，是明代歷朝帝王前所未聞。楊廷和（1459～1529）有鑑於武宗各種異常行爲，以太祖祖訓規範，期望用祖制威靈節制皇權，導正言行，但武宗依舊我行我素。〔註62〕

北京城俗尚奢華年久，「宴會豐腆，居室壯麗，錦繡珠玉下飾於倡優、庵院、禱祠，深惑乎民。」〔註63〕風俗敗壞，自上導之，雖有禁令，亦徒爲具文。正德元年（1506）六月，在兵科都給事中安金奏請下，續增《問刑條例》，同時禮部決議將禁止奢俗，載入《條例》，通行天下。朝臣認爲奢僭之風不可長，因此禮部針對近來庶民房舍務爲高大，華飾過當，自今以違式論罪，房毀入官，出榜申禁，有故違者，所司緝捕究治，違式房屋者赦前犯，令其改正，否則治罪不宥。〔註64〕正德朝正直官僚期待透過法規抑制侈靡，但成效仍十分有限。

生於宣宗宣德八年的王錡（1433～1499），爲明代中期著名文士，曾爲此時代作一深刻觀察：

> 正統、天順間，余嘗入城，咸謂稍復其舊，然猶未盛也。迨成化間，余恒三、四年一入，則見其迥若異境。以至于今，愈益繁盛，閭簷輻輳，萬瓦甃鱗，城隅濠股，亭館布列，略無隙地。輿馬從蓋，壺觴罍盒，交馳於通衢。水巷中，光彩耀目，游山之舫，載妓之舟，魚貫於綠波朱閣之間，絲竹謳舞與市聲相雜。〔註65〕

吳下號爲繁盛，華堂高廈、炊金饌玉的富饒生活視爲常態。〔註66〕江南屋宇取其堅固實用，其來有自：「蓋因湖中風雨迅疾，墻必甎，覆必瓦，雖家貧亦鮮茅茨。」〔註67〕因而樓房較其他地區爲多。然吳城俗奢，「峻宇雕牆，疊石

〔註61〕《今言》，卷2，頁93。

〔註62〕〔明〕楊廷和，《楊文忠三錄》（《明代基本史料彙刊・奏摺卷》，北京：線裝書局，2004年），卷1，〈請遵祖訓以光聖德疏〉，頁18～21。

〔註63〕《明武宗實錄》，卷14，正德元年六月癸未條，頁3上～4下。

〔註64〕《明武宗實錄》，卷124，正德十年閏四月癸未條，頁7下。

〔註65〕《寓圃雜記》，卷5，〈吳中近年之盛〉，頁42。

〔註66〕〔明〕林世遠、王鏊，《正德・姑蘇志》（《北京圖書館古籍珍本叢書》26冊，北京：書目文獻出版社，1993年，據明正德刻嘉靖續修本影印），卷13，〈風俗〉，頁1上：「四郊無曠土，其俗多奢少儉，有海陸之饒，商賈並湊，精飲饌，鮮衣服，麗棟宇，婚喪嫁娶，下至燕集，務以華縟相高，女工織作，雕鏤塗漆，必殫精巧。」

〔註67〕〔明〕蔡昇撰、王鏊重撰，《震澤編》（《四庫全書存目叢書》史部191冊，台南，莊嚴文化事業有限公司，1998年6月初版，據南京圖書館藏明弘治十八

鑿池，以供娛樂」，卻是不爭事實。〔註 68〕王錡爲蘇州府長洲人士，根據其《寓圃雜記》記述，英宗、景帝時，在江南居室方面的變化不大，至憲宗成化時期每隔幾年就有漸次的發展，迄至孝宗弘治時期，則是隨時都在改變，隨處可見樓房豪宅，房屋甚至已達「無隙地」的局面。就他的觀察，江南富庶是源自前期「修養生息」的結果。換句話說，「洪永之際」、「仁宣之治」不僅對國力復元有極大幫助，對於社會經濟能力的提升亦有助益，同時也帶動國家走上富足奢華。

四、嘉隆時期的居室

嘉靖改元，在內用內官監、工部、錦衣衛與科道官，在外則以撫按查勘居室狀況，對房舍違式重新拆毀與改正，或存留別用，或變賣還官，官匠因而陞官者，查辦革職。〔註 69〕然而這畢竟是因應即位的例行調整，導風易俗的影響卻不大。明人稱嘉靖承平既久，風俗日侈，貴近之臣、富豪之民以奢侈相尚，宮室、臺榭經常耗費銀兩數百。〔註 70〕即使身居翰林詞臣亦不能免俗，在生活上漸侈房宅。〔註 71〕若換以實際數值衡量，或可一窺全豹，嘉靖四十四年（1565）抄沒嚴嵩（1480～1567）父子江西家產，其宅第房屋共六千七百餘間，共計價銀八萬六千三百五十兩。〔註 72〕其數量令人咋舌，嚴嵩身居首輔要職，華宅豪第實爲其權貴職高的重要表徵。

唐錦爲正德、嘉靖間人士，對此風氣頗爲感慨，他認爲明朝庶民房屋居室三間五架的形制，已是唐朝六品官員的房舍。現今江南富室任意擴建，五間七間，九架十架，猶爲尋常，且不以越分感到羞愧。〔註 73〕《名山藏》則提及嘉靖年間房舍的變化：「當時人家房舍，富者不過工字八間，或窖圈四圍十室而已。

年林世遠刻本影印），卷 3，〈風俗〉，頁 2 下。

〔註 68〕〔清〕王維德，《林屋民風》（《四庫全書存目叢書》史部 239 冊，台南，莊嚴文化事業有限公司，1998 年 6 月初版，據清華大學圖書館藏清康熙五十二年王氏鳳梧樓刻本影印），卷 7，〈民風〉，頁 1 上～下。

〔註 69〕《今言》，卷 2，頁 93。

〔註 70〕《何瑭集》，卷 1，〈民財空虛之弊議〉，頁 16～17。

〔註 71〕〔明〕顧其志，《攬茝微言》（《續說郛》，台北：新興書局，據清順治三年兩浙督學周南李際期宛委山堂刊本影印），卷 16，頁 720 上。

〔註 72〕《花當閣叢談》，卷 2，〈嚴閣老〉，頁 14 下。

〔註 73〕〔明〕唐錦，《龍江夢餘錄》（《續修四庫全書》子部 1122 冊，上海：上海古籍出版社，1997 年，據上海圖書館藏明弘治十七年郭經刻本影印），卷 4，頁 13 上。

今重堂窈寢，迴廊層臺，園亭池館，金翬碧相，不可名狀矣。」〔註74〕以松江府爲例，可看出武宗、世宗兩朝居室變化的差距：

> 又云嘉靖十年以前，富厚之家，多謹禮法，居室不敢淫，飲食不敢過。後遂肆然無忌，服飾器用，宮室車馬，僭擬不可言。又云正德以前，房屋矮小，廳堂多在後面，或有好事者，畫以羅木，皆朴素渾堅不淫。嘉靖末年，士大夫家不必言，至於百姓有三間客廳費千金者，金碧輝煌，高聳過倍，往往重檐獸脊如官衙然，園囿僭擬公侯。下至勾闌之中，亦多畫屋矣。〔註75〕

各地狀況亦如是，常熟地區在天順、成化年間，民益富庶，崇侈尚靡，至嘉靖年間亦競崇棟宇。〔註76〕山西蒲州，「俗尚多靡，中有山陰、襄垣二王，枝派繁衍，朱門邃宇不下二百家者，皆競爲奢華，士夫亦皆高大門廬，習爲膏梁綺麗，漸染效法。」〔註77〕追求居室的奢華，已不再侷限縉紳、富室等階層。

「木妖」，指草木發生異象。元代李治從陰陽五行的觀點出發，指稱木妖實爲「金沴木」，也就是「木不曲直」，舉凡「城門自壞、屋梁躍出、牙竿不正」等均此類。〔註78〕陸粲（1494～1551）在《庚巳編》裡，以所居里中舊楊木肉机忽生青色枝條，喻以「木妖」。〔註79〕生活上過度侈屋垣、治地舍者，亦被喻爲「木妖」。元末明初陶宗儀（1329～1412）《南村輟耕錄》言及宮闕制度：「秦漢隋唐之宮闕，其宏麗可怖也，高者七八十丈，廣者二三十里，而離宮別館，緜延聯絡，彌山跨谷，多或至數百所。嘻，眞木妖哉！」〔註80〕陳槐《聞見漫錄》蒐錄一則史實，揉合前述說法：唐末五代時期武將顧全武（864～931），於越中搜羅楩枬大木建宅，竣工之日，棟梁皆出水，

〔註74〕《名山藏》，卷102，〈貨殖記〉，頁11下。

〔註75〕《客座贅語》，卷5，〈建業風俗記〉，頁170。

〔註76〕〔明〕馮汝弼、鄧韍，《嘉靖・常熟縣志》（《北京圖書館古籍珍本叢刊》27冊，北京：書目文獻出版社，1988年，據明嘉靖刻本影印），卷4，〈風俗志〉，頁21上。

〔註77〕《松窗夢語》，卷2，〈西遊紀〉，頁44～45。

〔註78〕〔元〕李治，《敬齋古今黈》（北京：中華書局，1995年第1版），卷2，頁21～22。

〔註79〕〔明〕陸粲，《庚巳編》（北京：中華書局，1987年4月第1版），卷10，頁124。

〔註80〕〔明〕陶宗儀，《南村輟耕錄》（北京：中華書局，2004年4月第1版），卷21，〈宮闕制度〉，頁257。

戶牖漬溼，竟不得移居，謂為「木妖」。〔註 81〕古人認為，居室奢靡是造成木妖出沒的主因。

「土木繁興者，為木妖。」〔註 82〕「木妖」一詞，成為畫棟雕樑的代稱，約始於中唐時期。自安史亂後，法度隳弛，內臣戎帥競務奢豪，亭館第舍，力窮乃止，時謂「木妖」。德宗在東宮聞事，條舉格令，第舍不得踰制。〔註 83〕宋朝趙必愿上言「木妖競治之釁」，其對策無他法，強調居室生活以「尚堅固，革奢華，戒宴殿無度之讌酣，節內庭不急之營繕」為要務。〔註 84〕武宗正德十年（1515）七月，工部重修太素殿，太素殿以茅草覆蓋，實與名稱。改建則務求華侈，工程耗銀二十餘萬兩，役軍匠三千餘人，歲支米一萬三千餘石，鹽三萬四千餘斤，其他浮費及續添工程不在此數。是時工役繁興，「工部每循例執奏，以掩人耳目，其實具文而已。中外因緣為利，權姦閹人，所建莊園、祠墓及香火寺觀，工部又皆竊官貲以媚悅之，一時木妖土災，蓋不忍言矣。」〔註 85〕明人認為，工部官員藉興造營建工程中飽私囊，賄賂閹黨，攀附權貴，實為「木妖」一類。亢思謙，山西臨汾人，嘉靖二十六年（1547）進士二甲第一人，改庶吉士，授編修，官至右布政使，以〈擬弭災疏〉上疏，建言「節浮費以裕國儲」：

> 八曰節浮費以裕國儲。夫制節謹度，則財不害，而民不傷，縱欲肆情，則不節之嗟至矣！今離宮別館照耀層霄，道宇琳宮內外並建，工徒不息，遠邇騷然，木妖之禍可畏也。臣願自今停土木之工，止不經之賞，使費省用舒，國儲無匱乏之慮，則怨怒潛消，而天和昭格矣。〔註 86〕

明人口中的「木妖」，實指宮廷土木的濫興和財費的虛耗。他們深信，惟有節

〔註 81〕〔明〕陳槐，《聞見漫錄》（《叢書集成續編》58 冊，台北：新文豐出版公司，1989 年，據民國二十五年四明張氏約園刊本影印），卷下，〈崇儉勤十六〉，頁 29 上。

〔註 82〕《山中一夕話》，卷 5，〈巾妖慨〉，頁 10 下。

〔註 83〕後晉．劉昫，《舊唐書》（台北：鼎文書局，1979 年 12 月初版），卷 152，〈馬璘傳〉，頁 4067。

〔註 84〕〔元〕脫脫，《宋史》（北京：中華書局，1977 年 11 月第 1 版），卷 143，〈趙必愿傳〉，頁 12410。

〔註 85〕《明武宗實錄》，卷 127，頁 5 上～下，正德十年七月己亥條。

〔註 86〕〔明〕亢思謙，《愼修堂集》（《四庫未收書輯刊》5 輯 21 冊，北京：北京出版社，2000 年，據明萬曆詹思虞刻本影印），卷 15，〈擬弭災疏〉，頁 4 下。

省停罷，才能遏止木妖繼續爲禍人世，並期望藉此警示人君。

第三節　晚明的居室風尚

自萬曆以迄崇禎朝（1573～1644），約七十多年的時間，是明朝各個層面劇烈變動的時期。「成、弘間，閭閻殷富尚儉嗇，男好蓄積，女勤機杼，諸生少事長若嚴師，即縉紳亦務恭謹，庭無私謁。延至嘉、隆而變，至今日（萬曆）而變極矣。」〔註 87〕隨著生活富足與俗尚奢華，屋舍講究莊嚴華麗，此一時期可謂明代居室變遷的關鍵，約可從居室的僭越奢華、園林的違式增建與水居的時代現象等三方面詳加觀察：

一、居室的僭越奢華

太祖洪武時期，對京城官員居所控管嚴格，京官需自行解決居住問題，而他省官員進京朝覲或洽公亦如此。爲改善不便，晚明時期出現專供外地堂屬官居住的租屋。「近日南京如吏、戶、禮、兵、工，堂上及列署，自以物力貰官房，亦可居；國子兩廂，極水竹園亭之美，亦公私輳合而成。李九我自南少宰轉北少宗伯，倣南例，買房供堂屬居住，外徵民租。如治家然，誠非體，然因此議其貪，則失之遠矣。」〔註 88〕北京禮部尚書李某，仿南京吏部侍郎任上方式，經營租屋，可以反應京師居大不易的現實，雖然改善居住窘迫的問題，卻也是房舍日侈的重要根源之一。

松江府的縉紳士大夫，以前喜歡居於城外，但隨奢靡風尚流行，也漸漸沾染此氣息，改爲城居。「今縉紳必城居，故宦宅第轉展相售，居必巧營曲房，欄楯臺砌，點綴花石，几榻書畫競事華侈。」〔註 89〕造成國初以來建造的舊房故廬，竟無一、二留存，而江南縉紳士夫是這波風氣的帶動者：

> 縉紳喜治第宅，亦是一弊。當其壯年歷仕，或鞅掌王事，或家計未立，行樂之光景皆已蹉跎過盡。及其官罷年衰，囊橐滿盈，然後窮極土木，廣侈華麗，以明得志。余鄉一先達，起家鄉薦，官至太守，貲累巨萬，家居繕治第宅，甲於一郡，材具工匠皆越數百里外致之。

〔註 87〕〔明〕趙彥復，《沃史》（台北：中央研究院傅斯年圖書館藏，據明萬曆四十年刊本攝製光碟），卷 13，〈風俗攷〉，頁 5 下。

〔註 88〕《湧幢小品》，卷 4，〈衙宇房屋〉，頁 86。

〔註 89〕《崇禎・松江府志》，卷 7，〈風俗・俗變〉，頁 28 上～下。

甫落成而身死，妻亦死，子女相奪，肉未寒而券入他人之手矣。每語子弟，可爲永鑑也。〔註 90〕

江南的縉紳致仕之後，經常大興土木，廣建豪宅，其心態僅是爲光耀故里與滿足虛榮心。花費重金，不分晝夜構築宅第的結果，有時自身無法享受，但子孫卻趁屍骨未寒之際，搶奪身後房產，實令人不勝唏噓。

房屋綴飾野獸，原是王侯高官的象徵，然此時富民之家，亦綴獸頭。〔註 91〕庶民之家營建王侯廳堂，工匠別墅則「壯麗敞豁，侔于勳戚」。〔註 92〕萬曆年間浙江紹興新昌縣城，富宦之家多高堂廣廈，雜用諸色木植，周圍繞以磚牆，簷阿彎革，丹雘相望。〔註 93〕而福建漳州府，房屋皆以木磚打造，雕工細琢，重視多彩色調，並建有石門柱庭，造成中產之家只能爲了顏面，被迫打理修飭居室門面。〔註 94〕葉夢珠（1623～？）爲上海人，幼時曾見江南郡邑盛極一時，「甲第入雲，名園錯綜，交衢比屋，闤闠列廛，求尺寸曠地而不可得。縉紳之家，交知密戚，往往爭一檐一磚之界，破面質成，寧揮千金而不恤。」〔註 95〕晚明時期，營建居室「揮金如土」，亦面不改色。

天啓以後，官民競以宮室高大相爭，罔顧住屋是否堅固耐用。有一則事件廣爲流布：「近則雖細民單戶，廳室皆采畫，而門檻皆朱丹，至廣堂大廈又不必言矣。或曰南中止求美觀，不宜堅固。雖親如父子，亦皆相哄。問其故，則言父以敗材朽木造屋，梁棟皆紙褙彩漆，不一傳而圮矣。此父哄子也。」〔註 96〕晚明人士只求富麗美觀，甚以借貸來粧點門面。風氣至此，已從兩京、江南的習尚，形成全國潮流。儘管到晚明時期，松江人士對房舍門面仍相當看重，「土木之事，在在有之，而吾松獨甚。……迄今四十年來，士宦富民，競爲興作，朱門華屋，峻宇雕牆，下逮橋樑、禪觀、牌坊，悉甲他郡。」

〔註 90〕《五雜俎》，卷 3，〈地部一〉，頁 1538。

〔註 91〕《廣志繹》，卷 2，〈兩都〉，頁 23。

〔註 92〕《萬曆野獲編》，卷 19，〈工部・京師營造〉，頁 487。

〔註 93〕《萬曆・新昌縣志》，卷 4，〈風俗志・宮室〉，頁 5 下～6 上。

〔註 94〕〔明〕袁業泗，《崇禎・漳州府志》（台北：漢學研究中心景照明崇禎元年刊本），卷 26，〈風土志上・風俗考〉，頁 2 上～3 上：「甲第連雲，朱□畫梁，負妍爭麗。海濱饒石門柱庭砌備極，廣長雕摩之工倍於木塼埴設色也。每見委巷窮閭，踐墻敗屋，轉□未幾，合併作翬飛鳥革之觀矣。中人家纔自存，伶俜環堵亦強自修飾，爲鄉裡顏門焉。」

〔註 95〕《閱世編》，卷 10，〈居第一〉，頁 235。

〔註 96〕〔明〕吳應箕，《留都見聞錄》（《叢書集成續編》12 冊，台北：新文豐出版公司，1989 年臺 1 版，據貴池先哲遺書排印影印）卷下，〈時事〉，頁 10 上。

圖 5-1　明・仇英,〈林亭佳趣圖〉

前景的園林與後景的遠山相輝映,爲明人嚮往的居室風格之一,本幅現藏於台北故宮博物院。

圖片來源:《中國巨匠美術週刊》,54 期,頁 5。

〔註 97〕不單貴族富民,追求居室奢華的享受,在各個層面隨處可見,「邸第從御之美,服飾珍羞之盛,古或無之,甚至僕隸賣傭,亦泰然以侈靡相雄長,往往僭禮踰分焉。」〔註 98〕賤民階層的樂戶娼妓,其門面的美觀與否,往往是招徠人客的主因之一,因而南京曲中妓院重視屋舍,「妓家鱗次,比屋而居,屋宇精潔,花木蕭疏,迥非塵境。」〔註 99〕居室成爲其生財工具之一,精心搭造構築似乎也十分順理成章。

歸莊(1613～1673)於辛巳年間(崇禎十四年,1641)寓居太倉顧氏故宅,不禁感嘆:「今日吳風汰侈已甚,數里之城,園圃相望,膏腴之壤,變爲丘壑,繡戶雕甍,叢花茂樹,恣一時遊觀之樂,不恤其他。嗚呼!廢有用爲無用,作無益害有益,何其不思之甚也。」〔註 100〕

二、園林的違式增建

園林爲居室屋舍之延伸,是文人生活空間組成的一部份,提

〔註 97〕《雲間據目抄》,〈記土木〉,頁 1 上。

〔註 98〕〔明〕周世昌,《萬曆・重修崑山縣志》(台北:台灣學生書局,1987 年 6 月初版,據明萬曆四年刊本崇禎三年鈔本影印),卷 1,〈風俗〉,頁 199。

〔註 99〕《板橋雜記》,卷上,〈雅遊〉,頁 8。

〔註 100〕〔清〕歸莊,《歸莊集》(上海:上海古籍出版社,1982 年),卷 6,〈太倉顧氏宅記〉,頁 351。

供其幽居、休閒、遊賞及雅集等多方用途，且呈現文人特有的空間美學。〔註101〕園林以山水幽靜取勝，不以富麗堂皇炫俗。園林是明人深嗜的愛好之一，每至一地，必訪名園，以擁有園林爲終身企求的目標，爲構園囊空如洗卻義無反顧。園林可遊可居，滿足遊山玩水的需要，消除仕隱雅俗的鬱悶，一時「園癡」、「園癖」比比皆是，因而愛園、癖園、造園與遊園成爲一種流行的文化時尚，舉凡科舉失利、仕途困頓或不理政事之時，泉石園亭成爲明人心靈慰藉、精神寄託的來源，它可以是暫時的棲息住所，也可能是終老的歸宿。〔註102〕

若以地區劃分，園林尤以江南爲最。「江南大家，皆有園林之勝，自古蓋已然。」〔註103〕園林並非始於明朝，唐中葉隨著政治、經濟重心的南移，園林構築也在江南大行其道，南宋建都臨安，遂使江南園林風靡一時，爾後元朝士族富室多營園林，尤以吳中最盛。〔註104〕朱元璋大刀闊斧改革園林文化，開國首頒詔令，強徙吳中富室至鳳陽，國初園林生活幾乎消失殆盡。朱元璋同時於房舍規定裡約飭文武百官，不得多佔隙地，妨礙百姓居住，亦不得於宅內鑿池養魚，避免國運外洩。因而明初鮮少建置園林，部分士族富室雖擁有園林，但其型式多屬單調樸質，目的爲「謹守祖業」的保守心態。明初以來的居室營建，就建築格局而言，由誅茅爲廬的樸質漸趨於木構石材的華麗；就位置選擇而言，由依山傍水的山居漸至於市廛闤闠的城居；就生活取向而言，由居家生活延伸至別業的生活。明人居室，通常包含家室和園林兩部分，家室是日常起居生活區，園林則是興來休閒的生活區。〔註105〕

雖然明代屢興禁制，常以祖訓規範，但園林文化並不因法規命令而消逝。

〔註101〕王鴻泰，〈美感空間的經營——明、清間的城市園林與文人文化〉（《東亞近代思想與社會——李永熾教授六秩華誕祝壽論文集》，台北：月旦出版社，1999年11月初版），頁127～186。

〔註102〕夏咸淳，《明代山水審美》（北京：人民出版社，2009年5月第1版），頁566～569及607。

〔註103〕〔明〕楊循吉，《合刻楊南峰全集》（東京：高橋情報，1993年，據明萬曆年間徐景鳳校刊影印），《燈窗末藝》，〈華氏怡老園記〉，頁19下～21上。

〔註104〕元‧楊維禎，《東維子集》（《景印文淵閣四庫全書》集部1221冊），卷19，〈不礙雲山樓記〉，頁20上～下：「至正九年春，余抵淞之張溪，溪之東有大族，爲楊竹西氏居之南偏，其樓曰『不礙山雲』。……竹西脱去仕累，歸討幽事，稍爲園池亭榭以自娛。」

〔註105〕吳智和，〈明人居室生活流變〉，《華岡文科學報》，24期，頁223～224及248。

正德以後，特別是嘉靖到萬曆年間，為園林文化發展的顛峰。〔註106〕如世宗時期，大臣之家往往崇搆室宇，巧結台榭，作為遊息宴閑的棲身場所。〔註107〕「嘉靖末年，海內宴安。士大夫富厚者，以治園亭。」〔註108〕對士人而言，居室是寒窗苦讀的起始，亦為致仕退隱的歸途，莫不對居家環境詳加講究，而嘉靖時期就是最好的時機。北京城區的園林，多屬戚畹勳臣以及中貴擁有，其特色「大抵氣象軒豁，廊廟多而山林少，且無尋丈之水可以游汎。」〔註109〕但規模實無法與江南相擬。「吳多湖山，名士韻士率選勝以自娛，而園林之名遂傳海宇。」〔註110〕除北京外，南京、蘇州、杭州、松江、揚州和嘉興等地，皆為明朝園林發展最興盛的地區，此股風潮於明朝中後期正式達到高峰。江南人家違制營建已是常態，「凡家累千金，垣屋稍治，必欲營治一園。若士大夫之家，其力稍贏，尤以此相勝。大略三吳城中，園苑棋置，侵市肆民居大半。」〔註111〕

南直隸十四府在園林的數量上頗為可觀，且多為諸王、顯宦園邸，這些園圃多在正德、嘉靖後才逐漸構築。〔註112〕以松江府而言，著名的園林如徐太常公播水西園、陸宗伯適園、顧中舍正誼濯錦園、董太學九皋新園、范太僕惟一嘯園、何三畏芝園、顧太學正倫顧正心朴菴與東郊外園、徐太常元春徐氏東西園、張氏雙鶴園、馮孝廉彥楨梅南草廬、山人唐文濤拙圃等。〔註113〕其中，潘允端（1526～1601）於上海構築的「豫園」，被譽為獨步江南：

> 延袤一頃有奇，內有樂壽堂，深邃廣爽，不異侯門勳貴。堂以前，為千人坐，又其前，為巨浸，巨津之中，多怪石奇峰，若越山連續

〔註106〕《客座贅語》，卷5，〈古園〉，頁162：「國初以稽古定制，約飭文武官員家不得多占隙地，妨民居住。又不得於宅內穿池養魚，傷泄地氣。故其時大家鮮有為園囿者，即弇州所紀諸園，大抵皆正、嘉以來所創也。」

〔註107〕〔明〕朱承爵，《存餘堂詩話》（《四庫全書存目叢書》集部417冊，台南：莊嚴文化事業有限公司，1997年6月初版，據北京大學圖書館藏明嘉靖十八年至二十年顧氏大石山房刻顧氏明朝四十家小說本影印），頁3下～4上。《客座贅語》，卷5，〈古園〉，頁162。

〔註108〕《萬曆野獲編》，卷26，〈玩具・好事家〉，頁654。

〔註109〕《萬曆野獲編》，卷24，〈畿輔・京師園亭〉，頁609～610。

〔註110〕《崇禎・吳縣志》，卷23，〈園林〉，頁1上。

〔註111〕〔明〕何良俊，《何翰林集》（《四庫全書存目叢書》集部124冊，台南：莊嚴文化事業有限公司，1997年6月初版，據中國社會科學院文學研究所藏嘉靖四十四年何氏香嚴精舍刻本影印），卷12，〈西園雅會集序〉，頁9上。

〔註112〕《客座贅語》，卷5，〈金陵諸園記〉，頁159～161。

〔註113〕《雲間據目抄》，卷5，〈記土木〉，頁1上～11上。

> 不斷。面南一望，令人胸次洞開，措大當之，不覺目眩股栗，大江南綺園，無慮數十家，而此堂宜爲獨擅。堂之左，即方伯公讀書精舍也，内列圖史寶器玩好之物，如瓊林大宴，令人應接不暇，足稱奇觀。〔註 114〕

豫園歷時近二十載始成，處處充滿江南山水風情，不僅可以炫耀貲產富厚，同時可在城居裡體現山居的恬適，有「鬧中取靜」之意，實爲士人的範例。而何三畏的芝園，雖爲園數十畝，其內設有觀濠堂、歌風館及亭台竹台等景勝。舉凡良辰佳節，即張燈設宴，招詩人社友集於其中。何孝廉不治生產，其供養園林的花費來自租稅，或四方賢豪的饋遺。〔註 115〕明人構築園林的心態，實令今人匪夷所思。

園林的構築依室廬而建，山水、花木與鳥蟲等穿梭居間，自然美景映入眼簾，饒富詩情畫意。如應天府上元縣民姚三老，貲甲閭右，「其中有池、有亭、有假山，皆太湖恠石，鉤鬪鍪垛，奇堀玲瓏。又有飛閣曲房，藥欄花徑，逶迤斗折，粧點如畫。周遭又有老樹壽籐，蒽蒨相糾，秀色映發，魚鳥親人，良愜賞心。」〔註 116〕姚三老的別墅就是城市山林山景水色的縮影。明人構建園林，不單純依靠工匠，而是主人親自參與操作與擘畫，「世之興造，專主鳩匠，獨不聞三分匠、七分主人之諺乎？非主人也，能主之人也。古公輸巧，陸雲精藝，其人豈執斧斤者哉？若匠惟雕鏤是巧，排架是精，一架一柱，定不可移，俗以『無竅之人』呼之，甚確也。」〔註 117〕而祁彪佳（1602～1645）的園林，即是其腸思枯竭後，妝點安排與悉心擘畫的結晶：

> 園盡有山之三面，其下平田十餘畝，水石半之，室廬語花木半之。爲堂者二，爲亭者三，爲廊者四，爲臺與閣者二，爲堤者三，其他軒與齋類，而幽敞各極其致。居與庵類，而紆廣不一，其形室與山房類，而高下分標其勝。與夫爲橋、爲樹、爲徑、爲峰，參差點綴，委折波瀾，大抵虛者實之，實者虛之；聚者散之，散者聚之；險者夷之，夷者險之。如良醫之治病，攻補互投；如良將之用兵，奇正

〔註 114〕《雲間據目抄》，卷 5，〈記土木〉，頁 10 下～11 上。

〔註 115〕《雲間據目抄》，卷 5，〈記土木〉，頁 5 上。

〔註 116〕〔明〕敖英，《綠雪亭雜言》（《四庫全書存目叢書》子部 102 冊，據中國科學院圖書館藏明天啓快堂刻快書本影印），卷 11，頁 13 上～下。

〔註 117〕〔明〕計成，《園冶》（北京：中國建築工業出版社，1981 年 10 月第 1 版），卷 1，〈興造論〉，頁 41。

互用；若名手作畫，不使一筆不靈；如名流作文，不使一語不韻。此開園之營搆也。〔註 118〕

祁彪佳藉由出遊四方與拜訪園林，來增強對營建概念與美感的加深，其身旁的諸位親友，更是他學習仿效的對象，如其父的密園、堂兄止祥的柯園等，而多位親友多參與營造的工作，使得祁彪佳以醫術、兵法、作畫與藝文的理念，充分體現在園林，其投注的時間、心血與財力，可謂其人生情感的投影，實非筆墨難以形容。〔註 119〕

文徵明（1470～1559）曾孫文震亨（1585～1645），亦長於詩文書畫，尤擅園林佈局，著有《長物志》。就他看來，書畫寓意可謂爲園林生活的投射：「山水第一，竹、樹、蘭、石次之，人物、鳥獸、樓殿、屋木小者次之，大者又次之。」〔註 120〕明人建構園林，寓意其身與自然融爲一體，若以作畫的標準，似可套用明人對於園林妝點著重山水布局：

> 園林之勝，惟是山與水二物。亡論二者俱無，與有山無水、有水無山不足稱勝，即山曠率而不能收水之情，水徑直而不能受山之趣，要無當於奇。雖有奇葩繡樹、雕甍峻宇，何以稱焉？吾園錫山、龍山紆迴曲報，緜密複袷，而二泉之水從空醞釀，不知所自出。吾引而歸之，爲嶂障之、堰掩之，使之可停、可走、可續、可斷、可鉅、可細，而惟吾之所用。故亭榭有山，樓閣有山，便房曲室有山，几席之下有山，而水爲之灌漱。澗以泉，池以泉，滿澮以泉，即盆盎亦以泉，而山爲之砥柱。以九龍山爲百億化身之山，以二泉水爲千百億化身之水，而皆聽約束於吾園，斯所爲勝耳。……夫山水，成於天者也；屋宇，成於人者也；樹，成於人，而亦本於天者也。故窮極土木，富有力者能之，貧者不能也。余有天幸，得地於山水之間，又得有此喬柯而成其勝，必以土木爲奇，則束手矣。〔註 121〕

〔註 118〕〔明〕祁彪佳，《祁彪佳集》（北京：中華書局，1960 年），卷 7，〈寓山注〉，頁 151。

〔註 119〕可參閱：曹淑娟，《祁彪佳與寓山園林論述》（台北：里仁書局，2006 年 3 月初版），頁 59～63。

〔註 120〕〔明〕文震亨，《長物志圖說》（濟南：山東畫報出版社，2004 年 5 月第 1 版），卷 5，〈書畫．論畫〉，頁 156。

〔註 121〕〔明〕鄒迪光，《愚公谷乘》（《錫山先哲叢刊》1 冊，南京：鳳凰出版社，2005 年 7 月第 1 版），〈記十一〉，頁 375～377。

萬曆人士鄒迪光（1550～1626），於惠山下嘔心建構愚公谷，其《愚公谷乘》十一記，為其園林指南。好事者評論愚公谷，稱：「亭榭最佳，樹次之，山次之，水又次之。」鄒迪光嗤之以鼻，認為該人不善窺園，鄒迪光對愚公谷以山水取勝的自豪可見一斑。吳應箕（1594～1645）苦屢試罷第，於是「隨山勢營為園，壘而週之，園林其中，林際搆亭，對亭為堂，亭側列舍數間，貯所為讀書處為廊，入梅桂環擁。……蓋凡兩年而園成，成而自題之，曰『暫客』。」〔註 122〕文人雅士期望進入山水，求得短暫的恬雅、靜謐。〔註 123〕

何謂「為園之道」？沈周（1427～1509）的標準是：「多種樹，少起屋」。〔註 124〕明人於居室種植花木，可追溯至宋元時期：「江南至錢氏以來，及宋元盛時，習尚繁華。富貴之家，於樓前種樹，接各色牡丹於其杪。花時，登樓賞翫，近在欄檻間，名樓子牡丹。」〔註 125〕花樹蔬果深具田野氣味，因此江南園林，「必購求海外奇花石，或千錢買一石，百錢買一花，不自惜。」〔註 126〕張岱堂弟興建園林，亦特重花木種植：

> 先是辛未，以住宅之西有奇石，鳩數百人開掘洗刷，搜出石壁數丈，巉峭可喜。人言石壁之下，得有深潭應之尤妙，遂於其下掘方池數畝。……人又有言亭池固佳，恨花木不得即大耳。燕客則遍尋古梅、果子松、滇茶、梨花等樹，必選極高極大者，拆其牆垣，以數十舁至，種之。種不得活，數日枯槁，則有尋大樹補之，始極蓊鬱可愛，數日之後，僅堪供林□。古人伐桂為薪，則又其值數倍矣。恨石壁新開，不得苔鮮，多買石青石綠，呼門客善畫者以筆皴之，雨過湮沒，則又皴如前。〔註 127〕

「有名園而無佳卉，猶金屋之鮮麗人；有佳卉而無位置，猶玉堂之列牧豎。」

〔註 122〕〔明〕吳應箕，《樓山堂集》（《續修四庫全書》集部 1388 冊，上海：上海古籍出版社，1995 年，據北京圖書館藏清刻本影印），卷 18，〈暫園記〉，頁 20 上～下。

〔註 123〕顧凱，《明代江南園林研究》（南京：東南大學出版社，2010 年 3 月第 1 版），頁 106。

〔註 124〕《堅瓠集》，《堅瓠秘集》卷 6，〈為園〉，頁 15 上。

〔註 125〕《菽園雜記》，卷 12，頁 152。

〔註 126〕《唐荊川先生集》，卷 8，〈任光祿竹溪記〉，頁 30 上。

〔註 127〕〔明〕張岱，《琅嬛文集》（長沙：嶽麓書社，1985 年 7 月第 1 版），卷 4，〈五異人傳〉，頁 184～185。

〔註 128〕園林兼具人工與自然之美，同時給人感官的愉悅享受，令人留連不忍離去，花木實爲重要關鍵之一。〔註 129〕

明朝營建兩京之際，在宮城內外先後營造許多苑園，自明中葉起，造園之風盛行，以兩京、蘇州及太湖沿岸最爲炙熱。「疊石爲山」是明代造園的特點之一，峰巒洞壑、峭壁危徑視爲常態，如南京與蘇、杭地區的園林，就以奇峰陰洞取勝。〔註 130〕黃省曾（1490～1540）論及世宗時期的吳中富豪，「競以湖石築峙奇峰陰洞，至諸貴占據名島，以鑿鑿而嵌空妙絕，珍花異木，錯映闌圃。雖閭閻下戶，亦飾小小盆島爲玩。」〔註 131〕松江名匠張南坦寓山水於胸臆，以假亂眞的疊石造山技術名聞江南：

> 今之爲假山者，聚危石，架洞壑，帶以飛梁，矗以高峰，據盆盎之智以籠岳瀆，使入之者如入鼠穴蟻垤，氣象蹙促，此皆不通於畫之故也。且人之好山水者，其會心不在遠。於是爲平岡小坂，陵阜陂陀，然後錯之石，繚以短垣，翳以密篠，若是乎奇峰絕嶂，累累乎墻外，而人或見之也。若石脈之所奔注，伏而起，突而怒，犬牙錯互，決林莽、犯軒楹而不去，若似乎處大山之麓，截溪斷谷，私此數石者爲吾有也。〔註 132〕

能將假山與眞實山水景色巧妙連結，渾然天成，是劉氏獨門技藝，也是假山造園的最高境界。此外，雕砌技術與來源選擇亦是重要，「假山須用山石，大小高下，隨宜布置，不可斧鑿。蓋石去其皮便枯槁，不復潤澤生莓苔也。太湖錦川雖不可無，但可妝點一二耳。若純是難得其品，終覺粉飾太盛，無復丘壑天然之致矣。」〔註 133〕因而，如「陸文定適園，並無層臺危榭，乃有鑿石疏渠，靡極土木，費至千萬緡者，僅供冶遊。頃復，用黃石纍山向橫雲，

〔註 128〕〔清〕陳淏子輯，伊欽恒校注，《花鏡》（北京：農業出版社，1993 年第 1 版），卷 2，〈課花十八法・種植位置法〉，頁 44。

〔註 129〕邱仲麟，〈明清江浙文人的看花局與訪花活動〉，《淡江史學》，18 期，2007 年 9 月，頁 84。

〔註 130〕孟亞男，《中國園林史》（台北：文津出版社，1993 年 7 月初版），頁 151。

〔註 131〕〔明〕黃省曾，《吳風錄》（《中國風土志叢刊》36 冊，揚州：廣陵書社，2003 年 4 月第 1 版，據清道光十一年學海類編木活字排印本影印），頁 3 下。

〔註 132〕〔清〕黃宗羲，《南雷詩文集》（《黃宗羲全集》10 冊，杭州：浙江古籍出版社，1993 年 10 月第 1 版），〈張南垣傳〉，頁 571。

〔註 133〕《五雜俎》，卷 3，〈地部一〉，頁 1535。

半爲石工所鑿，今山靈更苦剝膚矣。」〔註 134〕而儀眞汪園輦石費，竟也高達四、五萬。〔註 135〕

然而，謝肇淛對山石堆疊乃至於園林藝術甚感厭惡，總覺過於流落俗套，非士人氣息，爲賈豎、閹宦的傑作。「假山之戲，當在江北無山之所，裝點一二以當臥遊。若在南方，出門皆眞山眞水，隨意所擇，築菟裘而老焉。或映古木，或對奇峰，或俯清流，或踞磐石，主客之景皆佳，四時之賞不絕，及善繪者不能圖其一二，又何疊石累土之工所敢望乎？」〔註 136〕華亭莫是龍（？～1587）爲莫如忠（1508～1588）子，父子皆以善書稱。莫氏亦有同感：「余最不喜疊山爲石，縱令紆迴奇峻，極人工之巧，終失自然。不若疏林秀竹，間置磐石，綴土阜一仞，登眺徜徉，故自佳爾。」〔註 137〕晚明士人重視經世致用之道，園居講求回歸自然，如「宣城派」梅守箕主張：「夫園居而足記者，以其未鑿山川之眞，于璞未大彫也。若彫者乎，雖令土木衣文繡水，石蒙脂澤，謂之重傷。」〔註 138〕

明代是園林藝術空前發展的年代，無論是皇家、私家園林，皆力求標新立異，表現出建造者的文化修養與審美趣味。園林的構築並非只是來自一磚一瓦，而是源自它的藝術情境。園林的樓台、亭閣、小橋、流水與花草，讓人彷彿融入自然美景。明代園林藝術賦予給人的已超過視覺感官享受。〔註 139〕明人對園林造藝的成就，遂有計成（1582～1642）《園冶》一書的問世。《園冶》刊刻於晚明崇禎年間，該書不僅針對相地、立基、屋宇等方面加以說明，亦針對掇山、選石與借景等深入解說，可謂集明代園林設計菁華之大成，也是一本園林建築的總結性著述。計成構園，強調順應自然脈理，按照山水型態構築景觀，以不煩人事之工，而達到渾然天成，這也是明代園林的審美準則與最高意涵。〔註 140〕

〔註 134〕《松江府志》，卷 7，〈風俗志．俗變〉，頁 28 下～29 上。

〔註 135〕《陶庵夢憶》，卷 5，〈于園〉，頁 42。

〔註 136〕《五雜俎》，卷 3，〈地部一〉，頁 1535。

〔註 137〕〔明〕莫是龍，《筆麈》（《叢書集成新編》文學類 88 冊，台北：新文豐出版公司，據奇晉齋叢書本排印影印，1985 年台 1 版），頁 5 下。

〔註 138〕〔明〕梅守箕，《梅季豹居諸二集》（四庫未收書輯刊》6 輯 24 冊，北京：北京出版社，1997 年，據明崇禎十五年楊昌祚等刻本影印），卷 14，〈山景十二景記〉，頁 5 上。

〔註 139〕羅筠筠，〈明人審美風尚概觀〉（《明史研究》4 輯，合肥：黃山書社，1994 年 12 月第 1 版），頁 172～173。

〔註 140〕張薇，《園冶文化論》（北京：人民出版社，2006 年 12 月第 1 版），頁 118～120。

三、水居的時代現象

江南地區水路綜橫，沿水域而居的習尚由來已久。居民因地制宜，住屋臨水而建，「漆湖之干有洲焉，二十步三分羸一，以爲廣其外池周之，其外隄周之，其外湖又周之，又其外山周之，所謂軍將漆塘諸山也。主人即以洲作居，以水爲垣，豁然四達，主人偃息其中，以水爲娛，泊然自得。」〔註 141〕南京的秦淮河畔，文人雅士多駐足流連於此：

> 南京河房夾秦淮而居，綠窗朱户，兩岸交輝，而倚檻窺簾者，亦自相掩映。夏月淮水，盈漫畫船蕭鼓之游。至於達夜，實天下之麗觀也。冬閒水落河乾，則一望河亭，惟有木橛蝟列耳，令人意盡飲河亭及河舫者久之，亦如飲市樓爲可厭，固不及城外河流可以縱其所如，而亦時有林岸葦曲，可以領清音、寓曠矚也。〔註 142〕

「秦淮河河房，便寓、便交際、便淫冶，房值甚貴而寓之者無虛日。畫船簫鼓，去去來來，周折其間。」〔註 143〕秦淮河不僅風景艷麗，河畔青樓也爲南京一絕。「士大夫之家居者，率爲樓臺、園囿、池沼，以相娛樂，近水則爲河亭遊舫，蓄歌伎，弄絲竹，花晨月夕，酣讌不絕。風流吟嘯，彷佛晉人。其有或樸魯而不爲放達者，則群起而非，笑之曰『傖』。跡其風調，蓋亦不減於竹林也。」〔註 144〕文人雅士多至此縱欲遊冶、抒發牢騷，錯置時空，化身爲魏晉清談名士。除秦淮河外，浙江亦同爲河網密布區域。崇禎十三年（1640），余紹祉舟遊吳越山水覽勝，首推錢塘江支流「曹娥江」，他認爲曹娥江水系風光，雖無法與西湖抗衡，但若與秦淮河相較：「秦淮水狹而藪，此則忽狹忽闊、忽轉忽折；秦淮河房駢麗而少變幻，此則樓臺亭榭參差疎密，各具手眼。人知有城市山林，而不知有城市江湖。」〔註 145〕余氏以「城市江湖」來形容浙江錢塘水系，同時也貶抑江南園林不如眞實山水的麗緻天然。

依水而居，大體可分爲「舟屋」與「屋舟」兩種形式。舟屋的來源與江南

〔註 141〕《高子遺書節鈔》，卷 7，〈水居記〉，頁 173～174。

〔註 142〕《留都見聞錄》，卷下，〈河房〉，頁 1 上。

〔註 143〕《陶庵夢憶》，卷 4，〈秦淮河房〉，頁 31～32。

〔註 144〕〔清〕鄭廉，《豫變紀略》（《甲申史籍三種校本》，鄭州：中州古籍出版社，2002 年 10 月第 1 版），卷首，〈自序二〉，頁 7。

〔註 145〕〔明〕余紹祉，《晚聞堂集》（《四庫未收書輯刊》6 輯 28 冊，北京：北京出版社，1997 年，據清道光十七年單士修刻本影印），卷 16，〈渡曹娥江〉，頁 8 上～8 下。

地理位置有關，如明初有以「方舟」名宮室者，藉此表明爲吳越人士。〔註146〕而舟屋與園林也有其絕對關連，明人喜歡縱情於山水之間，園林務求依山傍水，茅坤（1512～1601）嘗言：「勢家巨室之傍西湖而園者，歲數增置，星羅齒錯于其遠近，不可勝數。」〔註147〕更甚者，將其居室打造成舟船形制，歙縣汪汝謙的不繫園，就是這種異於尋常規制似舟之屋的園林建築。「長六丈二尺，廣五之一，入門數武堪貯百壺，次進方丈，足布兩席，曲藏斗室，可供臥吟，側掩壁廚，俾收醉墨，出轉爲廊，廊升爲臺」，〔註148〕不繫園可謂樓船式建築的「舟屋」。

至於似屋之舟的「屋舟」，可謂爲樓船的變形。明人有段對樓船的記述，實令人難以想像其華麗偉觀：

> 夫舟長七十尺有奇，闊殺六之五，分爲八區。前爲首，次爲江華樓，於此延見賓客，騁望遐邇。樓下從者居之，樓後左爲登仙門，右爲用汝門。磴道而下爲舟腹，榜曰：「虛舟」。兩傍障以白板，板外各通微行。虛舟向後正中開一牖，牖外空其上方，天空自牖入滿腹。空懼風波憾盪，鑿子房山文石，平壓舟底，雖犯怒濤衝石，尤若過枕席。夫牖外既空，其上不隔雨露宜盆景，乃夾欄笥爲小圃。圃中水一斛，石一拳，儼然有泰華江湖之勢。蓄魚數頭，植雜卉數種，榜曰：「一壑」。臨壑爲小軒，覆用明瓦，榜曰：「鑑湖深處」。鑑湖餘家也。……臨軒爲臥榻，榜曰：「徐於齋」。齋中有書、有畫、有琴、有劍、有碁、有筆床、茶竈、商彝、周□諸清玩之屬。客至，或於「江華樓」、或於「虛舟」、或於「一壑」、或於「鑑湖深處」、或於「徐於齋」，書者書、畫者畫、琴者琴、劍者劍、碁者碁，晏坐流憩，惟適所安。苦茗香醪，各隨所好。雖方廣不出一舟，而疾則想頓，緩且中宿，眞壺天也。榻後爲行廚，廚後尾而舟畢矣。舟腹中舷高可六尺餘，凡舟率以爲艙而居貨焉。餘則列爲「虛舟」、爲「一

〔註146〕〔明〕程本立，《巽隱集》（《景印文淵閣四庫全書》集部1236冊），卷3，〈方舟記〉，頁10上～下。

〔註147〕〔明〕茅坤，《茅坤集》（杭州：浙江古籍出版社，1993年第1版），卷20，〈翠微園記〉，頁624。

〔註148〕〔明〕汪汝謙，《不繫園集》（附錄於：汪汝謙，《西湖韻事》，《叢書集成續編》史地類224冊，台北：新文豐出版公司，1989年7月台1版，據《武林掌故叢編》本影印），〈不繫園記〉，頁2下。

> 壑」、爲「鑑湖深處」、爲「徐於齋」，謂舟居耶！而內不見屋，在「虛舟」若堂奧，在「一壑」若在別墅，在「鑑湖深處」若在故園，在「徐於齋」若在房闥。至登「江華樓」始知爲舟，然高舷已六尺，雖舟實樓也。〔註 149〕

以樓爲舟，以舟名樓，明人的雅趣令人玩味。所建造的高樓似舟船，所打造的舟船宛如高樓，令人難以分辨。〔註 150〕船隻的打造雖無定制，但這種概念令時人瞠乎其後。就晚明時期利瑪竇的觀察，中國人喜用船隻旅行，他們的船更考究、更寬敞。「一個官員的遊艇就大到可以容納他的全家人，和在他們家時一樣自在。開支全部由公家支付，設置有廚房、臥室和起坐間，裝飾得看來更像是闊人的住宅而不像是遊艇。」〔註 151〕

無論舟屋或屋舟，成爲晚明人士隱身於水居的最佳選擇，也與自然眞實的結爲一體。松江孫克弘（1533～1611）官至漢陽知府，善繪山水花鳥，其「屋舟解」有如下的描述：

> 姬仲子隱居潤城之西，清江之陬，聯筏構楹，疑屋疑舟，可以宴息，可以遨遊。彷彿乎茅茨之檐，依稀乎泛海之桴。波光蕩其户牖，嵐氣襲其衾裯。……吾早有志於隱，而不幸爲術業所累，勞擾奔馳，誠非獲已。中歲乃得避地於茲，欲效古人所謂逃名者，託此以休焉。且子不觀乎，仰而棟何云「非屋」，俯而舷云「非舟」。謂舟也，而製則屋也；謂屋也，而用實舟也。合而以屋舟名，蓋道其實爾矣。……及夫大觀而遠覽，則隨吾身之所寓，吾居即吾舟也。又推而極之，則萬物之在大塊中，萬物不猶一舟矣乎，而大塊之在大化中，天地不猶一舟矣乎。子如知此，則屋之未始不爲舟，舟之未始不爲屋。或屋或舟，無不可者。〔註 152〕

明人「小隱山林，大隱城市」，〔註 153〕選擇城居臨江，生活便利亦取山水恬適，

〔註 149〕〔明〕黃猷吉，《兩高山人萬壑樓藏稿》（台北：漢學研究中心景照明萬曆三十二年序刊本），碑記部卷 1，〈虛舟記〉，頁 63 下～65 上。

〔註 150〕如《陶庵夢憶》，卷 8，〈樓船〉，頁 73，所記張岱造樓船一事：「家大人造樓，船之；造船，樓之。故里中人謂船樓，謂樓船，顚倒之不置。」

〔註 151〕《利瑪竇中國劄記》，第一卷，〈關於服裝和其他習慣以及奇風異俗〉，頁 85。

〔註 152〕〔明〕孫克弘，《孫公簡瀼溪草堂稿》（《北京圖書館珍本叢書》102 冊，北京：書目文獻出版社，1988 年，據明孫克弘等刻本影印）卷 40，〈屋舟解〉，頁 3 上～4 下。

〔註 153〕〔明〕孔貞時，《在魯齋文集》（台北：偉文圖書出版社有限公司，1977 年 8

也似乎比刻意雕砌的園林，更能恣意寄情於山水間。這樣的生活，可引述明初宗泐（1318～1391）的詩詞為最佳寫照：「吳人舟似屋，今子屋為舟。四面水都繞，百年身若浮。下臨知有地，中坐恐隨流。夢裏天無際，微茫發棹謳。」〔註 154〕明人水居，不論是「舟屋」還是「屋舟」，或是水邊居還是水中遊，不外取其適意而已。

月初版，據國家圖書館藏明崇禎四年刊本影印），卷 3，〈趙虛白搆靜室引〉，頁 29 上。

〔註 154〕〔明〕宗泐，《全室外集》（《禪門逸書初編》7 冊，台北：明文書局，1981 年 1 月初版，據四庫全書鈔本影印），卷 5，〈屋舟〉，頁 9 上。

第六章　行具方面的異端

雖然古人喜談安步當車的閒適情懷，然而人類主要的代步工具，包括以動物馱載的馬、牛、騾、驢隻等，及以人力運轉的車、轎、船等二方面。儘管如此，搭載工具的華麗性與舒適度，與身分階層仍有絕對關係。行具也成爲歷代典章制度的一環，針對各階層使用行具的種類詳加區分，路途中迴避進退的禮儀，亦涵蓋其中，成爲表明身分、顯現權貴的外在表徵之一。因而自後漢以降，正史均列〈輿服志〉，表明車轎、服飾等制度，爲朝廷典制的規範重點項目之一。

中國車轎發展歷史悠遠。「轎」，古字作「橋」，爲肩行之車，五代時期即有此名，宋代以前則多稱「肩輿」，又名「步輦」。轎是從「輦」演變而來，因爲這種小車，行走在崎嶇山道及狹隘小路，多是以人力負載方便行走，如《漢書・嚴助傳》所言：「輿轎而隃領（逾嶺）。」〔註 1〕表明輿轎是古人過山的交通工具之一。在名稱上，北方多稱「肩輿」、「肩舁」，江南以竹爲材，民間多謂「籃輿」，因而在形制上的差異，有「竹輿」、「竹兜子」、「籃輿」或「筍輿」等別稱。肩輿爲轎子之前身，其形制與轎子不同，未有頂蓋與圍布，名稱上也有人稱爲「兜輿」、「籃輿」。〔註 2〕雖然肩輿使用的年代較早，但明代因旅遊攬勝風尚蓬勃，才逐漸普及於各地域。在行具方面，騎馬、乘輿是最能體現統治者亟欲區別身份等差的意涵，因而本章主要探究的輿馬制度，著重在違反禮制「僭」、「奢」兩個層面，其他行具逾禮犯分亦兼論之。

〔註 1〕《漢書》，卷 64 上，〈嚴助傳〉，頁 2779。

〔註 2〕本段多參酌：王子今，《中國古代行旅生活》（台北：台灣商務印書館，1998 年 11 月初版），頁 60。

第一節　明初的行具規範

早期人主乘車均以馬負，稱「輅車乘馬」；若以人輦，實爲「不道」。〔註3〕自唐以來，將相王公皆乘馬；宋初朝臣亦乘馬，三品以上則可用羢座區別等威。〔註4〕乘轎成爲習尚，一般相信來自於北宋後期。如哲宗紹聖二年（1095），汴京的士人和豪右出入多以四人舁轎，更甚者飾以棕蓋，撤去簾蔽，朝廷雖禁但無可止。〔註5〕北宋末年，因乘轎習氣繁盛，還出現租賃車轎的行業，遂使朝廷逐步放寬政策。宋室南渡，又以征伐、道路險阻諸因，詔令百官乘轎，「宋南渡後，行在百官，有謝許乘轎表，見《汪浮溪集》，此亦乘轎事原。」〔註6〕爾後因雪滑等因素，形成制度化，〔註7〕轎子自此成爲官員乘坐的主要交通工具。

一、洪武、永樂時期

「輿」指車、轎，「蓋」則是傘，它是交通工具，也是出行必要的儀杖排場之一。〔註8〕朱元璋對車輿所具備的氣派和豪華深不以爲然，因而他採取兩種措施：首先，他認爲「安步」是國君克勤克儉的表現，故隨著諸子年紀成長，「命內侍製麻屨行勝，每出城稍遠，則馬行其二，步趨其一。」〔註9〕再者，乘輿不須過分雕飾與講究，所以他將所有金飾改以銅質。洪武六年（1373）八月，太祖命禮部官考訂古代五輅制，造木輅二乘：一乘爲朱漆，爲祭祀之用；另一爲皮革裝飾，供行幸使用。洪武二十六年（1393）制定鹵簿大駕之制，設玉輅、大輅、九龍輅（後罷革）、步輦共五乘。五輅是五輛具有棚蓋的車轎，皇帝出宮

〔註3〕《湧幢小品》，卷15，〈人輿〉，頁3466。

〔註4〕〔明〕于慎行，《穀山筆麈》（北京：中華書局，1997年11月第1版），卷1〈制典下〉，頁7。

〔註5〕元・脫脫，《宋史》（北京：中華書局，1977年11月第1版），卷153，〈輿服志五・士庶人服〉，頁3574：「哲宗紹聖二年，侍御史翟思言：『京城士人與豪右大姓，出入率以轎自載，四人舁之，甚者飾以棕蓋，徹去簾蔽，翼其左右，旁午於通衢，甚爲僭擬，乞行止絕。』從之。」

〔註6〕〔明〕葉盛，《水東日記》（北京：中華書局，1997年11月第1版），卷10，〈乘轎事原〉，頁106。

〔註7〕曹家齊，《宋代交通管理制度研究》（開封：河南大學出版社，2002年10月第1版），頁52～54。

〔註8〕陳寶良、王熹，《中國風俗通史・明代卷》，頁503。

〔註9〕《日知錄集釋》，卷2，〈王朝步自周〉，頁41。

則乘坐玉輅，其後有八人扛抬的腰輿。此有一番緣由，時在至正二十六年（1366），朱元璋觀《周禮》，認爲玉輅過於奢侈，宜改木輅，雖然官員奏稱木輅祭天非禮，但朱元璋堅持：「祀在誠敬，豈泥儀文。」〔註10〕事隔二十多年，屬於天子的車輅才逐漸完備。成祖永樂三年（1405），增定鹵簿之制，在既有規制添設大小馬輦、大涼步輦、板轎、具服與幄殿各一乘，屬於皇帝專屬的車輿制度遂成定制。

爲有效鞏固統治，太祖即特別針對各階層日常生活，建立等級森嚴的禮儀規範。宋代以來的乘轎風氣，明朝特將車輿形制和行止禮儀加以定制，儘管官員品秩各異，但透過此制度，由乘載的車轎質地、裝飾、大小及舁夫的員額等，對官吏庶民等身分的辨識便一目了然。明初多採嚴刑竣法的強制規範，避免僭越。然而，明初國力尚未恢復，官員百姓間乘轎甚少，以驢馬代步居多，多數地方官吏到任甚至無馬可騎，假借於人或以驢代之，朱元璋認爲有失體統。洪武二十二年（1389）諭令布、按二司等地方官員，，「府、州、縣官，民之師帥，跨驢出入，非所以示民。非假民部民，因被浸潤，不能舉職，甚乖治體，其官爲市馬，司二十匹，府半之，州縣又半之。」〔註11〕大體而言，明朝行具制度包含乘轎與騎馬兩種規定，約有四個特點：

（一）裝飾等差：可分爲車輿裝飾與馬匹鞍轡兩部分。在車輿裝飾上，洪武元年（1368）規定，凡車輿不得雕飾龍鳳紋。職官一品至三品，許用間金妝飾銀螭，繡帶青幔；四品至五品素獅子頭，繡帶青幔；六品至九品用素雲頭，素帶青幔，轎子比同車製。庶民車用黑油，齊頭平頂皂幔。轎子比同車製，並不許用雲頭。洪武六年（1373）又准定，凡舟車坐轎，除紅漆外，許用雜色漆飾，而五品以上官員車用青幔。在馬匹鞍轡上，洪武元年（1368）規定，凡鞍轡庶民不得描金，惟用銅鐵妝飾。洪武二十六年（1393）制定，公侯一品二品，用銀減鐵事件，鞊用描銀；三品至五品，用銀減鐵事件，鞊用油畫；六品至九品，用擺錫鐵事件，鞊用油畫。惠帝建文四年（1402），申明官民人等、鞍轡、馬頷下纓、並鞦轡，俱用黑色，不許紅纓及描金、嵌金、天青硃紅妝飾。軍民用鐵事件，黑綠油鞊。〔註12〕

（二）官民等差：洪武六年（1373）規定，除婦女和官民年老、有癇疾

〔註10〕《明史》，卷65，〈輿服志一・天子車輅〉，頁1598～1999。

〔註11〕《今言》，卷1，頁44。

〔註12〕《明史》，卷65，〈輿服志一〉，頁1613。

的人外，其餘百姓皆不許坐轎。〔註 13〕

（三）文武等差：一定品秩以上的文官可以乘轎，武臣一律騎馬，避免荒廢騎射武藝。

（四）迴避等差：各級官員在路途相遇，依親貴品秩必須要迴避、側身或讓道而行表示敬意。〔註 14〕所有行止規定中，以迴避制度最爲繁瑣，表列如下：

表 6-1　明代官員相遇迴避禮儀規範表

狀　況	規　定
凡官員相遇迴避行	凡駙馬遇公侯分路而行。 一品二品遇公侯駙馬，引馬側立，須其過。 二品見一品，二品趨右讓道而行。 三品遇公侯駙馬，引馬迴避；遇一品，引馬側立；遇二品，趨右讓道而行。 四品遇一品以上官，引馬迴避；遇二品，引馬側立；遇三品，趨右讓道而行。 五品遇二品以上官，引馬迴避；遇三品，引馬側立；遇四品，趨右讓道而行。 六品遇三品以上官，引馬迴避；遇四品，引馬側立；遇五品，趨右讓道而行。 七品遇四品以上官，引馬迴避：遇五品，引馬側立：遇六品，趨右讓道而行。 八品遇五品以上官，引馬迴避；遇六品，引馬側立；遇七品，趨右讓道而行。 九品遇六品以上官，引馬迴避；遇七品，引馬側立；遇八品，趨右讓道而行。 品級相等者，分路而行。如有親戚尊卑之分，聽從迴避。
凡遇王府將軍於道	駙馬儀賓公侯讓左，文武一品至三品官，引馬側立；四品以下官下馬。
凡內官出入	遇駙馬於道，必須下馬；遇公侯一品二品官，引馬側立；遇三品四品官，分路而行。
凡公侯駙馬一品二品官隨從火者人等，非跟隨本官而私自出入	凡遇文武百官，必須下馬。

〔註 13〕《大明會典》，卷 62，〈房屋器用等第〉，頁 3 上～3 下。

〔註 14〕于寶航，〈晚明世風變遷的觀察角度與解釋模式——以乘輿制度爲研究中心〉，《大連大學學報》，2007 年 1 期，頁 17～18。

凡所屬官遇上司官	引馬迴避。所屬官品級高者，遇上司官卑者，分路而行
凡官員應合迴避，而路窄不可迴避者	則下馬拱立。應分路者，不得占中道。
凡文武官員出入應合開道，而自不開道，致令應避官員，不曾迴避者	不問。若因而生事者，止問上官。
凡街市軍民人等買賣，及乘坐驢馬出入者	遙見公侯、駙馬、一品以下至四品官過往，即便下馬讓道。
凡官員當避路者，若承宣召，及祠祭官詣祠所，並有捕逐者	在道雖遇應避之官，不避

資料來源：《大明會典》，卷59，〈官員禮〉，頁4上～5上。

洪武二十年（1387）制定的官員相遇迴避禮儀，基本上有一套遵守的原則，意即：高三品以上者必須引馬迴避，高二品則引馬側立，高一品則趨右讓道而行。

洪武三十年（1397）五月頒佈的《大明律》，對行具的規定則多出於體恤民情與物力，包括嚴禁官府衙門私役民夫擡轎以顯示權貴：「凡各衙門官吏，及出使人員，役使人民擡轎者，杖六十。有司應付者，減一等。若富貴之家，役使佃客擡轎者，罪亦如之。每名計一日，追給傭工錢六十文。其民間婦女，若老病之人，及出錢傭工者，不在禁限。」〔註15〕而乘輿服御物，若收藏壞修或不堪使用者，將處杖六十。而主守之人任意將乘輿服御物私自借用或借與他人，兩方皆為「僭天子之制」，謂為「違禁」，杖一百，徒三年。若蓄意毀壞，是「無君」，與僭用罪同。〔註16〕而驛遞是溝通南北、傳遞訊息重要制度，明代對出使人員所乘行具亦有規定：

> 凡出使人員，應乘驛船驛馬，數外多乘一船一馬者，杖八十。每一船一馬，加一等。若應乘驢而乘馬，及應乘中等馬、下等馬而勒要上等馬者，杖六十。因而毆傷驛官者，各加一等。若驛官容情應付者，各減犯人罪一等。其應乘上等馬，而驛官卻與中等、下等馬者，罪坐驛官。本驛如無上等馬者，勿論。若枉道馳驛及經驛不換船馬者，杖六十；因而走死驛馬者，加一等。追償馬匹還官。其事非警

〔註15〕《大明律》，卷17，〈兵律五·私役民夫擡轎〉，頁129。

〔註16〕《大明律》，卷12，〈禮制二·乘輿服御物〉，頁90。

急，不曾枉道而走死驛馬者，償而不坐。若軍情警急，及前驛無船馬者倒換者，不坐，不償。〔註 17〕

明初開國創業維艱，太祖對於行具的規範，除著重階層等級外，也從簡省人力、物力著手，以避免擾民生計。

明初官員多乘驢，洪武時期的李公紀，晚年得薦於朝，選授應天府治中，階奉議大夫，曾以詩詠歎騎驢的快活自適：「五品京官亦美哉，腰間銀帶象牙牌。有時街上騎驢過，人道遊春去不回。」〔註 18〕此時期的乘轎是禮遇，絕非尊貴象徵。乘轎者僅少數，且對舁夫數額限定，儘管列位宰丞，亦不容許乘轎。宋濂（1310～1381）則是例外，他因病六日未能進朝。太祖知悉，特造安車，賜給健丁六人，乘載宋濂前往金華山中，讓其祖孫三代歡喜相聚。宋濂果然因此病勢好轉，周楫譽稱：「此眞千古寵遇之奇也。」〔註 19〕反觀成祖永樂三年（1405）二月，刑部尚書雒僉被都御史劾奏，居官貪婪暴虐，擅作威福，且乘轎於市中，強買貨物，市人畏之豺虎。成祖怒不可遏，認爲雒僉身居刑部尚書，罪豈可容，遣人覆按得實，處以死罪。〔註 20〕

此時期値得一書的尚有「轎戶」。洪武二十年（1387）十一月，曾遷福建福州女轎戶至京師。初期福建婦女有以舁轎爲業者，命取至京師，以便竹轎出入宮掖；至是復取，凡二百餘戶。〔註 21〕明朝依照元代的戶計制度，配戶當差而設置的職業戶，女轎戶成爲其中僉派的世襲職業戶口之一。

二、洪熙、宣德時期

宣宗宣德年間，朝廷官員常藉出巡考察之便，強索地方驛路丁夫馬車，若百姓不給，輒加考掠，得財乃免；而福建等處亦有不應乘馬，官員改以乘轎的違例情事。宣宗遂於宣德四年（1429）五月，諭令兵部出榜禁約，「凡差遣往來，恃勢考掠，多索供應夫馬車輛，并福建等處違例欲乘轎者，令巡按

〔註 17〕《大明律》，卷 17，〈兵律五・多乘驛馬〉，頁 127。

〔註 18〕〔明〕葉子奇，《草木子》（北京：中華書局，1997 年 11 月第 1 版），卷 4 上，〈談藪篇〉，頁 79～80。

〔註 19〕〔明〕周楫，《西湖二集》（《西湖文獻集成》28 冊，《西湖小說專輯》，杭州：杭州出版社，2004 年 10 月第 1 版），卷 8，〈壽禪師兩生符宿願〉，頁 143。

〔註 20〕〔明〕雷禮，《國朝列卿紀》（《四庫全書存目叢書》史部 93 冊，台南：莊嚴文化事業有限公司，1996 年 8 月初版，據山東省圖書館藏明萬曆徐鑒刻本景印），卷 68，〈北京行部尚書侍郎行實〉，頁 3 上～下。

〔註 21〕《明太祖實錄》，卷 189，洪武二十年十一月己卯條，頁 1 上。

御史及按察司具實奏來。」〔註 22〕由於方面官因公事出按，所部例不得給驛，然水行僦舟、陸行乘轎皆出民力，而黠胥奸吏因此脇制上官；又有以逢迎從事者，私具船轎守候迎送，妨民生理。貴州按察使應履平有鑑於此，遂在宣德八年（1433）三月上請，令三司官按行所部，許其給驛，則官不失方面之體，民可省迎送之勞。宣宗從其所請。〔註 23〕

圖 6-1　明・佚名，〈宣宗上馬圖〉

圖片來源：劉永華，《中國古代車輿與馬具》（上海：上海辭書出版社，2002 年 1 月第 1 版），頁 90。

都察院下設十三道，分設監察御史巡按州縣。監察御史爲正七品，僅能以驢、騾代步。雖說御史是明代監察制度「以小制大」的體現，具「位卑權尊」，代天子巡狩，乘驢騎騾似乎有失有失觀瞻。宣德六年（1431）二月，監察御史胡智依此奏稱：「御史任紀綱之職，受耳目之寄，糾劾百僚，肅清庶政。若巡按一方，則御史以朝廷所差序于三司官之上，或同三司出理公務，三司皆乘馬，御史獨乘驛驢，頗失觀瞻。」〔註 24〕再者，御史乘騾恐有遺誤軍情之嫌。宣德十年（1435）九月，行在兵科給事中朱純，前往萬全都司查理軍伍時，認爲御史乘騾「巡按邊方或遇警，與總兵等官會議，不免遲悞，乞求馬匹，以便其行。」〔註 25〕宣宗一反前朝往例，讓御史得乘驛馬，提升其外巡地位。

〔註 22〕〔明〕雷禮，《皇明大政紀》（《四庫全書存目叢書》史部 8 冊，台南：莊嚴文化事業有限公司，1996 年 8 月初版，據吉林大學圖書館北京大學圖書館藏，明萬曆三十年秣陵周時泰博古堂刻本景印），卷 1 0，宣宗宣德四年五月癸酉條，頁 9 下。

〔註 23〕《明宣宗實錄》，卷 100，宣德八年三月壬戌條，頁 3 上～下。

〔註 24〕《典故紀聞》，卷 10，頁 169。

〔註 25〕《棗林雜俎》，和集，〈叢贅・御史騎騾〉，頁 548。

三、正統、天順時期

英宗在位期間，官員在行具上任意騎乘的情事時有所聞，如正統五年（1440）十二月，南京諸司官員出入用騎從，更甚者乘轎，婦女亦乘轎。英宗要求都察院御史詳加巡察，倘若官員仍舊僭分，具實奏聞。〔註 26〕英宗時期，推行納米鬻官政策，致使富家豪商捐貲得官，藉乘轎耀威鄉里，朝廷只能諭令法司執問如律，〔註 27〕致使日後明朝乘轎濫觴的原因之一。

行具制度於此時期稍加修訂。建國文武大臣皆乘馬，「自景泰以後，三品文臣例許用轎，勳戚一品，惟年老寵優者方敢陳請，他不許也。」〔註 28〕洪武年間，雖有針對車輿裝飾等予以規範，但多數官員以乘馬、驢代步，不敢任意乘轎；但此時准許三品以上的官員堂而皇之乘轎，打破祖制禁令。婦女原本就特許乘轎，隨著服飾趨向奢華，乘轎變成婦女階層獨享尊貴的時代表徵：

> 金吾右衛正千户白琦奏：教坊司樂工婦女僭用服飾，正統年間已嘗禁革，而猶不遵法度，依然僭服異色花樣、紗羅綾段等衣，内襯大紅織金；及戴金玉寶石首飾、珠環之類，街市往來坐轎乘馬，多端僭禮，不可勝計。請敕所司出榜禁革，如有仍前不悛，故違禮法者，令五城兵馬擒送法司懲治其罪，庶使貴賤有別，服飾有等。〔註 29〕

僭越階層與誇耀身家，竟是由賤民階層的教坊司樂戶率先發難，行具制度在此時已悄然破壞

明朝相當重視官員乘轎迴避禮儀。景帝景泰六年（1455）閏六月，監察御史練綱（1402～1477）巡按福建時，福建按察使楊珏乘轎，道遇不下。兩人爲風憲官員，卻因未讓道致禮而生嫌隙，相互攻訐，均以貶職收場，楊珏降爲湖廣黃州知府，練綱貶爲西安府邠州判官。〔註 30〕這也說明宣宗時期將御史座騎由驢改馬，藉機改善御史表面地位的功效相當有限。相仿的案例也發生在天順二年（1458）六月，福建都司進慶賀表經鹽運司時，道遇運使劉璣乘肩輿不下，

〔註 26〕《明英宗實錄》，卷 74，正統五年十二月庚寅條，頁 8 上。

〔註 27〕如《明英宗實錄》，卷 257，景泰六年八月辛未條，頁 7 上～下：「巡按直隸監察御史楊言奏，天下各府州縣納米旌表，義民中有倚朝廷旌表爲由，門立三門，中門常杜人不令往來；又瓶立高樓峻閣，刻畫龍鳳，名爲『御書樓』、『敕書閣』。況有酷害良善、暴横鄉曲、乘轎引導者。乞通行天下禁約，今後有不悛前非者，執問如律，仍將旌表門并立石俱革去，原賜敕書亦追之。」

〔註 28〕《穀山筆麈》，卷 1，〈制典下〉，頁 8。

〔註 29〕《明英宗實錄》，卷 280，天順元年七月庚寅條，頁 18 下～19 上。

〔註 30〕《明英宗實錄》，卷 255，景泰六年閏六月辛亥條，頁 2 上。

軍士誚其不敬，劉璣怒而杖責，英宗命按察司執璣鞫訊。〔註31〕

相形之下，魏國公徐承宗舉止備受推崇。徐承宗守備南京數年，天順四年（1460），尚書耿公卒於位，「聞是日柩在途，公偕其同事追而及，即下轎從，而諸公皆下轎，徐徐行，幾一里，始復乘轎，送至江濱。」〔註32〕這種揖讓謙卑的行止儀態，在明代初期的官場史上實屬罕見。

第二節　中葉的行具流變

陸容在《菽園雜記》裡，有段對明代前、中期行具流變的考察對照，或可為此節引言：「洪武、永樂間，大臣無乘轎者，觀兩京諸司儀門外，各有上馬臺可知矣。或云：乘轎始於宣德間，成化間始有禁例。文職三品以上得乘轎，四品以下乘馬。」〔註33〕簡言之，明人在前期多遵循禮儀法制，憲宗時期開始有人踰越階層恣意乘轎，意謂風氣轉變在成化朝實為轉折期。陸容也指出，車轎較不受地形侷限，如南中一帶並無驢馬雇騎的處所，且山嶺陡峻之境，非馬驢所能行，肩轎便捷而成主要代步工具。除上述理由外，轎子技術的改良、農業勞動力的過剩，使乘轎價格低廉，各階層消費能力的提高，以及旅遊風氣的盛行等因素，使得晚明時期乘轎蔚然成風。〔註34〕乘轎雖不似服飾、飲食與居室等具生活迫切性，但卻成為炫耀身分最直接的時代特徵。

一、成化時期的行具

亟欲打破行具約定俗成的慣例，是位處南京的世襲武官。明代兩京均設文、武衙門，但南京官員的職權上多有限制與削減，成為養望閒散之地。成化二年（1466），南京皇城武備廢弛，守備衛卒多老弱之人，器械俱成朽鈍之物，承天門前的東、西垣下方已鋤為菜畦。而都督等官不乘馬，出入私役京操軍士為舁夫，南京吏科給事中王讓為此上奏。憲宗獲悉震怒，他質言南京為祖宗根本重地，法度不該廢弛至此，下令內外守備官員整飭武威，若武將衰病不便鞍馬者，立即退任閒住。〔註35〕王讓為吏科給事中七品官員，職權

〔註31〕《明英宗實錄》，卷292，天順二年六月己卯條，頁8上。
〔註32〕《水東日記》，卷24，〈魏國公臨喪有禮〉，頁241。
〔註33〕《菽園雜記》，卷11，頁132。
〔註34〕巫仁恕，《品味奢華：晚明的消費社會與士大夫》，頁75。
〔註35〕《明憲宗實錄》，卷27，成化二年三月己酉條，頁3上。

以稽查吏部諸司瀆職情事爲主，明代特重風憲言官，王讓位低權高，屢有陳奏，剛愎驕恣，「大臣中有少忤之者，必捃摭其過，立見論列，或受人囑而陰爲之報復，朝廷以言官優容之。……遇大臣於道，不爲禮，或兩人肩輿行，讓必策馬從中，左右顧而過之，縉紳側耳，無敢與抗者。」〔註 36〕南京科道官故意騎馬在道路中間，藉此刁難乘坐肩輿的官員。基本上，直至成化末年御史仍常騎驢朝參，同列也多如此者。〔註 37〕

宦官集團於憲宗期間充任天子耳目，成爲內官權勢的高漲時期。成化十二年（1476）七月，妖人李子龍與宮人淫亂，事發伏誅，致使憲宗對各級官僚缺乏信任，便以太監汪直（？～1487）等人暗中監察官員的種種言行舉止。隔年，成立西廠，冠冕堂皇的直刺百官。汪直身著布衣小帽，「乘驢騾往來京城內外，人不之知。直刺得外間隱事，以取信於上，上益委任，遂謗及諸大臣，權寵赫奕。……朝臣惴惴不自安。」〔註 38〕韋瑛爲汪直黨羽，便如法炮製，乘驢、騾往來四方。於是大學士商輅（1414～1486）、萬安等上疏極言其害，憲宗雖罷廢，但未滿一月，即重開西廠，汪直及其羽翼的勢力日炙。十一月，汪直遂重申文武官員乘轎規定：「洪武、永樂間，人臣無敢乘轎者；正統時，文官年老或乘肩輿；景泰以來，師保既多。延至于今，兩京五品以上無不乘轎者，文職三品、年六十以上可許，武臣宜一切禁止。」〔註 39〕內官的職等較低，路遇百官理應遇下馬、引馬側立或分路而行，但時人畏懼其威，雖司禮當道，亦避路讓道。汪直被罷黜後，宦官領政的現象仍未改善。成化十九年（1483）九月，「白沙先生」陳獻章（1428～1500）初至京師，潛作十詩歌頌太監梁芳，芳上言「乃得受職，請歸出城輒乘轎張蓋，列槊開導，無復故態。」〔註 40〕陳白沙是明儒學案中人，因逢迎太監，得以乘轎張蓋，成爲其生平事跡中的汙點。

〔註 36〕《湧幢小品》，卷 8，〈攝篆〉，頁 3288～3289。

〔註 37〕《眞珠船》，卷 8，〈京官騎驢〉，頁 368。

〔註 38〕《典故紀聞》，卷 15，頁 270。

〔註 39〕〔明〕張元忭，《館閣漫錄》（《四庫全書存目叢書》史部 258 冊，台南：莊嚴文化事業有限公司，1996 年 8 月初版，據北京大學圖書館藏明不二齋刻本景印），卷 6，頁 20 上～下。

〔註 40〕〔明〕黃日昇，《昭代典則》（《四庫全書存目叢書》史部 12 冊，台南：莊嚴文化事業有限公司，1996 年 8 月初版，據天津圖書館藏明萬曆二十八年周日校萬卷樓刻本景印），卷 21，〈憲宗純皇帝〉，頁 7 上。

圖 6-2　明代馬匹鞍具復原圖

圖片來源：劉永華，《中國古代車輿與馬具》，頁 91。

乘轎騎馬，有時也爲政爭誣告與羅織罪狀的緣由之一。成化六年（1470）十一月，蜀有護衛十五人，白晝攫人金於市集，眾人擒執至四川按察使郭紀，紀治處以杖刑，三人因而杖死。蜀王怒奏郭紀酷暴，並誣其乘轎不下端禮門及叱罵守門千戶等多項罪嫌。戶部右侍郎黃琛會同巡按御史鞫褐後入獄，後遇赦免得釋。〔註 41〕王雲鳳（1465～1518）成化二十年（1484）進士，授禮部主事。爲禮部郎中時，太監李廣嗾使校尉，誣陷其於憲宗身後乘馬，而遭逮下獄。禮部左侍郎徐溥（1426～1499）身爲同僚，爲其辯解：「余聞天子駕後，從千乘萬騎，未聞罪乘馬者，爾輩欲借此快忿，外廷寧無抗辨者邪？」〔註 42〕才改出知陝州。

二、弘治時期的行具

若將馬、轎相較，多數人會捨棄騎馬的顛簸，而代之以輿轎的舒適。當人們具備一定政治權力與經濟能力時，行具上的僭越似乎也是常情。雖然明初曾規定武職勳臣不得乘轎，在英宗、憲宗時代，已有南京武官擅自乘轎時有所聞，但這類情況在孝宗朝更加嚴重。遂在弘治七年（1453），申明兩京及在外文武官員，除奉有旨及文武例應乘轎者，止許四人扛擡，其兩京五府管事，內外鎮守、守備以及公侯伯都督等官，不分老少皆不許乘轎。違例乘轎及擅用八人轎者，指實奏聞。〔註 43〕這項禁令與前朝並無不同，但特別強調

〔註 41〕《明憲宗實錄》，卷 85，成化六年十一月丁亥條，頁 2 下～3 上。
〔註 42〕《玉堂叢語》，卷 4，〈侃直〉，頁 119～120。
〔註 43〕《禮部志稿》，卷 18，〈房屋器用等第・車輿〉，頁 56 下。

「違例乘轎及擅用八人轎」字眼，足見乘轎習尚在武職階層的氾濫。隔年六月，南京監察御史王存忠等人，針對南京公侯貴族與武職官員上奏：

> 舊例凡武官，雖公侯伯不得乘轎出入，以習勞苦。今成國公朱儀、魏國公徐、武靖伯趙承慶、南京錦衣衛帶俸指揮使王銳乘轎出入，儀、慶俱乘八人轎，僭越更甚，其各衛指揮而下，乘馬又多用紅鞍籠、馬杌、胡床導從，亦所當禁。下禮部復奏，請俱論之以法。〔註44〕

孝宗以成國公朱儀年老任重，特命其乘四人轎。其餘人等皆寬宥其罪，諭令不得再犯。這樣的懲處似乎無法遏止流風。

弘治九年（1455）十一月，兵科都給事中楊漢認爲，舊例將臣在病得請方許乘轎，「今京營將官多有久離鞍馬，以坐轎爲常者，非惟不能制禦急變，恐亦無以表率六軍，請令京營總兵官仍舊乘馬，以習勤苦，有警庶不致于失措。」〔註45〕原本乘轎僅是優遇年老臥病將官的特許，但卻變成京營多數衛所軍官的普遍型態，楊漢從武藝的角度建言，由馬而轎的便宜行事應予以限制。這樣的史載在弘治朝屢見不鮮，弘治十一年（1498）閏十一月，禮科給事中吳仕偉奏請三事，其中一條就是針對武將「乘轎燕樂，不習武事」的現象。〔註46〕而弘治十三年（1550）制定的《問刑條例》，特將弘治七年（1494）申明武官嚴禁乘轎的條例列入，並明文規範刑責與人員，鎮守、守備與都督等官一旦違者參問，其餘軍職「若上馬拏交牀，出入擡小轎者，先將服役之人問罪，指揮以下參問。京衛調外衛，外衛調邊衛，俱帶俸差操。」〔註47〕

弘治時期武將僭越乘轎，與明朝「以文御武」的統御制度有絕對關聯。明代以巡撫、總督等文官參贊軍務，藉以分化武官的兵權與職能，避免其專擅。再加上衛所軍制至此時已名存實亡，世襲武官形同虛位閒差，只能藉乘轎來填補心理缺憾與抒發不滿。

三、正德時期的行具

武宗改元，顧命大臣大學士劉健等人以祖宗之法建言，直陳當時「內府乘

〔註44〕《禮部志稿》，卷59，〈輿馬僭越〉，頁21上～下。
〔註45〕《明孝宗實錄》，卷119，弘治九年十一月甲辰條，頁2上。
〔註46〕《明孝宗實錄》，卷144，弘治十一年閏十一月丁丑條，頁4下。
〔註47〕《問刑條例》（附於《大明律》，瀋陽：遼瀋書社，1990年8月第1版），卷17，〈禮律二・服舍違式條例〉，頁386。

馬不論其數」的狀況十分嚴重。〔註48〕內官系統絕非武宗即位以來的整頓對象，主要在於兩京武官的散漫仍未見改善。禮部尚書遂於正德元年（1506）六月，重申弘治朝的禁例，要求武官不得任意乘轎。同時要鞍轡的配掛也必須遵照法制，「商販、吏卒、軍匠、僕從、道人等不許僭用，橫行市陌。」〔註49〕此時期的官民雖以乘馬為主要交通工具，但在馬匹裝備上，已公然違反明代的禮制規定。隔年二月，禮部再度申明禮制榜例，依據《大明集禮》「公卿大臣得乘安車之制」，俾使文武職官一體遵守。〔註50〕然而，都察院左僉都御史藍章巡撫寧夏時，以山路崎險、霜雪沒履等因素，奏請肩輿以行。然僉都御史係四品官，不得乘轎，武宗斥責藍章不恤軍士，奉己自便，降為撫州府通判。〔註51〕

考察行具是否踰越、違禁乘坐，在此間卻轉為內外官員政爭的工具。以內閣大學士劉健、戶部尚書韓文為首的顧命大臣，決意剷除劉瑾「八虎」。劉瑾傳旨，以韓文不能防奸，罷職為民，令邏卒伺察於途。韓文得知，止乘一騾，夜宿野店而歸，邏卒無所得。正德元年（1506）十一月，尚寶司卿崔濬冊封回，帶家小馳驛乘轎，郎中張瑋公差回乘轎，以及按察副使姚祥赴任亦馳驛用人夫，三人均被逮捕，枷號示眾，後經朝廷大臣奏請始寬宥釋枷，改充邊衛軍。枷滿兩月，劉瑾欲厲法禁以立威，上奏：「前此奉使遠行者多乘轎，從者亦得乘驛馬，因襲之弊久矣。」〔註52〕崔濬等人遂因違例得罪入獄。東廠四處偵緝，戶部郎中劉繹前往遼東總理糧儲，東廠校尉偵其違例乘轎及濫役人夫，武宗以劉繹違法事多，難以常例，處令荷重枷於戶部門滿一月。〔註53〕內臣中貴四出鎮守，干預刑名，如南京一地的守備內臣，舊設不過一、二員，成化年間增至三、四員，弘治朝更增為六、七員。「況各帶領家人弟姪、頭目參從，各不下百十餘員名，既各乘馬從徒，而糜費廩支。又各私置莊田店舍，而侵併民利，役占日眾。」〔註54〕正德十三年（1518）八月，南京工科給事中王紀劾奏，尚膳監太監任宣於南京西上北門乘轎張蓋，驕縱無上，禮部認為此風漸不可長，杖而釋之。〔註55〕而鎮守太監王堂採辦

〔註48〕《明經世文編》，卷53，劉健〈內侍隨駕疏〉，頁5上～6下。
〔註49〕《禮部志稿》，卷99，〈服飾禁例〉，頁15上～17上。
〔註50〕《明武宗實錄》，卷23，正德二年二月壬午條，頁2上～下。
〔註51〕《明武宗實錄》，卷33，正德二年十二月甲戌條，頁1上～下。
〔註52〕《昭代典則》，卷24，〈武宗毅皇帝〉，頁15下～16上。
〔註53〕《明武宗實錄》，卷24，正德二年三月乙丑條，頁5下。
〔註54〕《明經世文編》，卷107，柴昇〈題為陳言救時弊以弭寇盜事〉，頁3下。
〔註55〕《明武宗實錄》，卷165，正德十三年八月乙巳條，頁6上。

土產鮮品進貢，浙江按察使僉事韓邦奇（1479～1556）認爲此舉擾民宜停止辦，又言王堂凡事不關白。王堂積忿，遂訐奏其沮格，並對朝廷不敬，列舉僭用乘轎及用刑酷刻等多項罪狀，皆違法諸事，將其逮至錦衣獄拷訊，韓邦奇不服，後降黜爲民。〔註 56〕內官弄權武斷，成爲留都政治腐敗、社會紊亂的來源之一。

正德九年（1514）後，武宗在江彬的鼓動下，出京遊歷四方，引發多方議論。戶科給事中石天柱（？～1524）以天變進諫：「今所行多不合者，外列皇店，內張酒館，寵信番僧，從其鬼教，招集邊軍，同其服色。或容結爲昆弟，或縱乘馬禁中，燕飲無復尊卑，飲食不計冷煖，數離深宮，馳驅于外，宿衛之臣不知陛下所在。」〔註 57〕時任翰林院修撰的舒芬（1484～1527），亦直言武宗在行具上的違制改式，企圖以祖訓規範言行：

> 切見祖宗大駕之制，有板轎、有步輦、有大涼輦、有大小馬輦、有玉輅、有大輅，未聞有羸車也。蓋羸車，庶人所載乘者。陛下損至尊之等威，而下列於庶人，未之嘗聞也。有邪媚之徒，爲陛下解曰：「巡遊半年以來，單車馬疋，習以爲常，而大輅袞冕實有所不便。」此臣所大惑也。今夫大人君子，必以冠冕佩玉爲常，使之袒裼裸裎，則愧赧而不敢見人矣。走卒僕隸，必袒裼裸裎爲常，使之冠冕佩玉，必拘滯束縛，不能拜舞周旋矣。孰謂八葉天子，乃不便大輅袞冕，而惟安於糞車褻幅耶？……自古聖賢嚴尊卑之分，定上下之制，豈有大於車服哉？〔註 58〕

舒芬因而被謫官至福建市舶提舉。皇帝降尊紆貴，自違祖制，自反其令，官民違例乘轎案例遂接二連三發生。正德十三年（1518）九月，陝西右布政使李承勛、按察司按察使楊惟康，因違例乘轎，奪俸四月。〔註 59〕儘管正德十六年（1521），指實劾奏文武官違例乘轎，及武職上馬用交牀、出入乘小轎，〔註 60〕但仍無法抑滅兩京各級官員僭越乘轎的實情。

〔註 56〕《弇山堂別集》，卷 96，〈中官考七〉，頁 1834～1835。
〔註 57〕《明武宗實錄》，卷 108，正德九年正月丙戌條，頁 1 上～下。
〔註 58〕〔明〕舒芬，《舒楊二公集》（《明代基本史料彙刊・奏摺卷》74 冊，北京：線裝書局，2004 年），卷 1，〈車服疏〉，頁 248～249。
〔註 59〕《明武宗實錄》，卷 166，正德十三年九月丁巳條，頁 10 上。
〔註 60〕《大明會典》，卷 213，〈六科〉，頁 3 下。

四、嘉、隆時期的行具

「兩京文職三品以上官聽乘轎，四品以下雖堂官亦只乘馬，得以方杌隨，餘持交床。在外司府州縣大小官，並有欽給馬，若武臣，雖勳爵伯侯而下，制止乘馬，亦不得以持床杌，不然以違制論。士夫老病閒退、去京遠者從便。」〔註 61〕明初以至中期，對行具制度規定絲毫未變。然而整個明代中期，每隔幾年就有兩京武職勳臣踰越乘轎，爾後科道官上疏進諫，這樣的情節不斷循環上演。如嘉靖五年（1526）七月，兵科給事中黎良建言：

> 舊制京朝文職四品以下，及公侯伯都督等官，不得乘轎。軍職不得用馬杌，出入不得乘小轎。夫何邇年以來，勳臣厭馬弗乘，以轎相競，是果出於朝廷之賜與？抑知其不可而爲之者與？況承前人汗馬之功，正當以騎射爲事，詩詠鷹揚，史紀飛將，上世以驃騎名營，我朝以騰驤立衛，蓋重之也。且人久佚必不能以任勞，久安必不能以蹈危，身爲大將，手握重兵勞事，危機又將委之誰也？宜量加罰治，且申舊制以示之。〔註 62〕

武官勳臣炫耀乘轎以相競高，不斷挑戰舊有禁例，前文對武職心態的剖析，在此獲得印證。世襲武職逐漸成爲兩京僅有勳位、品秩，毫無兵權在握的冗官、冗員。嘉靖十三年（1534）八月，禮科都給事中潘大賓疏言，武職官不習騎射，占用軍士，交牀上馬，出入乘轎，宜如律調降罰治。〔註 63〕世宗多年屢次諭令，但武職勳臣依舊故我。

然而罰則過輕，多以奪俸、罰米了事，〔註 64〕造成武職勳臣有恃無恐，紛紛上請乘轎。嘉靖十八年（1539）四月，都護副將軍朱希忠（1516～1572），希望能援引大將軍郭勛之例，特旨得肩輿以行。世宗許諾其請，因此自敗體

〔註 61〕〔明〕何孟春，《餘冬序錄》（《四庫全書存目叢書》子部 102 冊，台南：莊嚴文化事業有限公司，1995 年，據明嘉靖七年郴州家塾刻本景印），塞壯卷 58，頁 12 上。

〔註 62〕《明世宗實錄》，卷 66，嘉靖五年七月乙巳條，頁 11 上。

〔註 63〕《明世宗實錄》，卷 166，嘉靖十三年八月庚戌條，頁 4 下。

〔註 64〕嘉靖朝因踰越乘轎而遭懲處的案例甚多，如《明世宗實錄》，卷 134，嘉靖十一年正月乙亥條，頁 8 下：「南京中府都督同知楊宏，以擅乘肩輿爲御史喬英所劾，詔奪俸三月。」卷 185，嘉靖十五年三月己巳條，頁 1 下：「以擅用肩輿，奪懷遠侯常玄振祿米二月。」以及卷 196，頁 8 上，嘉靖十六年正月丁未條：「禮科都給事中李充濁參論，南京守備鎮遠侯顧寰違例請乘轎，詔責寰輕率奏擾，罰住祿米一月。」

制，大開便宜之門。四個月後，諸如宣城伯衛錞、遂安伯陳鏸（？～1572）等均引用此例乘轎；嘉靖三十三年（1554）十二月，英國公張溶（？～1581）、安平伯方承裕（？～1572）、左都督陸炳（1510～1560）皆依前例請賜肩輿，世宗僅能逐一應允。嘉靖三十六年（1557），禮部給事中黎良題稱：

近見在京公侯等官，乘轎者多亦不知何所據依，而倡爲此風也。臣又疑英國公張懋在先朝亦常乘轎，蓋聞先朝任其才而優其老，亦人惟求，舊杖於鄉、杖於國，乃出於一時之特恩，要不可援以爲例也。夫何近年以來，無分老少，不辨公侯，厭馬弗乘，乘轎相競，其罪有不可逭焉者。〔註 65〕

周禮以老爲尊，《禮記．王制》載：「五十杖於家，六十杖於鄉，七十杖於國，八十杖於朝。」〔註 66〕換言之，柱杖或乘轎來自皇帝的恩賜，但時至今日，已變成武官勳臣的主要表徵。黎良上疏建請後，世宗的處置爲：「公侯伯等官如有仍前違制乘轎者，見任者革去，管事帶俸者量減俸米，各永不推用。」

穆宗即位，情況並未好轉。隆慶二年（1568）十二月，南京給事中徐尙等，劾南京協同守備應城伯孫文棟、掌左府兼管操江巡江豊潤伯曹文炳、掌右府永康侯徐喬松，各用轎出入驕僭無狀，而文炳尤黷貨，法當重處。穆宗命奪文棟、喬松俸祿二月，文炳革任閒住，仍諭兩京武職非奉特恩不許擅自乘轎，文官四品以下不得私用轎輿，違者聽部院科道參奏，〔註 67〕但依舊無法起任何功效。沈德符以〈戚里肩輿之濫〉紀錄時事：

武臣貴至上公，無得乘轎。即上馬，不許用橙杌。至近代惟定、成、英三公，或以屢代郊天，或以久居班首，間賜肩輿，以爲曠典。嘉靖末年，安平伯方銳，以中宮父得之。其子承裕，以直內撰玄文，亦得賜，稍爲出格。今上初元，固安伯陳景行。武清伯李偉，皆甫封即得，然以外祖尊重，前代所無，特加優禮，非過也。未幾，而永年伯王偉亦得之，亦以中宮父也。李偉歿，而子文全襲爵，已屬殊恩。襲甫三年，爲戊子歲（萬曆十六年），以上閱壽宮，命之居守，暫假得賜。竣事復請，上遂許乘，言官爭之不得。自是戚里紛紛陳乞肩輿，不勝紀，亦不足貴矣。近年文全之子誠銘襲封，亦隨例乞

〔註 65〕《禮部志稿》，卷 66，〈勳胄乘轎禁例〉，頁 6 下～7 上。
〔註 66〕《禮記集注》，卷 5，〈王制第五〉，頁 44 下。
〔註 67〕《明穆宗實錄》，卷 27，隆慶二年十二月癸未條，頁 3 上～下。

轎，上初猶拒之，後亦竟賜。〔註68〕

恩賜特例一開，浮濫情況到萬曆朝亦不得止。武官勳臣均以轎代步，因而各階層僭越或請乘肩輿的情事日漸增多。

轎輿代表社會的地位。嘉靖十八年（1539），陸深（1477～1544）拔擢爲詹事府詹事，以三品官身分乘轎。陸深抑不住心中喜悅，後作詩以自賞：「車行歷碌騎行徐，早晚誰來問起居？聖旨分明優老大，特教三品用肩輿。」〔註69〕世宗特厚嚴嵩，嘉靖三十五年（1556），嚴嵩時值七十餘歲，世宗詔免嚴嵩廷賀，並賜肩輿入直。〔註70〕因而當嚴嵩黨羽鄢懋卿，外出視察，以五彩輿代步，並用十二個女子抬轎，儀從煇赫。〔註71〕於是中央官僚開始逐步僭越，「西苑撰元諸老，奉旨得內府乘馬，已爲殊恩。獨翟石門、夏桂洲二公，自製腰輿，舁以出入，上大不懌。其後翟至削籍，夏乃極刑，則此事亦掇禍之一端也，此未得賜而違命擅用者。」〔註72〕世宗認爲轎輿是恩賜，倘若未經特可，形同侵犯皇家威權，因而世宗頗爲不悅。

南京盛行乘轎的流行時尚，有其環境與經濟的因素，「人謂南京具青石砌，馬善倒，每每告苦者，又無馬可覓，買馬又值甚高，人稱自備銀，覓兩人小轎出入頗爲便云。」〔註73〕造成南京行具僭越的情況，導因於有恃無恐的社會心態。「北五品以下乘馬，南小京堂亦轎，餘則加頂而設幔，崇卑無別，男女不分。有戲爲對偶破題者：『欲其有異於群也，乃坐之以轎；恐其有類於大臣也，故加之以頂。』」〔註74〕南京禮部尚書霍韜（1487～1540）即申明禮制奏改，並於嘉靖十五年（1536）十一月建言：「邇者南京文官，無論品秩崇卑皆用肩輿，或乘女轎，街衢相遇，卑不避尊。舊年給事中曾鈞騎馬徑衝尚書劉應龍、潘珍兩轎之間，鈞尋與龍互相訐奏。」〔註75〕低階品官乘馬，高

〔註68〕《萬曆野獲編》，卷5，〈勳戚・戚里肩輿之濫〉，頁152。

〔註69〕《儼山集》，卷22，〈奉旨三品乘轎〉，頁137～138。

〔註70〕《明世宗實錄》，卷441，嘉靖三十五年十一月己未條，頁1上。

〔註71〕《明史》，卷308，〈鄢懋卿傳〉，頁7924：「懋卿性奢侈，至以文錦被廁床，白金飾溺器。嵊時遺嚴氏及諸權貴，不可勝紀。其按部，常與妻偕行，製五綵輿，令十二女子舁之，道路傾駭。」

〔註72〕《萬曆野獲編》，卷9，〈內閣三・貂帽腰輿〉，頁231。

〔註73〕〔明〕鄧球，《皇明泳化類編》（《北京圖書館古籍珍本叢刊》50冊，北京：書目文獻出版社，1988年，據明隆慶刻本景印），卷134，〈兩京轎繖〉，頁1383。

〔註74〕〔明〕李開先，《李開先全集》（《李中麓閒居集》，北京：文化藝術出版社，2004年8月第1版），卷7，〈太子少保禮部尚書謚文敏渭厓霍公墓誌銘〉，頁571。

〔註75〕〔明〕徐學謨，《世廟識餘錄》（《續修四庫全書》史部433冊，上海：上海古

階品官坐轎，形成「馬衝轎」的爭議。霍韜身爲禮官建請申明禮制，而禮科都給事中李充濁等人抗章，謂近侍之臣不當迴避。章下所司，以左都御史王廷相（1474～1544）及禮部侍郎黃宗明（？～1536）、張璧（1474～1545）議覆，三人均依《大明會典》「官員廻避條」陳述，七品遇四品以上引馬迴避，遇五品側立，遇六品讓道而行。然而，當時南京六科給事中，在教場比試，與侯伯並坐；選官賜酒飯，與吏部尚書、侍郎相向並坐，「引馬廻避成規，具在其南京給事，途逢九卿，立馬拱手，不知所始，一王之制，萬國同文，豈以南北殊異？今兩京四品以下不乘轎，其蔽幃女轎宜禁止，請敕南京諸臣四品以下尊制乘馬，其六科遇大臣引馬遜避，違者糾正。」〔註 76〕南京六科給事中氣燄囂張，可謂絕無僅有，世宗僅將違者參治，完全無可奈何。華亭何良俊（1506～1573），爲嘉靖、隆慶間名士，恰爲此怪象做一見證：「余初到南京之時，見五城兵馬尚不敢用帷轎，惟乘女轎。道上遇各衙門長官，則下轎避進人家，雖遇我輩亦然。不三、四年間，凡道上見轎子之帷幔鮮整儀從赫奕者，問之必兵馬也，遂與各衙門官分路揚鑣矣。其所避者，惟科道兵部各司」。〔註 77〕南京武職勳戚與六科道官之間的關係，箇中頗令人玩味。

行具生活的異端現象，在地域方面，南方發展比北方早；在階層方面，南京武官勳戚、兩京婦女等僭越發展較快。特別是隆慶間，因南方文官不慣騎馬，始乘小轎，幾年之後，北方也開始學習南人乘轎。〔註 78〕在身份方面亦也如此，明初鄉官回家只是步行，憲宗時士大夫開始騎馬，至弘治、正德間所有人改皆乘轎，爾後舉人、監生也都乘轎。士人最基層的生員秀才，也約有十分之三者乘轎。綜觀隆慶四年（1570）始，多數新進生員秀才乘轎，其肇因爲士人子弟或有力世族。就何良俊的觀察，他發現某一舉人轎邊的隨從約二十餘人，皆穿新穎青衣布衫，甚爲顯赫；而他身旁僅帶村僕三、四人，不敢與他爭道，只得在路旁等待其過。〔註 79〕何喬遠（1557～1663）鄉居福建時，請家鄉耆老回憶

籍出版社，1997 年，據明徐兆稷活字印本景印），卷 8，頁 9 上～下。

〔註 76〕〔明〕郭正域，《皇明典禮志》（《四庫全書存目叢書》史部 270 冊，台南：莊嚴文化事業，1996 年，據首都圖書館藏明萬曆刻本景印），卷 20，〈南京科道迴避〉，頁 43 下～44 下。

〔註 77〕《四友齋叢說》，卷 12，〈史八〉，頁 103。

〔註 78〕《露書》，卷 8，〈風篇上〉，頁 2 下：「朝制南北官俱騎馬。隆慶間，因南人不慣，始乘小轎，不數年，北亦如南矣。省垣道遇大九卿，或拜之，仍上馬，越數步始乘轎，名之曰『引馬』。」

〔註 79〕《四友齋叢說》，卷 35，〈正俗二〉，頁 320～321。

過往嘉靖年間軼事，有人憶及往日情景：「當時同宗有爲御史者，過家輿親友門不下，眾人交讓，御史請謝，如恐不及。卑幼遇尊長，道傍拱讓先屨。今冠人財主駕車乘馬，揚揚過閭里，芻牧小奚見仕宦，輒指呼姓名，無忌憚貴賤，皆越矣。」〔註 80〕監察御史如是，同爲憲司掌理京城風俗的巡城御史乘轎奴役官夫，都察院查禁亦無可止。〔註 81〕乘轎肩輿的風尚勃興，就連普通官員自廳室送客，僅有幾步之隔亦要乘轎。〔註 82〕中下階層百姓也開始乘輿過市，如台州府太平縣「優伶之賤，竟有乘軒赴演者。」〔註 83〕

輿轎流行的時尚風起，馬驢不再是官民的主要乘坐工具，甚至邊防對馬匹的照料也常是虛應故事。胡宗憲（1512～1565）因而上奏：

> 一、軍政莫急于馬。舊聞有禁官馬不許兩並騎，亦不許婦女騎坐及馱載他物。切見遼東官軍全不惜馬，所關料豆私賣食費，不以喂馬，致馬瘦損。該管頭目畧不點視，而又不分男婦，出門半里即便乘馬。或將馱載薪糧行李遠行重壓，而又騎一人在上，以致馬易倒死，虧損公私。今宜行彼將官嚴加禁約，如有坐視不禁或指此爲名，因而科害軍士者，許撫按、守巡官參問究治。〔註 84〕

驛遞若遇河水涸凍改用陸運的時節，卻成爲宦官巧立名目、濫收役錢的契機，「內官乘轎勒要趕轎錢，隨從多人騎坐馬匹勒要壓馬錢，撥夫擡扛復要車折錢，扛纔上肩逼要趕扛錢。」〔註 85〕宦官驛傳所過州縣，沿途吏民皆騷動，地方有司莫敢奈何，撫按也不敢參劾。

〔註 80〕《名山藏》，卷 101，〈貨殖記〉，頁 10 下。

〔註 81〕〔明〕吳瑞登，《兩朝憲章錄》（《續修四庫全書》史部 352 冊，上海：上海古籍出版社，1997 年，據上海圖書館藏明萬曆刻本景印），卷 17，〈嘉靖四十年辛酉至四十一年壬戌止〉，頁 8 下～9 上：「嘉靖四十一年壬戌春正月，……辛亥，左都御史潘恩言四事，一言適來管錢糧者，牟羨餘之利；理刑名者，狗出入之私。閘廠關津，則留難商旅；差遣勾當，則騷擾軍民。諸司私家每用小票取物于市，巡城御史乘轎多役官夫，設酒科及樂户，耳聞目見，殊失官常。」

〔註 82〕《升菴集》，卷 48，〈宋之人君勤身〉，頁 393～394：「唐代人君，雖在宮禁，出輿入輦。宋太祖內訓皆步自內庭出御前殿，亦欲涉歷廣庭，稍冒寒暑，此勤身之法也。事見呂大防奏議。余謂人主宮闕深遠，輿輦不爲過。今之官府自廳事送客，至中門多乘轎；而迴數十步之間，何必乃爾？況皆起自徒步寒儒乎？」

〔註 83〕《嘉靖・太平縣志》，卷 2，〈地輿志下・風俗〉，頁 10 下～11 上。

〔註 84〕《明經世文編》，卷 134，胡宗憲〈爲陳言邊務情弊疏〉，頁 21 下～22 上。

〔註 85〕〔明〕洪朝選，《洪芳洲先生奏疏》（《四庫未收書輯刊》5 輯 19 冊，北京：北京出版社，1997 年，據明刻本景印），〈議處衡省驛遞疏〉，頁 12 下。

第三節　晚明的行具踰越

王世貞在《觚不觚錄》裡有段記述，特別點出嘉靖中期至萬曆初年肩輿的變化：「余于嘉靖中，見在都一二翰林，有乘兩人肩輿出城飲宴者，以爲怪事。至萬曆甲戌（二年），郎署往往有之，不復以爲異矣。同寮二三少卿，至乘四人肩輿，開路西北郭門，無有問者之矣。」〔註 86〕嘉靖中期，南京文官開始乘坐肩輿，儘管身居翰林，以兩人舁轎，眾人皆以爲怪。但萬曆二年（1574）後，六部衙門官員多乘轎代步，甚至以四人舁轎，官署同僚也視作平常。在地方上如福建同安，肩輿交錯街衢，〔註 87〕足見神宗萬曆朝是輿轎行具流行的普遍期。生活異端在此時於社會各層面已全面踰越，形成舉國流行的時尚。

一、在京官員的踰越

世宗嘉靖末期朝儀久曠，各級官員不斷的挑戰禮制界線，甚至四品寺卿皆乘圍轎，其下各品秩官僚均以兩人小輿代步，這樣的約定成俗相沿已久。神宗萬曆初期，張居正整頓吏治，至留都亦奉行惟謹，因而對文武百官行具踰制控管甚嚴。「夷陵王少宰篆，江陵腹心也，時以僉都領操江，亦改而跨馬。」〔註 88〕萬曆三年（1575）正月，駙馬都尉許從誠乞乘肩輿，爲兵科都給事中糾劾，建請武職勳戚等官俱不得僭用四人幃轎，軍職不得交床上馬，各衙門出入不得乘輿，旗尉諸役不得盛騶怒馬。神宗認爲士大夫是百姓表率，大臣是庶官表率，「若在上不能信法守令，徒以空言禁諭，民豈能從？今後俱宜恪遵典制，力行節儉，率屬先民，以稱朕敦本尚實之意。」〔註 89〕違者聽科道官及巡視衙門參奏重處，指揮以下，京衛調外，衛調邊衛，俱帶俸差操。〔註 90〕武臣勳戚受到抑制，不敢胡作妄爲。隔年，蔡汝賢再度諫言：「兵部尚書每遇下營之日，亦止乘馬，其餘軍職不許隨帶上馬交牀，宜深維祖宗不假名器之心，以重治人臣妄干恩澤之罪。」〔註 91〕神宗嘉納其言。萬

〔註 86〕《觚不觚錄》，頁 7 上。
〔註 87〕《清白堂稿》，卷 8，〈舍車論〉，頁 10 上。
〔註 88〕《萬曆野獲編》，卷 20，〈京職・京官肩輿〉，頁 522。
〔註 89〕《明神宗實錄》，卷 34，萬曆三年正月壬戌條，頁 7 下～8 上。
〔註 90〕《禮部志稿》，卷 18，〈房屋器用等第・車輿〉，18 下～19 上。
〔註 91〕《明神宗實錄》，卷 46，萬曆四年正月癸卯條，頁 2 上。

曆七年（1579）五月，禮科給事中蕭彥疏言序班郭廷林敢於乘轎，恐南中諸臣效尤成習，諭令南京五府勳臣「出則明坐大轎，入則擁列歌舞，心志驕惰，氣體柔脆，緩急何賴？請嚴行申飭以彰法紀。」十月，重申「京官四品以下，不得濫乘幃轎」之制，誠意伯劉世延因犯禁輒坐肩輿，命閑住罰祿米一年。〔註 92〕

但張居正言行不一，相傳其奉旨歸葬，所坐步輿「前重軒，後寢室，以便偃息，旁翼兩廡，各一童子立，而左右侍爲揮箑炷香，凡用卒三十二人舁之。」〔註 93〕這樣三十二人的「輿轎」，排場實難以比筆墨形容。隨著世上已無張居正的年代，疏請肩輿的大門隨之開放。萬曆十二年（1584）八月，應允永年伯王偉肩輿；萬曆四十六年（1618）十一月，中府帶俸武清侯李誠銘母太夫人吳氏爲子奏討肩輿，神宗雖言日後不許援例，但亦准奏。〔註 94〕熹宗天啓時期，甚至要求輔臣不得阻撓勳臣上請肩輿，〔註 95〕遂造成武臣勳戚蜂擁疏請，天啓四年（1624）十二月，「左都督李承恩上疏乞恩乘轎，以便朝參供事，上允之。中軍府都督永年伯王明輔、新城侯王升、都督張國紀俱比例乞恩，詔亦咸允。」〔註 96〕即使禮科給事霍守典依據《明會典》，認爲他們謊稱老疾欺君，應以違例妄請參駁，但熹宗未改其令。直至思宗即位後，崇禎間才嚴禁武官勳臣援例乘轎。

上行下效，行具的踰禮違制在萬曆朝的北京也頗爲常見。《客座贅語》記載正德朝至萬曆中期（1506～1602）約百年間行具方面的流變，主要針對北京文官階層的敘述：

〔註 92〕《明神宗實錄》，卷 87，萬曆七年五月甲寅條，頁 2 上；及卷 92，萬曆七年十月癸未條，頁 3 上。

〔註 93〕《玉堂叢語》，卷 8，〈汰侈〉，頁 276。

〔註 94〕〔明〕高汝栻，《皇明續紀三朝法傳全錄》（《續修四庫全書》史部 357 冊，上海：上海古籍出版社，1997 年，據浙江圖書館藏明崇禎九年刻本景印），卷 3，〈甲申萬曆十二年至己丑十七年〉，頁 7 下：「中軍都督府帶俸永年伯王禕乞恩賜輿，上從之。先是上恭謁山陵，偉爲居守，奏云同事都御史趙錦肩輿乘騎，併行不便，上特恩準與。」以及《明神宗實錄》，卷 576，萬曆四十六年十一月丁酉條，頁 6 下。

〔註 95〕《明熹宗實錄》（梁本），卷 48，天啓四年十一月甲寅條，頁 1 上：「責輔臣票擬失當，近乞肩輿乞進侯，槩應如響平章，謂何追念。去輔在時，或未肯肩越，乖舛至此，復諭次輔勿坐視依違。」

〔註 96〕《皇明續紀三朝法傳全錄》，卷 13，〈甲子天啓四年五月至乙丑五年二月〉，頁 26 上～下。

> 《四友齋叢說》中記前輩服官乘驢者，在正、嘉前乃常事，不為異也。頃孫冢宰丕揚嘗對人言：「其嘉靖丙辰（三十五年，1556）登第日，與同部進士騎驢拜客，步行入部。」先伯祖亦言：「隆慶初，見南監廳堂官，多步入衙門，至有便衣步行入市買物者。今則新甲科輿從舄奕長安中，苜蓿冷官，非鞍籠、肩輿、腰扇固不出矣。」又景前溪中允為南司業時，家畜一牝騾，乘之以升監，旁觀者笑之亦不顧。今即幕屬小官，絕無策騎者，有之，必且為道傍所揶揄。憶戊戌、己亥（二十六、二十七年，1598～1599）間，余在京師猶騎馬，後壬寅（三十年，1602）入都，則人人皆小輿，無一騎馬者矣。事隨時變，此亦其一也。〔註 97〕

《五雜俎》對行具的變化與僭越也有類似的記述：「國初進士皆步行，後稍騎驢。至弘、正間，有二、三人共雇一馬者，其後遂皆乘馬。余以萬曆壬辰（二十年，1592）登第，其時郎署及諸進士皆騎也，遇大風雨，間有乘輿者。迄今僅二十年，而乘馬者遂絕跡矣，亦人情之所趨。」〔註 98〕行具風氣的轉變，正德朝官員以驢馬為主，時至萬曆中期，幕僚小官不願被揶揄，不屑騎馬，甚至京城人人皆小輿，無一騎馬者。顧、謝二氏均提及一個重要時限，也就是約為萬曆三十年至四十年間（1602～1612），是北京行具僭越的高潮。從原本少數人的僭越行為，漸次擴及各個階層的一種生活異端。再者，謝肇淛提及這股時尚風潮，「京師衣食於此者殆萬餘人，非惟不能禁，亦不必禁也。」京師各階層人士逐漸以轎子作為主要交通工具，追求奢侈風尚已成為貧困百姓賴以為生的工具。朱國楨（1558～1632）也說：「今南中無大小，皆乘轎，惟有四人、兩人之分，猶曰留都稍自便。北京亦用肩輿出入，即兵馬指揮若衛經歷皆然，雇直甚賤。在外惟典史乘馬，恐不久亦當變矣。」〔註 99〕

萬曆朝確實是行具轉變的浮濫期。若單從萬曆朝與其他朝相比較，從三個方面更可看出其間的變化：一、宦官：祖制規定，內臣出外，非跟隨親王、駙馬及文武大臣者，凡遇朝廷尊官，俱下馬候道傍，待過去方行；今小火者值部閣大臣，俱揚鞭直衝中道。二、文官：文臣三品以上，始得乘輿，今在京大小官員，俱望輿出入。三、轎制：初期不敢聲張，以女轎蔽帷，不用呵殿；今則

〔註 97〕《客座贅語》，卷 7，〈輿馬〉，頁 231。
〔註 98〕《五雜俎》，卷 14，〈人部一〉，頁 1798。
〔註 99〕《湧幢小品》，卷 15，〈人輿〉，頁 3466～3467。

以褰幭前臨，惟恐人不知，與南京相似。〔註 100〕特別是中官內侍，「今西內宮址前，尚豎二石碑，刊『宮眷人等，至此下馬』，則當時御前婦寺輩，皆非徒步矣。又貴璫輩承恩，有賜內府騎馬者；最貴則云著於內府坐凳杌，其製如腰輿而差小，直舁至乾清宮，至今尚然。」〔註 101〕《酌中志》言「凳杌」，乃司禮監掌印、秉筆太監中年歲已高、最有寵眷者專屬，其製如靠背椅，而加兩桿於旁，前後各用一橫槓。「然抬者不在轅內，只在桿外斜插揁擡，而正行之。所以曰杌者，禁地不敢乘轎之意也。」〔註 102〕身居當國的內閣首輔，在行具的禮遇反不如閹臣婦寺。萬曆三十年（1602），禮部侍郎敖文禎過宣武門，途遇三醉閹乘馬過，無端肆詈且行兇肆毆，並敲碎其扇轎。神宗大怒，將此宦寺斥爲淨軍。〔註 103〕宦官在晚明目中無人的行徑，與統治階層間的腐朽與綱紀的廢弛，閣權長期旁落宦權有關。或可從《舊京遺事》裡略窺崇禎時期的北京：

> 外臣乘轎，京朝三品大臣乘轎，自四品卿寺翰林六科以至御史部屬乘馬。然四品京堂乘馬，而祭酒班小九卿之列，自順城街、乾石橋以南，造朝常乘馬以北，准國學乘轎，司成教養人才，祖宗選當時鴻儒或選貞正之士充之，其體優異，諸卿無敢埒焉。長安中九衢相通出入，傳呼自有體數，如四品以上名卿上街，騶卒傳呼諸人下馬，而他則傳呼諸人下驢。至如外臣以覲賀入京，自藩臬以至郡縣有司，概無呼引，直素衣服罩引馬避道而已。武臣唯錦衣衛比文職之翰林，體貌相彷然。自崇禎戊寅（十一年，1638）以來，文臣唯六垣清顯最貴，十三道出差加以戶部考察，進京大損威望。雖翰林載筆螭頭最爲啓沃，近臣亦徒有空名而擁虛器，蓋外臣皆得入相大拜。〔註 104〕

列位朝參的官員間彼此不屑，目無法紀，引馬讓道的迴避禮儀制度形同虛設。

二、士紳階層的踰越

中央官僚如是，地方官上行下效，「初至地方尚騎馬張蓋，既而乘轎辟人，即投靠棍徒亦抗禮。」〔註 105〕至於士紳階層，其輿轎悉用閩製，乃爲宋代航海

〔註 100〕《萬曆野獲編》，卷 13，〈禮部．舊制一廢難復〉，頁 353。
〔註 101〕《萬曆野獲編》，卷 8，〈內閣二．禁苑用輿〉，頁 207。
〔註 102〕《酌中志》，卷 19，〈內臣佩服紀略〉，頁 3054。
〔註 103〕《萬曆野獲編》，補遺卷 1，〈內監．內臣辱朝士〉，頁 820。
〔註 104〕《舊京遺事》，卷 2，頁 4 下～5 下。
〔註 105〕〔明〕王圻，《續文獻通考》（《四庫全書存目叢書》子部 185 冊，台南：莊嚴

時的遺式。初期以青絹繖為多，「今俱用藍色，黃繖則用金、紅、黃色，其簷倍深，向鄉袞出入所未曾有。至嫁娶，初時必先世仕族間，用一蓋前導，或青、或黃，隨其官品。近庶民、廝隸率用黃蓋，以為美觀矣。」〔註 106〕李贄「擁傳出入，髡首坐肩輿，張黃蓋，前後呵殿。郡縣有司，莫敢與均茵伏。」〔註 107〕李贄被謝肇淛譏為「近於人妖」。松江府上海一帶，部分重視排場的士紳，出入必乘大轎，更甚者有門下皂隸跟隨，轎傘夫五名俱穿紅背心，首戴紅毡笠，宛如現任官員體統。「乙榜未仕者，則乘肩輿，貢、監、生員新貴，拜客亦然。」〔註 108〕來斯行（1567～1634）對明末行具制度的浮濫有感而發：「自萬曆初年此制甚嚴，今武職皆用大帷轎，開棍數人前呵。文職雖下至兵馬、縣佐貳，無不肩輿者。時事之變遷遂至於此，故老言之，無不興嘆！」〔註 109〕

連舉人也開始乘轎。舉人用轎，從嘉靖三十四年（1555）張德瑜起，當時因病乘轎代行，自後率以為常：

> 然士子既登鄉科，與眾迥別，則以肩輿加布圍，亦不為過。近來監生、生員通用，似覺太早耳。尤可笑者，紈袴子弟為童生，即乘此轎，帶領僕從，招搖街市，與春元一體。此微獨覗父兄無教，即子弟自己為地，原不宜如此，蓋童生人品未定，不知終身作何狀？正宜習服勤老，勿使惰慢，況處松江澆薄之俗，朝華夕零，變態立見。〔註 110〕

「朝華夕零，變態立見」，此即流行時尚的異端現象。舉人榮登鄉科，自詡身分與庶民有別，不甚為過。至於監生、生員，因家世或貲產得以乘轎，較不似體統，更遑論僅為童生的紈絝子弟。早期的松江府郡，富人童子乘坐肩輿或步行上學；迄至晚明時期，乘轎為童子上學必備的行具，鋪張喧嘩與大張旗鼓地讓街坊盡知，沿路「羅綺綢紵，彩旗百竿，簪花至用，珠翠作金龍以耀首，親戚以酒禮花幣迎者，交錯於途，自郡齋至文廟謁拜，始各歸家設燕以待鄉薦。」〔註 111〕其盛況宛如歲時節慶。

文化事業有限公司，1995 年 9 月初版，據中國科學院圖書館藏明萬曆三十一年曹時聘等刻本景印），卷 30，〈征榷考・雜課〉，頁 4 上。

〔註 106〕《崇禎・松江府志》，卷 7，〈風俗志・俗變〉，頁 27 下～28 上。

〔註 107〕《五雜俎》，卷 8，〈人部四〉，頁 1658。

〔註 108〕《閱世編》，卷 4，〈士風〉，頁 97。

〔註 109〕〔明〕來斯行，《槎菴小乘》（《四庫禁燬書叢刊》子部 10 冊，北京：北京出版社，2000 年，據明崇禎四年刻本景印），卷 15，〈肩輿〉，頁 13 下～15 上。

〔註 110〕《雲間據目抄》，卷 2，〈記風俗〉，頁 7 下。

〔註 111〕《崇禎・松江府志》，卷 7，〈風俗志・俗變〉，頁 29 上。

三、庶民階層的非禮

婦女是優先禮遇乘轎的階層。在隆慶、萬曆時期，廣州婦女所乘車轎高雅美觀，且四面密封，每面有一扇小窗，窗格上鑲以象牙或以獸骨、木頭精製而成。〔註 112〕萬曆年間，在外士人妻女，首戴珠箍，身被文繡，「乘坐肩輿，揭簾露面，與閣部公卿交錯於康逵，前驅既不呵止，大老亦不詰責。」〔註 113〕沈德符諷喻爲：「眞天地間大災孽」，即本文所謂的生活異端。爾後神宗三十年深居不視朝政，輦下肩輿紛紜載道，浮濫之極宛如初元時。一般世祿子弟亦習尙侈靡，舟車華煥，僕從烜赫。〔註 114〕而道士也常假稱太常寺官擅乘轎輿，多用人夫以致騷擾驛遞。〔註 115〕蘇、松地區的僕隸隨從，往往倚仗主人權勢，「恣意放肆，頭帶角巾，身穿色衣，嫖賭飲酒，甚至出入乘轎，每遇同齋教官與生員輩，竟不下轎。」〔註 116〕競相誇耀排場之際，人心也變得貪婪。

徐樹丕觀察吳中地區，幾十年來外表甚美，而中實枵然；至崇禎十四年（1641）奇荒後，內外皆虛。「優人鮮衣美食，橫行里中，人家做戲一本費至十餘金，而諸優猶恨恨嫌少。甚至有乘馬者、乘輿者，然必有鄉紳土之，人家惴惴奉之，得一日無事，便爲厚幸矣。屠沽兒家以做戲爲榮，里巷相高，致此輩益肆無忌憚，人言『吳兒癡』，豈不信然。」〔註 117〕娼優擁有錢財後，開始模仿上階層的行爲，藉以提昇自己的社會身分地位，行具制度也是他們竭心盡力仿效的一環。國家存亡關頭，行具也成安撫和拉攏百姓的手段，「闖賊下令帶來僞官皆得乘轎及馬，其降官僅許乘驢。余親見學濂乘一小驢，穿僞式黃袍，負一僞敕，在草場閱葯，指揮得意，仍領泛海平浙之敕，差往江南。」〔註 118〕魏大中（1575～1625）與楊漣、左光斗等人共抗魏忠賢閹黨勢力，被誣陷坐贓而亡。次子學濂（？～1644）舉崇禎十六年（1643）進士，但日後明亡降闖，竟屈就於毛驢，盡毀家族忠節盛名於一旦，令人唏噓。

〔註 112〕〔葡〕克路士（Gaspar da Cluz）、〔英〕薄克舍（C.R. Boxer）編，何高濟譯，《十六世紀中國南部行紀》(《South China in the Sixteenth Century》，北京：中華書局，1996 年 7 月第 1 版），頁 88～89。

〔註 113〕《萬曆野獲編》，卷 5，〈勳戚・服色之僭〉，頁 148。

〔註 114〕《識小錄》，卷 1，〈世家子〉，頁 95。

〔註 115〕《大明會典》，卷 104，〈僧道〉，頁 9 上。

〔註 116〕《宜焚全稿》，卷 9，〈題爲糾劾不肖教職官員以肅法守事〉，頁 538。

〔註 117〕《識小錄》，卷 4，〈吳優〉，頁 534。

〔註 118〕〔明〕馮夢龍，《甲申紀事》（台北：正中書局，1981 年 8 月初版，據明弘光刊本景印），卷 2，〈紳志略・翰林院〉，頁 165～166。

第七章　異端現象的論述

《崇禎・吳縣志》轉引盧熊（1331～1380）《蘇州志》，描述蘇州地區在明初的社會風俗概況：「其俗多奢少儉，商賈竝湊，精飯饌，鮮衣服，麗棟宇。」〔註 1〕太祖見吳俗崇尚侈靡，藉機課以重稅，打擊江南富商奢侈習性，並增加朝廷財政稅收。〔註 2〕太祖認爲，由上而下推行儉約，才是導正風俗的根本，「世之治亂，本乎人情風俗，故忠信行則民俗淳樸，佻巧作則習尚詐僞。京師，天下之統會、萬民之瞻仰、四方所取則者也！而積習之弊，率以奢侈相高，浮藻相誘，情口肆而俗口偷，非所以致理也。」〔註 3〕鄭和下西洋後，海外貿易爲明朝帶來財富，瞬間改變社會各階層的生活習性，首先是皇室奢侈的享樂靡費日益增加，統治階層日趨腐化，對社會風氣的嬗變推波助瀾。〔註 4〕「昇平既久，法網稍疎，文物雖盛，而奢侈競起。民庶大夫，輒衣文綺，履絲策肥，婦女飾以金翠珠琲。……居設廳室，高廣倍式；燕飲珍器，盈席竟夕。鼓吹儉者，則嗤其恡，貧者自以爲慚。」〔註 5〕如何回歸明初的樸實無華，遏止生活異端的驕奢淫佚，成爲有識之士戮力維國的首要，提倡「衣錦綺，不如縕袍布破之

〔註 1〕〔明〕牛若麟，《崇禎・吳縣志》（台北：漢學研究中心景照明崇禎十五年刊本），卷 10，〈風俗〉，頁 1 上。

〔註 2〕《北牕瑣語》，頁 50～51：「太祖見蘇松俗尚侈靡，故重稅以困之，亦一時之權宜也。」

〔註 3〕《明太祖實錄》，卷 66，洪武四年六月戊申條，頁 7 下。

〔註 4〕萬明，〈鄭和下西洋與明中葉社會變遷〉，《明史研究》4 輯，合肥：黃山書社，1994 年 12 月第 1 版，頁 93～94。

〔註 5〕〔明〕袁應祺，《萬曆・黃巖縣志》，（《天一閣藏明代方志選刊》6 冊，台北：新文豐出版公司，1985 年，據寧波天一閣藏明刻本景印），卷 1，〈風俗〉，頁 35 上。

安閑也；食鮮奇，不如藜藿菜羹之從容也；車從喧闐，不如肩輿徒步之坦率也」的儉素生活。〔註6〕

第一節　飲食方面的異端

面對各階層日益舖張的宴飲享樂，部分明人採取正面積極的看法，如不過份苛刻皇帝御膳。思宗以母親早崩，欲茹素終身，輔臣認爲「素食之意，將以惜物力」，然帝王身分尊貴且日理萬機，水陸齊備理當如此，並不損及仁孝之心，意即並不與口腹之欲相悖斥。〔註7〕他們不認爲禁奢崇儉能達成富民的效果，主張「天地生財，止有此數。彼虧則此盈，彼益則此損。」富商大賈、豪家巨室在食衣住行等方面的自侈，恰巧使以力自食的人得以分其利，得以均其不平。如果加以禁絹，則富者依舊益富，貧者只會愈貧。吳、越同屬江南地區，「吳俗尚奢，而蘇、杭細民多易爲生；越俗尚儉，而寧紹金衢諸郡小民，恒不能自給，半遊食於四方，此可見矣。則知崇儉長久，此特一身一家之計，非長民者因俗爲治之道也。」〔註8〕他們疾呼採用自由放任的經濟政策，這與明代商人集團的崛起與社會地位的提昇，有其必然的關係。

然而，多數人士提倡儉樸，反對錦衣玉食的生活態度，「每見巨室豪家賓朋宴集，歌舞盈前堂，帷隔於一簾，喧咲徹於內外，匪第過侈，深恐踰閑濫觴，茲蔓更不忍言。」〔註9〕他們主張回歸明初簡約型態，「我朝自聖祖開基，力鎭之以樸。洪武至於弘治，士重節義，閭閻有恥，庶幾近古矣。嘉靖初年，淳風未盡泯也。隆、萬以來，日趨於薄。無論視成、弘時若太古，即求如嘉靖初年，不可得已。」〔註10〕這樣說法也許過於溢美，但也表示晚明人士亟欲尋回早期質樸的社會風尚，也開始檢討過度重視口腹之欲的後果。「口腹具而生計繁矣，生計繁而詐僞奸險之事出，而五刑不得不設。君不能施其愛育，親不能遂其恩私，造物好生，而亦不能不逆行其志者，皆當日賦形不善，多此二物之累也。」〔註11〕人類的口腹之累，就是奸僞叢生的根源。因李漁所

〔註6〕《西臺漫紀》，卷6，〈紀鳥〉，頁17下。

〔註7〕〔清〕楊士聰，《玉堂薈記》，（《續修四庫全書》子部1175冊，上海：上海古籍出版社，1997年，據嘉業堂叢書本景印），卷3，頁3上～下。

〔註8〕《推蓬寤語》，卷8，〈毗政篇上・毗閭閻之政〉，頁421。

〔註9〕《昨非菴日纂》，3集卷9，〈惜福〉，頁592。

〔註10〕《千一錄》，卷21，〈客談九〉，頁11下。

〔註11〕〔清〕李漁，《閒情偶記》（《李漁全集》，成都：巴蜀書社，1997年3月第1

謂的飲食之道，膾不如肉，肉不如蔬，蔬果就是最好的食材。所以他主張回歸自然，復古崇儉以及愛惜生命、不任意屠宰牲畜，從飲饌實踐開始，逐步調回單純而簡單的生活態度。

一、倡導儉約是飲食正道

「勤勞儉約，不知其益，有時而富；怠惰侈靡，不知其損，有時而貧。故莊敬自強者，德日盛而不知；邪慝自肆者，日積而不悟。」〔註 12〕明人認爲勤儉才能充盈，達到治國平天下的目標。由奢入儉難，風氣所及，欲化民成俗並不容易。神宗萬曆二年（1574）八月，京師「縉紳中宴會餽問，奢靡無節，殊非羔羊素絲之風。」〔註 13〕神宗希望大臣以身率下，不得空文戒飭。禮部也認爲要改善風氣，地方從京師、身分從士紳雙管齊下才能略見成效：

> 崇節儉一節，臣等爲照治理之要，以正風俗爲首，而移風易俗以敦儉朴爲先，此誠端本抑末之機也。然首善實繫於京邑，而倡行必始於士大，苟士夫不知節儉，爭尚奢靡，則必貪饕朘削以濟其欲而殃及生民，將何以培植元氣，維持風化耶？仰惟皇上崇禮慎德，加意侈靡之防，屢下奢僭之禁。如嘉靖七等年，聖訓昭嚴，遵行既久，奈何士習漸踰，浮文日熾，公私宴會，則動張大席，廣集伶優。歲時饋遺，則競攜牲幣，充塞道路，以致流風漸被，下民效尤。生儒巾服僭爲巧異，混亂彝章，莫可辨識，此豈清朝惇厚之風？有識之士亦或心知其非，而汩於習染，莫克自振。〔註 14〕

刑科給事中魏元吉目擊時弊，都察院刊刻榜文，通行京城內外，張掛曉諭，五城御史、緝事衙門嚴加緝訪。若有士大夫之家違例，張設簇花糖餅大席，饋送豬羊節禮，招集無賴子弟，搬演戲文，長夜酣飲及容留居住者，一體訪拏參造。賣糖餅之家，其模製俱要追毀，其說法有條有理，然而風氣未能改善。萬曆十

版），卷 5，〈飲饌部・蔬食第一〉，頁 248。

〔註 12〕〔明〕張元諭，《篷底浮談》（《續修四庫全書》子部 1126 冊，上海：上海古籍出版社，1997 年，據北京圖書館藏明隆慶四年董原道刻本景印），卷 4，〈談學〉，頁 7 上。

〔註 13〕《明神宗實錄》，卷 28，萬曆二年八月乙巳條，頁 2 下。

〔註 14〕〔明〕張天復，《鳴玉堂稿》（《續修四庫全書》集部 1348 冊，上海：上海古籍出版社，1997 年，據明北京圖書館藏萬曆八年陳文燭刻本景印），卷 9，〈覆禁革奢靡疏〉，頁 20 上～下。

六年（1588）五月，「各官宴會，往來廢墜，公務奢侈耗費。」〔註 15〕屢行禁止，卻肆然不遵。

「貪濁之風，起于奢侈，而其究也，民力必詘；奔競之風，起于僭擬，而其究也，士心必傷。未有詘民之力，傷士之心，而和氣不干，天災不召者也。」〔註 16〕大臣法而後小臣廉，上有廉潔恬靜的官員，則貪濁奔競之習可泯，朝政清明儉樸，百姓生活才能安定。葛守禮認爲：

> 一、崇節儉。夫士多寒微，平生韋衣疏食，亦常安矣，一旦發庸則率多侈靡。蓋由於紛華易悅，遂爾慕效故也。不思費不能充則將假貸于人，債負求償則廉恥必喪矣，是終身之累也。故必早見于此，極意節嗇，即衣馬僕賃之需，亦從減省，淡薄能甘，則官常可保矣！〔註 17〕

奉行樸實，只要四民都樂於實踐，定能扭轉社會奢風。透過律法的規範，禁奢侈以厚民俗，國家財政也會充盈。因此，申時行（1535～1614）認爲生財之道，「爲之者疾，用之者舒。今財力之詘甚矣！而吳俗以侈靡相尚，中人之家美衣甘食，以不及人爲恥。市井游閒，轉相煽誘，無四民之事，而享十夫之供。至于奇技淫巧，日新月益，耗財妨業莫甚于此，不爲禁制，後將何極？」〔註 18〕當時東南地區困敝，許多議論時事者認爲該區賦額過重、供役過煩，甲於天下。卻不知江浙閭閻蕭條，財力彈竭，百倍於舊時，同時水災使圩田完全無法耕植，但百姓生活依舊侈靡相高。

偏隅的西南地區亦沾染奢靡的流風。毛堪巡按差滿回京，言及滇地興革利弊十九事，其中一事爲「力制奢靡以崇節儉」。毛堪不解，雲南本爲瘠薄之地，商販稀少，物力困詘，然而習尙浮誇、侈靡，家無擔石之儲而履絲縞衣、乘堅策肥的百姓之家卻比比皆是。〔註 19〕因此毛堪即行通告禁約，所有吏胥

〔註 15〕《明神宗實錄》，卷 198，萬曆十六年五月戊申條，頁 3 下～4 上。

〔註 16〕〔明〕吳瑞登，《兩朝憲章錄》（《四庫全書存目叢書》史部 16 冊，台南：莊嚴文化事業有限公司，1996 年 8 月初版，據清華大學圖書館藏明萬曆二十二年光州儒學刻本景印），卷 9，〈嘉靖十八年己亥至十九年庚子止〉，頁 5 下～6 上。

〔註 17〕〔明〕賈三近，《皇明兩朝疏抄》（《續修四庫全書》史部 465 冊，上海：上海古籍出版社，1997 年，據北京大學圖書館藏明萬曆十四年蔣科等刻本景印），卷 12，葛守禮〈揭官箴明士節以正始進疏〉，頁 74 上。

〔註 18〕〔明〕申時行，《綸扉簡牘》（《四庫禁燬書叢刊》集部 161 冊，北京：北京出版社，2000 年，據北京圖書館藏明萬曆二十四年刻本景印），卷 1，〈答孫小溪巡撫〉，頁 26 上～28 下。

〔註 19〕〔明〕毛堪，《臺中疏略》（《四庫禁燬書叢刊》史部 57 冊，北京：北京出版社，2000 年，據明萬曆四十二年刻本景印），卷 3，〈條列地方行過事蹟疏〉，

不許穿紬絹衣，宴會不許殺牲擺席，才稍稍遏止前習。明代有識之士在飲食方面，對於一味趨向奢華排場，皆主張提倡節儉：

> 飲饌者常食之物，食之不得其道，以至於亡身，蓋失於不節也。欲救之術，莫過於儉。儉於聽，可以養虛；儉於視，可以養神；儉於公，可以養貴。儉於門闥，可以無盜賊；儉於環衛，可以無叛亂；儉於嬪嬙，可以養壽命；儉於心，則可以生死，是謂萬物之化柄也。〔註20〕

儉者性恬淡，即靖靜之道，因而益處良多。從佛學的角度來看，佛家說受用就是空虛，包括受苦、受樂及一切受用，如食物擺列幾道數味，一旦放下筷子就放下所有。〔註21〕有人從「養生論」觀點，認爲「多食之人，有五苦患。」也有人從「天命論」來規範節儉，他們認爲人一生的服飾、食物、財產與祿位皆有定數，若躬行儉約樸素，壽命就可延長。過份追求驕奢淫逸的生活，當配額用完之際，就是終了的時候，即「奢侈過求，受盡則終」之意。〔註22〕

有個膾炙人口的故事發生在嘉靖年間。工部尚書劉麟的學生擔任直指使，他常在飲食上苛刻僚屬，劉麟爲此宴請設席。但直至午後飯菜仍未端出，學生飢餓難耐，等到飯菜上桌，雖只有一碗米飯和一盤豆腐，卻狼吞虎嚥三碗。不久，美食佳餚依序上桌，羅列滿席，卻已食不下嚥。劉麟笑對學生言，飲食並沒有精粗分別，饑餓時易爲食，飯飽時難爲味。自後，直指使不敢再以盤飧責人。〔註 23〕「飢不擇食」的道理，或可藉此降低追求美食佳餚的欲望。更重要的，款待賓客在「敬」與「禮」，「會客之禮，不專在飲食，惟在誠敬而已。若能恭敬，雖三五品殽，六七行酒，情意自然浹洽，兼不費財，如是富者可以終日行，而貧者亦不至廢禮也，又安有酒禍？若以奢侈相高，求濃酒厚味，以誇族人鄉黨，僅得一時好譽，而家計亦費多矣。」〔註 24〕魏

頁 16 下～17 上。

〔註20〕〔明〕不著撰者，《至遊子》（《四庫全書存目叢書》子部 260 冊，台南：莊嚴文化事業有限公司，1995 年 9 月初版，據明嘉靖四十五年姚汝循刻重修本景印），卷上，頁 13 上～下。

〔註21〕〔明〕龍遵敘，《飲食紳言》（《筆記小說大觀》4 編 5 冊，台北：新興書局，1978 年 9 月初版），頁 2 上。

〔註22〕同前。

〔註23〕《昨非菴日纂》，2 集卷 9，〈惜福〉，頁 334。

〔註24〕〔明〕魏良弼，《太常少卿魏水洲先生文集》（《四庫全書存目叢書》集部 85 冊，台南：莊嚴文化事業有限公司，1997 年 7 月初版，據北京大學圖書館藏

良弼（1492～1575）爲當代著名的理學家，告誡鄉民，禮儀才是最爲重要的待客之道，飲酒亦同。雖然酒有四害：「起忿、召亂、敗德、喪身。」但飲酒本屬禮儀的一種，只要節制不過度，小酌亦無傷大雅。陳確（1604～1677）也說：「庸敬在母，斯須之敬在賓客，其半分奉母之雞以餉客可也，即盡以奉母之雞而餉客，亦無不可也。」〔註 25〕賓主相敬以禮，亦屬君子之道。明人主張設宴以敬不以華，最終目的仍在避免破家亡身，「恐一食萬錢，而將無并日之餐；家累萬金，而遽失立錐之地。嗚呼！惜哉！」〔註 26〕

郭應聘（1520～1586）也強調生活禮儀的重要性，主張待客品物本有常規，如親友往來，一魚一菜亦可相留。他以北宋司馬光（1019～1086）父爲例，在擔任州牧判官時，有賓客來訪，通常只斟酒三遍或五遍，至多七遍，酒是臨時從市集購買而來。水果多用梨、栗、棗、柿等，菜餚僅有肉乾與菜羹，餐具是再平常不過的黑色瓷瓦。只要禮數周到，食物雖然粗淺，但人情依舊深厚。常宴殽醢不過四品，佐以二蔬，如遇尊客，加倍即止，侑以三湯，列以四果，不必過繁。酒隨所有，不必強勸，但求適情。「其有非肖子弟，務以豐侈相矜，廣邀狂客，醉舞酣歌，酗飲徹夜，自爲豪舉，或因之呼盧擲釆，爭賭勝負，竟以傾貲蕩產不悟。或因之使酒，逞氣嫚詈，興辭不顧，詘辱其身。或因之傾倒街市，毀傷遺體，而貽惟疾之憂。」〔註 27〕這種生活習性皆爲兇類。

南直隸揚州府興化縣官府在飲食方面的節制，與郭應聘主張相仿。要求今後大會，二人一席；常會，四人一席。餚止五簋，果四碟、五碟，酒止三行，蔬菜不限。倘有客相留小坐，出門拜訪朋友，一菜一魚，不嫌於薄。舉杯相酢，無用巨觴，不分主客，按照同樣款待舉行宴會，且這樣的宴會可經常辦理，則其地風俗不至於淫湎。〔註 28〕呂坤爲山西巡撫，主張飲食崇儉，則搬出朝廷政令，並且確實執行：

> 一、酒席近奉欽依事例，蔬殽各不過五色。今兩院、三司公私酒席，只是食果五楪，小菜五楪，素蔬五碗，肉殽五碗，剝削果五楪，點

明萬曆三十五年熊劍化徐良彥刻本景印）卷 3，〈附松陽縣社學條規〉，頁 29 上～31 上。

〔註25〕〔清〕陳確，《陳確集》（北京：中華書局，1979 年 4 月第 1 版），文集卷 7，〈草蔬飯客議〉，頁 199。

〔註26〕《八厓緒論》，卷 2，〈尚儉〉，頁 22 上。

〔註27〕〔明〕郭應聘，《郭襄靖公遺集》（《續修四庫全書》集部 1349 冊，據上海圖書館藏明萬曆郭良翰刻本景印），卷 16，〈家訓〉，頁 13 上～下。

〔註28〕《萬曆・興化縣新志》，卷 4，〈人事之紀・風俗〉，頁 368～369。

> 掇殽五楪，湯飯三道，立飲攢盒闔席一具，其黏果糖卓花枝筯簽一切不用。到任公宴，只用鼓樂一次，以後不用。至於小唱戲子，絕跡公庭，縉紳知禮守法，自然節儉。老成士民沿習奢靡之俗，不遵憲約，或用倡優戲子，或擺連十連五看席、五色絹帛結綵者，許諸人稟告，陞户三則，仍罰穀備賑。〔註29〕

呂坤同時對飲酒禁約，他閱覽山西按察司審決書冊，發現山西重囚，除強盜、姦情等犯外，打死人命為八百六十三起，其中因酒醉出人命者有七百零七起，而打死者與償命者，共傷一千七百二十四條人命。其他如因酒醉醉死、墜崖、墜馬、痰火成疾而死者，酒醉壞事誤事、喪德喪家及毆妻致禍者，則是難以估算。除另行禁約外，今後民間飲酒務要樽節，賣酒設席之家不許縱容苦勸，但有鬪毆傷人、因酒所致者，問刑衙門要查何店、何人飲酒，務必追查眞相。

二、重視養生是飲食大端

倡導飲食儉約之時，明人也重視養生之道。飲食節制兼具四項益處，可以助人養德、養壽、養神與養氣。徐榜認為：

> 凡人貪淫之過，未有不生於奢侈者。儉則不貪不淫，可以養德，一益也；人之受用，自有劑量，省嗇淡泊，有長久之理，可以養壽，二益也；醉濃飽鮮，昏人神智，若蔬食菜羹，則腸胃清虛，無滓無穢，可以養神，三益也；奢則妄取苟求，志氣卑辱，一從儉約，則於人無求，於己無愧，可以養氣，四益也。〔註30〕

陳龍正也有一套養生食譜：「養生以飲食為主，飲食以水穀為主，水以潔為主，穀以精為主，其他酒殽以淡薄為主，愈醲鬱愈肥甘，損多益少。朔望舉家宜食齋素，使腸胃中隔半月，則清虛一番。每日晨起食素粥，午膳用葷，夜則清酒數酌，食品不拘，但取沖淡去肥醲，半醉半飽。夏月晝長，隨意加點心少許，或素粥或藥糕，如此長守，可以少病。」〔註31〕

透過食療來達到身強體健，是古人衛生保健的重要根源之一。有人主張先從「淡味」著手。祝世祿說：「世味醲釅，至味無味。味無味者，能淡一切

〔註29〕《實政錄》，卷3，〈民務·禁約風俗〉，頁96～97。

〔註30〕〔明〕徐榜，《宦遊日記》（《百部叢刊集成》1585冊，台北：藝文印書館，1966年，據清道光趙紹祖、趙繩祖校刊涇川叢書本景印），〈儉有四益〉，頁2上～下。

〔註31〕《幾亭外書》，卷5，〈養生所主〉，頁1上。

味。淡足養德，淡足養身，淡足養交，淡足養民。」〔註 32〕祝氏「四養說」與前述徐氏「四益說」不謀而合。孔貞時往病調理脾胃就是透過「淡味」，他自視弱軀，「於養氣一說甚相關切，無敢侈口腹爲性命憂。且物力易窮，人情何極，互相推廣其於養福、養財之意，未必小補。」〔註 33〕在席間，孔氏不用牛、羊、鵝，特席不兼牲，尋常不特殺，宴席僅五品或三品。口味清淡有益於養生，這同時也是處世交友與修身養性的基本原則。李日華（1565～1635）創設「竹懶花鳥會」，除結交同好外，藉節儉淘汰俗情，以增益性靈才是最主要的目的。部分社約章程如下：

> 一、品饌不過五物，務取鮮潔，用盛大一墩碗，一碗可供三四人者，欲其縮於品，而欲於用也。一、攢碟務取時鮮精品，客少一盒，客多不過二盒。大餚既簡，所恃以侑杯勺者，此耳流俗，糖物粗果一不得用。一、用上白米斗餘，作精飯佳蔬二品，鮮湯一品，取其塡然以飽，而後可從事觴詠也。一、酒備二品，須極佳者，嚴至螫口、甘至停膈俱不用。〔註 34〕

能夠與好友共同遊山玩水，寄情於花鳥之中，同時飲食上也能夠達到儉樸與養生相結合，這種結社的生活不失其雅，眞是一舉數得。

明代對食療最著名的典籍，就屬高濂的《遵生八牋》。該書除記述神仙方藥與延年益壽外，排比如湯品、家蔬、醞造、酒麴與甜食各類食物，將各類飲食視爲譜錄，蘊含著濃郁的審美情懷。〔註 35〕高濂提出他精闢的見解與飲食標準，認爲食材並非水陸兼備或奇異珍貴者爲佳，飲食養生的重點在於不吃生冷、不吃粗硬，也不勉強吃飯或喝水；而且飲食亦有訣竅，譬如飢餓時進食不宜太多，在口渴時飲水也不宜過量。食物放久會發臭變酸，所以鮮魚肉類腐敗不可食用，不但損傷胃氣、招致疾病，也可能戕害生命。若想延年益壽，這些細節絕不能

〔註 32〕〔明〕祝世祿，《祝子小言》（《四庫全書存目叢書》子部 90 冊，台南：莊嚴文化事業有限公司，1995 年 9 月第 1 版，據北京大學圖書館藏明萬曆刻環碧齋集本景印），頁 12 下。

〔註 33〕〔明〕孔貞時，《在魯齋文集》（台北：偉文圖書出版社有限公司，1977 年 8 月初版，據國家圖書館藏明崇禎四年刊本景印），卷 5，〈眞率約〉，頁 1000～1001。

〔註 34〕〔明〕李日華，《紫桃軒又綴》（《四庫全書存目叢書》子部 108 冊，台南：莊嚴文化事業有限公司，1995 年 9 月第 1 版，據復旦大學圖書館藏明末刻清康熙李瑂重修本景印），卷 2，頁 18 下～22 上。

〔註 35〕毛文芳，〈養護與裝飾——晚明文人對俗世生命的美感經營〉，《漢學研究》，15 卷 2 期，頁 112。

忽視。〔註36〕方弘靜的〈家訓〉也提及：「吾幼時，先夫人事事教之，尤慎於飲食。中表歲時之會，長者有命間與焉，席上果餚可食者，戒勿多煎爊，生冷不許入口，吾與仲兄出入必偕，能謹遵焉。」〔註37〕與《遵生八牋》的養生之道不謀而合。

《飲食紳言》對養生的主張，也與《遵生八牋》相近，「有識食，有智食。四大之身，饑瘡爲患，隨順給養，不生貪著，謂之智食。恣情取味，妄生分別，唯求適口，不生厭離，謂之識食。」〔註38〕享受美食與吃出健康是可以並存的。而飲食過量的人，除被鄉里人士輕蔑鄙視，〔註39〕也可能會產生五種苦惱：「一者大便數，二者小便數，三者饒睡眠，四者身重不堪修業，五者多患食不消化，自滯苦際。日中後不食有五福：一者減欲心，二者少臥，三者得一心，四者無有下風，五者身安穩，亦不作病。」〔註40〕李樂從心理、生理兩種層面，提出幾點他對飲食的看法，包括愛食者多食，怕食者少食，太飢勿飽，太飽勿飢，怒時哀時勿食，以及倦時悶時勿食等六要件。〔註41〕明代飲食的發展，由簡入繁、由儉入奢，再反思簡單飲食的重要性，這也代表明代社會變遷的實況。明代中後期講究饗宴，重視鋪張的飲食風尚，使食物成爲炫耀身分的象徵，當然也帶動明人對飲食的反思，強調食物的精緻化與健康性，也使得食物從單純的口腹之欲，轉變成延年益壽的良方。

三、奢侈靡費是飲食異端

「昌歜羊棗，鮐鯸腹魚，雖稍與人殊，然亦口食所不廢也。」〔註42〕某些明人在飲食上有奇怪的癖好，明初名僧泐季潭，喜歡將糞便裡的芝麻和米煮粥喝。駙馬都尉趙輝喜歡飲經血，南直隸內官秦力強、國子監祭酒劉俊，

〔註36〕《雅尚齋遵生八牋》，卷11，〈飲饌服食牋．序古諸論〉，頁3上～下。

〔註37〕《千一錄》，卷25，〈家訓三〉，頁9上。

〔註38〕《飲食紳言》，頁2上。

〔註39〕〔明〕王肯堂，《鬱岡齋筆塵》（《續修四庫全書》子部1130冊，上海：上海古籍出版社，1997年，據明萬曆三十年王懋錕刻本景印）卷3，〈近言〉，頁25下：「今之養形者，如多飲、多食、多眠、多色，是賤丈夫之效也。君子所重者心耳，彼形事則恥之，即不能絕姑輕事之耳。」

〔註40〕《飲食紳言》，頁2上。

〔註41〕《閒情偶記》，〈頤養部．調飲啜第三〉，頁252～254。

〔註42〕《堅瓠集》，《堅瓠十集》卷1，〈食異〉，頁19上。

兩人都喜歡吃蚯蚓。〔註 43〕弋陽汪少宰偉，某一中官請酒設宴，飯不過半甌而香滑有膏，異於他米。汪問：「所從出？」答稱：「蜀中以歲例進者，其米生於鸕鴣尾，每尾只二粒，取放出去，來歲仍可取也。」〔註 44〕王世貞《弇州史料》特列「縉紳豪餐」一目，專講飲食異端，如王恕儘管高齡九十三，每晨進食牛、犬或雞肉三大碗，每碗一、二斤，熟菜一大碗，餅二盤，各堆高筯。楊博（？～1574）抵禦北邊蒙古族時，大敵深入，仍食肥肉三斤，包子三十，酒數升，一副以逸待勞、胸有成竹之態。〔註 45〕明人在飲撰上的怪癖，殫精竭慮求取各地奇食異物，抑或暴飲暴食，形同飲食生活的異端行爲。

劉玉字咸栗，江西萬安人，嘉靖元年（1522）改任左副都御史，歷刑部左、右侍郎，居所僅能遮蔽風雨。面對正德、嘉靖時期，各階層追求錦衣玉食的習尙，不免感歎：「一飯千金，一衣千金，一居萬金，上之風之，下之從之，俗焉有不靡乎？犬馬穀食，奴隸肉食，倡優玉食，食焉有不匱乎？」〔註 46〕劉玉主張，惟有上位者躬行節儉，禮樂興、刑罰措，而後萬物阜、天下安。「懲奢」，實爲治國之法。即使身爲明朝末代君主，思宗崇禎時期的早膳食品羅列一丈有餘，隨心所欲，其食傾刻即至，每日花費至少三千兩銀。皇帝飲食方面的耗費，並未因內憂外患國力衰退而有降低的趨勢，禮科給事中葛應斗遂建言，應以祖訓「足民食在禁末作」爲準程，請思宗減省御膳珍羞，節儉以率先天下，不容臣僚庶民侈靡逾制。「豪貴一筵，抵窮民歲，費無惑乎？公私匱竭，財用日耗，簠簋不施也。」〔註 47〕禮部在宴飲的規定上，即明定官吏宴會器皿不得使用古銅器。

申明崇儉禁奢，必然由上而下推行。「變合邑之奢爲儉，權在邑侯。如宴會之間，定食品、革梨園，則縉紳必從，縉紳從則小民從矣。使人人以不奢爲恥，風俗自然趨奢，使人人以不儉爲恥，風俗自然歸儉。」〔註 48〕劉元卿

〔註 43〕《菽園雜記》，卷 4，頁 45。

〔註 44〕〔明〕鄭仲夔，《偶記》（《四庫禁燬書叢刊》集部 65 冊，北京：北京出版社，2000 年，據明萬曆年刻本景印），卷 1，〈鸕鴣米〉，頁 1 下～2 上。

〔註 45〕《弇州史料後集》，卷 36，〈縉紳豪餐〉，頁 37 上～38 下。

〔註 46〕〔明〕劉玉，《執齋先生文集》（《續修四庫全書》集部 1334 冊，上海：上海古籍出版社，1997 年，據上海圖書館藏明嘉靖二十八年傅鎮濟南刻本景印），卷 17，〈懲奢〉，頁 1 下。

〔註 47〕〔清〕汪楫，《崇禎長編》（台北：中央研究院歷史語言研究所，1967 年），卷 31，崇禎三年二月戊寅條，頁 48 下～49 下。

〔註 48〕《幾亭外書》，卷 4，〈禮例十三條・變奢俗三〉，頁 1 上。

（1544～1609）對食不厭精、膾不厭細的習尙，痛心疾首：

> 今人飲饌，務尚豐腆，一筵之設，水陸畢具，賓客入口無幾。堆盤累碟，深杯大瓢，祗以厭飫諸僕從耳，不知此何益也。宋司馬溫公言：其先公爲郡牧判官時，客至未嚐不置酒，或三行，或五行，不過七行。酒沽於市，果止梨栗棗柿，殽止脯醢菜羹。器用瓷漆，當時士大夫皆然，人不相非也。會數而禮勤，物薄而情厚。近日士夫家，酒非內法，果非遠方珍異，食非多品，器皿非滿案，不敢會賓友，常數日營聚，然後敢發書。即不然，人爭非之，以爲鄙悋，故不隨俗奢靡者鮮矣。風俗頹弊如是，居位者雖不能禁，忍助之乎！公之在洛也，文潞公、范忠宣公相約爲眞率會，脱粟一飯、酒數行，過從不閑一日。今人盍少思此事，惜福養財不細。〔註 49〕

時勢所趨，明末飲食的生活異端現象，也可從南京略窺一二。崇禎四年（1631）十一月，南京吏部尙書謝陞疏奏省宴會一事：「留都近日米薪珠貴，景象蕭條，省角鼠牙，姦盜蜂起。窮人不能度日，富戶無以自存。兼以風俗奔侈，荒淫無度，飲酒賞勝，迎仙醮佛，物力告竭，市價騰貴，實由表率無人而致波流。」〔註 50〕南京此時宛如一座物質匱乏的城市，然而官民仍沈溺於宴飮，只求今朝自我歡樂，不顧來日國家存亡。其他各地有吃菜根、木葉，有夫棄妻、父棄子，有自縊空林、甘塡溝壑的情事，骨肉相殘之慘事亦層出不窮，亡國徵兆已現。

鄭二陽援引孔子、傅咸及朱熹等聖賢明訓戒奢崇儉，指出春秋戰國時期，諸侯才能用八簋，「今薦紳士庶，轉欲駕其上，猶以爲不足，何也？茲擬尋常，過從葷素六簋，湯飯三進，小具十二器，并不設果，或有時鮮止可一盤。如特設大宴，五果葷素，十六簋湯，飯四進，小具止於十二器。」〔註 51〕明末正值內憂外患之際，物力匱詘，日用不敷，籌措財力尤難，豈容生活上飲食競侈崇奢如此。崇禎年間災荒頻仍，物價騰高，百姓無以爲繼。若以崇禎十

〔註 49〕〔明〕劉元卿，《賢奕編》（《明清筆記史料叢刊》29 冊，北京：中國書店，2000 年 12 月第 1 版），卷 1，〈懷古〉，頁 1 下～2 上。

〔註 50〕《崇禎長編》，卷 52，崇禎四年十一月辛未條，頁 1 下～2 上。

〔註 51〕〔明〕鄭二陽，《鄭中丞公益樓集》（《四庫未收書輯刊》6 輯 22 冊，北京：北京出版社，2000 年，據清康熙世得堂刻本景印），卷 3，〈鄉黨共約〉，頁 7 上～下。

五年（1642）浙江烏青鎮為例，「食物倍長於去年，大雞兩足得錢一千，小而初能鳴者亦五、六百。湯豬一口，動輒自五兩至六、七兩，乳豬一口亦一兩五、六錢，至一兩七、八錢。若小廝、婦女，不過錢一千、二千，又安見人賤而畜貴也。」〔註 52〕號稱首省、富庶之區的浙江社會生活已經如此慘澹不堪，近三百年間國祚的破敗，明朝又焉能不亡。

第二節　服飾方面的異端

正德、嘉靖以來的社會上奢侈流風，人們講究自身生活的舒適，不斷踰越階層的界線，「等級雜揉，職位混淆，覩其服而莫辨其官，望其章而不知其分。」〔註 53〕朝廷莫能之禁，形同具文，僭濫成俗，奢侈莫救，僅因「人情自儉而趨於奢也易，自奢而返之儉也難，今以浮靡之後，而欲回樸茂之初，胡可得也。」〔註 54〕他們掙脫皇權的枷鎖，重視物質生活的享受，面對衣冠生活的侈靡之習，「凡今之有識者，莫不嘆後輩之澆漓，思先輩之質朴。」〔註 55〕當時多數有識人士普遍認知，這是國家社會形將滅亡的先兆，遂大聲疾呼儉樸，不斷發出救亡圖存的議論，期盼能返回明初質僕的時代風尚。

一、提倡節儉回歸淳樸

崔銑（1478～1541）認為觀風整俗必先由服飾：「衣者，身之章。古服未之能復也，必寬博樸雅斯可，豈可隨俗為猥狡乎？風俗之變，自服飾始。」〔註 56〕明人多奉行此道。唐順之（1507～1561）少時即厭華靡，「任宜人衣以鮮衣，赧不出門，亦衣輒污，後雖貴，未嘗製一紵衣也。居家惟著一青布直裰，巾履十餘年，往來鄉郭乘小舟，盤膝以坐，見者不知為公，往往凌侮。」〔註 57〕唐順之生活陶然自得，不畏人言。李樂認知的天下第一壞事，乃是「厭常喜新」、「去

〔註 52〕〔明〕李樂，《萬曆・烏青鎮志》（《中國地方志集成・鄉鎮志專輯》23 冊，上海：上海書店，1992 年，據明萬曆二十九年刻本景印），卷 2，〈祥異〉，頁 1 上。

〔註 53〕《八厓緒論》，卷 2，〈去奢〉，頁 22 下。

〔註 54〕《松窗夢語》，卷 4，〈百工記〉，頁 79。

〔註 55〕〔明〕章潢，《圖書編》（台北：成文出版社，1971 年元月臺 1 版，據明萬曆四十一年刊本景印），卷 14，〈先進後進〉，頁 43 下。

〔註 56〕〔明〕崔銑，《士翼》（《景印文淵閣四庫全書》子部 714 冊），卷 1，〈述言上〉，頁 12 下。

〔註 57〕《昨非菴日纂》，1 集卷 9，〈惜福〉，頁 111。

樸從豔」。〔註 58〕隨著經濟生產力的提升，社會風俗也容易由淡轉濃。「太平有道之世，民間風俗未有不淳厚；儉朴壞亂之世，未有不由澆薄侈靡。蓋侈則財耗，財耗則人窮，人窮則奸縱，縱懷亂世道，遂以多故。」〔註 59〕徐三重認爲，自王道衰敝後，上下無度，貧富不均，服飾飲食比擬公卿，供用任意豐麗，惟力是爲，無有節制。富有者靡費，罔顧其後世子孫，窘迫者亦崇尚豔麗，而不安於樸素生活，天下流俗泯然合一，絕非意料之外。

提倡節儉當以皇帝示範，「京邑四方之極，法令之行必自近始。」〔註 60〕萬曆十一年（1583）十一月，時任南京陝西道御史孟一脈（1535～1616）疏陳五事，其中一事即爲建請萬曆皇帝節省、儉約，以圖萬世治安：

> 東南財賦之區，靡於淫巧，民力竭矣，非陛下有以倡之乎？數年以來，御用不給。今日取之光祿，明日取之太僕，浮梁之磁，南海之珠，玩好之奇，器用之巧，日新月異。遇聖節則有壽服，元宵則有燈服，端陽則有五毒吉服，年例則有歲進龍服。以至覃恩錫賚，小大畢霑；謁陵犒賜，耗費鉅萬。錙銖取之，泥沙用之。於是民間習爲麗侈，窮耳目之好，竭工藝之能，不知紀極．夫中人得十金，即足供終歲之用。今一物而常兼中人數家之產。或刻沉檀，鏤犀象，以珠寶金玉飾之。周鼎、商彝、秦鉦、漢鑑，皆搜求於海內。窮歲月之力，專一器之工；罄生平之資，取一盼之適。殊不知財賄易盡，嗜欲無窮。陛下誠能恭儉節約以先天下，禁彼浮淫，還之貞樸，則財用自裕，而風俗亦淳。〔註 61〕

神宗此時剛脫離張居正掌控，疏上之後，孟一脈反被指稱違背聖意，謫遷爲江西建昌府推官。萬曆十七年（1589），刑科給事中劉爲楫上箚奏稱，國家一切禁諭多扞格不行，「五城兵馬司憲約」輕同弁髦；而京城奇言異服者，僭奢淫佚之輩磨肩接踵。禮部尚書于愼行（1545～1608）歸咎於皇室生活過於奢華：

〔註 58〕《見聞雜記》，續卷 10，〈一百一十四〉，頁 913～914。

〔註 59〕《採芹錄》，卷 1，頁 30 下～32 上。

〔註 60〕《明神宗實錄》，卷 212，萬曆十七年六月丁亥條，頁 5 下。

〔註 61〕《明史》，卷 235，〈孟一脈傳〉，頁 6126；以及〔明〕吳亮，《萬曆疏鈔》（《四庫禁燬書叢刊》史部 58 冊，北京：北京出版社，2000 年，據山西大學圖書館藏明萬曆三十七年刻本景印），卷 1，〈聖治類〉，孟一脈〈急救時弊以崇聖德以圖萬世治安疏〉，頁 84 下～86 下。

> 宮禁，朝廷之容，自當以壯麗示威，不必慕雅素之名，削去文采，以褻臨下之體。宣和，艮岳苑囿，皆倣江南白屋，不施文采，又多為村居野店，宛若山林，識者以為不祥。吾觀近日都城，亦有此弊，衣服器用不尚髹添，多倣吳下之風，以雅素相高。此在山林之士，正自不俗，至於貴官達人，衣冠輿服，上備國容，下明官守，所謂昭其聲名文物以為軌儀，而下從田野之風，曲附林皋之致，非盛時景象也。〔註 62〕

與于愼行同爲禮部尚書的馮琦（1558～1603），有鑑於朝廷禮法不行，建請神宗樹立典範：

> 民間之物力日耗，士人之風尚日奢，鄙淡素為固陋，矜華麗為豪爽。游閒公子競高富貴之容，鉛槧儒生亦侈衣冠之美，甚而服多不衷，巾多異式，冠而綴玉舄且拖珠，通都大邑比比皆然，即窮僻之鄉且寖淫成俗矣。幸而雲霄得路，遂謂富貴逼人，車馬甚都，服食俱侈。不急之應酬，一日多於一日；無名之浮費，一科甚於一科。一月賃房，價有至四五兩者；一日張宴，費有至二三兩者，驚為觀美，爭相徵逐。縱有質素之士，意不欲為，而習尚已成，轉難立異，於是不費亦習於費，不奢亦化為奢，本以寒素，何從辦此？今日取債，明日倍償，今日如此侈靡，異日豈能廉靜，則有盛供張、侈騶從，以明得意，則有飭廚傳厚饋遺以獵名聲，則有廣田宅美居室以營身家。蓋侈固惰之媒，而貪之根也。朝廷求士得之甚難，士之自待亦當愼重。愼之在始，乃可有終。今日儉則持廉之始，今日靜則守正之始。今日進不相競，能不相妒；耦俱無猜，則異日協恭。和衷之始，譬之築臺，先有根基，乃可以高；譬之作車，先有規矩，乃可以遠。〔註 63〕

馮琦採取先中央而後地方的策略，希望神宗敕下禮部、都察院，明著車服燕會節度，明示質樸儉素規矩。咨行各撫、按兩司、提督學校及郡縣正官，務必以禮維俗，以儉矯奢，若有奇袤奢僭者，必法無貸。同時，革釐士習之侈，敕各衙門堂上官，嚴諭各觀政進士，務以謹厚持身，淡泊以明志。倘有生活

〔註 62〕《穀山筆麈》，卷 3，〈國體〉，頁 185。

〔註 63〕《宗伯集》，卷 54，〈爲肅官常清吏治端士習懇乞皇明嚴爲申飭以輓回世道人心疏〉，頁 6 下～9 上。

浮侈、放浪不檢者，交付吏部懲治，禮部亦不時廉察以挽頹風。士人若能堅定其取向，雖目前難以取效，而來日尚有維持匡濟之人。馮琦立意雖好，神宗充耳不聞。

天啓時期已更流於侈靡，「乃今鑿樸爲琱，易儉爲侈。服飾器用，燕飲之浮薄，轉相慕效，而又不分貴賤，不論愚賢，戴方巾、被花繡、躡朱履，蓋裝銀頂，樂用銅鼓，犯上亡等。」〔註 64〕天啓三年（1623）閏十月，南京廣東道御史王允成〈疏陳留都要務〉中提及當時士人「把持丞尉，魚肉細民，服飾奇異，廉恥道喪。」〔註 65〕強調士風不可不正，宜申飭提學官嚴降黜。然朝廷內外衙門官員及書役雜色人等，擅穿短臉靴鞋、著寬襪雲履，只圖華麗，不思門禁森嚴，也不在乎原非其身分所宜穿飾之物。〔註 66〕

至後風氣積習難改，甚而趨於病態。「今也恥惡衣，而紈綺是習，縱不知惡，寧無患乎？」〔註 67〕萬曆進士蔡獻臣，一生清廉耿介、學問純正。曾舉其家鄉福建泉州府同安縣風俗爲例，他說同安有三蠹，其中之一即爲「侈」。衣服巾履的奢侈方面，在色澤質地上，往時衣皆布素，今則人著彭段紡絲，無白布道袍者。在市集販賣上，往時市肆紬段紗羅絕少，今則蘇段潞紬、杭貨福機，行市無所不有。在花樣種類上，往時惟有方巾、圓帽二種，今則唐巾、雲巾、帽巾，無人不用瓦楞或縐紗瓣幅，甚至連奴隸亦頂唐巾。在婦女首飾上，舊用金面銀裏，今則有面裏並用用金質者；舊用眞珠假石，今則不僅買珠於粵，且市石於滇，沽玉瑙於燕；而舊惟頭髻花簪鬢釵耳環之類，今則珠箍垂簾有一頭箍，而費七、八十金，且競相效尤。〔註 68〕

王鐸（1592～1652）爲天啓四年（1624）進士，累擢至禮部尚書，對明末服儀章法紊亂，深惡痛絕：

> 衣服，非細事也，嚴等威，辨名分，國之紀也。近見大夫之服紅紫相競，朱履、忠靖冠、蝴蝶巾招搖市井，楚楚沐猴，恬不爲怪，吾爲之生恐心。蓋先王制禮，貴賤大小勿相越焉。大夫士方以物采，

〔註 64〕〔明〕余文龍、謝詔，《天啓．贛州府志》（《四庫全書存目叢書》史部 202 冊，台南：莊嚴文化事業有限公司，1996 年 8 月初版，據清順治十七年湯斌刻本景印），〈土俗〉，頁 38 下～39 上。

〔註 65〕《明熹宗實錄》，卷 40，天啓三年閏十月乙未條，頁 12 下。

〔註 66〕《明熹宗實錄》，卷 72，天啓六年六月己亥條，頁 25 上。

〔註 67〕《千一錄》，卷 23，〈家訓一〉，頁 6 下。

〔註 68〕《清白堂稿》，卷 17，〈同安縣志．風俗志〉，頁 18 下～19 上。

準繩督民之不衛，而紅縠紫綺婦人女子之袨袙，搢笏端鞸者可以糴耶？忠靖冠，世廟時賜，稽品級，始燕饗用之；朱履加九錫併于納陛，庶幾無愆；蝴蝶巾，乃倡優侏儒之流，傾歌蒙茸，志淫服，思奇也。使觀者心嗛目恇以爲不祥，狂夫阻之踵也。少季相效，等威之謂何，流俗如此，大夫爭豔飾之，吾且爲世道之鑰亂懼矣。其急請命於天子，凡衣服、冠履、宮室、乘輿，一切糾以重禁，俾遵于名，命勿相姦也。人心不壞，惟禮可以過焉。服之不衷，能無災兮？國章齊紀可望治，則恐釀成患，豈曰所關不巨也。〔註 69〕

晚明時期的異服奇裝已達極致，松江府「男子廣袖乘大帶，與身等組，織花紋新異如雪梅花田凡數十種。女子衫袖如男子衣領，緣用袖帊，如蓮葉之半覆於肩，稱『圍肩』，間綴以金珠，裙用綵繡，志稱挑線，織金爭醜之，以爲拙陋。貧家男女形鵠衣鶉，田巷相望得求，敗緼亦爲奇溫，使人憫惻。」〔註 70〕用盡心計，爭奇鬥艷，正是本文論述服飾生活異端的典型史例。

崇禎時期，中央財政窘困，經濟發達的地區，也因重稅雜賦及天災人禍的交迫下，生產力大爲衰退。思宗即位以來，力求改革，然承平已久，士庶服飾僭擬王公，百姓恥於簡約毫無廉恥之心，男爲女飾，女爲道裝。〔註 71〕政府面對內憂外患的頻仍，財政日絀的窘境，以及國家滅亡的危機，遂於崇禎十六年（1643）首先從皇宮著手省費節支：

邇來兵革頻仍，災祲疊見，內外大小臣工士庶等，全無省惕，奢侈相高，僭越王章，暴殄天物，朕甚惡之。向屢經嚴飭，未見遵行，崇儉去奢，宜自朕始。朕於冬至、正旦、壽節、端陽、中秋，及遇諸大典，陞殿行禮，方許作樂，其餘皆免。至浣衣減膳，已有諭旨，今用銅錫木器，以仿古風。其金銀各器，關係典禮者留用，餘盡貯庫，以備賞賚。內外文武諸臣，俱宜省約，專力辦賊，如有仍前奢靡宴樂，淫比行私，又拜謁餽遺，官箴罔顧者，許緝事衙門參來逮治。其官紳擅用黃藍紬蓋，士子擅用紅紫衣履，併青絹蓋者，庶民男女僭用錦繡紵綺，及金玉珠翠衣飾者，俱以違制論。衣袖不許過

〔註 69〕〔清〕王鐸，《擬山園選集》（《四庫禁燬書叢刊》集部 87 冊，北京：北京圖書館，2000 年，據清順治十年王鑨刻本景印）卷 19，〈辯服〉，頁 9 下～10 下。

〔註 70〕《崇禎・松江府志》，卷 7，〈風俗・俗變〉，頁 25 下～26 上。

〔註 71〕《崇禎長編》，卷 31，頁 48 下～49 上，崇禎三年二月戊寅條。

一尺五寸，器具不許用螺紫檀花梨等物，及鑄造金銀盃盤。在外撫按提學官大張榜示，嚴加禁約，違者參處，娼優、胥隸，加等究治。〔註 72〕

思宗希望能由上而下，推動簡樸風尚。但爲時已晚，此時天災人禍交相煎熬，即使在經濟發達的東南沿海、江南一帶，其消費、生產力亦呈現大幅衰退的末世現象，加之在重稅斂賦的影響下，各省區民不聊生、盜賊滋起，亡國徵候已然形成。

二、外飾奢華內實凋敝

明代中晚時期在中央控制力漸形薄弱的情形之下，民間「上下不分、長幼失序」的案例層出不窮，社會上瀰漫捨本逐末、追名逐利的風氣，「不以分制，而以財制。」〔註 73〕雖然有助於商品經濟的發展，但是在社會變遷之下，缺乏紀綱倫常的觀念，歪風邪尚盛行一時，成爲社稷穩定的不安因子。

如山東兗州單縣，成化以來俗漸奢侈，逞忿健訟。其邑東南地接三省，勢界兩河，聚賭謀盜，亦時有之。〔註 74〕而嘉靖之前，「子弟不輕易習舉子業，即習未成，亦不敢冒儒生巾服。而今士庶不分，儇子豎兒厚遺干進，恃此持門戶爲權貨梯階，衣食纔充，不入生員之籍，便趨吏胥之徒，而務本食力之民寡矣。」〔註 75〕福建邵武府在正德之前，民眾皆畏官府，絕無訴訟，尚稱民淳事簡，爾今逋負爭訟，至刁慣不畏官府。〔註 76〕河南固始縣治久法弛，封疆不譏，巨滑潛伏於境上，官民畏懾。《嘉靖・固始縣志》對於當時社會種種亂象，形容名目甚多：如誘人寡妻謂之「接腳」，掠人男女謂之「扯緒」，脅人財物謂之「打詐」，冒名投詞謂之「野狀」，訐人陰私謂之「建言」，結黨構害謂之「血會」，代人折詞謂之「硬證」，假票下鄉謂之「白身」。群奸蝟集，

〔註 72〕《崇禎長編》，卷 1，崇禎十六年十月丁丑條，頁 5 下。

〔註 73〕〔明〕管景，《嘉靖・永豐縣志》（《天一閣藏明代方志選刊》12，台北：新文豐出版公司，1985 年，據寧波天一閣藏明刻本景印），卷 2，〈風俗〉，頁 13 下～14 上。

〔註 74〕〔明〕包大爟，《萬曆・兗州府志》（《天一閣藏明代方志選刊續編》55 冊，上海：上海書店，1990 年，據明萬曆刊本景印），卷 31，〈風俗〉，頁 499。

〔註 75〕《名山藏》，卷 102，〈貨殖記〉，頁 10 上。

〔註 76〕〔明〕刑址、陳讓，《嘉靖・邵武府志》（《四庫全書存目叢書》史部 191 冊，台南，莊嚴文化事業有限公司，1998 年 6 月初版，據天一閣藏明代方志選刊影印嘉靖刻本），卷 2，〈地理志・風俗〉，頁 573 上～下。

一倡百和，百姓起而效尤。〔註 77〕嘉靖二十四年（1545），禮科給事中查秉彝（1504～1561）奏稱：

> 風俗浸侈，始於世祿之家，好作無益，崇尚虛靡，以蕩民心。四方無藉之徒，據黨遊食，以愚黔首，誠斁倫圮教之端，藪奸誨淫之地。臣竊以爲，欲天下太平在息盜賊，欲息盜賊在保善良，欲保善良在明禮制。禮制明則人知節儉，節儉則無求，無求則廉恥立，而禮義心生，奸盜原塞。〔註 78〕

查秉彝認爲風俗侈靡，是造成盜賊蜂起的重要原因，世宗遂下令中外嚴禁侈靡。何良俊也於《四友齋叢說》中，提到隆慶時期去農從賈的情形：「昔日鄉官家人亦不甚多，今去農爲鄉官家人者，以十倍於前矣。昔日官府之人有限，今去農而蠶食於官府者，五倍於前者。昔日逐末之人尚少，今去農而改業爲工商者，三倍於前矣。昔日原無遊手之人，今去農而遊手趁食者，又十之二三矣。大抵以十分百姓言之，以六七分去農。」〔註 79〕

屠隆曾形容萬曆時期世風：「駭世路，羊腸太行；論人心，委實難防。狠戈矛，從容笑裏藏；毒羽箭，一霎間中放。黑漆漆，裝下了陷人坑；響璫璫，直說出瞞天慌。」〔註 80〕人心不古，已然如此。世風俗尚更甚者，則如《敬所筆記》所載浙東一帶：

> 賭博之事，當初止有市中叢人之處，間有不良落此陷中，今鄉村曠野，無處無之。……又有一等棍徒，自稱牙行主人，其實白晝強盜，鄉人持雞鵝鴨羊之類出市，彼則代爲變賣，成則任意與數錢，或知其素行，不肯與之，彼將雞鵝鴨釋其縛而縱之曠野，少與攖角，此輩群起毀之，使鄉人控訴無門。更有舊家子弟，幼習舉業，不原家事，淪落無依，農工商賈，不屑爲之，妻孥衣食，何以爲生，頭帶方巾，身著長衣，假作斯文體態，與鎮上光棍結爲弟兄，遇人家有爭鬥，挨身處事，索其謝禮，若有構訟，攘臂下車，爲寫狀，爲幹

〔註 77〕〔明〕張梯，《嘉靖．固始縣志》（《天一閣藏明代方志選刊》15，台北：新文豐出版公司，1985 年，據寧波天一閣藏明刻本景印），卷 2，〈輿地志〉，頁 15 上～下。

〔註 78〕《荒政要覽》，卷 7，〈戒侈靡〉，頁 11 下～12 上。

〔註 79〕《四友齋叢說》，卷 13，〈史九〉，頁 112。

〔註 80〕〔明〕屠隆，《娑羅館逸稿》（《叢書集成新編》71 冊，台北：新文豐出版公司，1985 年，據寶顏堂秘笈本排印），卷 1，〈大江東〉，頁 1 上。

> 證，分派使用鋪堂，打點過付，穉恐其完事，如有官家子弟內無主見者，彼此則視爲奇貨，餂其意趣，誘嫖局賭，無風起浪，靡所不爲。〔註 81〕

河南人不擅偷盜，入其家則必殺人，其所得皆重累易識之物，「今日所劫衣履，明日即被服之，而爲人所獲。」〔註 82〕引首就戮之時，所得贓款卻不值一金。萬曆十四年（1586）三月，戶部尚書畢鏘（1517～1608）建議端正風俗，嚴格服飾制度：「民俗奢侈，富貴者貧，貧者亂。宜將服色申明，度一遵定擬之制，而以大臣撫按爲率。」〔註 83〕但多無成效。

明末崇禎時期，此一風氣仍未止息。楊思本對風俗嬗變不禁感嘆：

> 太平已久，俗尚奢華。國家初定之時，風俗樸茂，各不相耀以汩其心。地土有餘，衣食饒足，民至老死，不識兵革。久之，風氣日開，民心漸漓，質變而文，文變而盛，盛變而衰，日夜浸淫，不知不覺，亦理之常。然猶賴在上之人，時常申飭，兼以物力爲甚耗損，如人身體彊健，即有寒暑之浸，酒色之虞，但一調攝，相安無故，未使即傷其壽命也。今則爲日已久，爲治亦已久，士庶之家擬於侯王，輿臺之人等於士庶，無論宮室、輿馬、衣服、飲食之費，窮極侈靡。昔人謂奢侈之禍甚於大災，今則人多於地，用多於財，繁華之習難改，窮約之勢難甘，欲不爲盜得乎？〔註 84〕

服飾上質變而文、而盛、而衰，正是物力有時而盡，人心有時而窮的明證。晚明時期各階層人士窮奢極欲，甚至淪爲盜徒亦在所不惜，其原因之一就是追求錦衣玉食的舒適生活，這也是本文探討「生活異端」的類型之一。

三、抑制異端歪邪風尚

明代是古代中國皇權高漲的時代，透過災異來促使皇帝反躬自省，似乎也成爲官僚體系制衡皇權的方式。萬曆二十一年（1593）八月，禮部復禮科

〔註 81〕〔明〕許敦俅，《敬所筆記》（附錄於陳學文，〈商品經濟的發展對社會意識與民情風俗的衝擊〉，據嘉興祝廷錫民國十年手抄標點本），頁 320。

〔註 82〕《廣志繹》，卷 3，〈江北四省〉，頁 43。

〔註 83〕《明神宗實錄》，卷 172，萬曆十四年三月戊申條，頁 13 上。

〔註 84〕〔明〕楊思本，《榴館初函集選》（《四庫全書存目叢書》集部 194～195 冊，台南：莊嚴文化事業有限公司，1997 年 7 月初版，據安徽省圖書館藏清康熙十三年楊日升刻本景印），卷 3，〈盡人〉，頁 10 上～11 上。

都給事中張貞觀爲星變示異，請申奢禁：

> 今天下水旱饑饉之災連州亘縣，公私之藏甚見匱詘而閭巷競奢。市肆鬥巧，切雲之冠，曳地之衣，雕鞍鄉轂，縱橫衢路。遊手子弟偶占一役，動致千金，婚嫁擬似於公孫，宅舍埒乎卿士。惰遊之氏轉相妨效，北里之絃管益繁，南畝耒耜漸稀。淫瀆無界，莫此爲甚。京師四方之表，簪紳眾庶之標，眾風易向，不可不謹。誠有如科臣所言者，行父區區相魯而家無衣制之妾，平仲謹謹顯君而口甘脫粟之飯。翼翼京邑，民極所歸；赫赫師尹，具瞻攸屬，誠不可不厚自準繩。〔註85〕

張氏以直言忤旨，除名，有《掖垣諫草》傳世。明末時期，許多士人常援引妹喜、何晏等「服妖亡國說」來示警皇帝。他們認爲妹喜戴男子之冠導致夏朝滅亡，何晏因繫女子之裙致使曹魏歸晉。「陰陽反常，不正之甚，未必此一事遂足亡國亡身，而其他所爲皆類此，夫安得不亡也。女效男裝，始于娼男；效女之裝，始于優良家。摹彷娼優，貴賤無等，即披髮祭野，而卜其淪于夷，蓋先兆也。」〔註86〕服妖之說，西漢末年劉向（前77～前6）於《洪範．五行傳論》首度提出，班固（32～92）在《漢書．五行志》對服妖加以發揮，並解釋其涵義：

> 傳曰：「貌之不恭，是謂不肅，厥咎狂，厥罰恒雨，厥極惡。時則有服妖，時則有龜孽，時則有雞錇，時則有下體生上之痾，時則有青眚青祥。唯金沴木。」說曰：「凡草物之類謂之妖。」妖猶夭胎，言尚微。蟲豸之類謂之孽。孽則牙孽矣。及六畜，謂之錇，言其著也。及人，謂之痾。痾，病貌，言驚深也。〔註87〕

班固認爲服妖的出現，是因爲「風俗狂慢，變節易度，則爲剽輕奇怪之服」。

南朝時梁人劉昭移西晉司馬彪（243～306）《續漢書》中「八志」，添補范曄（398～445）《後漢書》之闕，該書於〈五行志〉特列「服妖」一項專論，也強化對災異的附會。書中提及，漢桓帝延熹年間，京都長者流行腳踩木屐，市民競相仿效，風氣所至，連出嫁婦女也都愛穿五彩漆繪製的木屐。延熹九

〔註85〕《明神宗實錄》，卷263，萬曆二十一年八月庚戌條，頁12下～13上。
〔註86〕《沈氏日旦》，卷11，〈崇禎三年秋〉，頁11下～12上。
〔註87〕〔漢〕班固，《漢書》（北京：中華書局，1975年4月第1版），卷27中之上，〈五行志第七中之上〉，頁1352～1353。

年（166），爆發士人與宦官對抗的「黨錮之禍」，後人將其附會，認為此乃「應木屐之象」造成的災難。〔註 88〕而漢獻帝建安時，「男子之衣，好長躬而下甚短，女子好為長裙而上甚短。時益州從事莫嗣以為服妖，是陽無下而陰無上也，天下未欲平也。後還，遂大亂。」〔註 89〕此後，對服妖的探析，成為天人感應的最佳體現。歷朝各代的正史，莫不奉《漢書》為圭臬，包括《晉書》、《宋書》、《南齊書》、《隋書》、《舊唐書》、《新唐書》、《明史》及《清史稿》等，皆於〈五行志〉內深論服妖。

宋代也是服妖大行其道的時期。當時國家社會正處於劇變，這變化有兩個特點：一是土地制度崩潰，土地私有制的形成與兩稅法的實施，身份等級因而鬆動；二是宋代各民族林立，北方先後有遼、夏、金，西南有大理等，南方還有大量的散居民族，各民族間交往日益頻繁。人們的衣飾也隨之「變古」，成為「服妖」。〔註 90〕北宋時期流行配戴的角冠版型是兩翼抱面，下垂及肩，被稱「垂肩冠」，議者指為服妖。〔註 91〕而北宋末靖康初年，京師汴京的織帛與婦人首飾、衣服，皆應季節聊備四時，並有時節衣物的相關配件，如節物則春幡球、競渡、艾虎、雲月等，花則桃杏、荷花、菊花、梅花，皆並為一景，稱為「一年景」。造成欽宗靖康紀元僅有一年，次年發生「靖康之亂」，旋被金國所滅。〔註 92〕陸游（1125～1210）也不免俗地認為，服妖的出現是上天的懲罰，是北宋亡國的原因。

迄至明代，秦簡王朱誠泳（1458～1498）曾作詩貼切地描述服妖現象：「詭異害群目，輕薄移四方。錦章奪天巧，羅衣鬬時裝。廣袖全疋帛，長裙欲飛

〔註 88〕〔南朝宋〕范曄，《後漢書》（北京：中華書局，1973 年 8 月第 1 版），志第十三，〈五行志一・服妖〉，頁 3271：「延熹中，京都長者皆著木屐；婦女始嫁，至作漆畫五采為系。此服妖也。到九年，黨事始發，傳黃門北寺，臨時惶惑，不能信天任命，多有逃走不就考者，九族拘系，及所過曆，長少婦女皆被桎梏，應木屐之象也。」

〔註 89〕《後漢書》，志第十三，〈五行志一・服妖〉，頁 3273。

〔註 90〕劉複生，〈宋代「衣服變古」及其時代特徵——兼論「服妖」現象的社會意義〉，《中國史研究》，1998 年 2 期，頁 85～93。

〔註 91〕〔宋〕沈括，《夢溪筆談》（香港：中華書局香港分局，1978 年 2 月重印版），卷 19，〈器用〉，頁 192；〔宋〕周煇，《清波雜志》（北京：中華書局，1997 年 12 月第 1 版），卷 8，〈宋垂肩冠〉，頁 338。

〔註 92〕〔宋〕陸游，《老學菴筆記》（北京：中華書局，1997 年 12 月第 1 版），卷 2，頁 27。

揚。服妖古所忌，不衷眞不祥。城中苟知禁，天下當尋常。」〔註 93〕自明初太祖以來，朝廷崇尚節儉，篤信本務，百姓安居樂業。憲宗成化之後，貲財充盈，文武百官與尋常百姓，皆想過較舒適的生活，僭越已成爲理所當然。因此「今習侈用奢，無豐儉之節，卑幼攙優竊妓，不避長老，士女冶容妖服。」〔註 94〕朱誠泳爲憲宗成化、孝宗弘治期間皇室人士，詩歌既言「妖」，說明他們是「詭異」的群體，其「詭異」的地方在於穿著鮮豔奢華的服飾，其袖過廣，其裙過長，儘管異服驚世駭俗，天下人視爲尋常而處之泰然。明人的「服妖」至此已有其初步的界定。

明代人士對「服妖」的定義，約略可分二個部分：服飾變異與衣裝錯置，〔註 95〕其發生時間上限可推至憲宗成化時期，「服妖」的出現，與萬貴妃有直接關係。萬貴妃喜著戎裝，加上憲宗對其依戀過深，朝臣爲避免綱紀敗壞、大權旁落，遂引用歷朝服妖所引發天人感應之說，企圖感召憲宗，服妖在成化之後，已是國家動盪的重要因素之一。方弘靜認爲有司未徹底奉行朝廷禁令，是服妖橫行的主因，「古者衣服有量，冠帶有常，必循其故。今也人自爲度，歲更其制，輦轂之下，詔書屢下，而有司未有奉行者，巾服之妖翩翩乎九衢，何以示四方？爲政者乃以爲末務哉！」他舉例最可怪者四象巾，「分裂之象，不祥爲甚，古之關市譏而不征，今也征而不譏，征則曰非所得爲也，譏非有司之事歟！」〔註 96〕國家怪象蠡起，方弘靜並不歸咎上天，有司隨波逐流、不奉朝令的「人治」才是主因。

服飾儀制創造的目的，是讓人望而知其身分。嘉靖朝以後，已經無法從巾服上辨別身份與階層：

> 語窺今古，晉漢唐之巾，儒者之冠，明興，科甲監儒兼而用之，非眞斯文盡戴小帽，其後漸至業鉛槧賦詩章者戴矣。邇來一介小民，未聞登兩榜而入黌宮，一丁不識，驟獲資財，巍然峩其冠，翩然大其袖，揚揚平康曲里，此何巾哉？曰銀招牌也，否則曰省錢帽也。

〔註 93〕〔明〕朱誠泳，《小鳴稿》（《景印文淵閣四庫全書》集部 1260 冊），卷 2，〈感寓〉，頁 12 上。

〔註 94〕〔明〕孫緒，《沙溪集》（《景印文淵閣四庫全書》集部 1264 冊），卷 12，〈無用閒談〉，頁 8 上～下。

〔註 95〕學者林麗月將服妖出現的原因歸咎於四類：僭禮逾制、奢侈靡費、逆反陰陽及異服不祥。詳見：〈衣裳與風教——晚明的服飾風尚與「服妖」議論〉，《新史學》，10 卷 3 期，1999 年 9 月，頁 131～140。

〔註 96〕《千一錄》卷 3，〈經解三〉，頁 8 下～9 上；以及卷 20，〈客談八〉，頁 23 下。

> 一人僥倖科第，宗族姻親，盡換儒巾，曰蔭襲巾也。諺有「滿城文運轉，遍地是方巾」之誚，安得科道一疏，釐而正之。不然，朝廷差巡巾御史攬轡中原，遇則杖而裂之，不亦快哉！崇禎末，有一人賣絲而業醫，家富饒，遂戴巾，人謂之藥師經。〔註 97〕

儒冠成爲全民巾服流行樣式，因而有人譏諷，請朝廷欽派「巡巾御史」巡按四方，足見巾服浮濫之狀。反而士人已有「棄巾」的行爲，「棄巾」是指生員在科舉仕進無望的情形下，放棄生員資格與身分，成爲布衣。棄巾的原因很多，包括不堪迎謁官員，一時負氣及不滿現狀等諸多理由，時至萬曆年間，棄巾已成爲流行，又以「山人」最爲普遍。山人的來源，包括士大夫罷官、武弁不得志及太學諸生不獲薦等諸原因，因此山人群體之中，有人沽名釣譽，有人喜好釋老，有人避禍出世，有人蟄伏待賢，形形色色皆有。〔註 98〕「此輩作奸，妖訛百出」，〔註 99〕山人被明人視爲異端，引發社會各階層對山人的撻伐，神宗遂下令盡逐在京山人。然而山人是明代所獨有，亦是士人對於時局的一種投影。

在明末清初，國家存亡之際，「巾」再度成爲焦點。由於它是明太祖朱元璋親自審定頒佈，具有明朝的象徵。明人不願爲二臣，多以焚巾、裂冠等較激烈手段，表明自身立場。〔註 100〕有個頗富傳奇的故事〈畫網巾先生傳〉，在此時期流布甚廣：

> 福建建寧城初破，有一士不薙髮，而網巾以冠，兵執以告帥，帥諭之：「薙髮則生，不薙則死。」乃脫其網巾而將代薙之，大呼曰：「頭可斷，髮不可斷也。」帥怒而且刑之，密諭吏曰：「如肯薙，且勿殺。」至市，命吏曰：「試爲我取筆來。」筆至，問：「何所爲？」曰：「衣冠，固中華制，代代有之。惟網巾𠞊自洪武年間，不可以亾而死。」取筆細畫之，已成，又照於渠水，曰：「汝速殺。」吏且笑且嘆，馳報其帥，帥怒而卒殺之。越數月，有仙降于乩者，詩多悲憤，自署曰：「畫網巾先生」。客曰：「先生何姓名？請書以傳後世。」復署曰：

〔註 97〕《堅瓠集》，《堅瓠九集》卷 1，〈戴巾之濫〉，頁 9 下～10 下。

〔註 98〕參見：陳寶良，《明代儒學生員與地方社會》（北京：中國社會科學出版社，2005 年 4 月第 1 版），頁 342～357。

〔註 99〕《萬曆野獲編》，卷 23，〈山人・恩詔逐山人〉，頁 584。

〔註 100〕陳國棟，〈哭廟與焚儒服——明末清初生員層的社會性動作〉，《新史學》，3 卷 1 期，頁 73。

「姓名不足傳，傳畫網巾先生足矣。」〔註 101〕

明亡以後，網巾兼具有故國的情懷，更成爲清朝雷厲風行薙髮留辮、變服易色政策期間，藉以凝聚明人自我認同的重要表徵。儘管網巾十分細微，花樣不似其他方面服飾的多變，但其代表明朝社會文化的意涵卻極爲豐厚。〔註 102〕明代的服飾制度，若從網巾發展的始末觀察，明人認爲敗亡之兆已現。「網巾之初興也，以髮結就上，有總繩拴緊，名曰『一統山河』，或名『一統天和』。至末年，皆以結鬃，淺不過二寸，名曰『懶收網』，興亡已徵于此矣，是亦服妖也。」〔註 103〕這大概是明太祖朱元璋開國時期，訂定服飾典章制度時始料未及。

第三節　居室方面的異端

嘉靖以來「北虜南倭」的國防問題，對國家的威脅日益急迫，軍費支出與日俱增，而經濟窘迫與賦稅混亂的情況，也不斷困擾朝廷，這些成爲農民的沉重負擔，造成經濟困乏與社會危機不斷的惡性循環。隆慶元年（1567）二月，張居正（1525～1582）以吏部左侍郎兼東閣大學士入閣，揭開一連串改革朝政的序曲。隔年，即上〈陳六事疏〉，企圖匡正時弊，但未受首輔李春芳（1510～1584）重視。直至神宗即位之後，大權在握，其改革理想才逐一推行實踐。張居正死後，權歸神宗，宮廷生活的奢侈浮華，並未因民間的生活困頓而日減。多數有識之士則主張在居室上「汰侈」，重視節儉，企圖重返明初時期質樸的社會風氣。在居室方面，晚明中央與地方各級官員奏請崇儉，約可分爲：宅第土木的減役、異端生活的救正與民間風俗的導善等三大方向。

一、宅第土木的減役

〔註 101〕〔明〕文德翼，《求是堂文集》（《四庫禁燬書叢刊》集部 141 冊，北京：北京出版社，2000 年，據天津圖書館藏明末刻本景印），卷 12，〈畫網巾先生傳〉，頁 19 下～20 上。

〔註 102〕可參見：林麗月，〈萬髮俱齊：網巾與明代社會文化的幾個面向〉，《臺大歷史學報》，33 期，頁 152～153。另外，該文蒐羅關於明末清初時期，有關〈網巾先生傳〉的諸多版本，與本文引述文德翼《求是堂文集》所記，其地點雖同爲福建，但其地爲邵武府。儘管傳述內容不盡相同，主旨仍不脫忠於故國。

〔註 103〕〔明〕李介立，《天香閣隨筆》（《筆記小說大觀》正編 3 冊，台北：新興書局，1978 年 9 月初版），卷 2，頁 6 下。

雖說服勞役是農民的義務，但徐應秋認為：「從古驕淫之王，自聲色犬馬外，大都以土木工作之盛。」〔註 104〕太祖開國以史為鑑，認為亡國的原因之一，實與土木過繁、勞民過度有關。誠如前述，太祖在肇建國家後，即要求宮室器用一從樸素，保國之道必先藏富於民，民之貧富為國家休戚所繫。〔註 105〕及至中晚時期，宮廷非必要性的開銷日增，而以世宗嘉靖時期（1522～1566）為最：

> 世宗營建最繁，十五年以前，名為汰省，而經費已六七百萬。其後增十數倍，齋宮、秘殿並時而興。工場二三十處，役匠數萬人，軍稱之，歲費二三百萬。其時宗廟、萬壽宮災，帝不之省，營繕益急。經費不敷，乃令臣民獻助；獻助不已，復行開納。勞民耗財，視武宗過之。〔註 106〕

這些營建上的超支，全部轉嫁到百姓身上，各式名目的加派隨之而來，百姓的負擔日重。因此，穆宗繼位次年（1568），張居正為求固邦本立即上奏，除停革齋醮土木淫侈之費外，對風俗侈靡、官民服舍俱無限制，豪強兼併及賦役不均等社會問題，也應盡力克服。

明代士人喜用營建居室譬喻治國，「富人之營居室者，刀鋸斤削之工，豈必一一擇之，亦惟求工師之良者而委任焉。指使羣匠各當其能，則其室易成而難壞。兵者國之大事，非特居室也，不為之擇良工師可乎？」〔註 107〕這意味著，真正賢能的皇帝能使其官僚適得其所，才學所長得以發揮。光宗在位僅一個月即駕崩，熹宗倉皇登基，「好蓋房屋，自操斧鋸鑿削，巧匠不能及。」〔註 108〕熹宗與近臣涂文輔、葛九思等人朝夕鑽研營造，在「建造」與「棄置」中循環不厭倦，〔註 109〕大權旁落魏忠賢（1568～1627）等宦官之手，造成明史上東林黨、閹黨的相互攻訐傾軋。

皇帝荒廢政事，朝廷官員貪污請託成風，從南京廣東道試監察御史王宗茂（1511～1562）糾劾嚴嵩眾多罪狀中，其中兩項與其宅第過侈有關連：

> 但聞治裝之時，有一家人曰：請老爺檢點金銀器皿，以紀入庫之數，

〔註 104〕〔明〕徐應秋，《玉芝堂談薈》（《筆記小說大觀》續編 5 冊，台北：新興書局，1978 年 9 月初版），卷 3，〈宮室土木之侈〉，頁 4 下。

〔註 105〕《明太祖實錄》，卷 176，洪武十八年十一月甲子條，頁 3 上～下。

〔註 106〕《明史》，卷 78，〈食貨志二・賦役〉，頁 1907。

〔註 107〕《明經世文編》，卷 290，陸粲〈擬上備邊狀〉，頁 15 上。

〔註 108〕〔清〕李遜之，《三朝野記》（北京：北京古籍出版社，2002 年 9 年第 1 版），卷 3，〈天啓朝紀事〉，頁 67。

〔註 109〕《酌中志》，卷 14，〈客魏始末紀略〉，頁 2964。

> 前列數十卓，嵩坐於後，愈出愈奇。惟見卓之前增椅之後，退尚無置處，蓋不知其數目。有一門官窺視其間云：發藍金銀溺器狼藉卓下，此皆雲南之物，而遠集於此，不知陛下宮中亦有此器否耶？此嵩誤負之罪三也。如袁州府分宜春等縣，其膏腴田產，投獻地宅，不遑悉數。聞相府之後，別置庫室五間，下鑿一丈二尺，傍砌大石，上布堅板，盈室皆積石灰煤炭云。內皆積珍寶金銀器物，其成錠金銀并賞賜銀兩，猶不在是，此其深藏貽遠，誠竭盡心思，勞費畫謀，若以此而謀國，尚何不臧之有？此嵩誤負之罪四也。〔註 110〕

王宗茂上疏，告發嚴嵩父子使用金銀溺器，「僭用違禁」在明初乃為重罪。而嚴嵩身懷鉅產與廣置豪宅，被疑為有謀國之圖，這些指控皆可讓嚴嵩父子處以死罪，但這與皇帝疏於理政有絕對關連。相形之下，萬曆年間淮撫李三才，「擅用皇木蓋造房屋數百間，起建花園，吞占國家、祖宗相傳木廠地百餘畝，沒朝廷之官軍，充私家之工，用取朝廷之城磚，砌私家之牆。」〔註 111〕似乎不足為奇。

雖說「宮禁，朝廷之容，自當以壯麗示威，不必慕雅素之名，削去文采，以褻臨下之體」，〔註 112〕但房屋居室理當以堅固耐用為本，而國君更應共體時艱，為百官萬民之率。張瀚（1511～1593）對嘉靖以來，大興土木的風氣十分感嘆：

> 邇來國事漸繁，百工技藝之人，疲於奔命。廣廈細旃之上，不聞儉樸而聞奢靡；深宮邃密之內，不聞節省而聞浪費。則役之安得忘勞，勞之安能不怨也。近代勞民者莫如營作宮室，精工玩好。先臣劉球上疏云：「土木之工不息，天地之和有乖。《春秋》於勞作之事，悉書示戒，正為此也。今營作頻年不休，雖不煩民而役軍，然軍亦國家赤子，賴以禦暴赴鬥，豈宜獨役而不加恤哉！」王恕之疏曰：「始臣聞朝廷軫念東南，特遣近臣齎發內帑，前來賑濟，不勝欣抃。已而內侍裝載私鹽，收買玩好，聲勢張皇，騷擾郡邑。臣恐遠近聞之，將謂陛下惟珍奇是好，非社稷之福也。」二公所言，豈惟一時讜論，

〔註 110〕〔明〕張鹵，《皇明嘉隆疏鈔》（《四庫全書存目叢書》史部 73 冊，台南：莊嚴文化事業有限公司，1996 年 8 月初版，據上海圖書館藏明萬曆刻本影印）卷 20，王宗茂〈糾劾誤國輔臣疏〉，頁 58 上～下。

〔註 111〕《明神宗實錄》，卷 526，萬曆四十二年十一月丙寅條，頁 3 上～4 上。

〔註 112〕《穀山筆麈》，卷 3，〈國體〉，頁 29。

實萬世忠謀。使人主錄之座右，其所裨黼扆者，豈淺鮮哉！〔註 113〕

張瀚引用明代前期劉球（1392～1433）、王恕的論調，認為不斷地營作宮室、精工玩好，只會煩民又擾軍，造成邊防、內政皆不得安閒。

「天家營建，比民間加數百倍。」〔註 114〕而時任工部尚書的劉麟深諳此理，為朝廷惜財謹費，而減省皇室陵墳土木營建：

一、傳奉事修補恭讓章皇后、景皇帝等陵墳，前件臣等看得此工宜緩。前項陵墳，玄宮幽壙，本自安固，止為殿宇門墻，觀美不備。本部已嘗題請停工，未蒙俞允後因冬寒，比照悼靈皇后陵役停工之旨具題，方蒙賜允。不過暫停，節奉欽依。又諭令待春和舉奏興工，不許違悞，欽此。近該內官監手本到部催修，為照悼靈皇后陵役，工程煩費已甚，官軍困苦亦久。一工未畢，即興一工，似非今日恪謹天戒，深恤民隱之意。況值災傷重大，不敢派徵小民，伏乞聖明降旨停罷，將拆卸之處，量加苫蓋，以待豐年。

一、御馬監監丞郭鑑題稱添蓋悼靈皇后果園菜園房屋，共六十二間座，前件臣等看得此工宜緩。凡種木者求用于十年之後，見今果木未有萌蘗，而輒行蓋造房屋，事誠可緩。若謂栽種長養，及整理菜畦，姑用墻垣遮護。房屋之工，伏乞聖明降旨停罷，待果實有成之日另議。〔註 115〕

劉麟字元端，號南坦，江西安仁人。認為營建要重視天理人和，歉收時節更應省費，減少不必要開支。但此舉卻遭到中貴懷恨，逾年即罷職。

二、異端生活的救正

木材是傳統建築的主要來源，也是冶礦耗材的燃料，更是軍需武器的重要供給，但木材易燃，故其耗損率極高。營繕屬工部職掌的一環，減少樹木的濫伐為職責所在。歷代官員經常依此上疏，如宣宗宣德九年（1434）六月，行在工部尚書吳中奏稱，湖廣地區多山木林場，永樂中即嚴禁民眾採伐，但比年犯禁者眾，致使朝廷急需木材時，必須深入險阻，因而奏請湖廣三司嚴加禁約。

〔註 113〕《松窗夢語》，卷 4，〈百工紀〉，頁 78～79。

〔註 114〕《萬曆野獲編》，卷 19，〈京師營造〉，頁 487：「天家營建，比民間加數百倍。曾聞乾清宮窗槅一扇，稍損欲修，估價至五千金，而內璫猶未滿志也。」

〔註 115〕《明經世文編》，卷 143，劉麟〈應詔陳言疏〉，頁 23 上～24 上。

另外，在山西蔚州美峪、九龍口及五福山等處俱產材木，吳中認爲宜長養以資國用，可申禁軍民擅自採伐。但宣宗不願與民爭利，擱置未行。〔註 116〕明中葉後，北京城王公貴族帶動各階層對房舍的全面僭越，馬文升（1426～1510）對此社會奢風流俗甚感不安：

> 自成化年來，在京風俗奢侈，官民之家爭起第宅，木植價貴。所以大同、宣府窺利之徒，官員之家，專販筏木，往往僱覓彼處軍民，糾眾入山，將應禁樹木，任意砍伐。中間鎮守、分守等官，或徼福而起蓋淫祠，或貽後而修造私宅，或修蓋不急衙門，或餽送親戚勢要，動輒私役官軍入山砍木，牛拖人拽，艱苦萬狀，怨聲盈途，莫敢控訴。其本處取用不知其幾何？販運來京者，一年之間豈止百十餘萬？且大木一株，必數十年方可長成，今以數十年生成之木，供官私砍伐之用，即今伐去之，十去其六七，再待數十年，山林必爲之一空矣，萬一外寇深入，將何以禦？是自失其險阻而撤其藩籬也。〔註 117〕

部分民間百姓造屋建室，也開始以木皮代瓦爲建材。〔註 118〕各地大肆營建，濫伐山林的結果，不僅勞民傷財，甚至使衛軍無山林倚爲防備，有識之士如周璽者，以「龍脉爲之損傷，秀氣爲之虧折」，來警戒罔顧國禁而砍伐樹木者。〔註 119〕伐樹營造可能導致國亡家破，絕非馬、周二人樂見，「故昔之善居室者，求木於十年之後而用之。」〔註 120〕

北京正陽門樓慘遭祝融焚燬，任職於工部節愼庫的謝肇淛，以〈災異條陳疏〉直陳：「一切皇上內外興作供應，竹頭木屑無一不出於臣部，錙銖分毫無一不出於臣庫。故知國之豐儉，國計之盈縮，輿夫用度之當否，乾沒之有

〔註 116〕《明宣宗實錄》，卷 111，宣德九年六月甲戌條，頁 6 下～7 上。

〔註 117〕〔明〕馬文升，《馬端肅奏議》（《景印文淵閣四庫全書》史部 427 冊），卷 7，〈禁伐邊山林以資保障事〉，頁 13 下～14 上。

〔註 118〕《戒庵老人漫筆》，卷 1，〈木皮代瓦〉，頁 8：「以木皮代瓦，今陝西秦州等處房屋猶然。」

〔註 119〕《周忠愍垂光集》，卷 1，〈論誅太監李興伐木石疏〉，頁 34 下。

〔註 120〕《明經世文編》，卷 246，胡松〈陳愚忠效末議以保萬世治安事〉，頁 13 上。關於明代林木保護政策的推行，可參閱：蔡嘉麟，《明代的山林生態——北邊防區護林伐木失衡的歷史考察》（台北：中國文化大學史學研究所博士論文，2006 年 5 月）。

無，無如臣悉。」〔註 121〕謝肇淛更引述秦始皇修建阿房宮、隋煬帝開鑿汴河，役民過甚爲史鑑，要求皇帝當思民苦，崇尚節儉，減省土木的耗費，救正居室方面過侈的現象。

然而，透過災異來讓皇帝自省，是減少土木營建最直接、最有效的策略。如萬曆年間，大學士張四維（1526～1585）上言：江西連年多事，百姓困瘁，如碗碟、瓶罐、磁器等不可缺者，宜量減分數；而燭臺、棋盤、屏風、筆管等生活器用，則改以銅錫竹木製造，以節民力，以章儉德。〔註 122〕身處國家存亡之際的思宗，面對兵革頻仍、災祲疊見的窘況，也在皇宮室內裝飾上摒棄金銀，改用銅錫木器來推行儉約，約束文武諸臣崇尚儉樸。〔註 123〕

華屋山丘，意謂世事無常。文林（1445～1499）的《琅琊漫鈔》有一段記事，恰可爲此成語做印證：「淞江錢尚書治第，時多役鄉人，而磚甓役取給于彼。一日，有老傭後至，錢責其慢，對曰：『某擔自黃瀚墳，墳遠故遲耳。』錢益怒，老傭徐曰：『黃家墳故某所築，其磚亦取舊冢家中，無足怪者。』」〔註 124〕人居住在華美的屋宇，死後則埋葬於土堆裡，珠宮貝闕，原是虛幻。此外，重複利用牆土磚瓦，不僅是對環境的保育，也同時表現明人對土木苛役戲謔的一個歷史側面。

江盈科（1553～1605）感歎：「奈何近世士夫，即崇階峻秩，祿厚家溫，當其退閒，所極意誇鬥者，非宮室第宅之雄，則園亭池館之麗。」〔註 125〕在奢靡風氣的感染下，具有雄厚貲財的商賈，華屋豪宅成爲他們炫耀身分的表徵，如徽州一帶多樓房，未嘗有無樓之屋。通常一間室居的廣闊，可抵其他地區二、三室，而猶無丈隙地。〔註 126〕因而「天下都會所在，連屋列肆，乘堅策肥，被綺穀，擁趙女，鳴琴跕屣，多新安之人也。」〔註 127〕

追求宅第園林的舒適，本是人性所趨，但若成爲流行時尚風潮，亦是時

〔註 121〕〔明〕謝肇淛，《小草齋文集》（台北：漢學研究中心景照明天啓刊本），卷 28，〈災異條陳疏〉，頁 1 上～7 下。

〔註 122〕《明神宗實錄》，卷 136，萬曆十一年四月甲寅條，頁 1 下。

〔註 123〕《崇禎長編》，卷 1，崇禎十六年十月丁丑條，頁 4 下。

〔註 124〕〔明〕文林，《琅琊漫鈔》（《筆記小說大觀》6 編 7 冊，台北：新興書局，1989 年），頁 4 上～下。

〔註 125〕〔明〕江盈科，《江盈科集》（長沙：嶽麓書社，2008 年 12 月第 1 版），《雪濤閣集》卷 7，〈姑蘇顧氏祠堂記〉，頁 359。

〔註 126〕《五雜俎》，卷 4，〈地部二〉，頁 1562。

〔註 127〕《震川先生集》，卷 13，〈白庵程翁八十壽序〉，頁 319。

人褒貶論斷的主要素材。李贄（1527～1602）輯錄的《山中一夕話》，內文多採寓言形式，用以譏諷時事，其中包括競逐園亭的奢華享受：

黃纏道勾吳人也，素雄於貲，少年遊俠，天下湖山，足跡將徧。年既衰，飄然有高臥林丘之志，因自號瑞鶴仙，又號風流子。墾地百畝，築圃其上，門外苔徑粉壁，竹橋清澗，幽雅絕塵。……題其匾曰園林好景。臺館之麗無筭，其最勝者則高陽臺，古輪臺也。……四時花鳥，色色可人，而三春尤甚，然終日□鎖，遊人莫入。……乃知其爲鶯、燕與鵲之妖也，嗚呼！異哉！〔註 128〕

瓊樓玉宇的居室建築深鎖不居，被李贄比喻爲「鳥妖」之居，成爲居室類生活異端的表徵之一。

三、民間風俗的導善

李盛春爲隆慶五年（1571）進士，選庶吉士，授吏科右給事中，於萬曆四年（1576）六月上〈條議五事〉，對近年來服舍、器用方面的僭擬，法制罔遵、上下無辨等情事，建請神宗嚴行申飭，不許靡僭如前。〔註 129〕禮部尚書沈鯉（1531～1615），則是希望由上而下、從官而民推行的儉樸生活態度：

一、婚葬、宴會、房屋、車輿、衣服、首飾、傘蓋、器皿等項，據經本部遵照成憲題有定式。又該都察院題刊憲約，不啻三令五申矣，乃風俗奢靡如故，則倡率未至，而禁令不嚴也。合無行各撫按，嚴督所屬有司，約會境內士夫力行儉約，以倡眾庶。倡之不從，則量其情之輕重罰穀備賑，或陞其户口則重其徭役，以困辱之。如有工匠人等造作淫巧，與違式違禁之物者，依律問罪，以澄其源。〔註 130〕

官僚、士人清楚感受倫理綱紀的動搖，他們深怕紀綱頹墜、教化淪喪，甚而國家敗亡，不禁對時代危機發出警語。〔註 131〕部分地方官吏則以榜文諭令鄉民：

惟官民自有名分，服舍各有定式，禮制明載，律令昭然，各宜遵行，豈可僭越？近訪得所屬地方，有等驕奢之徒，不拘名分等第，輒倚

〔註 128〕《山中一夕話》，上集卷 6，〈美女月夜遊園記〉，頁 18 上～23 上。
〔註 129〕《明神宗實錄》，卷 51，萬曆四年六月辛卯條，頁 18 下。
〔註 130〕《禮部志稿》，卷 45，〈覆十四事疏〉，頁 29 上。
〔註 131〕陳寶良，〈明代社會與文化的演變〉，《社會科學輯刊》，2006 年 3 期，頁 167。

> □廣仟爲無忌，或起蓋房屋，擅用七橡雕樑、硃紅漆槅、斗栱吻獸、山藻粧脩；或僭用金綵錦繡，或鳳綵龍文以及造作器物之類；或有同宮禁所造之式，或有僭□王公所用之制。若不嚴加禁約，但恐愚民止之眼前徒誇富麗，不思身後千重刑愆。爲此合出告示，發仰所屬地方人烟輳集去處張掛，曉諭前項官民人等，有此者即爲出首改過，無此者知避安生。敢有仍前故違事發定行提問，如律拆毀改正，絕不寬恕。〔註 132〕

百姓衣食無虞，競逐雕闌玉砌的居室房宅，乃是人情世故所必然。但官員認爲居室棟礎，品官、民間本有分際，「晉初齊民無大屋，今則蓽門圭竇者多不安湫隘，逞齊貲力搆廈翬飛，厭情風雨之蔽，恣意土木之窮，胡爲者也。況《大明會典》品官之家，房屋皆有節制，豈蕞爾微民反可侈麗、越軼準繩乎？」〔註 133〕仰賴各府、州、縣官勘查民居，今後再有營搆高廈以驚駭耳目者，拆房歸官，拿究治罪，以懲踰僭。

這些有識之士的擔憂其來有自，「吳人輕浮好者，稍有蓄積，輒事宮室、輿馬、服飾，侈盛故雖一時炫耀可觀，而子孫旋即衰謝，田園屋廬爲他家所有，小民至於貧無蓋藏。」〔註 134〕時代愈後，而生齒日盛，也是造成侈靡禁無可禁的因素：

> 天下生齒日繁，即以吾族計之，國初始祖僅一人，今男女且萬指，相距未三百年，已千倍于曩時。然山川田土如故，所產之毛不增于前也，而取千倍之眾，物焉得不盡，人焉得不窮，況又益之以侈靡。以宮室，曩樸斲今雕鏤矣；以衣服，曩疎布今錦綺矣；以飲食，曩奉賓客，多不過六餚，今至加籩無算矣。共此一物也，向一人享之，加樽縮焉；今千人共之，加肩越焉。即神運鬼輸，且不能給，此取求矣日急，而盜賊所以日繁也。〔註 135〕

奢侈雖是時尚所趨，但推行儉樸在這樣的社會條件下，似乎無法遏止其源，

〔註 132〕〔明〕佚名，《重刻律條告示活套》（《古代榜文告示彙存》2 冊，北京：社會科學文獻出版社，2006 年 12 月第 1 版，據明刊本影印），〈服舍違式〉，頁 169～170。

〔註 133〕〔明〕吳仁度，《吳仁度告示》（《古代榜文告示彙存》1 冊，北京：社會科學文獻出版社，2006 年 12 月第 1 版，據清乾隆吳炯刊吳繼疏先生遺集本影印），〈約束齊民告示〉，頁 580～581。

〔註 134〕《推篷寤語》，卷 8，〈毗政篇上・毗閭閻之政〉，頁 423。

〔註 135〕《昨非菴日纂》，3 集卷 9，〈惜福〉，頁 594～595。

盜賊日繁也是理所當然。部分地方官員則採取應變之道，如官民居室房屋不許建造九五間數，採用歇山轉角重簷，但樓房不在重簷之例，浙江布政使司因而奏請，准許故官之家，「依品級起造房屋者，除因貪汙黜罷，著令改拆外，其能守法奉公，終于本職事，許令子孫永遠居住。如此不惟厲仕者廉謹之心，亦祖父舍宅門蔭，子孫之盛典也。」〔註 136〕社會變遷、時代異境，對於居室房舍制度也宜適度變通改訂，讓子孫保有先祖的門楣與福蔭，也藉機增強地方對中央的向心力。

明人並不反對居室合宜取「適」與「實」，湛若水（1466～1560）認爲儉樸與奢侈，並非絕對的因果關係：

> 古之儉，今之奢，人心豈固相遠哉！此無他，理欲之分爾。即其宮室什器而觀之，土階茅茨之朴，與瓊宮瑤臺之華，同一宮室爾。汙罇陶匏之質，與象箸玉盃之奇巧，同一什器爾。理欲之萌，其流不得不爾也。夫工簡而器必精，然財省而民逸矣；工煩而器亦靡，然財費而民勞矣，實用之與虛飾何如哉？皇祖之誥，沈清深以淫巧爲戒，且責其敬事信工，以追古尚實，致君臣同有聖賢之美譽，得用人理財之道矣。是故儉者，天理之所以存也；奢者，人欲之所以肆也。是知崇儉去奢，明君風化之本也；沃心將順者，大臣輔治之責也。〔註 137〕

崇儉去奢是風化之本，然喜歡奢侈物品，乃是人性常情。因而不過度的裝飾與雕砌的居室格局，仍爲時人所能接受。「居家貴儉，可以久居；交友貴淡，可以久交。必然之勢也。」〔註 138〕

明人多以儉樸自持，華悰韡告誡子孫，舉凡屋舍、床帳與器用等物，必崇尚樸素以圖堅久，侈靡違式物品不許製作與存留。〔註 139〕劉大夏自戶部侍郎告歸，搆草堂讀書其中，作〈東山賦〉以見其志。平生不通請託，薄田僅供衣食，里鄰侵奪也不與爭。後起大司馬歸，仍居草堂，再著〈東山後賦〉，戴笠乘驢，往來山水間。〔註 140〕劉大夏主張居室器用，俱貴雅淡，不宜俗氣撲人。〔註 141〕

〔註 136〕《留青日札》，卷 18，〈宅〉，頁 3 下～4 下。

〔註 137〕〔明〕湛若水，《格物通》（《景印文淵閣四庫全書》子部 716 冊），卷 80，〈抑浮末下〉，頁 15 上～16 上。

〔註 138〕《蓬底浮談》，卷 1，〈蓬底浮談引〉，頁 6 下。

〔註 139〕《慮得集》，卷 1，〈家勸二〉，頁 13 上。

〔註 140〕《昨非菴日纂》，1 集卷 2，〈冰操〉，頁 38。

美食鮮衣是目前享樂之計，而高堂大廈絕非關乎存亡之必需。屠隆（1543～1605）不解：「世之士大夫，闇於銷沉之理，逞晙民膏以豐崇，殫精神以營建，雕盈丹戶，連雲亙天，轉盼易主，或塗荊榛，亦大惑矣！」〔註 142〕李豫亨也認爲：「居室取容身，高堂廣廈皆剩物也。」他同時建構一幅士大夫居家的理想環境：

> 士大夫自宜稍飭里第，使足容車馬；稍置田疇，使足供賓祭，然後爲得理。若有意敝陋，亦非中正。陶潛謂：「方宅十餘畝，茅屋八九間。樹柳蔭後園，桃李羅堂前。」李德裕謂：「清泉繞舍下，修竹蔭庭除。幽逕松蓋密，小池蓮葉初。」人生不可少此趣味。〔註 143〕

明人不僅強調居室「儉約」，更重視培養仕進官僚「廉潔」之本源。「凡士大夫居官居鄉，一味貪求者，只緣不儉。宮室欲美，妻妾欲奉，僕隸欲多，交遊欲廣，不貪何從給之。噫！與其寡廉孰若寡欲，數椽以蔽風雨，五尺以應門戶，一裘一葛以禦寒暑，蔬食菜羹以供親朋，蓬頭垢面以操井臼，俾天下稱爲清白士也，不亦可哉！」〔註 144〕《昨非菴日纂》作者鄭瑄，站在厚風俗、儉衣食的立場，則期待社會風氣轉爲恬淡質樸。更重要的，對明代士人而言，「浩浩無垠之宇，自有所在，豈在土木哉！」〔註 145〕

第四節　行具方面的異端

與飲食、服飾的發展相較，行具變化較緩，踰越情況也較少，影響層面也較窄。晚明時期，如應天府溧水縣，「寒士不恥惡衣食，富者行街坊不乘輿馬。」〔註 146〕輿轎逐漸大行其道，與兩京文武官員的僭奢無度，以及江南地區旅遊事業的興盛不無關連。謝肇淛嘗言：「三、五十年前，郎曹皆騎也。其後因馬不便，以小肩輿代之，至近日遂無復乘馬者矣。晉江李公爲宗伯時嚴

〔註 141〕《昨非菴日纂》，3 集卷 5，〈詒謀〉，頁 530。

〔註 142〕〔明〕屠隆，《白榆集》（台北：偉文圖書出版社有限公司，1977 年 9 月初版，據明萬曆間刊本影印），卷 5，〈程氏萬石堂記〉，頁 14 下。

〔註 143〕《推篷寤語》，卷 6，〈還奉養之眞〉，頁 28 上～29 上。

〔註 144〕《昨非菴日纂》，2 集卷 9，〈惜福〉，頁 329。

〔註 145〕〔明〕余懋衡，《關中集》（《四庫全書存目叢書》集部 173 冊，台南：莊嚴文化事業有限公司，1997 年 6 月初版，據北京圖書館藏明刻本影印），卷 3，〈居室論〉，頁 38 下。

〔註 146〕〔清〕閔派魯，《順治・溧水縣志》（《北京圖書館古籍珍本叢刊》24 冊，北京：書目文獻出版社，1988 年，據清順治刻本景印），卷 4，〈風物考〉，頁 1 下～2 上。

禁之，然終以不便，未久即復故。蓋乘馬不惟雇馬，且雇控馬持杌者反費於肩輿，不但勞逸之殊已也。」謝肇淛提及一個重點，輿轎的舒適度非騎馬所能比擬，同時更能彰顯出派頭與排場。〔註 147〕馬匹是邊防戰事的主要騎乘，兵科給事中吳亮嗣，基於作戰防禦需要，甚至建請皇帝下令民間不許乘馬，「軍中所用，惟馬最先。今冏寺（即太僕寺）廢職，一切取錢以塞尾閭矣，今宜禁令民間不許乘馬。」〔註 148〕這也是造成乘轎風氣日漸興盛的主因之一。明人面對行具的時弊，亦多有對策因應，茲分述如次：

一、規以祖制禁令

李東陽（1472～1529）曾提及：「宋宰相乘馬，今達官肩輿行，謂馬卑也。」〔註 149〕行具僭越無度的根源來自武職勳戚階層，許多明人口誅筆伐不斷。如李濂特別考證乘轎制度的淵源由來，並引《舊唐書・車服志》：「開成末定制，宰相、三公、師保、尚書令、僕射及致仕官，疾病許乘檐子，如漢、魏載輿、步輿之制。三品以上及刺史，有疾者亦許暫乘。」〔註 150〕正德、嘉靖間的人士李濂，認爲中唐以後，藩鎮跋扈亦未敢有所僭踰，而明代武官權掌無法與唐朝相擬，而乘轎所據何來？萬曆二十七年（1599），李化龍（1554～1661）兼兵部侍郎，節制川、湖、貴三省兵事，奉命進剿四川播州宣慰司使楊應龍「播亂」。總督李化龍認爲，武將多以人輿轎，有礙戰事：

> 爲軍務事，照得將領乘馬例也，但北方副、參、遊皆乘馬，南方則皆乘轎，此亦積習相沿，無足爲異。惟進勦播賊在即，將領當身先士卒，須演習鞍馬方便征進，若此時尚拘舊套，日坐肩輿，直待進兵方乘馬，彼時人馬不相得，何以克敵制勝？爲此牌仰監軍道官吏，即便轉行各路領兵將領等官一體遵照，自今以後各宜乘馬習戰，不得復擁肩輿，直至賊平事定，方復其舊。若以乘馬勞不如坐轎逸，

〔註 147〕《五雜組》，卷 14，〈事部二〉，頁 1798。

〔註 148〕〔明〕程開祜，《籌遼碩畫》（《叢書集成續編》242 冊，台北：新文豐出版公司，1989 年臺一版，據國立北平圖書館善本叢書第一集本明萬曆刻本景印），卷 3，吳亮嗣〈邊城有警內備宜嚴疏〉，頁 43 上。

〔註 149〕《空同集》，卷 65，〈外篇・物理篇第三〉，頁 15 上。

〔註 150〕〔明〕李濂，《嵩渚文集》（《四庫全書存目叢書》集部 70 冊，台南：莊嚴文化事業有限公司，1997 年 6 月初版，據杭州大學圖書館藏明嘉靖刻本景印），卷 43，〈乘轎說〉，頁 11 下。

> 則當早平逆賊坐享其逸，不亦可乎！其總兵體統原重轎馬隨便，俱毋違錯，各具遵行，緣由報查。〔註 151〕

這也許只是爲作戰的文武協調權宜之計，但戰事近逼，仍爲虛榮而乘轎，不成體統如此，李化龍對武將毫無節制之權，亦莫可奈何。邊防如此，江防亦如是。南京江上哨官，「遇晚責令地方守更，或至乘轎上下，多爲不法。」〔註 152〕

天啓元年（1621）八月，熹宗應允成國公朱純臣請給肩輿，禮部左侍郎周道登認爲此舉《會典》不載，僅爲特恩，明顯的違反祖訓，「恐國家車服，從此輕矣」。禮科李精白亦贊同周氏之言，認爲朱純臣獨捷取旨，不獨乖政體、違祖制，還望熹宗收爲成命。〔註 153〕隔年十月，禮科給事中彭汝楠認爲賞罰有欠公允：

> 宮保晉秩，肩輿特畀，乃先朝創見之恩，今敵愾無聞，輒邀殊眷。又其甚者，人臣以死勤事例得優卹，然必其立大功、捍大患，以身殉焉之謂。今不衡輕重，但身沒於官，即援例瀆擾，所當一體申飭者也。至若蜀中文武將吏死守成都，則睢陽讓功克復重慶，則淮蔡比捷當此所在。蠢動之日，秦良玉母子馳驅既久，艱險備嘗，獨不可破格優崇乎？撫臣徐可求等身罹慘禍，總爲國殉，獨不可與孫好古及時同卹乎？夫不當賞而賞，則旂常無色；當賞而不賞，則豪傑灰心。〔註 154〕

彭汝楠疏言裡，對武將勳貴乘轎的恩賜，強烈表示不滿。天啓四年（1624）八月，鑑於戚臣多越分，比例互請肩輿，不知原是非例，官員遂請申明《會典》輿服之禁。〔註 155〕給事中高時、劉大植等，也疏言勳貴開國功臣郭英六世孫郭勛變亂成法十二事中，其亂法之十二爲武臣乘轎：「武臣乘馬以習武事，勛獨請乘轎，故違典制。」〔註 156〕

〔註 151〕〔明〕李化龍，《平播全書》（《四庫全書存目叢書》史部 50 冊，臺南：莊嚴文化事業有限公司，1996 年 8 月初版，據中山圖書館藏明萬曆刻本景印），卷 9，〈總兵以下將領各乘馬〉，頁 36 下～37 上。

〔註 152〕《南京都察院志》，卷 9，〈營規八則·革宿弊第八〉，頁 43 上。

〔註 153〕《明熹宗實錄》，卷 13，天啓元年八月辛巳條，頁 2 下～3 上。

〔註 154〕《明熹宗實錄》，卷 27，天啓二年十月辛巳條，頁 20 上。

〔註 155〕〔明〕沈國元，《兩朝從信錄》（《續修四庫全書》史部 356 冊，上海：上海古籍出版社，1997 年，據上海圖書館藏明崇禎刻本景印），卷 23，頁 20 下。

〔註 156〕〔明〕夏浚，《月川類草》（《北京圖書館古籍珍本叢刊》107 冊，北京：書目文職僭越的狀況不類武將，多數能以祖訓自持，楊守陳（1425～1489）提及：「學士乘轎同乎三品，此固祖宗優儒之令典，今法不容，其孰敢違？若如來諭自倚齒德勞望，爲時所重，而輒以金緋乘轎，必多旁指竊議者矣，豈復重而美之設。」〔註 157〕葉春及（1532～1595）遷福建惠安縣令，前往都督府排解督府士卒與里民糾紛時，曾親身經歷此事：

> 路過督府，將下馬謁之，部卒屏予從者，三驅馬不得下。《會典》：七品引道一對，知縣親民正官，又欽與隨從皀隸四名。文官制有乘轎，都督不許及擅用八人，奏聞隨從人馬有數。彼所帶步擁者百餘人不計，而儀從儼如王者，予竊記而疑之矣。矧例總兵官征哨出入，各乘原關馬匹，驛遞馬驢車輛不許應付，今如檄以具，不知其有別例否也？余乘馬往謁，導者二人，部卒顧鬪之，而且驅予馬，蓋部卒目不知書，安責其知典制，故驕橫至此，亦豈主將使之乎？〔註 158〕

葉氏隆慶初由鄉舉授教諭，上書陳時政三萬餘言，都人傳頌。遷惠安令，民感其德，尋引歸。文官恪遵祖訓禮制，而武臣都督出巡排場隨從高達百人，儀從宛如君主，從導者甚至驅趕縣令馬匹，驕横至此，實難用「目不識丁」一概而論。葉向高（1559～1627）天啓初爲內閣首輔，對駙馬不避道甚爲不滿：「都尉不避之說，必以《會典》爲言，不知今之禮節，俱不依《會典》，只照見行事例耳。《會典》所言，槩舉公侯駙馬，而公侯在前。今試問諸公侯有一人不避閣臣者耶？若盡依《會典》，則豈但公侯，即六卿長貳皆不當避矣！古之宰相，禮絕百僚；今之閣臣，猶虛被此名。」〔註 159〕此事件最後只能草草了事來化解芥蒂。文官士人原本是引領風尚的主要階層，但在行具的僭越禮制或講究侈靡的時間點上，卻遠遠落後武官勳臣，這與明代中後期總督、巡撫等文職軍事領導體制，在軍權上取得絕對優勢有直接關聯，不需要藉由輿夫抬轎來耀武揚威。反觀武職勳戚，僅能不斷透過這類僭越行爲來聊表一格、自我安慰一番。

早於嘉靖十一年（1532）三月，即有監生陳奏，請再申明輿夫、轎馬舊

文獻出版社，1988 年，據清抄本景印），卷 2，〈附言官暴發權姦郭勛罪狀事〉，頁 749。

〔註 157〕〔明〕楊守陳，《楊文懿公文集》（《四庫未收書輯刊》5 輯 17 冊，北京：北京出版社，1997 年，據明弘治十二年楊茂仁刻本景印），卷 27 金坡稿，〈復尹侍郎正言書〉，頁 14 上。

〔註 158〕〔明〕葉春及，《石洞集》（《景印文淵閣四庫全書》集部 1286 冊），卷 9，〈禁諭士民〉，頁 32 上～下。

〔註 159〕《蒼霞續草》，卷 20，〈與鮑祠部〉，頁 21 下。

例，使各安其分。「乘轎之人，除命婦外或良家嫁娶者亦可暫用，所以別富貴之等，殊男女之分，其娼淫婦女不許一概乘轎，良賤混雜。」〔註 160〕務求上下各安其分，貴賤各有其等，人皆敦本務實，風俗自然淳美。神宗萬曆二十一年（1593）八月，禮科都給事中張貞觀，以星變示異，請申禁奢令：

> 臣嘗莊誦《大明會典》、《大誥續編》及《大明律令》諸書，太祖高皇帝奢靡之禁，蓋亦甚嚴。我皇上即位以來，再三申飭，至十三年因科臣言，命本部將題禁事宜通行內外。不數年間，頹靡如故，豈惟小民蠢愚而無知抑，亦有司奉行之不實。今天下水旱饑饉之災連州亘縣，公私之藏甚見匱詘，而閭巷競奢，市肆鬬巧。……京師四方之表，簪紳眾庶之標，從風易嚮，不可不謹。誠有如科臣所言者，行父區區相魯，而家無衣帛之妾，平仲僅僅顯君，而口甘脫粟之飯。翼翼京邑，民極所歸，赫赫師尹，具瞻攸屬。誠不可不厚自準繩，首先士庶，以副聖天子，還淳崇儉之意。〔註 161〕

朝廷有感於近來士庶奢靡成風，僭分違制，特別針對在京庶官肩輿出入等奢縱無忌的行為重申禁例，要求廠衛部院訪緝參究。「今上己亥、庚子（萬曆二十七、二十八年，1599～1600）間，余初官秘省之時猶然。近年乃並乘肩輿，雖外吏入京無復騎馬。法度漸入於弛，人情漸入於玩，遂一變而為南宋之俗，非盛世事也。」〔註 162〕舉凡孫能傳等文官、士人之輩，無不憂心忡忡，深怕晚明過度侈靡，難保重墮南宋逸安亡國的後塵。崇禎元年（1628）六月，京師「近日紀綱弛費，風俗囂薄，吏胥驕橫。晝則鮮衣怒馬，夜則達旦笙歌，婦女紆紫乘軒，士大夫馬上反避之，至營馬多為京官所乘，以致羸瘦，請借民間竹兜代之。」〔註 163〕北京巡視北城御史郁成治藉機請復京官肩輿，思宗大怒，認為風憲官員未盡易風導俗之責，反而隱名「竹兜」，藉機混水摸魚上請肩輿，將其降三級並調外任用。〔註 164〕

〔註 160〕《條例備考》，〈都通大例〉卷 1，〈戒侈靡以厚民風〉，頁 43 下～44 下。

〔註 161〕《明神宗實錄》，卷 263，萬曆二十一年八月庚戌條，頁 12 上。

〔註 162〕〔明〕孫能傳，《剡溪漫筆》（台北：臺灣學生書局，1971 年 5 月初版，據國家圖書館所藏明萬曆四十二年刊本景印），卷 2，〈京官乘輿〉，頁 75。

〔註 163〕《崇禎長編》，卷 10，崇禎元年六月甲辰條，頁 10 上～下。

〔註 164〕〔清〕孫承澤，《山書》（杭州：浙江古籍出版社，1989 年 9 月第 1 版），卷 1，〈禁革小輿〉，頁 37。

二、輔以地方鄉約

「卿乘車，我帶笠，他日相逢下車揖；我步行，卿乘馬，後日相逢卿當下。」〔註 165〕行止對明代縉紳階層而言，是自適自得，是禮儀內涵的表現，進退揖讓間也常透露賓主間友誼濃淡。對文人雅士而言，乘轎虛有氣派，反不如步行或騎驢悠閒，且具儒者風範：

> 太宰漁石唐公，致政家居時，出入惟徒步。有陳大參良謨者，說之曰：「翁官居八座，年邁七旬，故天下大老也。孔子曰：『吾從大夫之後，不可徒行。』翁學孔子者，而顧欲過之耶？」公曰：「固然。第吾楓山先師致政歸，祇是步行，未嘗乘轎，迺姪朴菴公（拯）及竹澗潘公（希曾）俱守此禮，吾安敢違耶？籲浙有楓山，殆猶魯有岱嶽，其遺矩所留，諸公皆率履弗越如此。」〔註 166〕

唐龍（1477～1546）遵從孔子以來儒家士君子「守份」的觀念，況且其師章懋致仕歸鄉，也只是步行未曾乘轎，因而不作踰越本分之事。劉麟（1474～1561）以僉都御史守制家居，出入衰服騎驢，各衙門士大夫有不知而前騶誤訶之者。而湛若水、霍韜同爲南都尚書，「常同訪鄧訓導德昌於府學中，至則屏騶從，角巾野服，同跨蹇出南門外，盤桓佛寺中論學，至暮而返。」〔註 167〕周中丞公延初第時，與其里中進士曾某同觀政刑部，共僦一寓，共賃一馬，更乘出入。「一日公先入部，方回馬趨迎曾，曾未及至，而司寇公適早至，鳴鑼升座矣！司寇視班行，曾不在，詢其故，公前以實對。司寇公大詫曰：『今進士俱乘馬邪！亦大異矣！』」〔註 168〕喜談安步當車或騎乘驢馬閒適生活的明人，可能也兼具自宋代以來「不忍以人代畜」〔註 169〕的人文關懷：

〔註 165〕《雅尚齋尊生八牋》，卷 8，〈起居安樂牋下・賓朋交接條・序古名論〉，頁 51 下～52 上。

〔註 166〕《先進遺風》，卷上，頁 6 下。

〔註 167〕《客座贅語》，卷 9，〈達官騎驢〉，頁 279。

〔註 168〕《賢奕編》，卷 1，〈懷古・上京乘馬〉，頁 3 下。

〔註 169〕〔明〕呂柟，《二程子抄釋》（《景印文淵閣四庫全書》子部 715 冊），卷 7，〈建陽大全集拾遺第二十七〉，頁 15 上：「先生自少時未嘗乘轎，項在蜀與二使者遊二峽，使者相強乘轎不可，詰其故，語之曰：『某不忍乘，分明以人代畜，若疾病及泥濘則不得已也。』二使者亦將不乘，某語之曰：『使者安可不乘。』既至，畱題壁間，先生曰：『毋書某名。』詰其故，曰：『以使者與一閒人遊，若錚客當不，竟不乘轎亦不畱名。』」

> 古者婦人用安車，其後以輿轎代之，男子雖將相不過乘車騎馬而已，無轎制也。陶淵明病足，乃以意用籃輿，命門生子弟舁之。王荊公告老金陵，子姪勸用肩輿，荊公謂，自古王公貴人無道者多矣，未有以人代畜者。人轎自宋南渡始，故今俗惟杭最多最善，豈其遺耶？〔註170〕

乘輿是「以人代畜」，爲有識者所不取，如文震亨就認爲，古用牛馬，今改人車，實非雅士所宜。〔註171〕然自南宋人轎始興，浙江杭州一帶以此爲交通工具。而捨車而騎驢，這道理連晚明時人也無法理解其意，反而覺得與身家地位不相稱。

明代中葉以來，各地不乏僭越的社會現象，此時有賴於地方官吏的查禁與管理。明代的鄉約組織，有些定期宣諭政令與法規，內容多是勸誡百姓孝順父母、尊敬兄長、死喪相助、患難相恤等，重視勸導與教化，對善惡行爲進行口頭獎勵或道德勸說，僅爲柔性不帶強制。但面對社會秩序日趨動盪，鄉約變爲朝廷政令的延伸，側重訓誡與懲治，使得以教化爲主的鄉約，逐漸帶有吏治的色彩。〔註172〕王德明（1482～1537）以右僉都御史巡撫山西，「嚴於治史，不得僭乘轎，濫役民，確事實惠，抹撤虛泛，猾官貪人始不便矣。」〔註173〕後坐免歸，卒年五十六。李廷機（1542～1616）字爾張，福建晉江人，以禮部尚書兼東閣大學士入參機務，他認爲自己的作爲不如鄉宦。鄉宦爲鄉人耳目，若以澹約樸素持身訓家，鄉間子弟、僮僕奴婢皆有所依循，而華侈者自將愧縮無容。他列舉歷朝當代名人文士，如王安石居鄉乘小肩輿，太倉無有大輿者；章懋徒步里中，用以維風導俗。鄉宦示之以儉，然後示之以禮，風俗可歸淳厚。〔註174〕吳仁度也同樣以右僉都御史巡撫山西，對僭擬乘轎進行裁抑：

> 一、四轎皂蓋必以折圭分符之，品乃有儀章輿衛之崇，貲郎何人，銅臭餟階，權薄蟬翼，乘肥衣輕亦其常態。今則侈憑軾之僕夫，樹翳雲之高蓋，賄結官司，乞靈借寵，在上或假以顏色，在下遂廣其附趨。四轎轔轔，僭擬充朝等級；皂蓋燁燁，虛張爍眾羽毛。此輩

〔註170〕《廣志繹》，卷4，〈江南諸省〉，頁69。

〔註171〕《長物志圖說》，卷9，〈巾車〉，頁409。

〔註172〕萬明，《晚明社會變遷問題與研究》（北京：商務印書館，2005年12月第1版），頁276～277。

〔註173〕《洹詞》，卷11，〈都察院右僉都御史王君墓誌銘〉，頁637。

〔註174〕《李文節燕居錄》，頁5上。

志得，寒士色沮，有一於此，足爲民害。蕃富如晉，是途頗寬，仰各府州縣須禁裁抑，敢有仍前恣意乘轎張蓋者，嚴行罰治，眾則申院，拿究不貸。〔註 175〕

崇禎四年（1631），左懋第（1601～1645）進士及第，授韓城知縣。蒞韓三年，旱災、盜賊相尋，除嚴加省修外，見百姓奢僭相沿不止，勢且繁多，皆足致異，因而用告示相禁。嚴飭日常諸事不得任意違禁，務必去奢從儉。遂於崇禎九年（1636）七月，刊行鄉約榜文，他在行具制度的規範上，主要針對三個階層：一是規定婦人、士庶之家不許乘轎；二是衙役及各僕隸「馳馬街巷，往往有以撞跌，告者示後，俱不許於城外內街巷騎馬；遇有急事遠行牽馬，於關門外騎，可也，違者責究。」三是娼妓不許乘轎、騎馬。〔註 176〕這份告示，重新律定部分階層的行具規範。明初規定婦女可以乘轎，此時此地的婦女卻不得乘轎，倡優連騎馬皆不許；士庶、衙隸及僕役僅能騎馬，不得乘轎。推行時間約在明末崇禎時間，且僅爲地方禁制，實難收立竿見影之效。

三、減省馬力輿夫

宦官組織二十四衙門之一御馬監，是管理皇帝坐乘的單位，皇宮推行馬匹的減省，當從此處著手。萬曆間，遂有臣僚直言：

又聞內馬監蓄馬甚多，馬料甚多，其弊尤甚，每至有餓死者。夫御馬蓋備聖上不時出入之用，考祖訓每門置一、二匹，鞭轡皆備，以供不時出入之用，國初不得不如此。景泰初，出御馬載砲車。今太平已久，主上深居不出一步，蓄此何用？此皆可減，而人臣所不敢言者，推此類國家虛費何極，財安得不匱，而民安得不窮乎！〔註 177〕

皇城內馬匹已非代步工具，理應減省，一可避免弊端叢生，二可減輕百姓賦役，實爲寬卹的良策。馮琦蒞政勤肅，數陳讜論，力抑營競：「今人公私之費皆多故也。至於上官入京，屬官供應代賃房屋，饋送長夫米糧，差借民間之車，騎坐用驛遞之馬。若使上官自備爲費幾何？但令小民遠供，則所費不少，

〔註 175〕《吳仁度告示》，〈約束齊民告示〉，頁 580～581。
〔註 176〕《左忠貞公剩藁》，卷 2，〈嚴禁奢僭以輓風俗以息災沴示〉，頁 38 下～39 上。
〔註 177〕《昭代紀略》，卷 6，〈貓犬豹馬等畜費給數〉，頁 18 上～下。

相應極力痛革，財盡民流之日，百費皆從減省。」〔註 178〕早在世宗嘉靖三年（1524）四月，貴州巡按御史陳克宅（1474～1540）疏言，使客乘馬之外，亦有看馬，而各巡歷官又多馬隊，要求裁省虛文。「古之馬以備乘之，今馬以供看。古之馬隊用於征伐，今之馬隊用於送迎，虛張儀衛，實費民財，宜行禁革。」〔註 179〕後以直諫繫獄，廷杖，獲釋，累遷右副都御史，巡撫貴州。嘉靖時期的王邦直，對濫用轎夫與驛遞情事，也曾上疏建言：

> 三曰戒有司以去奢僭。……如各官乘馬往來，自有定法也，今則皆變之以肩輿。倒班代換而萬里可行，裹糧迎候而經旬不已，是其所用者皆民之力也。一有慶賀則糜費不經，帳用美錦，字以泥金，玄纁稠疊，食前方丈，何其太也。一有巡遊則炫耀太甚，旌旗蔽野，士馬如雲，車輦清笳，金銀飣果，何其驕也。凡若此類，難以悉舉，夫有司之不守法，皆繇御史之不執法也。且以乘轎一事言之，御史乘馬，憲法昭然，惟御史在外乘轎，所以有司皆僭，而御史不能禁也。臣謂有司之僭侈，當責之御史，明之以法制，倡之以儉約，則有司承風效法，自不至於傷財以害民也。
>
> 四曰清驛遞以革冒濫。驛遞之設，所以遞送使客，飛報軍情。國初設法至嚴，若在外有司不守成法，泛濫給驛者，皆處以重罪。近年以來冒濫太甚，官府之往來不依勘合，專用飛牌役使之差遣，倚恃衙門，惟憑紙票。轎或一二十乘，或八九十擡，多者用夫二三百名，少者用馬四五十匹。民財既竭，民力亦疲，通之天下，莫不皆然。臣謂當嚴冒濫之禁制，逢迎之罰，其有給與勘合者，祗依勘合應付，原有夫馬之外，一毫不許擅動，其有不當馳驛者，不許輒行牌面，若有私自逢迎，彼此一體治罪。廩給之外，不許更用支應；夫馬之外，不許更用嚮器，斯驛遞清而民之財力亦少舒矣。〔註 180〕

王邦直指陳，肩輿濫用與御史在外乘轎不脫關係，當懲御史僭用以警效尤。官員常仰賴衙門之勢，強徵民力，差遣輿夫自用，已違背明初律例。這樣的

〔註 178〕《宗伯集》，卷 27，〈申飭計典〉，頁 5 下。

〔註 179〕《明世宗實錄》，卷 38，嘉靖三年四月壬子條，頁 8 上。

〔註 180〕《明經世文編》，卷 251，王邦直〈陳愚衷以恤民窮以隆聖治事〉，頁 2 下～4 上。

狀況至明末依然不止，李樂由禮科給事中還朝，道經南宿州，州無正官，乏夫供役，便強拿鄉人押行。舁夫訴之李樂：「小人有家，出入乘馬，何嘗為人肩輿？昨為夫頭所苦耳！」〔註 181〕僅靠部分守法官員自律，李樂不禁感嘆，平民受災，此類出夫供役的情形，各地驛傳實不可勝計。

四、相資相養現象

明代中晚時期，社會瀰漫崇奢尚侈的風氣，四民觀念的轉變，士商間的交流，使商人社會地位提昇，他們擁有雄厚貲產，樂於附庸風雅，並與賢人名士相交，相聚於名山勝地、鄉野林園談詩論畫、飲酒品茗，對旅遊風尚有促進作用。〔註 182〕騎馬乘輿為旅遊代步工具，透過旅遊活動，與食、衣、住、行相結合，帶動社會經濟的繁盛。

江南部分地區山多路狹，因應生活或旅遊因素等需要，車轎在此區大行其道，出現許多租賃車馬或供人乘轎的新興行業。黃汴在《一統路程圖記》描述江南陸路雇轎行業的興盛，從鎮江府丹陽到南京旅途，「路平，轎馬竝備」。而杭州府餘杭縣至山頂每處十里，客商或旅者用轎，杭州轎在觀音橋雇，歙縣轎在餘杭雇。從徽州府往崇安縣路途，因山嶺多而道路狹窄難行，貨品與行李也多以轎子運送。〔註 183〕北京租車雇轎的行業也因應需求而誕生，則較遲於江南地區。

行具制度發展至此，無法以「僭越」、「奢華」等詞一筆帶過，它是地理環境、經濟繁榮與旅遊事業下的時代產物，同時也是串連各項產業發展的利器。或可從杭州西湖山水略窺一斑：

> 翠娛主人放舟西陵，客有曰：「是嘗沼宋，今且秏吾杭，眞尤物哉！」主人曰：「是何咎之苛也，宋亡肇于檜之主和，未聞檜耽樂也。其後悉索賦幣以供虜，權奸遁作，即微荒淫之賈八哥亦亡，豈湖罪哉！景陽之井，陳自辱非井辱之也，亡吳不得咎多情之西子，宋亡乃以

〔註 181〕《見聞雜記》，卷 10，〈九〉，頁 794～795。

〔註 182〕張嘉昕，《明人的旅遊生活》（台北：中國文化大學史學研究所碩士論文，2000 年 6 月），頁 172。

〔註 183〕〔明〕黃汴，《一統路程圖記》（《四庫全書存目叢書》史部 166 冊，台南：莊嚴文化事業有限公司，1996 年 8 月初版，據上海圖書館藏明隆慶四年刻本景印），卷 8，頁 1 下～3 下。

咎無情之山水耶？」〔註 184〕

西湖素來以「湖中三竺六橋山水之奇，畫船簫鼓清歌妙舞之樂，爲南國遊觀之甲。」〔註 185〕西湖帶動鄰近江南城市經濟與旅遊景緻的文娛活動，造成杭州百姓不事耕種。葉權（1522～1578）《賢博編》論述其原因：「小民仰給經紀，一春之計全賴西湖。大家墳墓俱在兩山，四方賓旅渴想湖景，若禁其遊玩，則小民生意絕矣。且其風俗華麗，已入骨髓，雖無西湖，不能遽變。」〔註 186〕王士性則認爲：「游觀雖非樸俗，然西湖業已爲游地，則細民所藉爲利，日不止千金，有司時禁之，固以易俗，但漁者、舟者、戲者、市者、酤者咸失其本業，反不便於此輩也。」〔註 187〕主張「崇奢」的陸楫也說：

> 只以蘇杭之湖山言之，其居人按時而遊，遊必畫舫、肩輿、珍羞、良醞、歌舞而行，可謂奢矣！而不知輿夫、舟子、歌童、舞妓，仰湖山而待爨者，不知其幾！故曰：彼有所損，則此有所益。若使傾財而委之溝壑，則奢可禁。不知所謂奢者，不過富商大賈、豪家巨族，自侈其宮室、車馬、飲食、衣服之奉而已。彼以梁肉奢，則耕者、庖者分其利；彼以紈綺奢，則鬻者、織者分其利，正孟子所謂：「通功易事，羨補不足者也。」上之人，胡爲而禁之？〔註 188〕

陸楫提及，旅遊活動表面上看起來只是文娛消費，但從事旅遊事業之際，亦需有遊船、畫舫、車馬、輿轎等作爲輔助的交通工具。而旅遊過程中，爲解決飲食上的口腹之欲，大啖塞北江南的美食珍饈，旅遊也提供百姓的工作機會，並蘊涵一股難以估算的商機。自我意識的開展與經濟能力的提昇，使明人極欲衝破教條，棄樸從艷，但有心人士仍不斷疾呼維護儒家倫常，謹守祖制崇檢質樸的初意。如崇禎十年（1637）七月，吳應箕自嚴江抵杭州，暫寓湖坊，見湖有坐樓船者，僕從、輿蓋甚盛，主人原爲某孝廉。其隨僕從六、

〔註 184〕〔明〕陸文龍，《翠娛閣近言》（《續修四庫全書》集部 1389 冊，上海：上海古籍出版社，1995 年，據上海圖書館藏明崇禎刻本景印），卷 3，〈西湖解〉，頁 1 上～下。

〔註 185〕《東谷贅言》，卷下，頁 5 上。

〔註 186〕〔明〕葉權，《賢博編》（北京：中華書局，1997 年 12 月第 1 版），頁 9。

〔註 187〕《廣志繹》，卷 4，〈江南諸省〉，頁 69。

〔註 188〕〔明〕陸楫，《蒹葭堂稿》（《續修四庫全書》集部 1354 冊，上海：上海古籍出版社，1995 年，據清華大學圖書館藏明嘉靖四十五年陸郯刻本景印），卷 6，〈雜著〉，頁 3 下～4 上。

七人，皆衣青紗白裡，半為執手帨，主人則衣素縐紗，至巾襪皆然。吳應箕諷曰：「天下不孝不廉者，如斯人者哉！」〔註 189〕吳應箕對某孝廉奢華行徑，提出嚴厲的批判，甚至視為生活異端。

馬驢等動物牲畜，原本是馱運貨品或乘載人類的最佳代步工具，但在明代中後期，逐漸被人力輿轎取代。明代輿轎的流行，其原因甚廣，包括兩京文武官員的僭越、江南旅遊風氣的盛行、南方官員不慣騎馬、馬價高騎馬不便、顯現排場的派頭、江南山多路狹、乘轎舒適，以及江南多石砌路馬易跌倒等諸多因素，它是一種流行的時尚，也是明人的時代表徵。

〔註 189〕《樓山堂集》，卷 19，〈杭州書某孝廉事〉，頁 17 下。

第八章　結　論

探研社會文化史，是目前明史學界的趨向之一，雖然研究成果尚稱豐碩，但是欠缺全面性的聯繫，且多著墨於消費與奢侈間的關聯，對明人的實際看法與觀點，論述仍十分有限。本文探究明代的異端現象，側重於「生活異端」的論述，除引述近人的研究論著爲基礎外，更搜羅四庫類叢書中史、子、集等部的史料，企圖還原歷史的原貌。

一、生活異端的時序

綜觀生活異端的時序，《明史》有云：「累朝侈儉不同，大約靡於英宗，繼以憲、武，至世宗、神宗而極。」〔註1〕孝宗弘治元年（1488）閏正月頒布〈禁約奢僭及刊行御製諸書例〉裡記述，太祖、成祖時期尚節儉，不事奢靡，景帝至成化年間，所司奉行未至，風俗漸移。成化晚年以後，商賈服飾擬於王者，飲食、房屋勝於公侯，以致京城之內互相仿效，習以成風，官員相遇俱不迴避，倡優吏卒騎驢坐馬，亦不讓道，各階層非禮僭分，無所不爲。〔註2〕兩相映證，可言生活異端約起於景帝景泰、英宗天順時期（1450～1464），成化、正德時期（1465～1521）流布至各地域與各階層，至嘉靖、萬曆時期（1522～1620）達到高峰。朱元璋在明初，爲匡正元末以來的時弊，透過一連串的法制規章和禮儀教化，務使全民各有等差，無敢僭越。時至成化時期，憲宗在位二十三年，萬貴妃對憲宗極具影響力，舉凡吳后被廢、皇嗣繼承問題，乃至宦官錢能、汪直及韋興科歛民財，都與其有關，以致內外朝政多爲

〔註1〕《明史》，卷82，〈食貨志六・採造〉，頁1989。

〔註2〕《皇明條法事類纂》，卷22，〈禁約奢僭及刊行御製諸書例〉，頁558～559。

奸佞把持。武宗違反祖訓，順從私慾，自爲「異端」，自此風氣爲之遽變，故方志言：「弘、正以前，猶存禮法，士風重名儉，而民俗惇檢朴。」〔註 3〕而世宗嘉靖時期的大禮儀，挑戰祖制法統，潛心道教齋醮煉丹，造成朝政腐敗，邊防、海防、江防日急，國家財務匱乏。神宗是明代在位最久的皇帝，將國家利益、百姓生計棄之不顧，規範皇帝的言行，祖訓已不可行，生活異端得以大行其道。

二、生活異端的發軔

生活異端的發軔以兩京、江南爲先，逐步擴散全國各地。「四方風俗，皆本於京師，自古然矣。」〔註 4〕京城爲首善之地，爲政治、經濟的重心，也是兵馬屯聚之區，商賈集散之所，舉子赴京之地及遊客玩賞之處，理當爲時尚的引領。京城位於天子腳下，爲禮儀規範的楷模，明初肇建之初國力未復，太祖以禮部、吏部、都察院、五城兵馬司等機構嚴密監控，社會儉樸風氣井然有序。中葉以後，朝廷控制力衰退，社會經濟力提昇，因而官僚士紳商賈在飲食上講究美食，服飾上追求華麗，居室上講求氣派，行具上外飾奇巧，不斷地挑戰朝廷禮制的界線。與其他地區相較，京城僭越的時間較早，且涉及層面廣泛。南京以長江爲天塹，是著名的形勝之地，洪武元年（1368）朱元璋稱帝於「應天」，南京遂成爲明都；成祖奪嫡後京師北遷，但仍保留南京，形成「兩京制」。南京設有中央官僚機構，然員額較少，職權也遜於北京，成爲養望之所。南京無論文官士人或武職勳戚等講究奢華、踰越禮制的情事，均不亞於北京，特別是武官乘轎奢僭風氣，乃倡全國之先。自明太祖以來的休生養息政策，經濟穩定而持續的發展，江南在明中葉的生活水準俾倪全國，比其他地區發展早約數十年，這樣的社會生活風氣逐漸從江南放射到全國各地。以上三區域物質、精神生活的需求與講究，遂成爲「京樣」、「蘇樣」的風尚。

三、生活異端的肇端

生活異端的生成，是基於政令寬馳、經濟富足。若從社會心理層面分析生活異端，它可以是晚明政令不行、朝綱不紀的時代反映。晚明時期政治失序，部分不滿之士，有人遁入空門，有人寄情田野，有人恣意山水，亦有人

〔註 3〕《萬曆・興化縣新志》，卷 4，〈人事之紀・風俗〉，頁 363。
〔註 4〕《碧里雜存》，〈板兒〉，頁 12 下。

透過踰越藩籬，尋覓炊金饌玉、衣冠華麗、雕梁畫棟與鮮車肥馬的生活方式，來宣洩內心空虛與表達時政不滿。陳繼儒就是晚明「生活異端」的典型之一，二十九歲焚棄儒服衣冠，成爲隱逸山人，縱情於書畫、山水與享樂諸事，其服飾樣制帶動流行，爲時人仿效的典型。

四、生活異端的分佈

生活異端的分佈是全面性的。就階層而言，明中期官僚系統、縉紳士人帶動潮流，擴展到下階層的倡優僕隸追隨時髦，特別在飲食、服飾上的追求，不分階層、區域，隨處可見「生活異端」，生活樸實無華的人反而被視爲「異類」。至於居室則有其地域、環境的限制，發展雖不似衣食較爲全面性，然而追求居室的舒適安逸與園林的山水情懷，仍是重要的表徵。在行具方面，乘輿的流行由南京擴展至全國各地，最早由武職勳臣、婦女娼妓等兩階層帶動，雖然發展的時間較晚，但卻在晚明旅遊事業盛行的推波助瀾之下，與食、衣、住等多方面緊密結合。

五、生活異端的救正

「古人以儉爲美德，今人以儉相恥病。嘻！異哉！」〔註5〕生活異端的救正，就是提倡儉樸的生活方式。就「明代申明崇儉禁奢表」（附錄一）及其圖表（附錄二～三）而言，弘治朝是值得關注的時代。孝宗在位十八年，關於建請「崇儉禁奢」的奏疏就有二十九次，每年約一點六次之多，爲其他各朝之冠。除表明孝宗回歸祖制的基本統治政策外，也顯示各階層與各地區踰禮犯分的情況也日趨嚴重。自嘉、隆以來，士風險薄，民俗奢侈，社會風氣轉淳爲漓，雖有部分人士認爲這是時代所趨，或社會相資相養的必然現象。但多數明人如張時徹的議論：「濁世而治也，則一白眾緇、一齊眾楚，言而莫於予也，行而莫予從也。徒見夫舉錯之混淆可忿也，綱紀之廢壞可忿也，是非之顛倒可忿也，士習之澆漓可忿也，風俗之薄惡可忿也，官司之貪殘可忿也，豪強之横虣可忿也。日接於前，無一可以當意，耳之聰也，目之明也，心之靈也，所以自困也。」〔註6〕有司、士夫務以世道民風爲己任，「各宜崇儉去奢，以澹泊明志，以菲惡褆躬，以節浮汰冗」，〔註7〕爲國家化民成俗、返樸

〔註5〕《學圃齋隨筆》，頁5。

〔註6〕《芝園外集》，卷18，〈續説林二・明志林〉，頁5上～5下。

〔註7〕〔明〕褚鈇，《榆次縣志》（台北：國家圖書館善本書室，據明萬曆三十七年刊本攝製微片），卷1，〈地理志・風俗〉，頁12下～13上。

還淳。足見「崇儉論」、「禁奢論」是明代中晚期以來，有識之士對「生活異端」的懲治基調。

附錄一：明代申明崇儉禁奢表

年代時間	禁　令　內　容	資　料　來　源
洪武三年	太祖下詔禁民僭侈。	《荒政要覽》，卷7，〈戒侈靡〉，頁10上。
洪武二十四年七月	太祖禁民間製靴不許裁爲花樣及以金線裝飾。	《禮部志稿》，卷64，〈申明靴禁〉，頁22下～23上。
永樂七年四月	成祖諭令行在禮部，以官民冠服器皿制度繪爲書冊頒示中外，不得越禮僭分。	《明太宗實錄》，卷90，頁3下～4上。
永樂二十二年十一月	戶部主事吳璘言，教坊司樂人靴帽衣服違式等事建請嚴禁。	《明仁宗實錄》，卷4下，頁4下。
正統七年十二月	禮部尚書胡濙等奏、山東左參政沈固言，中外官舍軍民戴帽穿衣習尚胡制，請令都察院出榜，巡按監察御史嚴禁。	《明英宗實錄》，卷99，頁1下。
正統九年八月	從監察御史苑恪言，申明習尚胡虜衣服、語言之禁。	《明英宗實錄》，卷120，頁1下。
正統十二年正月	英宗重申官民服飾舊制，諭令工部僭用織繡蟒龍、飛魚、斗牛等服及違禁花樣處充軍等罪。	《明英宗實錄》，卷149，頁3上。
正統十二年四月	巡按直隸御史呂囦請定民間婚喪之禮，定爲定式，不許奢僭。	《明英宗實錄》，卷152，頁9下。
正統十四年二月	巡撫大同宣府右副都御史羅亨信言，近年各處邊衛指揮千百戶有僭服麒麟、獅子花樣，舍人有服虎豹、犀牛、海馬花樣，軍餘有服禿袖衣，外夷尖頂狐帽者皆僭禮違法，請敕禮部、都察院申明禁約，分明華夷。	《明英宗實錄》，卷175，頁6上。

景泰四年	景帝諭令在京三品以上許乘轎，其餘不許違例。	《禮部志稿》，卷18，〈房屋器用等第・車輿〉，頁56下。
景泰五年十二月	監察御史周清言風俗侈靡當禁，禮部申明喪葬、婚嫁、服舍舊制，榜示通衢。	《明英宗實錄》，卷284，頁3上。
天順元年四月	刑科都給事中喬毅、左給事中尹旻等言五事，其一爲禁奢侈以節財用。	《明英宗實錄》，卷277，頁10上。
天順二年二月	英宗禁官民人等，衣服不得用蟒龍、飛魚、斗牛、大鵬、獅子、四寶、相花、大西番蓮、大雲花樣，即薑黃、柳黃、明黃、玄色綠等衣服	《明英宗實錄》，卷287，頁10下。
天順三年二月	英宗詔令都察院，禁朝臣不得用紅氈、雨衫。	《明英宗實錄》，卷300，頁5上。
天順四年九月	英宗貽書代王，諭其約束所屬王府職官僭服。	《明英宗實錄》，卷319，頁1上。
天順八年九月	都察院李左都御史針對太僕寺李侃所言，在京在外軍民之家，用奢度侈，日費千萬，詞訟日繁，盜財之具由此。	《中國明朝檔案總匯》，〈激勸風俗以隆治化等項條例〉頁166～168。
成化二年二月	在京、在外無知之徒往往私自染織繡，染造僭用，以致貴賤不分，尊卑無別，令都察院出榜通行，曉諭禁約。	《訓讀吏文》，卷4，〈禁約僭用服色〉，頁267～269。
成化二年八月	戶科給事中丘弘言十一事，其一抑奢僭。	《明憲宗實錄》，卷33，頁1下。
成化二年八月	戶科給事中丘弘申言，京師姦淫及居喪宴樂之禁。	《明憲宗實錄》，卷33，頁5下。
成化二年	憲宗令官民人等，不許僭用服色花樣。	《大明會典》，卷61，〈冠服二・文武官冠服〉，頁12上。
成化六年十二月	戶科都給事中丘弘言京師風俗尚侈，不拘貴賤，僭擬無度，宜申明禁約，備榜禁約	《明憲宗實錄》，卷86，頁10下～11上。
成化九年	憲宗命兩京官員油傘遇雨任用，涼傘不許於京城內張設。	《國朝典彙》，卷111，〈禮部九・冠服制宮室輿馬器用附〉，頁14下。
成化十年	憲宗禁官民人等婦女，不許僭用渾金衣服、寶石首飾。	《國朝典彙》，卷111，〈禮部九・冠服制〉，頁6上。

成化十二年二月	五府六部等衙門、英國公張懋、吏部尚書尹旻等以南京災異修省建言，停不急之工，節浮妄之費，去侈麗之觀。	《明憲宗實錄》，卷150，頁8上～下。
成化十三年十一月	太監汪直言，今兩京五品以上無不乘轎，憲宗遂嚴文武官乘轎之禁。	《明憲宗實錄》，卷172，頁1下。
成化十七年四月	十三道監察御史黃傑等以災異陳時政十事，其一針對兩京及都會之處，官員軍民之家衣服、飲食、器用窮極奢靡，婚姻、喪葬越禮僭分，建請申明累朝榜例，奏行禁約。	《憲宗實錄》，卷214，頁2上。
成化二十一年正月	禮部尚書周洪謨等言九事，其一爲承平日久俗尚靡麗，宜禁止服用違越者，治之如律。	《明憲宗實錄》，卷260，頁3上～下。
成化二十一年正月	憲宗以星變赦天下，詔言之一在京官員軍民之家衣服、飲食奢侈僭用，濫費財物，禮部查例出榜禁約。	《明憲宗實錄》，卷260，頁17上～下。
成化二十三年十一月	南京、陝西等道監察御史繆樗等言八事，其四爲務節儉。	《明孝宗實錄》，卷6，頁6下。
成化二十三年十一月	監察御史陳孜言九事，其一爲禁奢侈。	《明孝宗實錄》，卷7，頁13下。
弘治元年正月	御史湯鼐建請嚴禁馬尾服飾，孝宗著令錦衣衛緝捕。	《明孝宗實錄》，卷9，頁4上～下。
弘治元年正月	禮部覆奏都察院左副都御史邊鏞所言，禁內外官僭乞蟒衣者。	《明孝宗實錄》，卷9，頁8上。
弘治元年正月	戶部員外郎張倫言二事，其一惜爵賞，惜內臣蟒衣玉帶之賜。	《明孝宗實錄》，卷9，頁9上。
弘治元年閏正月	都察院左都御史馬文升等言，近年風俗奢僭，深害治道，建請申明太祖舊制，通行在京巡城及在外巡按御史究治，命出禁約。	《明孝宗實錄》，卷10，頁11上～下。
弘治元年六月	戶科給事中賀欽陳四事，其一興禮制以化天下。	《明孝宗實錄》，卷15，頁11上～下。
弘治元年十月	魯府鎮國將軍陽譽，鑑於官員軍民之家，服飾器用及喪葬禮儀多僭分不循禮者，乞嚴爲禁。	《明孝宗實錄》，卷19，頁1下。
弘治五年九月	直隸鳳陽府知府章銳應詔言六事，其一爲申禮制，今天下官員引導儀仗及軍民人等鞍具、衣服之類，宜遵洪武、永樂等年頒降奏准事例。	《明孝宗實錄》，卷67，頁1上。
弘治六年五月	吏部右侍郎周經疏請，外戚之家遊宴無節，致使內帑空虛多，宜禁止以崇儉素。	《明孝宗實錄》，卷75，頁3上。
弘治六年五月	大理寺左少卿屠勳應詔言十事，其一禁奢靡以厚風俗。	《明孝宗實錄》，卷75，頁 16 下～17下。

弘治六年閏五月	禮科給事中王綸言五事，其一近來貴戚之家墳域宅第、服飾土田奢濫無度，下至廝役亦相效尤，請敕禮部查照舊例，通行禁約。	《明孝宗實錄》，卷76，頁3上。
弘治七年五月	欽天監天生聞顯言五事，其一爲謹齋戒，官僚大臣飲酒不謹，宜行禁約；另一爲明事例，京官軍民勢豪之家奢靡相尚，越禮僭分，宜嚴加申明。	《明孝宗實錄》，卷88，頁2上～下。
弘治七年	孝宗申明兩京及在外文武官員乘轎之禁。	《大明會典》，卷62，〈房屋器用等第〉，頁3下。
弘治八年十月	禮部尚書倪岳等言，永樂、宣德間造各王府規制儉約，近來務極宏麗，請敕今後凡造王府悉遵永樂、宣德間式樣畫圖，務從儉約以恤民困。	《明孝宗實錄》，卷105，頁2上。
弘治九年九月	六部、都察院等衙門，尚書屠滽等上言，勳戚不得興利務侈。	《明孝宗實錄》，卷117，頁2上～3上。
弘治十二年五月	南京國子監監丞楊文，鑑於天下節儉之風浸微，婚喪燕享，驕奢無度，請皇帝躬履儉素，飲食服御尤宜量爲節損。	《明孝宗實錄》，卷150，頁3下～4上。
弘治十二年八月	戶部主事陳仁言八事，其一禁奢僭自貴近始。	《明孝宗實錄》，卷153，頁2下。
弘治十三年三月	兵科給事中王承裕言，朝廷之政所宜先者，莫如崇儉戒奢以率天下。	《明孝宗實錄》，卷160，頁1下～2上。
弘治十三年三月	四川平茶司長官司吏目許瀚陳四事，其一爲抑奢侈以懲民俗之弊。	《明孝宗實錄》，卷160，頁4上。
弘治十三年	令公侯伯及文武大臣、各處鎮守守備等不得奏討蟒衣、飛魚服。	《大明會典》，卷61，〈冠服二·文武官冠服〉，頁12上～下。
弘治十四年閏七月	禮科給事中倪議言，今風俗之害治者最多，而奢僭之爲害尤甚，宜通行中外，榜示禁約。	《明孝宗實錄》，卷177，頁6上。
弘治十五年九月	吏部尚書馬文升等陳本部職掌十事，其一爲崇儉朴，通行中外官員服舍、鞍馬、飲食、器用俱遵守舊制，以爲民範，違者罪之。	《明孝宗實錄》，卷191，頁2下。
弘治十五年十一月	南京監察御史郭紝言，南京官員違例用傘蓋，請行禁革，禮部奉旨具舊制以聞，命城中許張油傘，不得用涼傘，命官員城中不得用涼傘。	《明孝宗實錄》，卷193，頁4下。
弘治十七年二月	禮部覆奏禮科給事中葛嵩所言禁奢僭事，官民房舍、車服、器物之類多不循禮禮部查節次榜例通行，申明禁約。	《明孝宗實錄》，卷208，頁4下。

弘治十七年二月	南京都察院右都御史張敷華言二事，一謂今災異荐臻意者，或奔競者漸昌，或乾沒者漸肆，或儉約之風未興，或僭越之俗未革，請命中外臣工各加修省。	《明孝宗實錄》，卷208，頁5上。
弘治十七年二月	兵部尚書劉大夏等言，躬行節儉，痛自裁抑，凡織造土木之類皆爲罷省，臣民居室、輿馬、服食踰制之類皆行禁革。	《明孝宗實錄》，卷208，頁8上。
弘治十八年二月	兵科給事中王廷相奏請，天下大可憂者在于民窮財盡，而致此者有四，其一風俗奢侈，請定禮儀，犯者罪之。	《明孝宗實錄》，卷222，頁6上。
弘治十八年四月	禮部尚書張昇言五事，其二爲禁侈靡、重名器。	《明孝宗實錄》，卷223，頁6下～7上。
弘治十八年五月	南京刑部主事胡世寧疏陳六事，其一爲皆裁革，申諭左右及勳戚之家各守禮法，各崇節儉。	《明孝宗實錄》，卷224，頁1上～下。
弘治十八年八月	都察院覆議給事中周璽所奏，中外臣庶之家奢靡相尙，僭用不經。建請武宗躬行節儉，痛抑奢華，凡日用常制之外，悉從省約。	《明武宗實錄》，卷4，頁17下。
正德元年三月	禮部以大學士劉健等言，蟒龍玉帶之賞太濫等覆議，蟒衣玉帶之濫賞者，請命司禮監查究追奪。	《明武宗實錄》，卷11，頁8上。
正德元年五月	武宗禁官員人等毋得僭用玄、黃、紫三色，民庶毋之卑賤者得衣紗羅、紵絲	《明武宗實錄》，卷13，頁8下。
正德元年六月	武宗降旨，民間男女服飾并諸奢僭事禁未盡者，禮部仍會都察院備查，議處以聞。	《明武宗實錄》，卷14，頁3上～4下。
正德元年六月	大學士劉健、李東陽、謝遷因災變疊，建言武宗恪謹天戒，省費崇儉。	《明武宗實錄》，卷14，頁7上～下。
正德元年八月	戶科給事中薛金等奏，光祿寺用度太侈宜減省。	《明武宗實錄》，卷14，頁10上。
正德元年八月	南京給事中徐暹等因雷震、雷火上陳七事，其四爲節財用以崇儉德。	《明武宗實錄》，卷14，頁11下。
正德元年八月	致仕太子太保吏部尚書王恕建言，禁僭侈以化風俗。	《明武宗實錄》，卷16，頁12上。
正德二年二月	禮部申明禮制榜例。	《明武宗實錄》卷23，頁2上～下。
正德六年二月	韓文上〈裁冗食節冗費奏〉，其一爲崇尙節儉。	《明經世文編》，卷128，韓文〈裁冗食節冗費奏〉，頁6上～7上。
正德十年閏四月	兵科都給事中安金奏，京師比年俗尙太奢；南京吏部郎中歐陽詰奏，請續增問刑條例。禮部議以禁止奢俗，載入條例，通行天下。	《明武宗實錄》，卷124，頁7上。

正德十六年	武宗禁軍民人等，如有穿紫花、罩甲等服，或禁門或四外遊走者，許緝事并地方人等擒拏。	《大明會典》，卷62，〈冠服二・士庶巾服〉，頁37下。
正德十六年	武宗奏准職官一品二品器皿不許用玉，止許用金，以爲定例；其商賈技藝之家，器皿不許用銀；餘與庶民同官吏人等，不許僭用金酒爵，其椅卓木器之類，並不許硃紅金飾。	《國朝典彙》，卷111，〈禮部九・冠服制宮室輿馬器用附〉，頁15上。
正德十六年四月	世宗即位大赦天下，鑑於冒濫玉帶蟒龍斗牛飛魚服色數多，裁革武職卑官僭用公侯服色花樣者，一體禁約。	《明世宗實錄》，卷1，頁17下。
嘉靖五年三月	策試天下貢士，制文及於風俗奢僭	《明世宗實錄》，卷62，頁3下。
嘉靖五年七月	兵科給事中黎良言，勳臣厭馬，乘轎相競，宜量加罰治，申明舊制。	《明世宗實錄》，卷66，頁10下～11上。
嘉靖五年十二月	禮部尚書席書等會廷臣條議修省事宜，其一言禁奢侈。	《明世宗實錄》，卷71，頁7上～下。
嘉靖六年十月	署都察院事侍郎張璁，鑑於巡按御史多用導從，建請申明憲綱，在飲食供帳等宜從儉約。	《明世宗實錄》，卷81，頁1上～下。
嘉靖六年	世宗令在京在外官民人等，不許濫服武彩妝花織造違禁顏色，及將蟒龍造爲女式，或加飾妝彩圖利買賣。其朝貢夷人，不許擅買違式衣服。如違，將買者賣者一體拏問治罪。	《大明會典》，卷61，〈冠服二・文五官冠服〉，頁12下。
嘉靖七年二月	世宗製忠靖冠服，頒示禮部，並禁革詭異服飾。	《明世宗實錄》，卷85，頁10下。
嘉靖七年十二月	世宗製保和冠服賜宗室諸王，命其依式服用不許濫。	《明世宗實錄》，卷96，頁7下～8上。
嘉靖八年五月	世宗定革帶十二章之制。	《明世宗實錄》，卷101，頁1上。
嘉靖八年九月	世宗定武戒服制。	《明世宗實錄》，卷105，頁3下～4上。
嘉靖八年十二月	世宗定百官朝祭服圖式，詔禮部摹板繪采，頒示中外。	《明世宗實錄》，卷108，頁6上～下。
嘉靖九年正月	都察院右都御史汪鋐條爲巡按約束十二事，條，其一戒奢侈，言御史宜以身率物，躬行節儉。	《明世宗實錄》，卷109，頁9下。
嘉靖九年二月	江西道監察御史周襗條陳五事，其四厚風俗。	《明世宗實錄》，卷110，頁4下。
嘉靖九年二月	都察院右都御史汪鋐建言世宗，必須撙節愛惜，導民勤儉。	《明世宗實錄》，卷110，頁11上。

嘉靖九年三月	禮部覆御史周禪條陳五事，令都察院申禁，榜示中外。	《明世宗實錄》，卷111，頁1下。
嘉靖九年三月	禮部呈上《會典》服制與內閣祕圖相左處。	《明世宗實錄》，卷111，頁14上。
嘉靖九年四月	御史熊爵言災異疊見之因，爲臣下僭擅、刑罰失中與風俗侈靡所致。	《明世宗實錄》，卷112，頁16上。
嘉靖十四年四月	禮部題該提學御史竇一桂，題爲禁革詭異冠服以昭聖製以齊風俗事。	《禮部志稿》，卷64，〈題禁詭異巾服〉，頁23下～24上。
嘉靖十五年十二月	南京禮部尚書霍韜建請禮部申明輿轎、序坐之制。	《明世宗實錄》，卷194，頁3下～5上。
嘉靖十六年二月	兵部尚書張瓚服蟒衣入，世宗諭朝官不許僭分自恣。	《明世宗實錄》，卷197，頁4下。
嘉靖十六年三月	禮部查奏文武官服色花樣，俱因會典不曾分載因而互用，殊非法制，宜嚴加禁約。	《明世宗實錄》，卷198，頁4上～下。
嘉靖十六年	令文武官員除本等品級服色及特賜外，不許擅用蟒衣、飛魚、斗牛等項違禁華異服色。	《大明會典》，卷61，〈冠服二．文武官冠服〉，頁12下～13上。
嘉靖二十二年六月	禮部建言，士民冠服詭異，製爲凌雲等巾競相馳逐，陵僭多端，有乖禮制，詔中外所司禁之。	《明世宗實錄》，卷275，頁6下。
嘉靖二十四年閏正月	詔中外嚴禁奢靡，禮科給事中查秉彝上言，風俗浸侈，始於世祿之家。	《荒政要覽》，卷7，〈戒侈靡〉，頁11下～12上。
嘉靖二十七年九月	禮科給事中姜良翰請申明禮制自京師始。	《明世宗實錄》，卷340，頁7上。
嘉靖四十二年八月	都察院左都御史張永明等疏陳六事，一勵風紀，言御史按治一方，務秉公持正，身先儉約。	《明世宗實錄》，卷524，頁2下～3上。
隆慶元年十二月	工部主事楊時喬陳時政九弊最重者，其二曰用度太繁、習俗移靡。	《明穆宗實錄》，卷15，頁5上～下。
隆慶元年十二月	戶部尚書馬森以爲生財未若節財，多取不如儉用。	《明穆宗實錄》，卷15，頁5下～6上。
隆慶二年八月	大學士張居正條陳六事，其一固邦本，言及官民服舍侈靡無限制，宜敦尚儉素，以爲天下先。	《明穆宗實錄》，卷23，頁14上～下。
隆慶四年十二月	都察院左都御史葛守禮等言，輦轂之下奢僭無節，宜申明禮制自朝儀始。	《明穆宗實錄》，卷52，頁4上～下。

隆慶五年二月	都察院左都御史葛守禮疏言禁奢僭以明禮節厚風俗十事，其九事言冠服、居第、輿馬、器用之類，一切奢僭、勞民耗財者，請行各御史禁約。	《明穆宗實錄》，卷54，頁1上～下。
隆慶五年三月	穆宗策試天下貢士，制文全由風俗奢僭立論。	《明穆宗實錄》，卷55，頁6上～下。
隆慶六年八月	兵科給事中李熙言要務五，其一言禁末作之民以敦儉朴。	《明神宗實錄》，卷4，頁16下～18上。
萬曆元年八月	兵科給事中蕭崇業條陳救時五事，第五事言禁侈靡。	《明神宗實錄》，卷16，頁2上。
萬曆二年	神宗禁舉人、監生、生儒，下至民庶、奴隸之輩，有僭戴金線冠巾，穿錦綺鑲履及張傘蓋戴煖耳者，聽五城御史嚴拏重責枷示。	《大明會典》，卷61，〈冠服二‧士庶巾服〉，頁37下～38上。
萬曆二年八月	京師縉紳中宴會餽問，奢靡無節，禮部言崇節儉一節。	《鳴玉堂稿》，卷9，〈覆禁革奢靡疏〉，頁20上～21上。
萬曆二年十二月	禮部覆禮科右給事中梁式題禁左道三條，其一言禁僭踰。	《明神宗實錄》，卷32，頁1上～下。
萬曆二年閏十二月	輔臣張居正言，隆慶以來歲供元夕之娛，糜費無益，是在新政，所當節省。	《明神宗實錄》，卷33，頁5下～6上。
萬曆三年正月	禮部條奏神宗，武職勳戚等官俱不得僭用四人帷轎，宜恪遵典制，力行節儉。	《明神宗實錄》，卷34，頁7上～8上。
萬曆四年正月	兵科都給事中蔡汝賢再申輿馬之禁。	《明神宗實錄》，卷46，頁1下～2上。
萬曆四年六月	吏科右給事中李盛春條議五事，其一言婚喪宴飲、服舍、器用無等。	《明神宗實錄》，卷51，頁18下～19上。
萬曆四年十一月	張居正建請神宗諭令都察院，在京各官禁止宴會，不得沈湎縱肆，不守官箴。	《明神宗實錄》，卷56，頁2下。
萬曆七年五月	神宗詔制京官四品以下不得濫乘幃轎。	《明神宗實錄》，卷87，頁2上。
萬曆七年五月	禮科給事中蕭彥疏南京序班郭廷林僭轎，嚴行申飭，以彰法紀。	《明神宗實錄》卷87，頁5下。
萬曆十一年正月	御史楊四知建言端士習、正風俗二事。	《明神宗實錄》，卷132，頁6下。
萬曆十二年十二月	戶部尚書王遴條奏理財事理，其一崇節儉。	《明神宗實錄》，卷156，頁5下～6上。

萬曆十三年五月	南京戶部山東司主事王鏻以南京地震陳言神宗，宜修省節儉。	《明神宗實錄》，卷161，頁5上～6上。
萬曆十三年五月	禮部請刊勒大明律、洪武禮制諸書，傳布天下，以整齊人心。	《明神宗實錄》，卷161，頁7上～下。
萬曆十四年三月	大學士申時行等陳安民之要，其四言用度侈靡之害。	《明神宗實錄》，卷172，頁2下～3上。
萬曆十四年三月	戶部尚書畢鏘條陳九事，其二言正風俗、崇儉德。	《明神宗實錄》，卷172，頁12上～13下。
萬曆十四年三月	都察院左僉都御史趙煥陳言，一謂新科進士今後當崇尚本眞，敦行儉素。	《明神宗實錄》，卷172，頁14上。
萬曆十四年三月	禮部覆請申飭嚴禁奢靡，裁減織造、燒造等事。	《明神宗實錄》，卷172，頁18上。
萬曆十五年六月	神宗從給事中吳之鵬請奏，命兩京各省文武官員，凡宮室、輿馬、衣服、冠婚、喪祭之禮，遵照合式，不得踰制。	《明神宗實錄》，卷188，頁6上。
萬曆十六年五月	神宗鑑於各官吏曾，往來廢墜，公務奢侈耗費，諭令今後勤慎職業，毋但虛文塞責。	《明神宗實錄》，卷198，頁3下～4上。
萬曆十七年六月	刑科給事中劉爲楫條上四箚，四爲法令督責宜信。	《明神宗實錄》，卷212，頁4下～5下。
萬曆二十一年八月	禮部覆禮科都給事中張貞觀爲星變請禁奢事，建請禁約。	《明神宗實錄》，卷263，頁12下～13上。
萬曆二十二年八月	御陝西道御史趙文炳言，去奢崇儉誠救時急務，京師、大臣宜身先節約，以爲眾庶倡。	《明神宗實錄》，卷276，頁2上。
萬曆四十二年前	毛堪言在滇行興革利弊十九事，其中一事爲力制奢靡以崇節儉。	《臺中疏略》，卷3，〈條列地方行過事蹟疏〉，頁16下～17上。
萬曆四十六年九月	掌河南道事御史房壯麗奏稱，當今綱紀凌夷，風俗怙侈，宜考選諸臣以巡視五城，彈壓郡國不報。	《明神宗實錄》，卷574，頁11上。
萬曆四十七年三月	神宗策試天下貢士，制文首言風俗敗壞。	《明神宗實錄》，卷580，頁11下～12下。
泰昌元年八月	光宗即位，大赦天下，言京師首善之地，風靡俗流敗壞。	《明光宗實錄》，卷3，頁7下。
天啓二年正月	左都御史鄒元標請重都門節省稱禮，以挽侈靡之習。	《明熹宗實錄》，卷18，頁17上～下。

天啓三年閏十月	南京廣東道御史王允成疏陳留都要務，其一爲土風不可不正，言細民服飾奇異，廉恥道喪，宜申飭提學官嚴降黜之條，重德行之選。	《明熹宗實錄》，卷40，頁12上。
天啓四年八月	禮科給事中霍守典劾都督李如恩乞恩乘轎違例，熹宗是日申明會典輿服之禁。	《明熹宗實錄》，卷45，頁1下。
天啓四年八月	禮科給事中盧時泰條陳時弊九極，其一言風俗奢侈之極。	《明熹宗實錄》，卷45，頁2上。
天啓五年十月	左都御史王紹徽條上憲綱要務十款，其一言力戒奢侈。	《明熹宗實錄》，卷64，頁18上。
天啓六年六月	熹宗嚴禁內外各衙門官員并書役雜色人等擅穿短臉靴鞋、寬襪雲履。	《明熹宗實錄》，卷72，頁25上。
崇禎三年二月	據禮科給事中葛應斗言，思宗申明官民服舍諸禁。	《崇禎長編》，卷31，頁48下～49上。
崇禎四年四月	刑科給事中吳執御以風俗澆漓、教化不行，上陳轉移三事，請按典制禁侈靡。	《崇禎長編》，卷45，頁22下～23上。
崇禎四年十一月	南京吏部尙書謝陞疏奏，留都風俗奢侈，荒淫無度，宜省燕會等四事。	《崇禎長編》，卷52，頁1下～2上。
崇禎十六年十月	思宗躬行崇儉去奢政策，諭令禮部禁約風俗。	痛史本《崇禎長編》，卷1，頁4上。

資料來源：據林麗月，〈明代禁奢令初探〉附錄「明洪武以後申禁奢僭表」，頁20～28，增補修訂而成。

附錄二：明代申明崇儉禁奢統計表

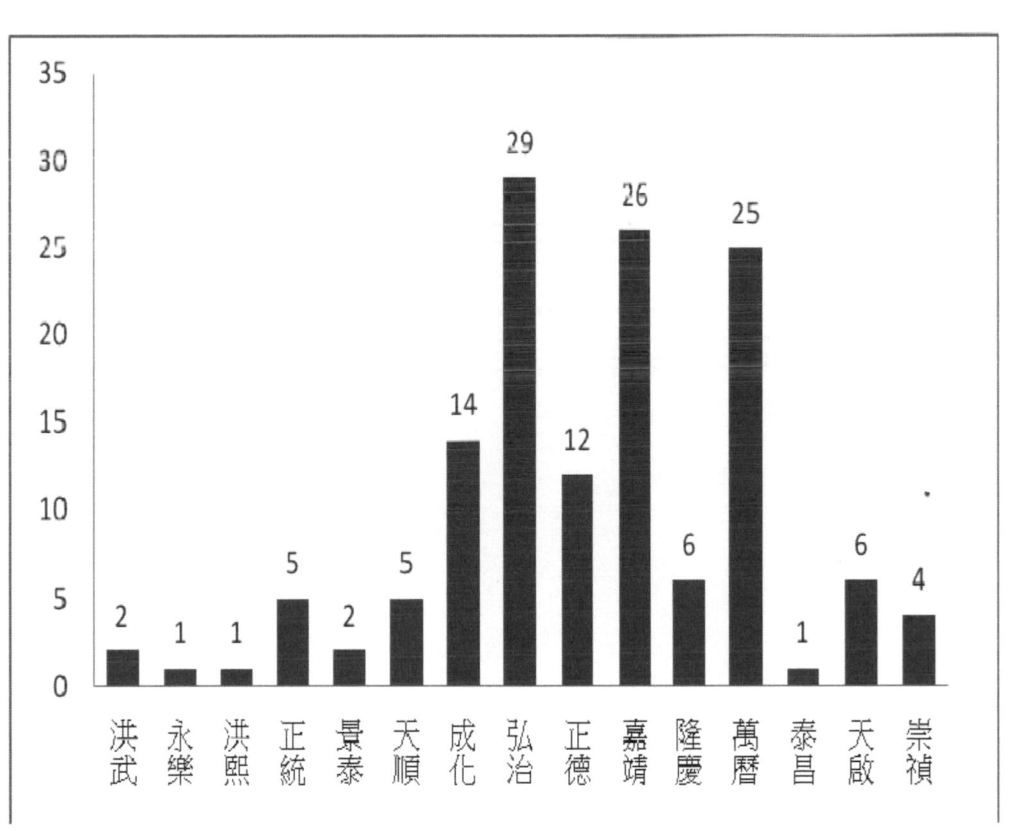

附錄三：明代申明崇儉禁奢比例圖

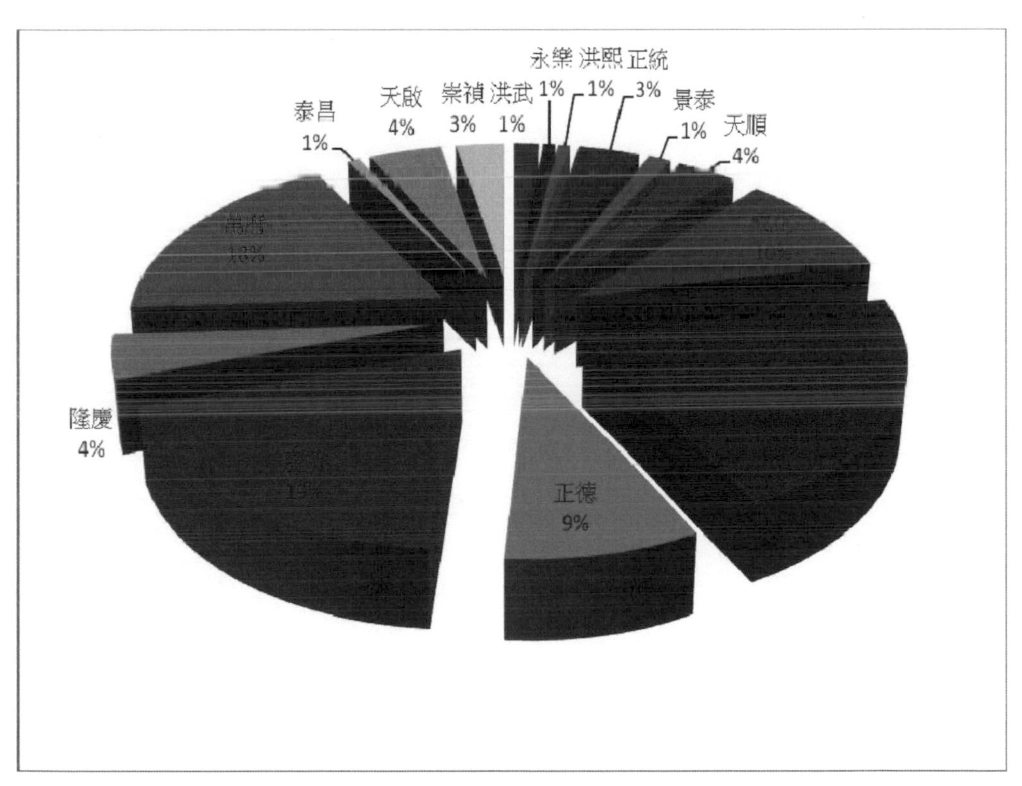

徵引書目

一、史　料

（一）一般

1. 〔漢〕司馬遷，《史記》，130卷，台北：鼎文書局，1974年10月初版。
2. 〔漢〕桓寬，《鹽鐵論校注》，10卷，北京：中華書局，1996年9月第1版。
3. 〔漢〕班固，《漢書》，100卷，北京：中華書局，1975年4月第1版。
4. 〔漢〕許愼撰、〔清〕段玉裁注，《說文解字注》，30卷，南京：鳳凰出版社，2007年12月第1版。
5. 〔南朝宋〕范曄，《後漢書》，90卷，北京：中華書局，1973年8月第1版。
6. 〔南朝宋〕劉義慶，《世說新語箋疏》，北京：中華書局，1983年8月第1版。
7. 北齊・顏之推，《顏氏家訓集解》，7卷，北京：中華書局，2002年8月第1版。
8. 〔後晉〕劉昫，《舊唐書》，200卷，台北：鼎文書局，1979年12月初版。
9. 〔宋〕沈括，《夢溪筆談》，26卷，香港：中華書局香港分局，1978年2月重印版。
10. 〔宋〕周煇，《清波雜志》，12卷，北京：中華書局，1997年12月第1版。
11. 〔元〕李治，《敬齋古今黈》，8卷，北京：中華書局，1995年第1版。
12. 〔元〕脫脫，《宋史》，496卷，北京：中華書局，1977年11月第1版。

13. 〔宋〕陸游，《老學菴筆記》，10 卷，北京：中華書局，1997 年 12 月第 1 版。
14. 〔明〕于愼行，《穀山筆麈》，18 卷，北京：中華書局，1997 年 12 月第 1 版。
15. 〔明〕仁孝文皇后，《內訓》，《叢書集成新編》33 冊，台北：新文豐出版公司，1985 年初版。
16. 〔明〕不著撰人，《至遊子》，2 卷，《四庫全書存目叢書》子部 260 冊，台南：莊嚴文化事業有限公司，1995 年 9 月初版，據明嘉靖四十五年姚汝循刻重修本景印。
17. 〔明〕不著撰人，《明代檔冊》，中國第一歷史檔案館、遼寧省檔案館編，《中國明朝檔案總匯》，桂林：廣西人民出版社，2001 年 6 月第 1 版。
18. 〔明〕不著撰人，《條例備考》，24 卷，台北漢學中心景照明嘉靖刊本。
19. 〔明〕不著撰人，《謏聞續筆》，4 卷，《筆記小說大觀》正編 3 冊，台北：新興書局，1978 年 9 月初版。
20. 〔明〕文元發，《學圃齋隨筆》，15 卷，台北：偉文圖書出版社有限公司，1976 年 9 月初版。
21. 〔明〕方弘靜，《千一錄》，26 卷，《續修四庫全書》子部 1126 冊，上海：上海古籍出版社，1997 年，據北京大學圖書館藏明萬曆年刻本景印。
22. 〔明〕戈汕，《蝶几譜》，1 卷，北京：中國營造學社，1934 年 4 月初版。
23. 〔明〕文林，《琅琊漫鈔》，1 卷，《筆記小說大觀》6 編 7 冊，台北：新興書局，1989 年初版。
24. 〔明〕孔貞運，《皇明詔制》，10 卷，《四庫禁燬書叢刊》史部 56 冊，北京：北京出版社，2000 年，據南京圖書館藏明崇禎刻本景印。
25. 〔明〕尹耕，《鄉約》，《中國兵書集成》40 冊，北京：解放軍出版社，1994 年 12 月第 1 版，據清光緒王灝輯本畿輔叢書本景印。
26. 〔明〕毛堪，《臺中疏略》，4 卷（存卷 3、卷 4），《四庫禁燬書叢刊》史部 57 冊，北京：北京出版社，2000 年，據明萬曆四十二年刻本景印。
27. 〔明〕文震亨，《長物志圖說》，12 卷，濟南：山東畫報出版社，2004 年 5 月第 1 版。
28. 〔明〕王士性，《廣志繹》，6 卷，北京：中華書局，1997 年 12 月第 1 版。
29. 〔明〕王世貞，《弇山堂別集》，100 卷，北京：中華書局，1985 年 12 月第 1 版。
30. 〔明〕王世貞，《弇州史料後集》，70 卷，《四庫禁燬書叢刊》史部 49～50 冊，北京：北京出版社，2000 年，據北京大學圖書館藏明萬曆四十二年刻本景印。

31. 〔明〕王世貞，《觚不觚錄》，1 卷，《筆記小說大觀》5 編 4 冊，台北：新興書局，1980 年。

32. 〔明〕王圻，《三才圖會》，106 卷，《四庫全書存目叢書》子部 190 冊，台南：莊嚴文化事業有限公司，1995 年 9 月初版，據北京大學圖書館藏明萬曆三十七年刻本景印。

33. 〔明〕王圻，《稗史彙編》，175 卷，《筆記小說大觀》，3 編 7 冊，台北：新興書局，1978 年 9 月初版。

34. 〔明〕王圻，《續文獻通考》，254 卷，《四庫全書存目叢書》子部 185 冊，台南：莊嚴文化事業有限公司，1995 年 9 月初版，據中國科學院圖書館藏明萬曆三十一年曹時聘等刻本景印。

35. 〔明〕王肯堂，《鬱岡齋筆塵》，1 卷，《續修四庫全書》子部 1130 冊，上海：上海古籍出版社，1997 年，據明萬曆三十年王懋錕刻本景印。

36. 〔明〕王錡，《寓圃雜記》，10 卷，北京：中華書局，1997 年 12 月第 1 版。

37. 〔明〕王臨亨，《粵劍編》，4 卷，北京：中華書局，1997 年 11 月第 1 版。

38. 〔明〕丘濬，《大學衍義補》，160 卷，《丘文莊公叢書》，臺北：丘文莊公叢書輯印委員會，1972 年 2 月臺初版，據明萬曆三十三年重刊本景印。

39. 〔明〕史玄，《舊京遺事》，4 卷，《四庫禁燬書叢刊》史部 33 冊，北京：北京出版社，2000 年，據山東省圖書館藏清退山氏鈔本景印。

40. 〔明〕田藝蘅，《留青日札》，39 卷，《四庫全書存目叢書》子部 105 冊，台南：莊嚴文化事業有限公司，1995 年，據浙江圖書館藏明萬曆三十七年徐懋升重刻本景印。

41. 〔明〕朱元璋，《大誥續編》，《御製大誥續編》，《中國珍稀法律典籍集成》乙編一冊，北京：科學出版社，1994 年 8 月第 1 版。

42. 〔明〕朱元璋，《明太祖寶訓》，6 卷，台北：中央研究院歷史語言研究所，1967 年 3 月初版。

43. 〔明〕朱國禎，《湧幢小品》，32 卷，《明代筆記小說大觀》4 冊，上海：上海古籍出版社，2005 年 4 月第 1 版。

44. 〔明〕朱懷吳撰、車應泰編，《昭代紀略》，台北：漢學研究中心景照明天啓六年序刊本。

45. 〔明〕朱權，《神隱》，2 卷，《四庫全書存目叢書》子部 260 冊，台南：莊嚴文化事業有限公司，1995 年 9 月初版，據北京圖書館藏明刻本景印。

46. 〔明〕何三畏，《雲間志略》，24 卷，台北：臺灣學生書局，1987 年 6 月初版，據中央研究院歷史語言研究所藏明刊本景印。

47. 〔明〕余永麟，《北牕瑣語》，1卷，《歷代筆記小說集成》33冊，石家莊：河北教育出版社，1994年4月第1版。
48. 〔明〕佚名，《皇明詔令》，21卷，《續修四庫全書》史部457冊，上海：上海古籍出版社，1997年，據華東師範大學圖書館藏明嘉靖十八年傅鳳翔刻二十七年浙江布政司增修本景印。
49. 〔明〕佚名，《重刻律條告示活套》，《古代榜文告示彙存》2冊，北京：社會科學文獻出版社，2006年12月第1版，據明刊本景印。
50. 〔明〕佘自強，《治譜》，10卷，《續修四庫全書》史部753冊，上海：上海古籍出版社，1995年，明崇禎十二年胡璿刻本景印。
51. 〔明〕何良俊，《四友齋叢說》，38卷，北京：中華書局，1997年12月第1版。
52. 〔明〕何孟春，《何文簡疏議》，10卷，《景印文淵閣四庫全書》史部429冊。
53. 〔明〕何孟春，《餘冬序錄》，65卷，《四庫全書存目叢書》子部102冊，台南：莊嚴文化事業有限公司，1995年初版，據明嘉靖七年郴州家塾刻本景印。
54. 〔明〕何喬遠，《名山藏》，109卷，《續修四庫全書》史部425～427冊，上海：上海古籍出版社，1997年，據明崇禎刻本景印。
55. 〔明〕余繼登，《典故紀聞》，18卷，北京：中華書局，1997年12月第1版。
56. 〔明〕吳仁度，《吳仁度告示》，《古代榜文告示彙存》一冊，北京：社會科學文獻出版社，2006年12月第1版，據清乾隆吳炯刊吳繼疏先生遺集本景印。
57. 〔明〕吳亮，《萬曆疏鈔》，50卷，《四庫禁燬書叢刊》史部58冊，北京：北京出版社，2000年，據山西大學圖書館藏明萬曆三十七年刻本景印。
58. 〔明〕吳瑞登，《兩朝憲章錄》，20卷，《四庫全書存目叢書》史部16冊，台南：莊嚴文化事業有限公司，1996年8月初版，據清華大學圖書館藏明萬曆二十二年光州儒學刻本景印。
59. 〔明〕吳遵，《初仕錄》，1卷，《官箴書集成》69冊，合肥：黃山書社，1997年12月第1版，據崇禎金陵坊唐氏刻官常政要本景印。
60. 〔明〕吳應箕，《留都見聞錄》，2卷，《叢書集成續編》12冊，台北：新文豐出版公司，1989年臺1版，據貴池先哲遺書排印景印。
61. 〔明〕吳麟徵，《家誡要言》，1卷，《四庫全書存目叢書》子部17冊，台南：莊嚴文化事業有限公司，1995年9月初版，據中國科學院圖書館藏清道光十一年六安晁氏木活字學海類編本景印。
62. 〔明〕呂坤，《實政錄》，9卷，《北京圖書館古籍珍本叢書》48冊，北京：

書目文獻出版社，1988 年，據明萬曆二十六年趙文炳刻本景印。

63. 〔明〕呂柟，《二程子抄釋》，10 卷，《景印文淵閣四庫全書》子部 715 冊。

64. 〔明〕呂柟，《涇野子內篇》，27 卷，北京：中華書局，1992 年 12 月第 1 版。

65. 〔明〕呂毖，《明朝小史》，18 卷，台北：正中書局，1981 年 8 月臺初版。

66. 〔明〕宋詡，《竹嶼山房雜部》，22 卷，《景印文淵閣四庫全書》子部 871 冊。

67. 〔明〕宋濂，《洪武聖政記》，1 卷，《叢書集成新編》史地類 119 冊，台北：新文豐出版公司，1985 年。

68. 〔明〕李介立，《天香閣隨筆》，2 卷，《筆記小說大觀》，正編 3 冊，台北：新興書局，1978 年 9 月初版。

69. 〔明〕李日華，《紫桃軒又綴》，3 卷，《四庫全書存目叢書》子部 108 冊，台南：莊嚴文化事業有限公司，1995 年 9 月初版，據復旦大學圖書館藏明末刻清康熙李瑂重修本景印。

70 〔明〕李化龍，《平播全書》，15 卷，《四庫全書存目叢書》史部 50 冊，台南：莊嚴文化事業有限公司，1996 年 8 月初版，據中山圖書館藏明萬曆刻本景印。

71. 〔明〕李廷機，《李文節燕居錄》，1 卷，《四庫禁燬書叢刊》史部 44 冊，北京：北京出版社，2000 年，據南京圖書館藏明末刻本景印。

72. 〔明〕李東陽等撰、申時行等重修，228 卷，《大明會典》台北：新文豐出版公司，1976 年 7 月初版，據明萬曆十五年司禮監刊版景印。

73. 〔明〕李時珍，《本草綱目》，52 卷，《李時珍全集》，武漢：湖北教育出版社，2004 年 8 月第 1 版。

74. 〔明〕李善長、劉惟謙等，懷效峰點校，《大明律》，30 卷，瀋陽：遼瀋書社，1990 年 8 月第 1 版。

75. 〔明〕李詡，《戒庵老人漫筆》，8 卷，北京：中華書局，997 年 12 月第 1 版。

76. 〔明〕李樂，《見聞雜記》，9 卷、續 2 卷，上海：上海古籍出版社，1986 年 6 月第 1 版。

77. 〔明〕李賢，《古穰雜錄》，1 卷，《明刊本歷代小史》30 冊，台北：台灣商務印書館，1969 年 3 月臺 1 版。

78. 〔明〕李豫亨，《推篷寤語》，9 卷，《續修四庫全書》子部 1128 冊，上海：上海古籍出版社，1995 年，據北京大學圖書館藏據明隆慶五年李氏思敬堂刻本景印。

79. 〔明〕李默，《孤樹裒談》，10 卷，《四庫全書存目叢書》子部 240 冊，台南：莊嚴文化事業有限公司，1995 年 9 月初版，據中國科學圖書館藏據明刻本景印。

80. 〔明〕李贄，《山中一夕話》，7 卷，《續修四庫全書》子部 1272 冊，上海：上海古籍出版社，1995 年，據明刻本景印。

81. 〔明〕汪汝謙，《不繫園集》，1 卷，《西湖韻事》，《叢書集成續編》史地類 224 冊，台北：新文豐出版公司，1989 年 7 月台 1 版，據《武林掌故叢編》排印。

82. 〔明〕沈長卿，《沈氏日旦》，12 卷，《四庫禁燬書叢刊》子部 12 冊，北京：北京出版社，2000 年，據北京大學圖書館藏明崇禎刻本景印。

83. 〔明〕沈國元，《兩朝從信錄》，35 卷，《續修四庫全書》史部 356 冊，上海：上海古籍出版社，1997 年，據上海圖書館藏明崇禎刻本景印。

84. 〔明〕沈德符，《萬曆野獲編》，30 卷、補遺 4 卷，北京：中華書局，1997 年 11 月第 1 版。

85. 〔明〕來斯行，《槎菴小乘》，41 卷《四庫禁燬書叢刊》子部 10 冊，北京：北京出版社，2000 年，據明崇禎四年刻本景印。

86. 〔明〕周楫，《西湖二集》，34 卷，《西湖文獻集成》28 冊，《西湖小說專輯》，杭州：杭州出版社，2004 年 10 月第 1 版。

87. 〔明〕宗泐，《全室外集》，9 卷，《禪門逸書初編》7 冊，台北：明文書局，1981 年 1 月初版，據四庫全書鈔本景印。

88. 〔明〕祁柏裕等，《南京都察院志》，40 卷，台北：漢學研究中心景照明天啓三年續刊本。

89. 〔明〕祁彪佳，《宜焚全稿》，18 卷，《續修四庫全書》史部 492 冊，上海：上海古籍出版社，1997 年，據北京圖書館藏明末抄本景印。

90. 〔明〕俞汝爲，《荒政要覽》，10 卷，台北：國家圖書館善本書室藏，據明萬曆刻本攝製微片。

91. 〔明〕俞汝楫，《禮部志稿》，100 卷，《景印文淵閣四庫全書》史部 598 冊。

92. 〔明〕姚旅，《露書》，4 卷，《續修四庫全書》子部 1132 冊，上海：上海古籍出版社，1995 年，據華東師範大學圖書館藏據明天啓刻本景印。

93. 〔明〕姚舜牧，《藥言》，1 卷，《廣州大典》7 輯，廣州：廣州出版社，2008 年 9 月第 1 版，據咫進齋叢書清同治光緒間年歸安姚氏川東粵東刻本景印。

94. 〔明〕洪朝選，《洪芳洲先生奏疏》，1 卷，《四庫未收書輯刊》5 輯 19 冊，北京：北京出版社，1997 年，據明刻本景印。

95. 〔明〕胡侍，《眞珠船》，8 卷，《四庫全書存目叢書》子部 102 冊，台南：莊嚴文化事業有限公司，1995 年 9 月初版，據清華大學圖書館藏明刻本景印。

96. 〔明〕胡侍，《墅談》，1卷，《四庫全書存目叢書》子部102冊，台南：莊嚴文化事業有限公司，1995年9月初版，據北京大學圖書館藏明嘉靖刻本景印。

97. 〔明〕范濂，《雲間據目抄》，5卷，《叢書集成三編》83冊，台北：新文豐出版公司，1997年3月臺一版。

98. 〔明〕計成，《園冶》，3卷，北京：中國建築工業出版社，1981年10月第1版。

99. 〔明〕郎瑛，《七修類稿》，51卷、續稿7卷，北京：中華書局，1961年9月第1版。

100. 〔明〕唐錦，《龍江夢餘錄》，4卷，《續修四庫全書》子部1122冊，上海：上海古籍出版社，1997年，據上海圖書館藏明弘治十七年郭經刻本景印。

101. 〔明〕夏原吉等，《明實錄》，3045卷，台北：中央研究院歷史語言研究所，1970年9月初版，據北京圖書館紅格鈔本微卷景印。

102. 〔明〕夏浚，《月川類草》，10卷，《北京圖書館古籍珍本叢刊》107冊，北京：書目文獻出版社，1988年，據清抄本景印。

103. 〔明〕孫旬，《皇明疏鈔》，70卷，《中國史學叢書》三編，台北：臺灣學生書局，據國家圖書館藏明萬曆甲申（十二年）兩浙都轉運鹽使司刊本景印。

104. 〔明〕孫能傳，《剡溪漫筆》，6卷，台北：臺灣學生書局，1971年5月初版，據國家圖書館所藏，明萬曆四十二年刊本景印。

105. 〔明〕徐昌治，《昭代芳摹》，35卷，《四庫禁燬書叢刊》史部43冊，北京：北京出版社，2000年，據南京圖書館藏明崇禎九年徐氏知問齋刻本景印。

106. 〔明〕徐復祚，《花當閣叢談》，8卷，《續修四庫全書》子部1175冊，上海：上海古籍出版社，1997年，據中國科學院圖書館藏清嘉慶借月山房彙抄本景印。

107. 〔明〕徐曾，《禮記集注》，30卷，《四庫全書存目叢書》經部88冊，台南：莊嚴文化事業有限公司，1997年2月初版，據上海圖書館明萬曆刻本景印。

108. 〔明〕徐榜，《宦遊日記》，1卷，《百部叢刊集成》1585冊，台北：藝文印書館，1966年，據清道光趙紹祖、趙繩祖校刊涇川叢書本景印。

109. 〔明〕徐禎卿，《翦勝野聞》，1卷，《筆記小說大觀》9編7冊，台北：新興書局，1988年。

110. 〔明〕徐禎稷，《恥言》，2卷，《四庫未收書輯刊》6輯12冊，北京：北京出版社，1997年，據清光緒三十二年南扶山房刻本景印。

111. 〔明〕徐學聚，《國朝典彙》，200卷，台北：臺灣學生書局，1965年1月初版。

112. 〔明〕徐學謨，《世廟識餘錄》，26卷，《續修四庫全書》史部433冊，上海：上海古籍出版社，1997年，據明徐兆稷活字印本景印。

113. 〔明〕徐樹丕，《識小錄》，4卷，《筆記小說大觀》40編3冊，台北：新興書局，1990年，據國家圖書館藏佛蘭草堂手鈔本景印。

114. 〔明〕徐應秋，《玉芝堂談薈》，36卷，《筆記小說大觀》續編5冊，台北：新興書局，1978年9月初版。

115. 〔明〕祝允明，《枝山前聞》，1卷，《中國野史集成》37冊，成都：巴蜀書社，1993年，據說郛景印。

116. 〔明〕祝允明，《野記》，4卷，《中國野史集成》37冊，成都：巴蜀書社，1993年，據元明善本叢書十種歷代小史景印。

117. 〔明〕祝世祿，《祝子小言》，1卷，《四庫全書存目叢書》子部90冊，台南：莊嚴文化事業有限公司，1995年9月第1版，據北京大學圖書館藏明萬曆刻環碧齋集本景印。

118. 〔明〕耿定向，《先進遺風》，2卷，《筆記小說大觀》4編5冊，台北：新興書局，1978年9月初版。

119. 〔明〕袁子讓，《五先堂文市榷酤》，4卷，《續修四庫全書》子部1132冊，上海：上海古籍出版社，1997年，據中國科學研究院歷史研究所藏明萬曆刻本景印。

120. 〔明〕袁袠，《世緯》，2卷，《筆記小說大觀》6編6冊，台北：新興書局，1978年9月初版。

121. 〔明〕馬文升，《馬端肅奏議》，12卷，《景印文淵閣四庫全書》史部427冊。

122. 〔明〕高汝栻，《皇明續紀三朝法傳全錄》，16卷，《續修四庫全書》史部357冊，上海：上海古籍出版社，1997年，據浙江圖書館藏明崇禎九年刻本景印。

123. 〔明〕高濂，《雅尚齋尊生八牋》，19卷，《北京圖書館古籍珍本叢書》61冊，北京：書目文獻出版社，1988年，據據明萬曆十九年自刻本縮印。

124. 〔明〕張元忭，《館閣漫錄》，10卷，《四庫全書存目叢書》史部258冊，台南：莊嚴文化事業有限公司，1996年8月初版，台南：莊嚴文化事業有限公司，1996年8月初版，據北京大學圖書館藏明不二齋刻本景印。

125. 〔明〕張元諭，《篷底浮談》，15卷，《續修四庫全書》子部1126冊，上海：上海古籍出版社，1997年，據北京圖書館藏明隆慶四年董原道刻本景印。

126. 〔明〕張岱，《陶庵夢憶》，8 卷，台北：頂淵文化事業有限公司，2004 年 3 月初版。

127. 〔明〕張時徹，《芝園外集》，24 卷，《續修四庫全書》子部 1123 冊，上海：上海古籍出版社，1995 年，據中國科學院圖書館藏明嘉靖刻本景印。

128. 〔明〕張鹵，《皇明制書》，20 卷，《北京圖書館古籍珍本叢書》46，北京：書目文獻出版社，1988 年，據明鎮江府丹徒縣刻本景印。

129. 〔明〕張鹵，《皇明嘉隆疏抄》，22 卷，《四庫全書存目叢書》史部 73 冊，台南：莊嚴文化事業有限公司，1996 年 8 月初版，據上海圖書館藏明萬曆刻本景印。

130. 〔明〕屠隆，《考槃餘事》，4 卷，《續修四庫全書》子部 1185 冊，上海：上海古籍出版社，1997 年，據復旦大學圖書館藏明萬曆沈氏尚白齋刻陳眉公訂正秘笈本景印。

131. 〔明〕屠隆，《娑羅館逸稿》，2 卷，《叢書集成新編》文學類 71 冊，台北：新文豐出版公司，1985 年，據寶顏堂秘笈本排印。

132. 〔明〕屠隆，《起居器服箋》，1 卷，《中國歷代美術典藏匯編》22，天津：天津古籍出版社，1997 年 9 月第 1 版。

133. 〔明〕張萱，《西園聞見錄》，107 卷，台北：明文書局，1991 年元月初版，據民國二十七年北平哈佛燕京學社排印本景印。

134. 〔明〕崔銑，《士翼》，3 卷，《景印文淵閣四庫全書》子部 714 冊。

135. 〔明〕崔銑，《漫記》，1 卷，《中國野史集成》37，成都：巴蜀書社，1993 年 11 月第 1 版。

136. 〔明〕張瀚，《松窗夢語》，8 卷，北京：中華書局，997 年 12 月第 1 版。

137. 〔明〕敖英，《東谷贅言》，2 卷，《四庫全書存目叢書》子部 102 冊，台南：莊嚴文化事業有限公司，1995 年 9 月初版，據南京圖書館藏明嘉靖二十八年沈淮刻本景印。

138. 〔明〕敖英，《綠雪亭雜言》1 卷，《四庫全書存目叢書》子部 102 冊，台南：莊嚴文化事業有限公司，1995 年 9 月初版，據中國科學院圖書館藏明天啓快堂刻快書本景印。

139. 〔明〕曹蓋之，《舌華錄》，9 卷，《筆記小說大觀》正編 3 冊，台北：新興書局，1978 年 9 月初版。

140. 〔明〕章潢，《圖書編》，127 卷，台北：成文出版社，1971 年元月臺 1 版，據明萬曆四十一年刊本景印。

141. 〔明〕莫是龍，《筆麈》，1 卷，《叢書集成新編》文學類 88 冊，台北：新文豐出版公司，據奇晉齋叢書本排印景印，1985 年台 1 版。

142. 〔明〕許相卿，《許云邨貽謀》，《叢書集成新編》33 冊，台北：新文豐出版公司，1985 年初版。

143. 〔明〕許敦俅，《敬所筆記》，附錄於陳學文，〈商品經濟的發展對社會意識與民情風俗的衝擊〉，據嘉興祝廷錫民國十年手抄標點本。

144. 〔明〕陳子龍、徐孚遠、宋徵璧等編，《明經世文編》，504 卷、補遺 4 卷，北京：中華書局，1987 年 3 月第 1 版。

145. 〔明〕郭正域，《皇明典禮志》，20 卷，《四庫全書存目叢書》史部 270 冊，台南：莊嚴文化事業，1996 年 8 月初版，據首都圖書館藏明萬曆刻本景印。

146. 〔明〕陶宗儀，《南村輟耕錄》，30 卷，北京：中華書局，2004 年 4 月第 1 版。

147. 〔明〕陳建，《皇明通紀法傳全錄》，28 卷，《四庫禁燬書叢刊補編》10 冊，北京：北京出版社，2005 年，據上海圖書館藏明崇禎九年刻本景印。

148. 〔明〕陳洪謨，《治世餘聞》，8 卷，北京：中華書局，1985 年 5 月第 1 版。

149. 〔明〕陸容，《菽園雜記》，15 卷，北京：中華書局，1997 年 12 月第 1 版。

150. 〔明〕陳師，《禪寄筆談》，10 卷，《四庫全書存目叢書》子部 103 冊，台南：莊嚴文化事業有限公司，1995 年 9 月初版，據北京圖書館藏明萬曆二十一年自刻本景印。

151. 〔明〕陸啓浤，《燕客雜記》，附錄於邱仲麟，〈陸啓浤《燕客雜記》標點并序〉，《明代研究》，15 期，頁 157～184。

152. 〔明〕陸深，《豫章漫鈔》，4 卷，《筆記小說大觀》38 編 4 冊，台北：新興書局，1985 年初版。

153. 〔明〕陸釴，《賢識錄》，1 卷，《四庫全書存目叢書》子部 240 冊，台南：莊嚴文化事業有限公司，1995 年據涵芬樓景印明刻今獻彙言本景印。

154. 〔明〕陸粲，《庚巳編》，10 卷，北京：中華書局，1987 年 4 月第 1 版。

155. 〔明〕陳頎，《閑中今古》，《續修四庫全書》子部 1122 冊，上海：上海古籍出版社，1995 年，據北京圖書館明抄本景印。

156. 〔明〕陳槐，《聞見漫錄》，2 卷，《叢書集成續編》58 冊，台北：新文豐出版公司，1989 年，據民國二十五年四明張氏約園刊本景印。

157. 〔明〕陸樹聲，《陸氏家訓》，1 卷，台北：國家圖書館善本書室，據明萬曆間原刊本攝製微片。

158. 〔明〕陸樹聲，《善俗裨議》，1 卷，台北：國家圖書館善本書室，據明萬曆間原刊本攝製微片。

159. 〔明〕陸樹聲，《鄉會公約》，1 卷，台北：國家圖書館善本書室，據明萬曆間原刊本攝製微片。

160. 〔明〕都穆，《都公譚纂》，2 卷，《續修四庫全書》，子部 1266 冊，上海：上海古籍出版社，1997 年，據南京圖書館藏清鈔本景印。

161. 〔明〕陳龍正，《幾亭外書》，9 卷，《續修四庫全書》子部 1133 冊，上海：上海古籍出版社，1997 年，據北京大學圖書館藏明崇禎刻本景印。

162. 〔明〕陳繼儒，《見聞錄》，《四庫全書存目叢書》子部 244 冊，據首都圖書館藏明萬曆繡水沈氏刻寶顏堂祕笈本景印。

163. 〔明〕傅巖，《歙紀》，10 卷，合肥：黃山書社，2007 年 7 月第 1 版。

164. 〔明〕湛若水，《格物通》，100 卷，《景印文淵閣四庫全書》子部 716 冊。

165. 〔明〕焦竑，《玉堂叢語》，8 卷，北京：中華書局，1997 年 12 月第 1 版。

166. 〔明〕焦竑，《國朝獻徵錄》，120 卷，台北：臺灣學生書局，1966 年初版，據國家圖書館珍藏善本景印。

167. 〔明〕程開祜，《籌遼碩畫》，46 卷，《叢書集成續編》242～243 冊，台北：新文豐出版公司，1989 年臺一版，據國立北平圖書館善本叢書第一集本明萬曆刻本景印。

168. 〔明〕舒芬，《舒楊二公集》，《明代基本史料彙刊・奏摺卷》74 冊，北京：線裝書局，2004 年 12 月第 1 版。

169. 〔明〕華悰韡，《慮得集》，4 卷，《續修四庫全書》子部 1122 冊，上海：上海古籍出版社，1997 年，據中國科學院圖書館藏明嘉靖十一年華從智刻本景印。

170. 〔明〕黃光昇，《昭代典則》，28 卷，《四庫全書存目叢書》史部 12 冊，台南：莊嚴文化事業有限公司，1996 年 8 月初版，據天津圖書館藏明萬曆二十八年周曰校萬卷樓刻本景印。

171. 〔明〕黃佐，《泰泉鄉禮》，7 卷，《景印文淵閣四庫全書》經部 142 冊。

172. 〔明〕黃佐，《庸言》，12 卷，《四庫全書存目叢書》子部 9 冊，台南：莊嚴文化事業有限公司，1995 年 9 月初版，據北京圖書館藏明嘉靖三十一年刻本景印。

173. 〔明〕黃汴，《一統路程圖記》，8 卷，《四庫全書存目叢書》史部 166 冊，台南：莊嚴文化事業有限公司，1996 年 8 月初版，據上海圖書館藏明隆慶四年刻本景印。

174. 〔明〕黃省曾，《吳風錄》，1 卷，《中國風土志叢刊》36 冊，揚州：廣陵書社，2003 年 4 月第 1 版，據清道光十一年學海類編木活字排印本景印。

175. 〔明〕黃省曾，《客問》，1 卷，《叢書集成新編》哲學類 21 冊，台北：新文豐出版公司，1985 年，據百陵學山本排印。

176. 〔明〕馮時可，《雨航雜錄》，2 卷，《筆記小說大觀》4 編 5 冊，台北：新興書局，1978 年 9 月初版。

177. 〔明〕黃道周，《博物典彙》，20 卷，《四庫禁燬書叢刊補編》41 冊，北京：北京出版社，2005 年，據中國科學院圖書館藏明崇禎刻本景印。
178. 〔明〕陸深，《儼山外集》，34 卷，《景印文淵閣四庫全書》集部 885 冊。
179. 〔明〕馮夢龍，《山歌》，10 卷，《馮夢龍全集》42 冊，上海：上海古籍出版社，1993 年 6 月第 1 版。
180. 〔明〕馮夢龍，《甲申紀事》，台北：正中書局，1981 年 8 月初版，據明弘光刊本景印。
181. 〔明〕楊廷和，《楊文忠三錄》，8 卷，《景印文淵閣四庫全書》史部 428 冊。
182. 〔明〕楊愼，《升庵外集》，100 卷，台北：臺灣學生書局，1971 年 5 月初版，據明萬曆四十四年顧起元校刊本景印。
183. 〔明〕楊愼，《異魚圖贊》，4 卷，《筆記小說大觀》，4 編 6 冊，台北：新興書局，1978 年 9 月初版。
184. 〔明〕楊樞，《淞故述》，1 卷，《四庫全書存目叢書》史部 247 冊，台南：莊嚴文化事業有限公司，1996 年 8 月初版，據中央民族大學圖書館藏清嘉慶道光間南匯吳氏聽彝堂刻藝海珠塵本景印。
185. 〔明〕楊繼盛，《楊忠愍傳家寶訓》，1 卷，《叢書集成續編》60 冊，台北：新文豐出版公司，1989 年。
186. 〔明〕溫璜，《溫氏母訓》，《景印文淵閣四庫全書》子部 717 冊。
187. 〔明〕萬表，《明代經濟文錄三種》，41 卷，北京：全國圖書館文獻縮微複製中心，2003 年。
188. 〔明〕葉子奇，《草木子》，4 卷，北京：中華書局，1997 年 11 月第 1 版。
189. 〔明〕葉盛，《水東日記》，40 卷，北京：中華書局，1997 年 11 月第 1 版。
190. 〔明〕董穀，《碧里雜存》，1 卷，《筆記小說大觀》4 編 5 冊，台北：新興書局，1988 年。
191. 〔明〕賈三近，《皇明兩朝疏抄》，20 卷，《續修四庫全書》史部 465 冊，上海：上海古籍出版社，1997 年，據北京大學圖書館藏明萬曆十四年蔣科等刻本景印。
192. 〔明〕鄒迪光，《愚公谷乘》，4 卷，《錫山先哲叢刊》1 冊，南京：鳳凰出版社，2005 年 7 月第 1 版。
193. 〔明〕雷夢麟，《讀律瑣言》，30 卷，北京：法律出版社，2000 年 1 月第 1 版。
194. 〔明〕雷禮，《皇明大政紀》，25 卷，《四庫全書存目叢書》史部 8 冊，台南：莊嚴文化事業有限公司，1996 年 8 月初版，據吉林大學圖書館北京大學圖書館藏，明萬曆三十年秣陵周時泰博古堂刻本景印。

195. 〔明〕雷禮，《國朝列卿紀》，165 卷，《四庫全書存目叢書》史部 93 冊，台南：莊嚴文化事業有限公司，1996 年 8 月初版，據山東省圖書館藏明萬曆徐鑒刻本景印。

196. 〔明〕趙彥復，《沃史》，26 卷，台北：中央研究院傅斯年圖書館藏，據明萬曆四十年刊本攝製光碟。

197. 〔明〕劉元卿，《賢奕編》，16 卷，《明清筆記史料叢刊》29 冊，北京：中國書店，2000 年 12 月第 1 版。

198. 〔明〕劉宗周，《人譜》，1 卷，《景印文淵閣四庫全書》子部 717 冊。

199. 〔明〕劉宗周，《人譜類記》，2 卷，《諸子集成續編》（六），成都：四川人民出版社，據文淵閣四庫全書本景印。

200. 〔明〕劉宗周，《證人社約言》，1 卷，《四庫全書存目叢書》子部 15 冊，台南：莊嚴文化事業有限公司，1995 年 9 月初版，據中國科學院圖書館藏清道光十一年六安晁氏木活字學海類編本景印。

201. 〔明〕劉若愚，《酌中志》，24 卷，《明代筆記小說大觀》4 冊，上海：上海古籍出版社，2005 年 4 月第 1 版。

202. 〔明〕劉惟謙，《問刑條例》，1 卷，附於《大明律》，瀋陽：遼瀋書社，1990 年 8 月第 1 版。

203. 〔明〕樊良樞，《密菴巵言》，6 卷，《續修四庫全書》子部 1132 冊，上海：上海古籍出版社，1997 年，據中山大學圖書館藏明崇禎刻本景印。

204 〔明〕蔣一葵，《堯山堂外紀》，100 卷，《四庫全書存目叢書》子部 148 冊，台南：莊嚴文化事業有限公司，1995 年 9 月初版，據北京大學圖書館藏明萬曆刻本景印。

205. 〔明〕蔡昇撰、王鏊重撰，《震澤編》，8 卷，《四庫全書存日叢書》史部 191 冊，台南，莊嚴文化事業有限公司，1998 年 6 月初版，據南京圖書館藏明弘治十八年林世遠刻本景印。

206. 〔明〕鄧士龍，《國朝典故》，110 卷，北京：北京大學出版社，1993 年 4 月第 1 版。

207. 〔明〕鄧球，《皇明泳化類編》，136 卷，《北京圖書館古籍珍本叢刊》50 冊，北京：書目文獻出版社，1988 年，據明隆慶刻本景印。

208. 〔明〕鄭瑄，《昨非菴日纂》，56 卷，北京：北京圖書館出版社，1996 年 10 月第 1 版，據北京圖書館藏明崇禎刻本景印。

209. 〔明〕鄭曉，《今言》，4 卷，北京：中華書局，1997 年 11 月第 1 版。

210. 〔明〕錢希言，《戲瑕》，3 卷，《筆記小說大觀》17 編 2 冊，台北：新興書局，1988 年。

211. 〔明〕駱問禮，《續羊棗集》，11 卷，《續修四庫全書》子部 1127 冊，上海：上海古籍出版社，1995 年，據北京大學圖書館藏據明隆慶五年李氏思敬堂刻本景印。

212. 〔明〕龍遵敘，《飲食紳言》，1 卷，《筆記小說大觀》4 編，台北：新興書局。

213. 〔明〕戴君恩，《剩言》，17 卷，《續修四庫全書》子部 1132 冊，上海：上海古籍出版社，1997 年，據北京圖書館藏明刻本景印。

214. 〔明〕戴金，《皇明條法事類纂》，東京：古典研究會，1966 年 6 月初版據東京附屬圖書館藏明藍格鈔本縮印本景印。

215. 〔明〕戴冠，《濯纓亭筆記》，《四庫全書存目叢書》子部 103 冊，台南：莊嚴文化事業有限公司，1995 年 9 月初版，據中國科學院圖書館藏明嘉靖二十六年華察刻本景印。

216. 〔明〕謝肇淛，《五雜俎》，16 卷，《明代筆記小說大觀》2 冊，上海：上海古籍出版社，2005 年 4 月第 1 版。

217. 〔明〕謝肇淛，《文海披沙》，8 卷，《續修四庫全書》子部 1130 冊，上海：上海古籍出版社，1997 年，據明萬曆三十七年沈儆炌刻本景印。

218. 〔明〕龐尚鵬，《龐氏家訓》，1 卷，《百部叢書集成》1381 冊，台北：藝文印書館，據清道光伍崇曜校刊嶺南遺書本景印。

219. 〔明〕蘇祐，《逌旃璅言》，2 卷，《四庫全書存目叢書》子部 103 冊，台南：莊嚴文化事業有限公司，1995 年 9 月初版，據上海圖書館藏明嘉靖刻本景印。

220 〔明〕蘭陵笑笑生，《金瓶梅》，北京：人民文學出版社，2008 年 8 月第 1 版。

221. 〔明〕顧大韶，《炳燭齋隨筆》，1 卷《續修四庫全書》子部 1133 冊，上海：上海古籍出版社，1997 年，據上海圖書館藏清初刻本景印。

222. 〔明〕顧其志，《攬茝微言》，《續說郛》，台北：新興書局，據清順治三年兩浙督學周南李際期宛委山堂刊本景印。

223. 〔明〕顧起元，《客座贅語》，10 卷，北京：中華書局，1997 年 12 月第 1 版。

224. 〔明〕權衡，《庚申外史》，2 卷，《四庫全書存目叢書》史部 45 冊，台南：莊嚴文化事業有限公司，1996 年 8 月初版，據蘇州市圖書館藏明鈔本景印。

225. 〔清〕尤侗，《艮齋雜說》，10 卷，《續修四庫全書》子部 1136 冊，上海：上海古籍出版社，1997 年，據復旦大學圖書館藏清康熙刻西堂全集本景印。

226. 〔清〕毛奇齡，《明武宗外記》，台北：廣文書局，1964 年 2 月初版。

227. 〔清〕王弘撰，《山志》，6 卷，北京：中華書局，1999 年 9 月第 1 版。

228. 〔清〕王先謙，《荀子集解》，20 卷，北京：中華書局，1988 年 9 月第 1

版。

229. 〔清〕王維德，《林屋民風》，12 卷，《四庫全書存目叢書》史部 239 冊，台南，莊嚴文化事業有限公司，1998 年 6 月初版，據清華大學圖書館藏清康熙五十二年王氏鳳梧樓刻本景印。

230. 〔清〕史夢蘭，《全史宮詞》，20 卷，《四庫未收書輯刊》2 輯 30 冊，北京：北京出版社，1997 年，據清咸豐六年刻本景印。

231. 〔清〕朱柏廬，《朱氏家訓》，太原：山西古籍出版社，2004 年 3 月第 1 版。

232. 〔清〕朱彝尊，《靜志居詩話》，24 卷，北京：人民文學出版社，2006 年 1 月第 1 版。

233. 〔清〕余懷，《板橋雜記》，3 卷，上海：上海古籍出版社，2000 年 12 月第 1 版。

234. 〔清〕李遜之，《三朝野記》，9 卷，北京：北京古籍出版社，2002 年 9 年第 1 版。

235. 〔清〕汪楫，《崇禎長編》，66 卷，台北：中央研究院歷史語言研究所，1967 年。

236. 〔清〕谷應泰，《明史紀事本末》，80 卷，北京：中華書局，1977 年 2 月第 1 版。

237. 〔清〕夏燮，《明通鑑》，90 卷，台北：世界書局，1962 年 11 月初版。

238. 〔清〕袁棟，《書隱叢說》，19 卷，《續修四庫全書》子部 1137 冊，上海：上海古籍出版社，1997 年，據上海師範大學圖書館藏清乾隆刻本景印。

239. 〔清〕張廷玉等，《明史》，332 卷，北京：中華書局，1997 年 3 月第 1 版。

240. 〔清〕梁維樞，《玉劍尊聞》，10 卷，《續修四庫全書》子部 1175 冊，上海：上海古籍出版社，1997 年，據清順治梁清遠梁清傳刻本景印。

241. 〔清〕陳弘謀，《五種遺規》，16 卷，《續修四庫全書》子部 951 冊，上海：上海古籍出版社，1997 年，據中國科學院圖書館藏清乾隆四年至八年培遠堂刻匯本。

242. 〔清〕陳淏子輯，伊欽恒校注，《花鏡》，北京：農業出版社，1993 年第 1 版。

243. 〔清〕黃宗羲，《明儒學案》，62 卷，《黃宗羲全集》7 冊，杭州：浙江古籍出版社，1993 年 10 月第 1 版。

244. 〔清〕楊士聰，《玉堂薈記》，4 卷，《續修四庫全書》子部 1175 冊，上海：上海古籍出版社，1997 年，據嘉業堂叢書本景印。

245. 〔清〕葉夢珠，《閱世編》，10 卷，北京：中華書局，2007 年 9 月第 1 版。

246. 〔清〕褚人穫，《堅瓠集》，北京：全國圖書館文獻縮微複製中心，2002 年 8 月第 1 版，據清康熙間四雪草堂刻本景印。

247. 〔清〕趙翼，《廿二史劄記》，36 卷，北京：中華書局，2001 年 11 月第 1 版。

248. 〔清〕談遷，《棗林雜俎》，6 卷，北京：中華書局，2006 年 4 月第 1 版。

249. 〔清〕鄭廉，《豫變紀略》，8 卷，《甲申史籍三種校本》，鄭州：中州古籍出版社，2002 年 10 月第 1 版。

250. 〔清〕錢謙益，《國初群雄事略》，12 卷，《四庫禁燬書叢刊》史部 8 冊，北京：北京出版社，2000 年，據北京大學圖書館藏民國烏程張氏刻適園叢書本景印。

251. 〔清〕顧炎武、〔清〕黃汝成集釋，32 卷，《日知錄集釋》，長沙：嶽麓書社，1996 年 2 月第 1 版。

252. 〔清〕龔煒，《巢林筆談》，9 卷，北京：中華書局，1997 年 12 月第 1 版。

253. 〔清〕周亮工，《書影》，10 卷，台北：漢京文化事業有限公司，1984 年 3 月初版。

254. 〔日〕前兼恭作，《訓讀吏文》，4 卷，京城府：朝鮮印刷株式會社，1942 年 12 月初版。

（二）方 志

1. 〔明〕不著撰人，《崇禎・山西通志》，30 卷，台北：漢學研究中心景照明崇禎二年刊本。

2. 〔明〕方岳貢等，《崇禎・松江府志》，56 卷，台北：漢學研究中心景照明崇禎四年刊本。

3. 〔明〕牛若麟，《崇禎・吳縣志》，54 卷，台北：漢學研究中心景照明崇禎十五年刊本。

4. 〔明〕包大爟，《萬曆・兗州府志》，52 卷，《天一閣藏明代方志選刊續編》55 冊，上海：上海書店，1990 年，據明萬曆刊本景印。

5. 〔明〕田琯，《萬曆・新昌縣志》，13 卷，《天一閣藏明代方志選刊》7 冊，台北：新文豐出版公司，1985 年，據寧波天一閣藏明刻本景印。

6. 〔明〕申嘉瑞，《隆慶・儀眞縣志》，14 卷，《天一閣藏明代方志選刊》5 冊，台北：新文豐出版公司，1985 年，據寧波天一閣藏明刻本景印。

7. 〔明〕刑址、陳讓纂修，《嘉靖・邵武府志》，15 卷，《四庫全書存目叢書》史部 191 冊，台南，莊嚴文化事業有限公司，1998 年 6 月初版，據天一閣藏明代方志選刊影印嘉靖刻本。

8. 〔明〕安都，《嘉靖・太康縣志》，10 卷，《天一閣藏明代方志選刊續編》58 冊，上海：上海書店，1990 年 12 月第 1 版，據明嘉靖刻印本景印。

9. 〔明〕朱泰，《萬曆·兗州府志》，51 卷，《天一閣藏明代方志選刊續編》53～56 冊，上海：上海書店，1990 年，據明萬曆刊本景印。

10. 〔明〕米嘉穗，《崇禎·鄆城縣志》，8 卷，《地方志人物傳記資料叢刊·華東卷》上編 40 冊，北京：北京圖書館出版社，2007 年，據明崇禎七年刻本景印。

11. 〔明〕余文龍、謝詔，《天啓·贛州府志》，20 卷，《四庫全書存目叢書》史部 202 冊，據清順治十七年湯斌刻本景印。

12. 〔明〕佚名，《萬曆·新修餘姚縣志》，18 卷，台北：成文出版社，1983 年 3 月臺 1 版，據明萬曆年間刊本景印。

13. 〔明〕何孟倫，《嘉靖·建寧縣志》，7 卷，《天一閣藏明代方志選刊續編》38 冊，上海：上海書店，1990 年 12 月第 1 版，據明嘉靖刻本景印。

14. 〔明〕沈明臣、陳大科，《萬曆·通州志》，8 卷，《天一閣明代方志選刊》4 冊，台北：新文豐出版公司，1985 年，據寧波天一閣藏明萬曆刻本景印。

15. 〔明〕林世遠、王鏊，《正德·姑蘇志》，60 卷，《北京圖書館古籍珍本叢刊》26 冊，北京：書目文獻出版社，1988 年，據明正德刻年嘉靖續修本景印。

16. 〔明〕南大吉，《嘉靖，渭南縣志》，18 卷，台北：傅斯年圖書館，據日本東京都舊上野圖書館藏明嘉靖二十年攝製微捲。

17. 〔明〕徐師曾，《嘉靖·吳江縣志》，28 卷，台北：台灣學生書局，1987 年 6 月初版，據明嘉靖四十年刊本景印。

18. 〔明〕袁應祺，《萬曆·黃巖縣志》，7 卷，《天一閣藏明代方志選刊》6 冊，台北：新文豐出版公司，1985 年，據寧波天一閣藏明刻本景印。

19. 〔明〕張可述，《嘉靖·洪雅縣志》，5 卷，《天一閣藏明代方志選刊》20 冊，台北：新文豐出版公司，1985 年，據寧波天一閣藏明刻本景印。

20. 〔明〕張岳，《嘉靖·惠安縣志》，13 卷，《天一閣明代方志選刊》10 冊，台北：新文豐出版公司，1985 年，據寧波天一閣藏明嘉靖刻本景印。

21. 〔明〕張治，《嘉靖·茶陵州志》，2 卷，《天一閣藏明代方志選刊續編》63 冊，上海：上海書店，1990 年 12 月第 1 版，據明嘉靖刻本景印。

22. 〔明〕康海，《正德·武功縣志》，4 卷，《稀見中國地方志匯刊》8 冊，北京：中國書店，2007 年 2 月第 1 版，據明萬曆四十五年許國秀刻本景印。

23. 〔明〕張梯，《嘉靖·固始縣志》，10 卷，《天一閣藏明代方志選刊》15 冊，台北：新文豐出版公司，1985 年，據寧波天一閣藏明刻本景印。

24. 〔明〕張袞，《嘉靖·江陰縣志》，21 卷，《天一閣藏明代方志選刊》5 冊，台北：新文豐出版公司，據寧波天一閣藏明嘉靖刻本景印。

25. 〔明〕莫旦，《弘治・吳江志》，22 卷，台北：成文出版社，1983 年，據明弘治元年刊本景印。
26. 〔明〕陳棐，《嘉靖・廣平府志》，16 卷，《天一閣藏明代方志選刊》2 冊，台北：新文豐出版公司，1985 年，據寧波天一閣藏明刻本景印。
27. 〔明〕曾才漢，《嘉靖・太平縣志》，8 卷，《天一閣藏明代方志選刊》6 冊，台北：新文豐出版公司，1985 年，據寧波天一閣藏明刻本景印。
28. 〔明〕陽思謙，《萬曆・泉州府志》，24 卷，台北：漢學研究中心景照萬曆四十年刊本景印。
29. 〔明〕黃士紳，《萬曆・惠安縣續志》，4 卷，台北：漢學研究中心景照明萬曆四十年刊本。
30. 〔明〕黃仲昭，《弘治・八閩通志》，87 卷，《北京圖書館古籍珍本叢刊》33 冊，北京：書目文獻出版社，1988 年，據明弘治四年刻本景印。
31. 〔明〕馮汝弼、鄧韍，《嘉靖・常熟縣志》(《北京圖書館古籍珍本叢刊》27 冊，北京：書目文獻出版社，1988 年，據明嘉靖刻本景印。
32. 〔明〕楊洵，《萬曆・揚州府志》，27 卷，《北京圖書館古籍珍本叢刊》25，北京：書目文獻出版社，1988 年，據明萬曆刻本景印。
33. 〔明〕鄔鳴雷，《萬曆・建昌府志》，14 卷，台北：漢學研究中心景照明萬曆四十一年序刊本。
34. 〔明〕管景，《嘉靖・永豐縣志》，4 卷，《天一閣明代方志選刊》12 冊，台北：新文豐出版公司，1985 年，據寧波天一閣藏明嘉靖刻本景印。
35. 〔明〕褚鈇，《萬曆・榆次縣志》，10 卷，台北：國家圖書館善本書室，據明萬曆三十七年刊本攝製微片。
36. 〔明〕劉訒，《嘉靖・鄢陵縣志》，8 卷，《天一閣藏明代方志選刊》15 冊，台北：新文豐出版公司，1985 年，據寧波天一閣藏明萬曆刻本景印。
37. 〔明〕鄧遷、黃佐，《嘉靖・香山縣志》，8 卷，台北：漢學研究中心景照明嘉靖二十七年刊本。
38. 〔明〕謝庭桂、蘇乾，《嘉靖・隆慶志》，10 卷，《天一閣藏明代方志選刊》3 冊，台北：新文豐出版公司，1985 年，據寧波天一閣藏明嘉靖刻本景印。
39. 〔明〕韓玉，《嘉靖・通許縣志》，2 卷，《天一閣藏明代方志選刊續編》58 冊，上海：上海書店，1990 年 12 月第 1 版，據明嘉靖刻印本景印。
40. 〔明〕韓浚，《萬曆・嘉定縣志》，22 卷，台北：臺灣學生書局，1987 年 6 月初版，據明萬曆三十三年刊本景印。
41. 〔明〕羅炫，《崇禎・嘉興縣志》，24 卷，《日本藏中國罕見地方誌叢刊》17 冊，北京：書目文獻出版，1991 年，據日本宮內省圖書寮藏明崇禎十年刻本景印。

42. 〔明〕譚愷，《嘉靖・廣東通志》，台北：漢學研究中心景照明嘉靖四十年刊本。

43. 〔明〕嚴錡，《萬曆・興化縣新志》，10 卷，台北：成文出版社有限公司，1983 年 3 月臺 1 版，據萬曆十九年手抄本景印。

44. 〔清〕李樂，《萬曆・烏青鎮志》，5 卷，《中國地方志集成・鄉鎮志專輯》23 冊，上海：上海書店，1992 年，據明萬曆二十九年刻本景印。

45. 〔清〕烏竹芳，《道光・博平縣志》，6 卷，南京：鳳凰出版社，2004 年，據清道光十一年刻本景印。

46. 〔清〕康如璉，《康熙・鄠縣志》，12 卷，《陝西省圖書館藏稀見方志叢刊》3，北京：北京圖書館出版社，2006 年 9 月第 1 版，據清康熙二十一年刻本景印。

47. 〔清〕陳和志，《乾隆・震澤縣志》，38 卷，台北：成文出版社，1970 年，據清乾隆十一年修光緒十九年重刊本景印。

48. 〔清〕陸湄，《康熙・永豐縣志》，8 卷，台北：成文出版社，1989 年 3 月臺 1 版，據清康熙二十三年刻本景印。

49. 〔清〕閔派魯，《順治・溧水縣志》，10 卷，《北京圖書館古籍珍本叢刊》24 冊，北京：書目文獻出版社，1988 年，據清順治刻本景印。

（三）文　集

1. 〔元〕楊維禎，《東維子集》，30 卷，《景印文淵閣四庫全書》集部 1221 冊。

2. 〔明〕亢思謙，《慎修堂集》，20 卷，《四庫未收書輯刊》5 輯 21 冊，北京：北京出版社，2000 年，據明萬曆詹思虞刻本景印。

3. 〔明〕孔貞時，《在魯齋文集》，5 卷，台北：偉文圖書出版社有限公司，1977 年 8 月初版，據國家圖書館藏明崇禎四年刊本景印。

4. 〔明〕文德翼，《求是堂文集》，18 卷，《四庫禁燬書叢刊》集部 141 冊，北京：北京圖書館，據天津圖書館藏明末刻本景印。

5. 〔明〕王用賓，《三渠先生集》，16 卷，台北：漢學研究中心景照明天啓二年序刊本。

6. 〔明〕王守仁，《王陽明全集》，41 卷，上海：上海古籍出版社，1992 年 8 月第 1 版。

7. 〔明〕王行，《半軒集》，12 卷，《景印文淵閣四庫全書》集部 1231 冊。

8. 〔明〕王圻，《王侍御類稿》，16 卷，《四庫全書存目叢書》集部 140 冊，台南：莊嚴文化事業有限公司，1997 年 6 月初版，據原北平圖書館藏明萬曆四十八年王思義刻本景印。

9. 〔明〕王禕，《王忠文公集》，20 卷，《叢書集成新編》75 冊，台北：新文豐出版公司，1985 年。

10. 〔明〕王錫爵，《王文肅公牘草》，18 卷，《四庫全書存目叢書》集部 135 冊，台南：莊嚴文化事業有限公司，1997 年 6 月初版，據首都圖書館藏明萬曆王時敏刻本景印。

11. 〔明〕王彝，《王常宗集》，6 卷，《中國西南文獻叢書》22 卷，蘭州：蘭州大學出版社，2004 年 2 月第 1 版。

12. 〔明〕左懋第，《左忠貞公剩藳》，4 卷，《四庫未收書輯刊》6 輯 26 冊，北京：北京出版社，2000 年，據清乾隆五十八年左彤九刻本景印。

13. 〔明〕田汝成，《田叔和小集》，12 卷，《叢書集成續編》144 冊，台北：新文豐出版公司，1997 年 3 月臺一版。

14. 〔明〕申時行，《綸扉簡牘》，10 卷，《四庫禁燬書叢刊》集部 161 冊，北京：北京出版社，2000 年，據北京圖書館藏明萬曆二十四年刻本景印。

15. 〔明〕朱元璋，《御製大誥續編》，《中國珍稀法律典籍集成》乙編 1 冊，北京：科學出版社，1994 年 8 月第 1 版。

16. 〔明〕朱承爵，《存餘堂詩話》，1 卷，《四庫全書存目叢書》集部 417 冊，台南：莊嚴文化事業有限公司，1997 年 6 月初版，據北京大學圖書館藏明嘉靖十八年至二十年顧氏大石山房刻顧氏明朝四十家小說本景印。

17. 〔明〕朱長春，《朱太復文集》，52 卷，《四庫禁燬書叢刊》集部 83 冊，北京：北京出版社，2000 年，據明萬曆刻本景印。

18. 〔明〕朱誠泳，《小鳴稿》，10 卷，《景印文淵閣四庫全書》集部 1260 冊。

19. 〔明〕江盈科，《江盈科集》，長沙：嶽麓書社，2008 年 12 月第 1 版。

20. 〔明〕何良俊，《何翰林集》，28 卷，《四庫全書存目叢書》集部 124 冊，台南：莊嚴文化事業有限公司，1997 年 6 月初版，據中國社會科學院文學研究所藏嘉靖四十四年何氏香嚴精舍刻本景印。

21. 〔明〕余紹祉，《晚聞堂集》，16 卷，《四庫未收書輯刊》6 輯 28 冊，北京：北京出版社，1997 年，據清道光十七年單士修刻本景印。

22. 〔明〕何瑭，《何瑭集》，鄭州：中州古籍出版社，1999 年 9 月第 1 版。

23. 〔明〕吳仁度，《吳繼疎先生遺集》，13 卷，《四庫全書存目叢書》集部 172 冊，台南：莊嚴文化事業有限公司，1997 年 6 月初版，據南京圖書館藏清乾隆吳炯刻本景印。

24. 〔明〕吳寬，《匏翁家藏集》，77 卷，《四部叢刊初編》集部 83 冊，台北：臺灣商務印書館，據上海商務印書館縮印明正德刊本景印。

25. 〔明〕吳應箕，《樓山堂集》，27 卷，《續修四庫全書》集部 1388 冊，上海：上海古籍出版社，1995 年，據北京圖書館藏清刻本景印。

26. 〔明〕吳麟徵，《吳忠節公遺集》，4 卷，(《四庫禁燬書叢刊》集部 81 冊，北京：北京出版社，2000 年第 1 版，據中國科學院圖書館藏明弘光刻本景印。

27. 〔明〕呂坤，《呂坤全集》，北京：中華書局，2008年5月第1版。

28. 〔明〕呂維祺，《明德先生文集》，26卷，《四庫全書存目叢書》集部185冊，台南：莊嚴文化事業有限公司，1997年6月初版，據南京圖書館藏清康熙二年呂兆璜等刻本景印。

29. 〔明〕李邦華，《李忠肅先生集》，6卷，《四庫禁燬書叢刊》集部81冊，北京：北京出版社，2000年，據北京圖書館藏清乾隆七年徐大坤刻本景印。

30. 〔明〕李開先，《李開先全集》，《李中麓閒居集》，北京：文化藝術出版社，2004年8月第1版。

31. 〔明〕李夢陽，《空同集》，66卷，《景印文淵閣四庫全書》集部1262冊。

32. 〔明〕李濂，《嵩渚文集》，100卷，《四庫全書存目叢書》集部70冊，台南：莊嚴文化事業有限公司，1997年6月初版，據杭州大學圖書館藏明嘉靖刻本景印。

33. 〔明〕周永春，《絲綸錄》，6卷，《四庫禁燬書叢刊》史部74冊，北京：北京出版社，2000年，據北京圖書館藏明刻本景印。

34. 〔明〕周廷用，《八厓集》，9卷，台北：漢學研究中心景照明嘉靖十年刊本。

35. 〔明〕周怡，《周訥谿公全集》，27卷，台北：中央研究院傅斯年圖書館藏，據清道光二十年燕翼堂刊本。

36. 〔明〕周璽，《周忠愍垂光集》，2卷，台北：中央研究院傅斯年圖書館館藏，據清道光二十八年潘氏袁江節署求是齋刊光緒七年印本。

37. 〔明〕林俊，《見素集奏議》，7卷，《景印文淵閣四庫全書》集部1257冊。

38. 〔明〕祁彪佳，《祁彪佳集》，10卷，北京：中華書局，1960年。

39. 〔明〕金聲，《金正希先生燕詒閣集》，7卷，《四庫禁燬書叢刊》集部85冊，北京：北京出版社，2000年，據北京圖書館藏明末刻本景印。

40. 〔明〕胡儼，《頤庵文選》，2卷，《景印文淵閣四庫全書》集部1237冊。

41. 〔明〕茅坤，《茅坤集》，杭州：浙江古籍出版社，1993年第1版。

42. 〔明〕唐順之，《唐荊川先生集》，18卷，《叢書集成續編》144冊，台北：新文豐出版公司，1989年，據常州先哲遺書本排印。

43. 〔明〕孫克弘，《孫公簡濃溪草堂稿》，48卷，《北京圖書館珍本叢書》102冊，北京：書目文獻出版社，1988年，據明孫克弘等刻本景印。

44. 〔明〕孫緒，《沙溪集》，23卷，《景印文淵閣四庫全書》集部1264冊。

45. 〔明〕徐三重，《採芹錄》，4卷，《景印文淵閣四庫全書》集部867冊。

46. 〔明〕徐有貞，《武功集》，5 卷，《景印文淵閣四庫全書》集部 1245 冊。
47. 〔明〕高攀龍撰、〔清〕許玨編，《高子遺書節鈔》，11 卷，《錫山先哲叢刊》4 冊，南京：鳳凰出版社，2005 年 7 月第 1 版。
48. 〔明〕張天復，《鳴玉堂稿》，12 卷，《續修四庫全書》集部 1348 冊，上海：上海古籍出版社，1995 年，據明北京圖書館藏萬曆八年陳文燭刻本景印。
49. 〔明〕張永明，《張莊僖文集》，5 卷，《景印文淵閣四庫全書》集部 1277 冊。
50. 〔明〕張岱，《琅嬛文集》，5 卷，長沙：嶽麓書社，1985 年 7 月第 1 版。
51. 〔明〕張居正，《張居正集》，48 卷，湖北：荊楚書社，1987 年 9 月第 1 版。
52. 〔明〕張國維，《張忠敏公遺集》，10 卷《四庫未收書輯刊》6 輯 29 冊，北京：北京出版社，1997 年，清咸豐刻本景印。
53. 〔明〕屠隆，《白榆集》，28 卷，台北：偉文圖書出版社有限公司，1977 年 9 月初版，據明萬曆間刊本景印。
54. 〔明〕崔銑，《洹詞》，17 卷，《四庫全書存目叢書》集部 56 冊，台南：莊嚴文化事業有限公司，1995 年，據杭州大學圖書館藏明嘉靖三十三年周鎬等池州刻本景印。
55. 〔明〕張鳳翼，《處實堂集》，8 卷，《續修四庫全書》集部 1353 冊，上海：上海古籍出版社，1995 年，據明萬曆刻本景印。
56. 〔明〕梅守箕，《梅季豹居諸二集》，14 卷，《四庫未收書輯刊》6 輯 24 冊，北京：北京出版社，1997 年，據明崇禎十五年楊昌祚等刻本景印。
57. 〔明〕莊起元，《漆園卮言》，17 卷，《四庫全書存目叢書》集部 184 冊，台南：莊嚴文化事業有限公司，1997 年 6 月初版，據中國人民大學圖書館藏明萬曆刻本景印。
58. 〔明〕許弘綱，《群玉山房文集》，7 卷，《四庫未收書輯刊》5 輯 24 冊，北京：北京出版社，1997 年，據清康熙百城樓刻本景印。
59. 〔明〕許孚遠，《敬和堂集》，8 卷，《四庫全書存目叢書》集部 136 冊，台南：莊嚴文化事業有限公司，1997 年 7 月初版，據北京圖書館藏明萬曆刻本景印。
60. 〔明〕郭之奇，《宛在堂文集》，34 卷，《四庫未收書輯刊》6 輯 27 冊，北京：北京出版社，1997 年，據明崇禎刻本景印。
61. 〔明〕陸文龍，《翠娛閣近言》，4 卷，《續修四庫全書》集部 1389 冊，上海：上海古籍出版社，1995 年，據上海圖書館藏明崇禎刻本景印。
62. 〔明〕陶汝鼐，《榮木堂合集》，35 卷，《四庫禁燬書叢刊》集部 85 冊，北京：北京出版社，2000 年，據中國科學院圖書館藏清康熙刻世綵堂匯印本景印。

63. 〔明〕郭汝霖，《石泉山房文集》，13 卷，《四庫全書存目叢書》集部 139 冊，台南：莊嚴文化事業有限公司，1997 年 6 月初版，據浙江圖書館藏明萬曆郭氏家刻本影印。

64. 〔明〕陸楫，《蒹葭堂稿》，8 卷，《續修四庫全書》集部 1354 冊，上海：上海古籍出版社，1995 年，據清華大學圖書館藏明嘉靖四十五年陸郯刻本景印。

65. 〔明〕陳儒，《芹山集》，34 卷，台北：漢學研究中心景照明隆慶三年陳一龍刊本。

66. 〔明〕郭應聘，《郭襄靖公遺集》，30 卷，《續修四庫全書》集部 1349 冊，上海：上海古籍出版社，1995 年，據上海圖書館藏明萬曆郭良翰刻本景印。

67. 〔明〕程本立，《巽隱集》，4 卷，《景印文淵閣四庫全書》集部 1236 冊。

68. 〔明〕賀欽撰、賀士諮編，9 卷，《醫閭集》，《景印文淵閣四庫全書》集部 1254 冊。

69. 〔明〕馮琦，《宗伯集》，81 卷，《四庫禁燬書叢刊》集部 15～16 冊，北京：北京出版社，2000 年，據天津圖書館藏明萬曆刻本景印。

70. 〔明〕黃猷吉，《兩高山人萬壑樓藏稿》，4 卷，台北：漢學研究中心景照明萬曆三十一年序刊本。

71. 〔明〕黃鳳翔，《田亭草》，20 卷，《續修四庫全書》集部 1356 冊，上海：上海古籍出版社，1995 年，據天津圖書館藏明萬曆四十年刻本景印。

72. 〔明〕楊守陳，《楊文懿公文集》，30 卷，《四庫未收書輯刊》5 輯 17 冊，北京：北京出版社，1997 年，據明弘治十二年楊茂仁刻本景印。

73. 〔明〕楊思本，《榴館初函集選》，10 卷，《四庫全書存目叢書》集部 194～195 冊，台南：莊嚴文化事業有限公司，1997 年 7 月初版，據安徽省圖書館藏清康熙十三年楊日升刻本景印。

74. 〔明〕楊循吉，《合刻楊南峰全集》，8 卷，東京：高橋情報，1993 年，據明萬曆年間徐景鳳校刊景印。

75. 〔明〕楊慎，《升菴集》，81 卷，《景印文淵閣四庫全書》集部 1270 冊。

76. 〔明〕萬衣，《萬子迂談》，8 卷，《四庫全書存目叢書》集部 109 冊，台南：莊嚴文化事業有限公司，1995 年 9 月初版，據復旦大學圖書館藏清乾隆二十二年刻本景印。

77. 〔明〕葉向高，《蒼霞餘草》，14 卷，《四庫禁燬書叢刊》集部 125 冊，北京：北京出版社，2000 年，據北京大學圖書館藏明萬曆刻本景印。

78. 〔明〕葉向高，《蒼霞續草》，22 卷，《四庫禁燬書叢刊》集部 124～125 冊，北京：北京出版社，2000 年，據北京大學圖書館藏明萬曆刻本影印。

79. 〔明〕葉春及，《石洞集》，18 卷，《景印文淵閣四庫全書》集部 1286 冊。
80. 〔明〕雷禮，《鐔墟堂摘稿》，20 卷，《續修四庫全書》集部 1342 冊，上海：上海古籍出版社，1995 年，據湖南省圖書館藏明刻本景印。
81. 〔明〕劉大夏，《劉忠宣公遺集》，9 卷，《四庫未收書輯刊》6 輯 29 冊，北京：北京出版社，1997 年，清光緒元年劉乙燃刻本景印。
82. 〔明〕劉玉，《執齋先生文集》，20 卷，《續修四庫全書》集部 1334 冊，上海：上海古籍出版社，1995 年，據上海圖書館藏明嘉靖二十八年傅鎮濟南刻本景印。
83. 〔明〕劉伯燮，《鶴鳴集》，27 卷，《四庫未收書輯刊》5 輯 22 冊，北京：北京出版社，1997 年，據明萬曆十四年鄭懋洵刻本景印。
84. 〔明〕劉基，《劉基集》，26 卷，杭州：浙江古籍出版社，1999 年 12 月第 1 版。
85. 〔明〕劉麟，《清惠集》，12 卷，《景印文淵閣四庫全書》集部 1264 冊。
86. 〔明〕蔡獻臣，《清白堂稿》，17 卷，《四庫未收書輯刊》6 輯 22 冊，北京：北京出版社，2000 年 1 月第 1 版，據明崇禎刻本景印。
87. 〔明〕鄭仲夔，《偶記》，8 卷，《四庫禁燬書叢刊》集部 65 冊，北京：北京出版社，據明萬曆年刻本景印。
88. 〔明〕鄭二陽，《鄭中丞公益樓集》，4 卷，《四庫未收書輯刊》6 輯 22 冊，北京：北京出版社，2000 年，據清康熙世得堂刻本景印。
89. 〔明〕鄭紀，《東園文集》，13 卷，《景印文淵閣四庫全書》集部 1249 冊。
90. 〔明〕霍韜，《渭厓文集》，10 卷，台北：漢學研究中心景照明萬曆四年序刊本。
91. 〔明〕謝肇淛，《小草齋文集》，28 卷，台北：漢學研究中心景照明天啓刊本。
92. 〔明〕歸有光，《震川先生集》，30 卷，台北：源流文化事業出版有限公司，1983 年 4 月初版。
93. 〔明〕魏良弼，《太常少卿魏水洲先生文集》，6 卷，《四庫全書存目叢書》集部 85 冊，台南：莊嚴文化事業有限公司，1997 年 7 月初版，據北京大學圖書館藏明萬曆三十五年熊劍化徐良彥刻本景印。
94. 〔明〕羅倫，《一峰文集》，14 卷，《景印文淵閣四庫全書》集部 190 冊。
95. 〔清〕王鐸，《擬山園選集》，82 卷，《四庫禁燬書叢刊》集部 87～88 冊，北京：北京出版社，2000 年，據中國科學院圖書館藏清順治十年王鑨刻本景印。
96. 〔清〕李漁，《李漁全集》，杭州：浙江古籍出版社，1998 年 6 月第 1 版。
97. 〔清〕姚文然，《姚端恪公外集》，18 卷，《四庫未收書輯刊》7 輯 18 冊，北京：北京出版社，1997 年，據清康熙二十二年姚士堅等刻本景印。

98. 〔清〕張履祥，《楊園先生全集》，54 卷，北京：中華書局，2002 年 7 月第 1 版。

99. 〔清〕陳確，《陳確集》，29 卷，北京：中華書局，1979 年 4 月第 1 版。

100. 〔清〕黃宗羲，《南雷詩文集》，《黃宗羲全集》10 冊，杭州：浙江古籍出版社，1993 年 10 月第 1 版。

101. 〔清〕錢謙益，《牧齋初學集》，110 卷，《錢牧齋全集》，上海：上海古籍出版社，2003 年 8 月第 1 版。

102. 〔清〕歸莊，《歸莊集》，10 卷，上海：上海古籍出版社，1982 年。

103. 〔清〕顧景星，《白茅堂集》，46 卷，《四庫全書存目叢書》集部 206 冊，台南：莊嚴文化事業有限公司，1997 年 6 月第 1 版，據福建省圖書館藏清康熙刻本景印。

二、論　著

(一) 專　書

1. 上海戲曲學校中國服裝史研究組，《中國歷代服飾》，上海：學林出版社，1983 年 4 月第 1 版，324 頁。

2. 方志遠，《明代城市與市民文學》，北京：中華書局，2004 年 8 月第 1 版，503 頁。

3. 王子今，《中國古代行旅生活》，台北：台灣商務印書館，1998 年 11 月初版，195 頁。

4. 牛建強，《明代中後期社會變遷研究》，台北：文津出版社，1997 年 8 月初版，253 頁。

5. 牛銘實，《中國歷代鄉約》，北京：中國社會出版社，2006 年 9 月第 1 版，255 頁。

6. 王衛平，《明清時期江南城市史研究：以蘇州爲中心》，北京：人民出版社，1999 年 12 月第 1 版，360 頁。

7. 史小軍，《復古與新變——明代文人心態史》，石家莊：河北教育出版社，2001 年 11 月第 1 版，227 頁。

8. 伊永文《明清飲食研究》，台北：洪葉文化事業有限公司，1998 年 3 月初版。

9. 朱明勛，《中國家訓史論稿》，成都：巴蜀書社，2008 年 4 月第 1 版，348 頁。

10. 何淑宜，《明代士紳與通俗文化——以喪葬禮俗爲例的考察》，台北：國立臺灣師範大學歷史研究所，2000 年 12 月初版，270 頁。

11. 吳仁安，《明清江南望族與社會經濟社會文化》，上海：上海人民出版社，2001 年 12 月第 1 版，334 頁。
12. 吳智和，《明人休閒生活文化》，宜蘭：明史研究小組，2009 年 10 月初版，272 頁。
13. 吳智和，《明人飲茶生活文化》，宜蘭：明史研究小組，1996 年 7 月出版，265 頁。
14. 巫仁恕，《品味奢華：晚明的消費社會與士大夫》，台北：聯經出版事業股份有限公司，2007 年 5 月初版，362 頁。
15. 李洵，《下學集》，北京：中國社會科學出版社，2006 年 5 月第 2 版，432 頁。
16. 周迅、高春明，《中國古代服飾風俗》，台北：文津出版社，1989 年 9 月初版，240 頁。
17. 孟亞男，《中國園林史》，台北：文津出版社，1993 年 7 月初版，342 頁。
18. 林利隆，《明人的舟遊生活：南方文人水上生活文化的開展》，宜蘭：明史研究小組，2005 年 8 月初版，298 頁。
19. 韋慶遠，《張居正和明代中後期政局》，廣州：廣東高等教育出版社，1990 年 3 月第 1 版，950 頁。
20. 夏咸淳，《明代山水審美》，北京：人民出版社，2009 年 5 月第 1 版，652 頁。
21. 夏咸淳，《情與理的碰撞：明代士林心史》，保定：河北大學出版社，2001 年 11 月第 1 版，360 頁。
22. 徐少錦、陳延斌，《中國家訓史》，西安：陝西人民出版社，2003 年 4 月第 1 版，788 頁。
23. 徐海榮，《中國飲食史．第五卷》，北京：華夏出版社，1999 年 10 月第 1 版，662 頁。
24. 時蓉華，《社會心理學》，台北：臺灣東華書局，1996 年 8 月初版，609 頁。
25. 時蓉華，《現代社會心理學》，上海：華東師範大學出版社，1995 年 11 月第 1 版，517 頁。
26. 高春緞，《黃佐生平及其史學》，高雄：高雄文化出版社，1992 年 6 月初版，323 頁。
27. 商傳，《明代文化史》，上海：東方出版中心，2007 年 5 月第 1 版，446 頁。
28. 張薇，《園冶文化論》，北京：人民出版社，2006 年 12 月第 1 版，429 頁。
29. 曹家齊，《宋代交通管理制度研究》，開封：河南大學出版社，2002 年 10

月第 1 版，297 頁。

30. 曹淑娟，《祁彪佳與寓山園林論述》，台北：里仁書局，2006 年 3 月初版，428 頁。
31. 陳寶良，《明代社會生活史》，北京：中國社會科學出版社，2004 年 3 月第 1 版，669 頁。
32. 陳寶良，《明代儒學生員與地方社會》，北京：中國社會科學出版社，2005 年 4 月第 1 版，568 頁。
33. 陳寶良，《飄搖的傳統——明代社會生活史長卷》，長沙：湖南人民出版社，2006 年 5 月第 2 版，293 頁。
34. 陳寶良、王熹，《中國風俗通史．明代卷》，上海：上海文藝出版社，2005 年 2 月第 1 版，1224 頁。
35. 華梅，《人類服飾文化學》，天津：天津人民出版社，1995 年 12 月第 1 版。
36. 逯欽立，《先秦漢魏晉南北朝詩》，北京：中華書局，1998 年 5 月第 1 版，2794 頁。
37. 楊豔秋，《明代史學探研》，北京：人民出版社，2005 年 12 月第 1 版，325 頁。
38. 萬明，《晚明社會變遷問題與研究》，北京：商務印書館，2005 年 12 月第 1 版，690 頁。
39. 董建輝，《明清鄉約：理論演進與實踐發展》，廈門：廈門大學出版社，2008 年 12 月第 1 版，341 頁。
40. 趙毅、欒凡，《20 世紀明史研究綜述》，長春：東北師範大學出版社，2002 年 11 月第 1 版，352 頁。
41. 劉永芳，《社會心理學》，上海：上海社會科學出版社，2004 年 4 月第 1 版，285 頁。
42. 劉永華，《中國古代車輿與馬具》，上海：上海辭書出版社，2002 年 1 月第 1 版，200 頁。
43. 劉俊文，《唐律疏議箋解》，北京：中華書局，1996 年 6 月第 1 版，2148 頁。
44. 劉廣明，《宗法中國》，上海：三聯書局上海分店，1993 年 6 月第 1 版，327 頁。
45. 滕新才，《且寄道心與明月——明代人物風俗考論》，北京：中國社會科學出版社，2003 年 6 月第 1 版，331 頁。
46. 羅宗強，《明代後期士人心態研究》，天津：南開大學出版社，2006 年 6 月第 1 版，544 頁。

47. 顧希佳，《禮儀與中國文化》，北京：人民出版社，2001 年 8 月第 1 版，500 頁。
48. 顧凱，《明代江南園林研究》，南京：東南大學出版社，2010 年 3 月第 1 版，258 頁。
49. 〔葡〕克路士（Gaspar da Cluz）、〔英〕薄克舍（C.R. Boxer）編，何高濟譯，《十六世紀中國南部行紀》（South China in the Sixteenth Century），北京：中華書局，1996 年 7 月第 1 版，245 頁。
50. 〔義〕利瑪竇（Matteo Ricci）、〔比〕金尼閣（Louis J. Gallagher）著、何高濟等譯，《利瑪竇中國劄記》（China in the Sixteenth Century: The journals of Matheo Ricci, 1583～1610）北京：中華書局，1990 年 10 第 1 版，739 頁。
51. 〔波斯〕阿里．阿克巴爾（Seid Ali Akbar Khatai）著，張至善、張鐵偉譯，《中國紀行》（《Khataynameh》），北京：三聯書店，1988 年 2 月第 1 版，據阿里．阿克巴爾 1516 年（正德十一年）撰波斯文手抄本的英譯手稿本，310 頁。

（二）期　刊

1. 于寶航，〈晚明世風變遷的觀察角度與解釋模式——以乘輿制度爲研究中心〉，《大連大學學報》，2007 年 1 期，頁 17～21。
2. 毛文芳，〈養護與裝飾——晚明文人對俗世生命的美感經營〉，《漢學研究》，15 卷 2 期，1997 年 12 月，頁 109～142。
3. 毛佩琦，〈明教化厚風俗——朱元璋推行教化的幾個特點〉，《學習與探索》，2007 年 5 期，頁 195～199。
4. 王春瑜，〈論明代江南園林〉，《明清史事沉思錄》，西安：陝西人民出版社，2007 年 1 月第 1 版，頁 106～118。
5. 王鴻泰，〈美感空間的經營——明、清間的城市園林與文人文化〉，《東亞近代思想與社會》，台北：月旦出版社，1999 年 11 月初版，頁 127～186。
6. 吳智和，〈明代漁户與養殖事業〉，《明史研究專刊》，1 期，1979 年 9 月，頁 109～164。
7. 吳智和，〈謝肇淛的史學〉，《中央研究院第二屆國際漢學會議論文集》（明清與近代史組），1989 年 6 月，頁 23～50。
8. 吳智和，〈明人居室生活流變〉，《華岡文科學報》，24 期，2001 年 3 月，頁 221～256。
9. 巫仁恕，〈明代平民服飾的流行風尚與士大夫的反應〉，《新史學》，10 卷 3 期，1999 年 9 月，頁 55～109。
10. 周紹泉，〈明代服飾探源〉，《史學月刊》，1990 年 6 期，頁 34～40。
11. 林麗月，〈晚明「崇奢」思想隅論〉，《台灣師大歷史學報》，19 期，1991

年 6 月，頁 215～234。

12. 林麗月，〈陸楫（1515～1552）崇奢思想再探——兼論近年明清經濟思想史研究的幾個問題〉，《新史學》，5 卷 1 期，1994 年 3 月，頁 131～153。

13. 林麗月，〈明代禁奢令初探〉，《台灣師大歷史學報》，22 期，1994 年 6 月，頁 57～84。

14. 林麗月，〈衣裳與風教：晚明的服飾風尚與「服妖」議論〉，《新史學》，10 卷 3 期，1999 年 9 月，頁 111～157。

15. 林麗月，〈傳統中國的「禁奢」與「反禁奢」〉，《錢穆先生紀念館館刊》，7 期，1999 年 12 月，頁 17～28。

16. 林麗月，〈大雅將還：從「蘇樣」服飾看晚明的消費文化〉，《明清以來江南社會與文化論集》，上海：上海社會科學院出版社，2004 年 5 月第 1 版，頁 213～225。

17. 林麗月，〈萬髮俱齊：網巾與明代社會文化的幾個面向〉，《臺大歷史學報》，33 期，2004 年 6 月，頁 133～160。

18. 邱仲麟，〈明清江浙文人的看花局與訪花活動〉，《淡江史學》，18 期，2007 年 9 月，頁 75～108。

19. 邱仲麟，〈皇帝的餐桌：明代的宮膳制度及其相關問題〉，《台大歷史學報》，34 期，2004 年 12 月，頁 1～42。

20. 邱仲麟，〈陸啓浤《燕客雜記》標點并序〉，《明代研究》，15 期，頁 153～184。

21. 徐泓，〈明朝社會風氣的變遷——以江浙地區爲例〉，《中央研究院第二屆國際漢學會議論文集》（明清與近代史組），1989 年 6 月，頁 137～159。

22. 張和平，〈一條鞭法與晚明社會的奢靡之風——兼論中國傳統社會周期性危機〉，《中國社會經濟史研究》，2004 年 3 期，頁 34～40。

23. 常建華，〈論明代社會生活性消費風俗的變遷〉，《南開學報》，1994 年 4 期，頁 55～63。

24. 曹國慶，〈王守仁與南贛鄉約〉，《明史研究》3 輯，合肥：黃山書社，1993 年 7 月第 1 版，頁 67～74。

25. 陳國棟，〈哭廟與焚儒服——明末清初生員層的社會性動作〉，《新史學》，3 卷 1 期，1992 年 3 月，頁 69～94。

26. 陳瑞，〈明代中後期社會生活越禮逾制現象探析〉，《安徽史學》，1996 年 2 期，頁 29～31。

27. 鈔曉鴻，〈近二十年來有關明清「奢靡」之風氣研究述評〉，《中國史研究動態》，2001 年 10 期，頁 9～20。

28. 萬明，〈鄭和下西洋與明中葉社會變遷〉，《明史研究》4 輯，合肥：黃山書社，1994 年 12 月第 1 版，頁 83～96。

29. 趙牧，〈漢代「服妖」透視〉，《遼寧教育學院學報》，1995年3期，頁75～78。

30. 劉志琴，〈晚明城市風尚初探〉，《晚明史論——重新認識末世衰變》，南昌：江西高校出版社，2004年6月第1版，頁114～132。

31. 劉複生，〈宋代「衣服變古」及其時代特徵——兼論「服妖」現象的社會意義〉，《中國史研究》，1998年2期，頁85～93。

32. 羅筠筠，〈明人審美風尚概觀〉，《明史研究》4輯，合肥：黃山書社，1994年12月第1版，頁167～178。

（三）學位論文

1. 王龍風，《明代家訓研究》，台北：輔仁大學中文研究所碩士論文，1995年1月，172頁。

2. 邱仲麟，《明代北京都市社會的變遷（1368～1644）》，台北：國立台灣大學歷史學研究所碩士論文，1991年6月，207頁。

3. 張嘉昕，《明人的旅遊生活》，台北：中國文化大學史學研究所碩士論文，2000年6月，231頁。

4. 劉培育，《明代酒令研究》，台北：中國文化大學中文研究所碩士論文，1995年6月，249頁。

5. 蔡嘉麟，《明代的山林生態——北邊防區護林伐木失衡的歷史考察》，台北：中國文化大學史學研究所博士論文，2006年5月，348頁。

6. 蕭慧媛，《明代的祖制爭議》，台北：中國文化大學史學研究所碩士論文，1999年6月，225頁。

7. 鍾豔攸，《明清家訓族規之研究》，台北：國立臺灣師範大學歷史系博士論文，2003年6月，581頁。